PUBLICATIONS
DE
L'ÉCOLE DES LANGUES ORIENTALES VIVANTES

IIᴱ SÉRIE — VOLUME VII

CHRESTOMATHIE PERSANE

TOME I.

VIENNE. — TYP. ADOLPHE HOLZHAUSEN,
IMPRIMEUR DE LA COUR I. & R. ET DE L'UNIVERSITÉ.

CHRESTOMATHIE PERSANE

A L'USAGE DES ÉLÈVES

DE L'ÉCOLE SPÉCIALE DES LANGUES ORIENTALES
VIVANTES

PUBLIÉE

PAR

CH. SCHEFER

MEMBRE DE L'INSTITUT,
ADMINISTRATEUR DE L'ÉCOLE DES LANGUES ORIENTALES VIVANTES

TOME PREMIER

PARIS
ERNEST LEROUX, ÉDITEUR
LIBRAIRE DE LA SOCIÉTÉ ASIATIQUE
DE L'ÉCOLE DES LANGUES ORIENTALES VIVANTES, ETC.
28, RUE BONAPARTE, 28
1883.

AVANT-PROPOS.

Je me propose de placer en tête du second volume de cet ouvrage, un tableau des études persanes en Europe et surtout en France, et d'énumérer les publications ayant pour objet la connaissance de la langue et de la littérature de la Perse moderne. Il me suffira de dire, aujourd'hui, qu'un certain nombre de chrestomathies persanes ont paru dans l'Inde, en Angleterre, en Allemagne et en Russie, depuis les premières années de ce siècle.

A cette époque, M. Langlès avait, en France, commencé l'impression d'un volume destiné aux élèves de son cours et qui devait renfermer des morceaux de différents auteurs; mais, des motifs qui me sont inconnus l'empêchèrent de réaliser ce dessein. Il n'a fait composer que cinq feuilles contenant un extrait des mémoires de Timour, et un fragment du premier livre de l'Enwari Souheïly.

Je reprends aujourd'hui ce projet, et j'espère le mener à bonne fin.

Mon but est de mettre entre les mains des auditeurs du cours de persan, un choix de morceaux entièrement inédits qui leur fassent connaître, non seulement, les mots de la langue, mais encore les différentes transformations qu'elle a subies, depuis sa renaissance jusqu'à l'époque actuelle. Je crois que l'étude du persan acquerra, au point de vue de l'histoire de l'Orient, une importance toujours croissante. Il a été, pendant plusieurs siècles, la langue officielle et littéraire des états qui se sont formés, depuis l'Anatolie jusqu'aux frontières de la Chine, et celle des dynasties musulmanes qui ont régné dans l'Inde.

A partir du XIe siècle de notre ère, la connaissance de l'arabe s'affaiblit dans le Khorassan, dans la Transoxiane et dans les provinces les plus éloignées du centre de l'empire des khalifes; un grand nombre d'ouvrages de littérature et d'histoire furent, alors, traduits en persan, et les auteurs de ces traductions nous apprennent tous que l'étude de l'arabe était de leur temps tombée en décadence, que cette langue avait cessé d'être généralement comprise et qu'ils ont dû, pour faire connaître certaines œuvres, céder aux vœux de personnages considérables et les traduire en persan[1].

J'ai inséré dans cette chrestomathie plusieurs morceaux écrits pendant cette première période de la renaissance de la littérature persane. Le premier, le Zafer namèh, passe pour avoir été traduit du pehlevy par un personnage qualifié de vézir par Hadji Khalfa et appelé Ibn Sina; il ne saurait être, à mon avis, qu'Abou Aly ibn Sina (Avicenne) qui fonda sa réputation en donnant ses soins pendant une grave maladie à l'émir Samanide Nouh, fils de Mansour, ou bien son père, Abdallah ibn Sina, qui n'exerça pas les fonctions de vézir, mais fut gouverneur d'Efchenèh et amil ou percepteur des finances à Boukhara.

Le nom de l'auteur de l'Adâb ous salthanèh ouel wezarèh est resté inconnu; mais le style dans lequel cet opuscule est rédigé, permet de lui attribuer une origine presque aussi ancienne que celle du Zafer Namèh.

Nous savons, par contre, à quelle date ont été tra-

---

[1] Cette décadence des études arabes dans le Khorassan est très nettement exposée par Fazhloullah ibn Osman ben Mohammed el Esferaïny, qui a traduit en persan les vers du Kalilah ou Dimnah d'Ibn el Moqaffah qui n'étaient plus compris. Son livre est dédié à Aboul Hassan Aly el Moustaufy, l'honneur du Khorassan. Le même fait se trouve rapporté dans la préface de la traduction persane du Tenbih oul ghafilin (L'admonition des négligents), faite par Aboul Leïth Naṣr Samarqandy, et dans maints autres ouvrages.

duits le *Tarikhi Boukhara* et le *Fezhaïli Balkh*. L'auteur qui a mis au jour la dernière édition du premier de ces ouvrages, nous fait connaître les remaniements successifs dont le travail original a été l'objet.

J'ai fait choix d'extraits de ces deux ouvrages, non seulement en raison de l'ancienneté du texte, mais aussi à cause de l'intérêt qu'ils présentent. Boukhara et Balkh ont été, au moyen âge, les villes les plus florissantes de l'Asie centrale; cependant, leur histoire est peu connue, et je suis persuadé que l'attention générale sera bientôt attirée sur ces contrées, et que l'on recherchera avec soin, tous les documents pouvant jeter quelque lumière sur leur passé.

Les pages tirées du *Lethaïf outh thewaïf* d'Aly Ṣafy donneront une idée de la promptitude des reparties et du genre d'esprit des poètes persans.

En insérant le *Kitab beïan il edian* ou *Exposé des religions*, par l'imam Seyyd Aboul Mealy Mohammed, j'ai poursuivi un double but. J'ai voulu, tout d'abord, faire connaître un texte de la fin du XIIe siècle et donner ensuite, aux personnes qui commencent l'étude des langues de l'Orient musulman, une notion exacte des dogmes de l'islamisme et des divergences d'opinions qui séparent les différentes sectes.

Pendant les premiers siècles de l'islamisme, les discussions théologiques ont été incessantes et passionnées et, à chaque instant, on en trouve les traces dans les ouvrages historiques et dans les œuvres littéraires.

Aboul Mealy Mohammed expose sommairement, mais avec une clarté suffisante, les dogmes des deux grandes branches de l'islamisme, leurs divisions, et il donne une idée des croyances de certaines sectes qui, persécutées pendant longtemps, n'en existent pas moins encore aujourd'hui dans quelques contrées de l'Asie. Il nous fait connaître aussi les doctrines religieuses ou philosophiques de différents peuples.

L'opuscule intitulé *Rissalèhi Hatimyèh* est consacré au récit des traits de générosité de *Hatim Thay*; il est dû à la plume de *Housseïn Waïzh Kachify* dont l'*Enwari Souheïly* a immortalisé le nom. Ce récit contraste, par son style élégant et poétique, avec la simplicité un peu sèche des ouvrages anciens.

J'ai placé, à la suite du *Rissalèhi Hatimyèh*, un recueil de préceptes de morale versifiés dont l'origine remonterait à *Kesra Nouchirevan* et qui, comme les quatrains de Pibrac, tracent les obligations et les devoirs auxquels doit se soumettre tout homme qui veut jouir d'une conscience tranquille et de l'estime de ses semblables. L'auteur, nommé *Cherif*, a donné à son poème le titre de *Rahat oul inssan* (le repos de l'homme). Je soumets, dans les notes, ma conjecture sur l'époque à laquelle ce petit ouvrage a été composé.

Comme je l'ai dit plus haut, je n'ai voulu admettre dans cette chrestomathie que des morceaux absolument inédits; quelques-uns des opuscules qui y figurent, ne se trouvent dans aucune des bibliothèques de l'Europe. Le texte est reproduit tel que le donnent les manuscrits que j'ai eus à ma disposition, et dans les notes, j'ai corrigé toutes les erreurs que j'ai relevées. Il me semble important que les élèves sachent, dès le début de leurs études, que, sous le rapport des noms propres et des dates, les textes orientaux doivent être lus avec la plus extrême circonspection. Il n'y a ni manuscrit si soigné d'exécution qu'il paraisse, ni texte historique imprimé en Orient qui ne renferme des erreurs de noms et de dates.

J'ai donné, dans des notes aussi courtes que possible, les détails indispensables sur les personnages les plus marquants, et sur les lieux cités dans ces morceaux. Il est utile pour le lecteur de connaître, sans être astreint à de longues recherches, les personnes, les pays et les villes dont il est question dans ces différents récits; je me suis fait une règle de ne lui indiquer le plus souvent, que des ouvrages publiés soit en Europe, soit en Orient et pouvant être facilement mis à sa disposition. Outre les citations de textes relatifs *à des religions anciennes et à quelques sectes musulmanes, je ne me suis étendu que sur la description de Boukhara et sur celle de Balkh et, pour la première de ces villes, j'ai reproduit certains détails que j'avais déjà placés dans l'appendice de la Relation de l'ambassade au Kharezm de Riza Qouly Khan.*

NOTES
ET
ÉCLAIRCISSEMENTS.

NOTE
SUR LE
ZAFER NAMÈH.

L'opuscule connu sous le titre de *Zafer Namèh* ou *Livre de la Victoire* est un recueil des réponses faites par Bouzourdjmihr, ministre de Kesra Nouchirevan, aux questions que ce prince lui aurait adressées. Si nous nous en rapportons au témoignage de Hadji Khalfa, le texte pehlevy du *Zafer Namèh* aurait été conservé jusqu'à la fin du Xe siècle de notre ère. A cette époque l'émir Samanide Nouh, fils de Mançour (365—387, A. D. 976—997), aurait donné l'ordre à son vézir Ibn Sina de le traduire en persan. Je ne sais sur quel document repose l'assertion de Hadji Khalfa. Ibn Nedim dans son *Fihrist* ne fait aucune mention d'un ouvrage portant le titre de *Zafer Namèh* et dont Nouchirevan ou son ministre serait l'auteur.

Mouqaddessy et Khondémir dans son *Destour oul Wuzera*, nous ont conservé les noms des vézirs de Nouh ibn Mançour. Nous voyons figurer dans cette liste le fils d'Abou ʿAbd

Allâh, Mohammed el Djeïhany, le fils d'Abou 'l-Ḥasan Outby, Abou 'l-Housseïn Mouzny, Abderrahman Istakhry, Abd Allâh, fils d'Ozaïr, Abou Aly Dameghany et enfin Abou Aly Mohammed ibn Issa Belamy. Aucun d'eux n'était le fils d'un personnage appelé Sina. Je crois donc que l'Ibn Sina dont il est question dans l'article de Hadji Khalfa est Ibn Sina, (Avicenne) ou son père, qui remplissait à cette époque les fonctions d'«Amil», ou percepteur des finances, à Boukhara, après avoir été gouverneur d'Efchèneh. Celui-ci aura composé ce petit recueil de maximes (si toutefois il a été écrit à l'époque indiquée par Hadji Khalfa) dans les premières années du règne de Nouh ibn Mançour, qui monta sur le trône à l'âge de treize ans.

Cet opuscule, qui est rare en Orient, ne se trouve mentionné dans aucun des catalogues imprimés des bibliothèques publiques de l'Europe.

Il en existe deux traductions turques; l'une date de la fin du XV° ou du commencement du XVI° siècle, et est l'œuvre d'un auteur qui ne s'est pas nommé. La seconde porte le titre de *Mouzaffer Namèh*; elle a été faite par le defterdar Sinan Bey pour Bayezid, fils de Sultan Suleyman.

Un exemplaire de la première traduction est conservé à la Bibliothèque nationale. Il a été acquis en 1672 par Ant. Galland pour M. de Nointel à un prix assez élevé, «car le libraire l'estimoit fort rare.»

Le texte que je publie, m'a été fourni par un manuscrit que je possède, dont l'exécution est fort soignée et l'écriture nestaliq très élégante.

La copie en a été achevée le 15 du mois de Zilqa'adèh 881 (19 janvier 1477) par le Cheikh Nour eddin, fils de Nizam Tebrizy. Le *Zafer Namèh* se compose de treize feuillets, sur les marges desquels le copiste a transcrit des *Roubayat* ou quatrains d'Afzal.

A la suite du *Zafer Namèh* se trouvent les *Kelimat* ou sentences pieuses d'Abd Allâh Ençary.

Un fragment du *Zafer Namèh* dont le style diffère de celui que je publie aujourd'hui, a été inséré à la fin d'un volume intitulé تأديب الاطفال *(Education des enfants)* et publié à Téhéran en 1293 (1876) par Mirza Mahmoud.

Je dois faire remarquer en terminant cette notice que les réponses de Loqman qui se trouvent à la fin du *Zafer Namèh*, ne font point partie de cet opuscule. Ces quelques lignes ont été ajoutées par le copiste et elles ne figurent pas dans la traduction turque; par contre on trouve dans celle-ci la paraphrase de quelques-uns des apophtegmes d'Aly fils d'Abou Thalib.

NOTE
SUR LE
ÂDAB OUSSALTHANÈH OU' EL-WEZARÈH
(آداب السلطنة والوزارة)
RÈGLES DE CONDUITE DU SULTAN ET DU VÉZIR.

Les règles du gouvernement et les qualités qui doivent être le partage d'un souverain et de ses ministres sont un des sujets favoris des auteurs orientaux. Les littératures arabe, persane et turque comptent un grand nombre d'ouvrages ayant pour objet l'exposition des principes du gouvernement tel que le conçoivent les Musulmans. L'opuscule dont je publie le texte, a été rédigé par un écrivain dont le nom est resté inconnu, et qui a résumé, en quelques pages, les conseils qu'il croit nécessaire de donner à un prince jeune et sans expérience. Il lui expose sommairement des considérations sur le néant des choses de ce monde, il formule les maximes qu'un souverain doit avoir toujours présentes à l'esprit et sur lesquelles il doit régler sa conduite. L'auteur, appartenant au rite sunnite, invoque pour donner plus de poids à ses avis, l'autorité des paroles du Qoran et l'exemple du Prophète et des Khalifes, ses quatre premiers successeurs. On ne rencontre, dans ce court exposé, aucune de ces anecdotes dont les auteurs qui ont traité le même sujet se sont montrés si prodigues.

J'ai cherché vainement dans les bibliographies orientales et dans les catalogues des bibliothèques de l'Europe et de l'Orient le titre de ce *rissalèh*. Je suis donc réduit aux conjectures pour assigner une date à sa composition.

Le style et les titres donnés aux fonctionnaires de la cour me font supposer que cet opuscule a été écrit pour un prince Samanide ou Ghaznévide, vers la fin du Xe ou au commencement du XIe siècle de notre ère.

Les *Âdab oussalthanèh ou' el-Wezarèh* sont divisés en deux chapitres. Le premier comprend quatre parties : 1° Les vertus qui doivent distinguer le prince; 2° l'attention qu'il doit prêter à ce qui lui est dit; 3° le devoir d'avoir recours aux conseils; 4° le quatrième enfin a trait aux fonctionnaires de la cour et aux qualités que l'on doit exiger d'eux.

Le second chapitre n'a que deux divisions; dans la première, l'auteur fait connaître les mérites qui doivent être l'apanage du vézir, et, dans la seconde, il explique les services que doit rendre le ministre pour satisfaire aux obligations de sa charge.

Le texte de ce petit traité m'a été fourni par un manuscrit de mon cabinet, écrit au commencement du XVIe siècle en beaux caractères riqaʻa, et qui, à en juger par l'empreinte à demi effacée d'un cachet apposé sur un des feuillets de garde, aurait été exécuté pour le Sultan Selim Ier.

Page 11, lig. 12. Cf. Qoran, chap. XXIII, v. 117.
  » 11, » 13. Qoran, chap. LI, v. 56.
  » 11, » 16. »   »
  » 13, » 2. Cette pensée est attribuée à Ardechir, fils de Babekan. *Histoire des Sassanides par Mirkhond*. Paris, 1843, page 177.
  » 13, » 8. Qoran, chap. XVI, v. 92.
  » 14, » 14. »   » XVIII, v. 47.
  » 14, » 19. »   » XI, v. 84.
  » 15, » 7. »   » XI, v. 104.
  » 15, » 13. »   » VI, v. 129.
  » 17, » 5. »   » XLIX, v. 6.

NOTES ET ÉCLAIRCISSEMENTS
SUR
L'HISTOIRE DE BOUKHARA.

L'histoire de Boukhara connue sous le nom de *Tarikhi Nerchakhy* a été primitivement écrite en arabe par Abou Bekr Mohammed ibn Dja'fer ben Zekerya, né en 286 (899) à Nerchakh, village de la banlieue de Boukhara, et mort au mois de Safer de l'année 348 (avril 959). Cet écrivain, qui était un jurisconsulte et un traditionniste distingué, avait, dans cet ouvrage, donné des détails étendus sur Boukhara, sur ses monuments et sur ses prérogatives. Il y avait joint la description et l'histoire des bourgs placés sous sa dépendance et les traditions du Prophète et de ses compagnons relatives à cette ville. L'ouvrage se terminait par une histoire des princes Samanides. L'auteur mit la dernière main à son œuvre en 332 (943) et il la dédia à l'émir Hamid Abou Mohammed Nouh, fils de Naṣr, cinquième prince de la dynastie des Samanides.

La connaissance de la langue arabe étant devenue, au XIIe siècle, moins répandue dans la Transoxiane, Abou

Naṣr Ahmed, originaire du bourg de Qoba dans la province de Ferghanèh, déféra au désir exprimé par quelques-uns de ses amis et traduisit en persan l'histoire de Nerchakhy. Cette traduction vit le jour en 522 (1128); Abou Naṣr Ahmed nous apprend qu'il crut convenable de retrancher du texte original certains détails, jugés par lui superflus et fastidieux pour le lecteur. Cinquante-deux ans plus tard, en 574 (1178), Mohammed ibn Zofer remania, en l'abrégeant encore, la traduction d'Abou Naṣr Ahmed el Qobawy, et dédia son travail à un des personnages les plus considérables de Boukhara, Tadj el Mealy Abdoul Aziz, fils du Sadr es Soudour (grand juge) Houssam eddin Omar, qui avait joui de la faveur de Sultan Sindjar et fut fait prisonnier en 536 (1141) par Kou Khan, à la bataille de Qathawan.

Tout en déplorant la perte de l'ouvrage original, nous devons cependant nous estimer heureux d'en posséder une traduction même abrégée. Les fragments de l'histoire de Nerchakhy et ceux du *Khazaïn oul ouloum (Les trésors des sciences)* d'Abou'l-Ḥassan Nichaboury fournissent des détails d'autant plus précieux que les chroniques d'Abou ʿAbd Allâh Mohammed ibn Souleyman el Boukhary (312, A. D. 924) et d'Abou ʿAbd Allâh Mohammed el Ghoundjar (412, A. D. 1021), citées par Khalil ibn Ibek es Safedy dans la préface de son *Wafy fil Wefyat* et par Hadji Khalfa dans son dictionnaire bibliographique, ne sont pas parvenues jusqu'à nous. Il en est de même pour le traité géographique d'Abou ʿAbd Allâh Djeïhany, vézir de l'émir Saïd Naṣr, fils de l'émir Ahmed.

Je ne crois point inutile de faire connaître ici, d'une manière sommaire, la traduction de Mohammed ibn Zofer.

Le premier chapitre est consacré à la mention des Cadis qui ont exercé leurs fonctions à Boukhara, depuis l'introduction de l'Islamisme jusqu'aux premières années du IVe siècle. Le second est emprunté au *Khazaïn oul ouloum* d'Abou 'l-Ḥassan Abderrahman ibn Mohammed Nichaboury. Il renferme des détails qui me paraissent si curieux, que je crois devoir en donner ici le texte et la traduction.

اما ابو الحسن عبد الرحمن بن محمد النیشابوری اندر کتاب خزاین العلوم چنین آورده است که این موضع که امروز بخاراست آبکیر بوده است و بعضی از وی نیستان بوده و درختستان و مرغزار بود و بعضی جا چنان بود که هیچ حیوان پایاب نیافتی بدان سبب بولایتها که بر سوی سمرقند است برکوهها برفها کداختی و آن آبها آنجا جمع شدی چون رود عظیم و برسوی سمرقند رود عظیم است که آرا رود ماصف خوانند در آن رود آب بسیار جمع شد و آن آب بسیار برفت و زمین را بکند و کل بسیار بیرون آورد چنانکه این مغاکیها آکنده شد و آب بسیار می آمد و کل بسیار می آورد تا به بتک و فرب رسید و آن آب دیکر باز داشت و این موضع که بخاراست اندکی آکنده شد و زمین راست شد و آن رود عظیم سغد شد و این موضع آکنده بخارا شد و مردمان از هر جانب جمع آمدند و آن جا خرمی گرفت و مردمان از جانب ترکستان آمدند بدین ولایت آب و درختان بسیار بودی و درین ولایت شکاری بیش بودی آن مردمانرا این ولایت خوش آمد اینجا مقام کردند و اول در خیمه و خرکاه باشیدندی و بروز کار مردم کرد آمدند

و عمارتها کردند ومردم بسیار شد ویکی را برگزیدند وامیر کردند نام او ابروی بود وهنوز این شهر بخارا نبود و لیکن بعضی از روستاها شده بود واز آن جمله یکی نور بود و خرقان رود و فردانه و تراوجه و شفنه و ایسوانه و دیهی بزرگ که پادشاه نشستی بیکند بود و شهر قلعهٔ دبوسی بود و شهر ویرا خواندندی و چون روزگار بر آمد ابروی بزرگ شده ظلم پیش گرفت بدین ولایت چنانکه مردم بدین ولایت بیش صبر نتوانستند کرد و دهقانان و توانگران ازین ولایت بگریختند و بترکستان رفتند و طراز شهری بنا کردند و آن شهر را جموکت نام کردند از بهر آنکه دهقانان بزرگ که رئیس آن طایفه بودند از بخارا رفته بودند ویرا جموک نام بود بزبان بخاری کوهر بود و کت شهر بود یعنی شهر جموک و بزبان بخاری کسی که بزرگ بود ویرا جموک خواند یعنی کوهریست فلان پس آن مردمان که به بخارا مانده بودند بنزدیک مهتران خود کس فرستادند و فریاد رسی خواستند از جور ابروی آن مهتران و دهقانان بزرگ بنزدیک پادشاه ترکستان رفتند و نام آن پادشاه قراجورین ترک بود و اورا ازجهت بزرگی بیاغو لقب کرده بودند و از بیاغو داد خواستند بیاغو پسر خود شیر کشور را با لشکری عظیم فرستاد و چون شیر کشور بخارا آمد ابروی را دربیکند بگرفت و بند کرد و باز بفرمود تایکی جوالرا از کبت سرخ بزرگ پرکنند و ابروی را در آن جوال کردند تا بمرد و این شیر کشور را این ولایت خوش آمد بنزدیک پدر نامه فرستاد و این ولایت را از پدر طلبید و دستوری خواست تا بخارا باشد از بیاغو جواب آمد که آن ولایت را بتو بخشیدم شیر کشور کس فرستاد بجموکت تا آن مردمان را که از بخارا گریخته بودند با زنان و فرزندان باز بخارا باز آوردند باز آنکه مرسوم شد که هر که از جموکت آمده بود از

جملهٔ خواص بود از بهر آنکه هر که توانگر و دهقان بزرك بود گریخته بود و درویشان و فقیران مانده بودند چون آن قوم باز آمدند آن قوم که بخارا مانده بودند خدمتکاران آن قوم شدند و دهقان بزرك را بخارخداة گفتندی از بهر آنکه دهقان زاده قدیم او بود و ضیاع بیشتر اورا بود و اغلب این مردمان کدیوران و خدمتکاران او بودند و این شیر کشور شهرستان بخارا بناکرد و دیه ماستی و سقمتن و سمیتن و فرب و ماستی بناکرد و بیست سال پادشاهی کرد و بعد از آن پادشاه دیگرکه شد اسکجم نام شرغ و رامتین بناکرد و بعد آن دیه ورخشی بر آورد و چون دختر ملك چین را بخارا عروسی آوردند اندر جهاز او بتخانهٔ آوردند از چین و این بتخانه را برامتین نهادند و بخلافت امیر المومنین ابو بکر صدیق رضی الله عنه سیم زدند از نقره خالص و پیش از آن بخارا سیم نبود و بروزگار معاویه بخارا کشاده شد بردست قتیبه بن مسلم و طغشاده پادشاه شد و سی و دو سال ملك داشت از جهت قتیبه بن مسلم چون ابو مسلم اورا بسمرقند کشت بروزگار نصر سیار که امیر خراسان بود از بعد قتیبه ده سال طغشاده ملك داشت و اورا ابو مسلم بکشت و بعد از وی سکان بن طغشاده هفت سال ملك داشت و اندر کاخ فرخشه کشته شد بفرمان خلیفه غوغا بر خاست و او نیز کشته شد هم در کوشك در ماه رمضان کراسهٔ بر کار نهاده بود و قرآن میخواند اندر حال اورا بکشتند و هم در آن کوشك دفن کردند واز بعد او برادر او بنیات ابن طغشاده هفت سال ملك داشت در کاخ فرخشه کشته شد بفرمان خلیفه و سبب آن بعد از ین یاد کرده شود و بعد از آن بخارا بدست فرزندان طغشاده و خدام و نبیرکان اومی بود تا بروزگار امیر اسماعیل سمعانی رحمة

الله عليه كه ملك از دست بخارخداة بيرون شد بعد از ين ياد كرده شود ذكر آن ✢

« La plaine dans laquelle s'élève aujourd'hui Boukhara, dit Abou 'l-Hassan Nichaboury, était autrefois couverte par l'eau; on y voyait des champs de roseaux, des arbres et des prairies, et la profondeur de l'eau était telle en certains endroits que les animaux ne pouvaient la franchir à gué. Ces eaux, qui provenaient de la fonte des neiges tombées sur les montagnes des environs de Samarqand, se réunissaient là et formaient comme une forte rivière. Il y a aux environs de Samarqand un cours d'eau appelé Macef Roud; lorsqu'il était grossi, il coulait avec impétuosité. Il creusa le sol, et, dans ses débordements, déposa une telle quantité de limon que les terrains bas en furent exhaussés jusqu'à Boutek et Fereb. Les eaux finirent par prendre une autre direction. Par suite de la superposition des couches d'alluvion, le sol sur lequel s'élève Boukhara devint uni et le lit de la rivière forma la vallée du Soghd.

Les hommes vinrent alors de toutes parts se fixer là. Des habitants du Turkestan, séduits par l'aspect agréable du pays, la bonne qualité des eaux, le grand nombre des arbres et l'abondance du gibier, vinrent s'y établir, d'abord sous des tentes et dans des huttes; puis avec le temps, ils se réunirent en groupes et se construisirent des demeures. Leur nombre s'accrut considérablement et ils élurent alors pour chef un personnage nommé Ebrewy.

Boukhara n'existait pas encore, mais il y avait quelques bourgs parmi lesquels étaient Nour, Khirqanroud, Ferdanèh, Terawedjèh, Chefenèh et Eyssouwanèh. Le chef avait fixé sa résidence dans le bourg de Bikend; Deboussy, entouré de fortifications, portait seul le nom de ville.

Ebrewy devint puissant, et au bout de quelque temps sa conduite tyrannique lassa la population et força les grands propriétaires terriens (Dèhqanan) et les gens riches à émigrer et à chercher un refuge dans le Turkestan. Ils y fondèrent la ville de Thiraz à laquelle on donna (dans l'origine) le nom de Hamouket, à cause des Dèhqan, chefs des habitants de Boukhara, qui s'étaient enfuis. Hamouk, dans le dialecte de cette ville, a le sens de *joyau, bijou;* on donne ce nom à tout personnage important. Ket signifie *ville*.

Les gens de Boukhara qui n'avaient pu s'éloigner, envoyèrent au bout d'un certain temps quelques-uns des leurs auprès de ceux qu'ils considéraient comme leurs chefs, afin de se plaindre des violences d'Ebrewy. Les émigrés implorèrent l'assistance d'un prince nommé Qara Djourin Turk auquel, en raison de sa puissance, on avait donné le surnom de Biaghou. Qara Djourin donna à son fils Chiri Kichver le commandement d'une puissante armée[1]. Ebrewy, réfugié à Bikend, y fut fait prisonnier et chargé de chaînes. Puis, par l'ordre de Chiri Kichver, on remplit un sac de gros frelons rouges et on y enferma Ebrewy, qui mourut de ce supplice.

Chiri Kichver, trouvant le pays de Boukhara agréable, demanda à son père la permission de s'y établir : celui-ci lui fit don de la contrée qu'il avait conquise.

1. Chiri Kichver est, sans aucun doute, la traduction persane du nom de Yl Arslan, qui a été porté par plusieurs princes des dynasties turques.

Le premier soin de Chiri Kichver fut de rappeler tous les Dèhqans et tous les gens riches qui s'étaient fixés à Hamouket avec leurs femmes et leurs enfants. Il fut établi alors que ceux-ci formeraient la classe aristocratique, et ils tinrent dans un état de dépendance et de sujétion les pauvres qui n'avaient pu les suivre dans leur exil. Celui des Dèhqans dont l'origine était la plus ancienne et qui, possédant les plus vastes domaines, avait le plus grand nombre de tenanciers et de serviteurs, reçut le titre de Boukhara Khoudat.

Chiri Kichver fonda la cité de Boukhara et les bourgs de Dehy Masty, de Saqmetin, de Fereb et de Mehmasty. Il mourut après un règne de trente ans et eut pour successeur Eskedj, qui épousa une fille de l'empereur de Chine. Lorsqu'on amena cette princesse à Boukhara, elle avait dans son trousseau une chapelle destinée au culte des idoles. Cette chapelle fut placée à Rametin. Eskedj fonda Chorgh, Rametin et Dehi Verakhchy.

Sous le khalifat du prince des croyants Abou Bekr Siddiq, on frappa à Boukhara des pièces de monnaie en argent pur de tout alliage. On n'y avait pas, jusqu'à cette époque, frappé de monnaie semblable.

Qotaïbah ibn Mouslim fit la conquête de Boukhara sous le règne de Moawiah. Thaghchadèh, qui était Boukhar Khoudat, fut confirmé dans cette dignité par Qotaïbah. Il fut mis à mort à Samarqand par Abou Mouslim, gouverneur du Khorassan, à l'époque de Naṣr ibn Seyyar et deux ans après la mort de Qotaïbah. Il avait exercé le pouvoir pendant trente-deux ans.

Après lui, Soukan fut Boukhar Khoudat pendant sept ans. Une sédition fut suscitée par le khalife et Soukan périt de mort violente dans le château de Ferakchèh. Il fut tué pendant le mois de Ramazan, au moment où il lisait le Qoran dont il avait placé un cahier sur son sein. Il fut assassiné dans ces circonstances et on l'enterra dans l'intérieur du château. Son frère Benyat, fils de Thaghchadèh, lui succéda ; il garda le pouvoir pendant sept ans et fut aussi assassiné dans le château de Ferakhchèh par ordre du khalife. Je ferai connaître plus loin les motifs de sa mort. Boukhara demeura au pouvoir des enfants, des serviteurs et des descendants de Thaghchadèh jusqu'à l'avènement de l'émir Ismayl Samany qui les dépouilla de toute autorité. »

Les chapitres qui suivent ce curieux extrait du *Khazaïn oul ouloum*, sont consacrés à la Khatoun, femme de Beydoun ou Bendoun Boukhar Khoudat et mère de Thagchadèh, qui régnait à Boukhara lorsque les Arabes pénétrèrent dans la Transoxiane, à la description des bourgs et des villages de Boukhara, à celle de ses monuments, à l'énumération des canaux qui sillonnaient son territoire. Il est ensuite fait mention des impôts et de la muraille qui protégeait la ville et ses environs contre les incursions des tribus turques. Nous trouvons enfin quelques renseignements sur les monnaies ayant cours dans le Mavera en Nehr et sur celles qui furent frappées à l'époque du gouvernement de l'émir Ghitrif[1]. La suite de l'ouvrage nous donne l'histoire

1. Le texte de ce chapitre a été inséré dans un mémoire intitulé : *Sur les monnaies des Boukhar Khoudas ou princes de Boukhara avant la conquête*

des différentes expéditions des Arabes contre Boukhara, et un aperçu des mesures prises par eux pour leur établissement définitif dans la ville et pour la conversion de la population à l'Islamisme.

Cette partie de l'ouvrage renferme, sur les premiers temps de la conquête, des détails qui ne sont donnés ni par Belazory, ni par les autres historiens arabes. Les renseignements sur l'origine des Samanides, sur la révolte de Cherik ibn Cheikh et sur les troubles suscités par Mouqannah et ses sectateurs, méritent aussi de fixer l'attention.

Le *Tarikhi Nerchakhy* se termine par le récit de l'élévation au pouvoir d'Ahmed, fils d'Assad le Samanide, et par l'histoire des émirs de cette dynastie jusqu'à la fin du règne de l'émir Sedid Abou Salih Mançour, fils de Nouh, qui mourut au mois de Redjeb 365 (mars 976).

L'intérêt que présente la traduction fort abrégée faite par Ibn Zofer, les renseignements historiques et géographiques qu'elle renferme et enfin la simplicité du style m'ont déterminé à en extraire les chapitres consacrés aux bourgs et aux villages de la banlieue de Boukhara, à la fabrique des tissus de soie, au bazar de Makh, aux résidences royales de l'Erk et de Djouy Mevlian, aux canaux, aux impôts et à la muraille élevée dans la campagne pour protéger les environs de la ville. J'en donne le texte d'après deux manuscrits qui sont en ma possession : l'un, dont l'exécution est fort soignée, a été transcrit dans les premières

---

du Maverennahar par les Arabes, publié par M. Pierre Lerch. *Travaux de la troisième session du congrès international des Orientalistes.* St Pétersbourg et Leyde, 1879, tome I, pages 419—429.

années du XVIᵉ siècle; il porte aux premier et dernier feuillets les cachets des Khodjas du Djouïbar de Boukhara auxquels il a successivement appartenu. Le second a été copié pour moi sur un exemplaire conservé dans une bibliothèque de Téhéran. Ces manuscrits ne sont ni l'un ni l'autre exempts de fautes; les noms propres et les dates sont souvent rapportés d'une manière très inexacte et ces erreurs attestent la négligence et l'ignorance des copistes. J'ai donné le texte du manuscrit le plus ancien et je n'y ai fait aucun changement. J'ai voulu que les personnes qui se proposent de s'occuper de la langue et de la littérature persane fussent, dès le commencement de leurs études, mises en garde contre les fautes historiques que l'on rencontre fréquemment, soit dans les manuscrits, soit dans les textes imprimés en Orient. J'ai corrigé toutes les inexactitudes dans les notes qui suivent et j'ai joint les éclaircissements que j'ai jugés nécessaires, afin d'éviter au lecteur des recherches quelquefois longues et pénibles.

Je dois faire observer, en terminant cette notice, que la traduction d'Ibn Zofer a été remaniée dans les premières années du XIIIᵉ siècle, car nous y trouvons des faits postérieurs à l'année 574 (1178), et la prise de Boukhara par les Mogols en 617 (1220) est mentionnée à la fin du chapitre consacré à l'histoire du château royal.

NOTES.

Page 30, ligne 3. — Kerminèh ou Kerminièh, كرمينه كرمينيه —, était située en dehors de la muraille qui défendait la banlieue de Boukhara. Elle était plus grande, plus florissante et plus peuplée que Thawawis. Tout y était à meilleur marché (Istakhry, *Via regnorum* etc., éd. de Goeje, page 314). Kerminièh, dit Yaqout, est une localité du Soghd, remarquable par le grand nombre de ses arbres et l'abondance de ses eaux. Elle se trouve sur la route de Boukhara à Samarqand, et elle est à une distance de dix-huit fersengs de cette dernière ville (*Moudjem oul bouldan*, tome IV, page 268). On fabriquait à Kerminèh, au rapport de Mouqaddessy, des serviettes estimées (*Descriptio imperii moslemici*, éd. de Goeje, page 342). Kerminèh était à la distance d'une journée de marche de Thawawis et de Deboussièh.

Les Arabes, sous la conduite de Qotaïbah ibn Mouslim, s'emparèrent de ce bourg en l'an 88 de l'hégire (707), et c'est sous ses murs que Djouneïd ibn Abd Allah el Morry livra bataille au Khaqan des Turcs en l'année 112 (730). Kerminèh jouit encore de nos jours d'une certaine importance. Le gouvernement de la ville et du district était confié par le khan de Boukhara à son héritier présomptif. Le chiffre des impôts s'élevait à cinquante mille toumans (*Relation de l'ambassade de Riza Qouly Khan au Kharezm*, Paris, Leroux, 1879, page 157). Samany raconte qu'il a entendu dire au littérateur Abou Tourab Aly ben Thahir el Kerminy : «Kerminièh est ma patrie : son nom lui a été donné, à l'époque de la conquête, par les Arabes qui, en voyant ses arbres et ses cours d'eau si nombreux, la comparèrent à l'Arménie et s'écrièrent : « Kearminyèh, كارمنية, c'est comme l'Arménie! »

Samany séjourna dans cette ville un jour et une nuit lorsqu'il se rendait à Samarqand : elle était, à cette époque, en grande partie ruinée. Samany, *Kitab oul Enssab,* art. Kerminy.

Page 30, ligne 8. — Les géographes orientaux ne nous fournissent aucun détail sur le village de Nour. Samany se borne à dire que Nour est un petit village entre Boukhara et Samarqand. Il s'élève non loin d'une montagne où l'on va visiter en pèlerinage les tombeaux et les chapelles de saints personnages (*Kitab oul Enssab,* art. Noury). Yaqout est tout aussi bref dans les quelques lignes qu'il a consacrées à cette localité (*Moudjem,* tome IV, page 822).

Page 31, ligne 7.—Thewaïssèh est une leçon corrompue. Le nom de cette petite ville est Zat Eththawawis (la ville des paons), nom qui lui fut donné par les Arabes.

Thawawis, dit Istakhry, est un bourg qui possède un marché : il est, à une époque déterminée de l'année, le rendez-vous d'une foule de gens qui y viennent de toutes les parties de la Transoxiane. On en exporte, pour tous les pays, une grande quantité d'étoffes de coton. Thawawis se fait remarquer par le grand nombre de ses vergers et de ses eaux courantes. Tout y est à bon marché. Thawawis a une cité intérieure dans laquelle s'élève la grande mosquée. La ville est défendue par un château-fort (Istakhry, page 313). Thawawis est en dedans de la muraille de Boukhara (Yaqout, tome III, page 555). Le château-fort dont parle Istakhry tombait en ruines au temps de Mouqaddessy.

Page 32, ligne 5. — Les géographes orientaux ne nous fournissent aucun détail sur Eskedjket. Le personnage désigné par Nerchakhy sous le nom d'Abou Ahmed el Mouwaffaq billah est l'émir Abou Ahmed el Mouwaffaq billah Talhah Naṣir lidin illah, quatrième fils du khalife Abbasside Moutewekkil al'allah Djafer. Il naquit le mercredi deuxième jour du mois de Rebi oul ewwel 229 (30 novembre 843) et mourut le 22 Safer 278 (6 juin 891). Ce prince était remarquable par sa vive intelligence et ses connaissances en littérature, en histoire et dans la science des généalogies. Après sa mort, son fils Abou 'l-Abbas Ahmed Moutadhed billah fut proclamé héritier présomptif du khalifat.

Cf. Ibn el Athir, *Kamil fit tarikh*, éd. Tornberg, tome VII passim. *Sehaif oul akhbar*, éd. de Constantinople 1285 (1868), tome II, pages 140—152.

Page 32, ligne 13. — Mohammed, fils de Thahir, est le dernier prince de la famille des Thahirides. Il succéda à son père au mois de Redjeb de l'année 248 (septembre 862) et fut mis à mort, en 283 (896), par Amrou, fils de Leith, sur l'ordre du khalife Moutadhed billah.

Page 32, ligne 14. — Samany donne, dans son *Kitab oul Enssab*, la signification du surnom de Sahl ibn Ahmed. Le mot Daghouny, dit-il, est particulier au dialecte des habitants de Merv. Il désigne un marchand qui vend des chaussures sans quartiers et des souliers de paysans.

الداغونى ✦ هذه النسبة اختص بها اهل مرو وهم يقولون لمن يبيع المكاعب والمداسات الداغونى ✻

Page 33, ligne 10. — Chems eddin ou Chems oul Moulk Naṣr, fils d'Ibrahim, fils de Thamghadj Khan, dont le nom est souvent cité dans la traduction d'Ibn Zofer, était le septième prince de la dynastie turke qui faisait remonter son origine à Afrassiab, et qui régna sur la Transoxiane depuis l'année 378 (988) jusqu'en 609 (1212). Le second prince de cette famille, Chems oud Daoulèh Ilek Khan, s'empara de Boukhara en 389 (999) et fit prisonnier le dernier émir Samanide, Abdoul Melik, fils de Nouh, qui fut transporté à Uzkend où il mourut.

Chems eddin Naṣr succéda à son père Ibrahim en 460 (1067). Il perdit la vie dans la bataille qu'il livra en 472 (1079) sur les bords du Djihoun au sultan Seldjouqide Alp Arslan.

Chems eddin Naṣr était un prince courageux, éloquent, instruit, qui possédait un remarquable talent de calligraphe. *Medjmâ' out tewarikh,* man. pers. de mon cabinet, tome 1, f° 156.

Page 33, ligne 19. — Qadr Khan Djebrayl, fils d'Omar, fils de Thogroul, succéda à Massoud Khan. Il fut en 495

(1101) surpris, dans une partie de chasse aux environs de Balkh, par l'émir Barghach qui le fit prisonnier, et l'envoya à Sultan Sindjar dont il voulait envahir les états. Sindjar, après lui avoir reproché sa violation des traités, le fit mettre à mort. Selon d'autres historiens, Qadr Khan aurait livré à Sultan Sindjar une grande bataille dans laquelle il aurait été fait prisonnier et mis ensuite à mort par ordre du vainqueur. Qadr Khan était d'un caractère violent et les khans de la Transoxiane avaient sollicité l'intervention de Sultan Sindjar pour être délivrés de sa tyrannie.

Ibn el Athir, *Kamil,* tome X, pages 230—240.

Page 34, ligne 7. — Chorgh est, selon Yaqout, la forme arabisée du mot persan Tchorgh. Ce bourg est le lieu de naissance de plusieurs savants parmi lesquels on distingue Aboul Mehassin el Waïzh, plus connu sous le surnom d'Imam Zadèh, qui fut un littérateur, un prédicateur et un poète distingué. *Moudjem,* tome III, pages 276—277.

Le nom de Chorgh est orthographié Djorgh جرغ par Istakhry, page 311.

Page 34, ligne 13. — Le prince qui construisit le pont de briques sur le canal de Chorgh appelé Roudi Samdjen ou Haram Kam, est Arslan Khan Mohammed ibn Souleyman de la dynastie des Ali Afrassiab, qui reçut en 495 (1101) de Sultan Sindjar l'investiture du gouvernement de la Transoxiane à la mort de Mahmoud Khan. Arslan Khan mourut en 525 (1130).

Page 35, ligne 9. — L'émir Ismayl, fils d'Ahmed, est le premier prince indépendant de la dynastie des Samanides. Il monta sur le trône en 280 (893—894) et mourut au mois de Safer 295 (novembre-décembre 907).

Ibn el Athir, *Kamil,* tome VII, pages 345—348, VIII, pages 4—8. *Histoire des Samanides,* par Mirkhond, texte persan, traduit par M. Defrémery, Paris 1845, in-8°, pages 6—15 et 117—127.

Page 35, ligne 15. — Istakhry ne nous donne aucun détail sur Zendenèh. Ce bourg, dit-il, relève de la ville (de Boukhara) au nord de laquelle il est situé, à la distance de quatre fersengs (p. 315). Mouqaddessy ne lui consacre que peu de mots : «Zendenèh, au nord de Boukhara, a un grand nombre de villages sous sa dépendance; ce bourg est défendu par un château-fort au milieu duquel s'élève la grande mosquée. Le faubourg extérieur est prospère et bien peuplé» (p. 281). Zendenèh, au rapport de Yaqout, est un gros bourg qui relève de Boukhara; il est situé à quatre fersengs au nord de cette ville; les traditionnistes Abou Djafer Mohammed ibn Hatim ez Zendeny et Obeïd oullah ibn Waṣil, mort en 320 (932), y ont reçu le jour. Ce bourg a donné son nom aux étoffes si connues sous le nom de Zendenedjy. *Moudjem,* tome II, page 952.

Page 36, ligne 11. — Les géographes Istakhry et Ibn Hauqal ne citent point le nom de Efchènèh ou Fèchenèh. Mouqaddessy se borne à dire qu'Efchènèh est à l'ouest de Bikend; qu'elle fournit un grand nombre de guerriers qui combattent les infidèles; que le commerce y est considérable et que c'est une résidence agréable (p. 282).

Yaqout se contente de citer les noms de deux docteurs traditionnistes nés à Efchènèh.

Page 37, ligne 2. — Le nom de Rametin est orthographié Ariamiten ou Ramiten اریامتن رامتن par Mouqaddessy. Yaqout l'écrit Ramiten رامتن. Rametin me paraît être une corruption des deux mots persans آرام تن arami ten (repos du corps) et ce nom lui aurait été donné par Keïkhosrau. Mouqaddessy se borne à dire que Rametin est l'ancienne Boukhara et qu'elle est en partie ruinée (p. 282). Nerchakhy nous apprend que Eskedj épousa une princesse chinoise qui apporta avec son trousseau tous les objets nécessaires au culte de sa religion. On construisit une pagode à Rametin et on y plaça tous ces objets.

Page 37, ligne 14. — Le récit de l'expédition de Keïkhosrau Houmaïoun, fils de Siavech, fils de Keïkaous, contre Afrassiab se trouve dans le second volume de la traduction du livre des Rois de Firdoussi, publiée par M. Mohl, Paris 1876, tome II, pages 445—562. Malcolm, *Histoire de Perse*, traduite en français, Paris 1821, tome I, pp. 45—78.

Page 38, ligne 9. — Le nom de Wèrèkhchèh est donné aussi sous les formes de Fèrèkhchèh, Wèrèkhchy et Bèrèkhchy برخشی, ورخشی, فرخشه. C'était, au rapport d'Istakhry, la première station à laquelle on s'arrêtait, lorsque, partant de Boukhara, on se dirigeait vers le Kharezm (p. 338). Fèrèkhchy, dit Mouqaddessy, est un grand bourg avec un château-fort entouré par un fossé rempli d'eau courante (p. 282).

Page 39, ligne 9. — Les deux manuscrits que j'ai entre les mains donnent une mauvaise leçon : aux mots «l'émir Ahmed, fils de Nouh» امیر احمد بن نوح, il faut substituer ceux-ci : «L'émir Hamid Nouh, fils de Naṣr» امیر حمید نوح بن نصر. L'émir Nouh, quatrième prince de la dynastie des Samanides, succéda à son père, l'émir Saïd Naṣr, au mois de Redjeb 331 (mars 943). Il mourut au mois de Rebi oul akhir de l'an 343 (août 954). Mirkhond, *Histoire des Samanides*, édition Defrémery, pages 29—39 et 139—151.

Page 39, ligne 17. — Bikend, au rapport d'Istakhry, possède un nombre de *ribath* plus considérable qu'aucune des villes de la Transoxiane : «Il m'a été dit, ajoute-t-il, que leur chiffre atteint à peu près celui de mille. Cette ville est entourée d'une forte muraille. La construction de sa grande mosquée excite l'admiration ainsi que le mihrab qui est couvert des plus riches ornements. C'est le plus beau de tous ceux qui existent dans la Transoxiane» (p. 314).

Mouqaddessy nous apprend que Bikend était une ville située non loin du Djihoun, sur la limite des sables du désert. Elle était entourée d'une enceinte fortifiée percée d'une porte; elle possédait un marché bien pourvu de toutes sortes de marchandises, et une grande mosquée dans laquelle on remarquait un mihrab décoré de pierres précieuses. Au bas de la ville s'étendait un faubourg avec un marché. Il y avait à Bikend environ mille *ribath,* les uns en bon état, les autres ruinés. Bikend jouit de prérogatives spirituelles et sa grande mosquée est illuminée par la lumière céleste (p. 282).

Samany consacre quelques mots à Bikend. «Cette ville, écrit-il, est située dans la Transoxiane à une journée de Boukhara, quand on a franchi le fleuve. Son nom est cité dans le *Livre des conquêtes*. C'était une belle et grande ville qui a donné naissance à un grand nombre de docteurs. Elle est aujourd'hui en ruines; lorsque j'y suis allé pour y visiter les tombeaux des confesseurs de la foi, je n'y ai trouvé que quelques Turkomans établis dans les *ribath*.»

Yaqout, qui transcrit le texte d'Istakhry, se borne à ajouter que de son temps Bikend était depuis longtemps ruinée.

Nerchakhy nous donne quelques détails sur la prise de cette ville par Qotaïbah ibn Mouslim. Lorsque celui-ci fut nommé émir du Khorassan par Hedjdjadj, il soumit d'abord la province du Thakharistan, puis il franchit le Djihoun en l'année 88 (706). A cette nouvelle, les habitants de Bikend mirent leur ville en état de défense. Qotaïbah l'investit, et fit jouer une mine qui détermina l'écroulement d'une tour; les Musulmans entrèrent par la brèche, et le château fut ensuite emporté d'assaut; le siège avait duré cinquante jours.

Qotaïbah confia le gouvernement de Bikend à Warqah ibn Naṣr el Bahily. Celui-ci enleva les deux filles d'un habitant de la ville. Ce malheureux, pour se venger, lui plongea son couteau dans le ventre. Qotaïbah, en apprenant cette nouvelle, repassa le Djihoun et revint à Bikend. Il fit passer au fil de l'épée tous les hommes en état de porter les armes, et réduisit en esclavage les femmes et les enfants.

Un grand nombre des gens de la ville étaient absents, car ils s'étaient rendus en Chine pour les besoins de leur commerce; à leur retour, ils rachetèrent les femmes et les enfants.

Nerchakhy nous apprend en outre que Qotaïbah trouva dans un temple de Bikend, avec une idole en argent pesant quatre mille dirhems, un grand nombre d'objets de même métal. Il les fit réunir et peser; leur poids s'élevait à cent cinquante mille misqals. Il trouva également dans ce temple deux perles de la grosseur d'un œuf de pigeon; selon la tradition, elles avaient été apportées par deux oiseaux. Qotaïbah les envoya à Hedjdjadj avec tous les objets précieux et la lettre annonçant la prise de la ville. Bikend resta longtemps en ruines après la conquête des Arabes.

Obeïd oullah ibn Ziad, gouverneur du Khorassan, avait, sous le khalifat de Moawiah, dirigé une expédition contre Bikend, et Qotaïbah avait déjà paru devant elle en l'année 87 (705) (Belazory, pages 410, 420, 422). Bikend porta aussi le nom de *Charistan* ou *Charistan rouyyin* (la ville de cuivre). Celui de Bikend ou Beïkend (la ville du prince) indique qu'elle était la résidence de l'un des cinq chefs qui gouvernaient la Transoxiane avant l'invasion des Arabes. Je reconnais ce nom dans celui de Pe-teen donné par le *Tsëe'n Han Shoo* à la ville où séjournait le chef de la Sogdiane. «Le roi de K'ang Keu aime à tenir sa cour pendant l'hiver dans le pays de Yue-nieh, dans la ville de Pe-teen, qui est située à la distance de 12,300 lis de Chang-gan. *Notes on the western regions. Translated from the Tsëe'n Han Shoo, by* A. Wylie Esq., book 96, part 1, page 23, dans le *Journal of the anthropological Institute. August 1880.*

Page 41, ligne 5. — L'ouvrage géographique cité à propos du lac qui porte les noms de Barguin Firakh et Qara Gueul (le lac noir), est probablement celui qui a été composé sous le titre de كتاب المسالك في معرفة الممالك (Le livre des routes pour arriver à la connaissance des contrées), par Abou Abdallah Mohammed ibn Ahmed el Djeïhany, vézir de l'émir Naṣr, fils d'Ahmed, troisième prince de la dynastie des Samanides (301—331, A. D. 913—943). Ce traité volumineux qui renfermait, au témoignage de différents écrivains, les détails les plus complets sur la géographie de l'Asie centrale, n'est point parvenu jusqu'à nous. La biographie de Mohammed el Djeïhany et une notice sur les ouvrages composés par lui, ont été insérées par Yaqout dans son *Kitab oul Akhbar* (Le livre des traditions historiques).

Page 41, ligne 19. — Fireb ou Fereb est la corruption et la forme vulgaire du nom de Firebr ou Ferebr. Istakhry, Ibn Hauqal, Mouqaddessy et tous les autres géographes orientaux écrivent Firebr فربر. Cette ville a été aussi désignée sous le nom de Ribath Thahir ibn Aly. Aboul Abbas el Omary lui consacre quelques lignes dans son *Messalik oul Abṣar*. «C'est, dit-il, une ville située dans le voisinage du Djeïhoun et qui a, dans sa banlieue, des villages bien bâtis. Son territoire est très fertile : on y apporte continuellement les provisions de bouche les plus agréables et les plus exquises» (*Notices et extraits des manuscrits de la Bibliothèque du Roi,* tome XIII, page 252.) Abou Abdallah Mohammed ibn Ismayl, le rawy des traditions du Prophète recueillies par Abou Abdallah Mohammed ibn Ismayl dans l'ouvrage qui porte le nom de *Sahih,* naquit à Firebr en l'année 231 de l'hégire (845). C'est à Firebr, où il s'était rendu pour se livrer au plaisir de la chasse, que fut assassiné par ses esclaves, le 23 Djoumazi oul akhir 301 (25 janvier 914), l'émir Samanide Ahmed, fils d'Ismayl.

Page 44, ligne 16. — La mosquée de Makh fut entièrement détruite dans l'incendie qui éclata à Boukhara au mois de Redjeb 325 (mai 937) et réduisit en cendres une partie de la ville.

«Le feu, dit Nerchakhy, prit chez un débitant de *herissèh*[1] dont la boutique se trouvait près de la porte de Samarqand. Il enleva la cendre qui était sous la chaudière dans laquelle il faisait cuire le *herissèh,* sans s'apercevoir qu'il s'y trouvait encore un peu de braise. Il porta cette cendre sur la terrasse de sa maison pour la jeter dans un trou qu'il voulait combler. Le vent fit jaillir des étincelles sur une clôture en paille et en roseaux qui s'enflamma, et le feu gagna les bazars. Le quartier de la porte de Samarqand fut entièrement détruit. Les flammes formaient comme un nuage sur le ciel. La rue de Bekar, les files des boutiques du bazar, la porte du Medressèh de Farihek, les magasins des

---

1. La recette du *herissèh* est donnée dans le mémoire intitulé : «*Sur les institutions de police chez les Arabes*», publié par M. le Dr. W. Behrnauer dans le *Journal Asiatique,* tome II de l'année 1860, page 381.

cordonniers, les bazars des changeurs et des merciers ainsi que tout ce qui existait dans ce quartier de Boukhara jusqu'au bord du canal, furent complètement anéantis. Un débris enflammé, lancé au delà du canal, tomba sur la mosquée de Makh qui fut entièrement brûlée. L'incendie dura deux jours et deux nuits, et les habitants ne purent s'en rendre maîtres que le troisième jour. Pendant un mois, les poutres brûlèrent sous les décombres. Les pertes s'élevèrent à plus de cent mille dirhems, et les monuments détruits ne purent jamais être réédifiés comme ils existaient avant ce désastre.»

Page 44, ligne 18. — Les noms de Bounmedjket et de Boumsseket, donnés par notre auteur à Boukhara, sont orthographiés Boumdjeket par Yaqout, et Noumdjeket ou Nemoudjeket par Istakhry et Ibn Hauqal.

Page 45, ligne 6. — Il faut lire Noudjâbady au lieu de Nouhâbady que porte le texte. Noudjâbad est un petit village de la banlieue de Boukhara. L'imam et prédicateur dont Ibn Zofer invoque le témoignage est le cheikh Mohammed ibn Aly ben Mohammed Abou Bekr, personnage d'une haute piété; il composa un ouvrage de morale auquel il donne le titre de *Marta oun nazar* مرتع الظر (La prairie qui réjouit les regards). Le cheikh Mohammed ibn Aly mourut en 533 (1138) dans un âge avancé. Yaqout, tome IV, p. 821.

Page 46, ligne 14. — Le récit des aventures de Siavech,

fils de Keïkaous, de la passion qu'il inspira à Soudavèh ou Soudabèh, et de sa fuite dans la Transoxiane où il périt assassiné par l'ordre de son beau-père Afrassiab, se trouve dans le *Châh Namèh* de Firdoussy, traduit par M. Mohl, tome II, pages 161—145, dans le *Raouzet ous sefa* de Mirkhond, édition de Bombay 1262 (1846), tome I, pages 237—242. On peut aussi consulter l'*Histoire de la Perse*, de Malcolm, tome I, pages 54—61, de la traduction française.

Page 48, ligne 2. — L'auteur désigné sous le nom de Djafer est Mohammed, fils de Djafer Nerchakhy. Il faut donc lire محمد جعفر.

Page 48, lignes 9 et suivantes. — On trouve la légende relative au château de Boukhara dans Istakhry, page 315.

Page 49, ligne 9. — Le Kharezmchâh Etsiz, fils de Qouthb eddin Mohammed, gouvernait le Kharezm sous la suzeraineté de Sultan Sindjar. Il avait succédé à son père en 521 (1127). Il se révolta en 533 (1138), mais il fut battu et chassé par Sultan Sindjar qui confia l'administration de la province à son neveu Souleyman Châh. Etsiz ne tarda pas à reparaître après la retraite de Sindjar, et aidé par la population, il expulsa Souleyman Châh et pénétra dans la Transoxiane.

Page 49, ligne 10. — Le nom de l'émir Zenguy ibn Aly ben Khalifèh ech Cheïbany est cité par Ibn el Athir à une date postérieure à l'année 534 (1139). Il n'aurait donc pas été mis à mort par Etsiz, lorsque ce prince s'empara de Boukhara. L'émir Zenguy, dit Ibn el Athir, gouvernait le Thakharistan. Il attira et établit les Ghouzz dans cette province. Une vive inimitié régnait entre lui et Qoumadj, émir de Balkh. Chacun d'eux voulait être plus puissant que son voisin et le dominer. Fort de l'appui des Ghouzz, Zenguy marcha contre Balkh; mais Qoumadj entra en correspondance avec eux et leur fit embrasser son parti.

Lorsque les deux rivaux en vinrent aux mains, les Ghouzz, par leur défection, entraînèrent la défaite de Zenguy qui fut fait prisonnier avec son fils; ce dernier fut mis à mort par l'ordre de Qoumadj. *Kamil*, tome XI, pages 117—118. Ibn el Athir nous apprend aussi qu'en l'année 559 (1164), les Ghouzz commandés par l'émir Zenguy ibn Aly ben Khalifèh marchèrent sur Ghaznah qu'ils prirent et pillèrent. Melik Châh, fils de Khosrau Châh, trop faible pour leur résister, s'était enfui à Lehawer. *Kamil*, tome XI, page 202.

Page 49, ligne 13 et suivantes. — Kour Khan, dit l'auteur du *Medjma out tewarikh,* était le surnom de Qouchqin, fils de Beïghou, émir du Khita qui, fuyant la colère du Khaqan, s'expatria avec soixante de ses proches et alla s'établir à Qoufou où il fut rejoint par un grand nombre de Turks. En 522 (1128) Kour Khan marcha sur Bilassaghoun, s'en empara et chassa le descendant d'Afrassiab qui gouvernait le pays. En 536 (1141), il mit en déroute l'armée de Sultan Sindjar et fit la conquête de la Transoxiane. Les Kharezmchâh lui payaient tribut. Kour Khan mourut au mois de Redjeb 537 (janvier, février 1143). Il eut pour successeur Irghanèh Khatoun, sa fille ou sa cousine.

Ibn el Athir fait mention de deux personnages qu'il désigne l'un sous le nom de Kour Khan, l'autre sous celui de Kou Khan. «En l'année 522 (1128), dit-il, Kour Khan le Borgne parut sur les frontières de Kachghar à la tête d'une puissante armée, dont Dieu seul peut connaître le nombre des combattants. Le Khan Ahmed ibn el Hassan se mit en mesure de le repousser; il rassembla ses troupes et marcha à sa rencontre. Les deux armées en vinrent aux mains; Kour Khan fut battu et perdit un nombre considérable des siens. Il mourut peu de temps après sa défaite, et fut remplacé par Kou Khan le Chinois. Kou ou Kao dans la langue chinoise est le titre que l'on donne aux plus grands rois : Khan en turc veut dire prince, chef. Kou Khan a donc la signification de : «le plus grand des chefs.» Kou Khan portait des habits royaux et des voiles et il suivait les doctrines de la secte de Many. Lorsqu'il émigra de Chine et entra dans le Turkestan, les Turks du Khita se joignirent à lui; ceux-ci avaient précédemment quitté la Chine, et s'étaient mis au service des Khans du Turkestan.

Arslan Khan Mohammed avait accueilli seize mille tentes et les avait établies sur les routes qui conduisent de ses états en Chine, avec la mission de repousser toutes les attaques qui seraient tentées. Ces Turks recevaient à cet effet une solde et des terres à titre de fiefs. Il advint qu'ils excitèrent le courroux d'Arslan Khan qui leur fit défense expresse de fréquenter leurs femmes afin que celles-ci ne pussent avoir d'enfants, et que le nombre de ces Turks ne put augmenter.

Sur ces entrefaites, une immense caravane chargée d'une grande quantité de marchandises et d'objets précieux passa près de leur campement; ils s'en emparèrent et firent comparaître devant eux les marchands auxquels ils tinrent ce langage : « Indiquez-nous une contrée dans laquelle les pâturages soient abondants et qui soit assez vaste pour nous contenir nous et nos troupeaux. » Les marchands leur désignèrent d'un avis unanime le pays de Bilassaghoun.

Les Turks restituèrent les marchandises dont ils s'étaient emparés et se saisirent des gens qui avaient été chargés de les surveiller pour les tenir éloignés de leurs femmes; ils reprirent celles-ci et se mirent en marche pour Bilassaghoun. Arslan Khan dirigea contre eux de nombreuses expéditions qui les maintinrent dans un état d'alarmes continuelles. Cette situation se prolongea jusqu'à l'époque où Kou Khan émigra de Chine. Ces Turks se joignirent à lui : le bruit de leurs exploits se répandit au loin, leur nombre s'accrut et ils réussirent à se rendre maîtres du Turkestan. Lorsqu'ils s'emparaient d'une ville, ils respectaient les habitants et se bornaient à prélever un dinar sur chaque maison, soit dans les villes, soit dans les villages.

Les chefs qui se soumettaient passaient dans leur ceinture une manière de plaque d'argent qui était la marque de leur sujétion. Ces Turks se dirigèrent ensuite du coté de la Transoxiane. Le Khaqan Mahmoud ibn Mohammed partit des environs de Khodjendèh pour se porter à leur rencontre. Il leur livra au mois de Ramazan 531 (1136) une bataille dans laquelle il fut vaincu. Il se réfugia à Samarqand et les habitants de cette ville, en proie à la terreur et au désespoir, s'attendaient, tous les soirs et tous les matins, à voir le malheur fondre sur leurs têtes. Ceux de Boukhara et des autres villes partageaient les mêmes craintes. Le Khaqan Mahmoud implora le secours de Sultan Sindjar; il lui traça le tableau des calamités qui avaient fondu sur les Musulmans, et il sollicita instamment son assistance. Sindjar rassembla ses troupes; les chefs du Khorassan, les princes du Sedjestan et du Ghour, les rois de Ghaznah et du Mazanderan, et bien d'autres chefs encore se joignirent à lui. Les cavaliers de son armée dépassaient le nombre de cent mille.

Sindjar se mit en marche pour aller combattre les Turks; ceux-ci envahirent la Transoxiane au mois de Redjeb 535 (février 1141). Le Khaqan Mahmoud s'était plaint des Turks Qarghaly; Sindjar voulut les atteindre, mais ils se réfugièrent auprès du chef chinois Kou Khan et des infidèles qui l'accompagnaient. Sindjar s'arrêta à Boukhara; Kou Khan lui écrivit alors pour intercéder en faveur des Qarghaly, et solliciter leur pardon. Sindjar repoussa cette intervention, et adressa à Kou Khan une missive pour l'inviter à embrasser l'Islamisme, et il ne lui épargnait pas les menaces s'il refusait de se rendre à ses injonctions. Il essayait de l'intimider en lui faisant le dénombrement de ses troupes, et il se livrait aux plus grandes exagérations en décrivant la manière de combattre de ses soldats, et les différentes sortes d'armes dont ils se servaient; il alla jusqu'à dire qu'ils réussissaient à fendre un cheveu avec les pointes de leurs flèches. Le vézir de Sindjar, Thahir ibn Fakhr el Moulk ben Nizham el Moulk blâma la teneur de cette lettre, mais Sindjar l'expédia sans tenir compte de ses observations. Quand on en donna lecture à Kou Khan, celui-ci fit arracher quelques poils de la barbe de l'envoyé de Sindjar et lui fit mettre entre les mains une aiguille en lui donnant l'ordre de s'en servir pour les fendre. L'envoyé ne put en venir à bout. Comment, lui dit alors Kou Khan, un autre pourrait-il fendre un cheveu avec la pointe d'une flèche, puisque tu n'as pu le faire avec une aiguille?

Kou Khan se prépara à la guerre; il disposait de troupes turkes, chinoises et de soldats du Khita et il se porta à la rencontre de Sultan Sindjar. Les deux armées semblables à deux mers immenses se rencontrèrent à Qathawan. Kou Khan tourna l'armée de Sindjar et la rejetta dans une vallée qui porte le nom de Dirgham. L'aile droite de Sultan Sindjar était commandée par l'émir Qoumadj, l'aile gauche par le prince du Sedjestan. Les troupes d'élite formaient la réserve. La bataille se donna le 5 du mois de Safer 536 (10 septembre 1141). Les Turks Qarghaly qui avaient déserté le parti de Sindjar furent ceux qui combattirent avec la plus grande ardeur, et dans l'armée de Sindjar, personne ne déploya, dans cette journée, plus de valeur que le prince du Sedjestan. Le combat prit fin par la fuite des musulmans. Le nombre des morts fut si considérable qu'il ne put être apprécié, et la vallée de Dirgham fut comblée avec les corps de dix mille tués et blessés. Le Sultan Sindjar réussit à s'enfuir. Le prince du Sedjestan, l'émir Qoumadj, la fille d'Arslan Khan, femme de Sindjar, tombèrent au pouvoir de Kou Khan qui leur rendit la liberté. Le célèbre jurisconsulte Houssam Omar, fils d'Abdoulaziz, fils de Mazèh, fut fait prisonnier. Jamais dans le Khorassan, les soldats musulmans n'avaient essuyé une pareille défaite, ni perdu un nombre d'hommes aussi considérable. Cette victoire assura, dans la Transoxiane, la domination des Khitayens et des Turks infidèles; Kou Khan y fixa sa résidence et y mourut au mois de Redjeb 537 (janvier-février 1143).» *Kamil,* tome XI, pages 53—57. Selon Ibn el Athir le gouverneur de Boukhara et de Samarqand pour Kou Khan se nommait Djaghry Khan, fils de Hassan Teguin, tome XI, p. 305.

Page 49, ligne 17. — Les Ghouzz ne se rendirent pas maîtres de Boukhara en 538 (1144), mais bien dix ans plus tard. Il faut donc lire اربعين ou lieu de ثلاثين que porte le texte. Les auteurs orientaux ne sont point d'accord sur l'origine des Ghouzz. Selon les uns, cette tribu turke était depuis longtemps fixée dans la Transoxiane, et elle avait adopté l'Islamisme; lors de l'invasion des Khitayens, elle franchit le Djihoun et s'établit dans le Khorassan. Là, les actes arbitraires et les exactions des officiers des Seldjouqides les poussèrent à la révolte. Selon d'autres écrivains, cette tribu aurait, sous le règne du khalife Mehdy, abandonné le pays de Ghouzz situé à l'extrême limite du Turkestan pour se rendre dans la Transoxiane, et ils auraient, à cette époque, embrassé le parti de l'imposteur Mouqanna. Leur caractère perfide et turbulent obligea les autorités du Mavera oun Nehr de les tenir relégués dans les parties les plus reculées de la province. Lors de la rivalité de l'émir Zenguy et de l'émir Qoumadj, ils prirent parti tantôt pour l'un, tantôt pour l'autre de ces deux personnages, et s'emparèrent de Balkh. Sultan Sindjar résolut de les réduire; il leva une armée et marcha contre eux. Les Ghouzz essayèrent, mais en vain, de désarmer sa colère et d'obtenir leur pardon. Sindjar, malgré les cent mille hommes qu'il avait réunis, fut battu par eux, et obligé de se réfugier à Balkh. Il tenta une seconde fois le sort des armes, mais il fut encore une fois vaincu, et contraint de s'enfuir à Merv où le suivirent les Ghouzz vainqueurs. Sindjar ne voulant point céder à leurs exigences, abdiqua le pouvoir et se retira dans un couvent. Les Ghouzz furent, dès lors, les maîtres absolus du Khorassan. Cf. sur l'origine des Ghouzz, Klaproth, *Tableaux historiques de l'Asie*, Paris 1826, pages 121—122.

Page 50, ligne 8. — Le Kharezmchâh Qouthb eddin Mohammed succéda en 596 (1199—1200) à son père Ala eddin Tekich تكش, et non Teguin comme le porte fautivement le texte du manuscrit. C'est en 606 (1209) et non en 604 (1207) que la domination des Khitayens prit fin dans la Transoxiane.

Page 50, ligne 16. — Le copiste a écrit par erreur: L'émir Saïd, fils de Naṣr امير سعيد بن نصر, il faut lire l'émir Saïd Naṣr, fils d'Ahmed, fils d'Ismayl. Aboul Hassan Naṣr succéda à son père l'émir Ahmed assassiné à Firebr le 23 Djoumazi oul akhir 301 (15 janvier 914). Il mourut au mois de Redjeb 331 (mars-février 943) après un règne de trente ans et trente huit jours.

Page 51, ligne 7. — L'émir Abd el Melik, fils de Nouh, fils de Naṣr, fils d'Ahmed, fils d'Ismayl. Le nom de Mansour se trouve par erreur dans la généalogie d'Abd el Melik à la place de celui d'Ahmed arrière bisaïeul d'Abd el Melik. Mansour était le nom du frère de l'émir Abd el Melik. L'émir Ahmed était désigné sous le *kouni̇̀èh* d'Abou Naṣr. Mirkhond ne donne point à Abd el Melik le surnom d'émir Rechid (le justicier); il dit que ce prince portait de son vivant le *kouni̇̀èh* d'Aboul Fewaris et le surnom de Moueyyed (aidé de Dieu), et qu'il reçut, après sa mort, celui de Mouwaffaq (assisté par Dieu). L'émir Abd el Melik monta sur le trône au mois de Rebi oul akhir 343 (août 954). Il tomba de cheval en jouant au mail, et mourut des suites de sa chute en 350 (961), après avoir régné un peu plus de sept ans.

Page 51, ligne 8. — Le vézir de l'émir Abd el Melik était Aboul Hassan Abdallah ibn Ahmed el Outby.

L'auteur de l'histoire de Sultan Mahmoud, intitulée *Tarikh Yeminy*, se nommait Abou Naṣr Mohammed ibn Mohammed ben Abd el Djebbar el Outby. Les membres de la famille Outby faisaient remonter leur origine à Outbah ibn Ghazwan, l'un des compagnons du Prophète.

Page 51, ligne 17. — L'émir Abou Salih Mançour, fils de Nouh, succéda à son frère l'émir Abd el Melik en 350 (951). Il mourut en 365 (976), et il fut désigné après sa mort, sous le nom d'émir Sedid (le prince qui agit avec droiture). Il eut au commencement de son règne pour vézir Emirek Belamy.

Page 52, ligne 1. — Il faut substituer au mot رشید celui de سدید.

Page 52, ligne 2. — On désigne sous le nom de شب سوری (chebi soury) la nuit du dernier mercredi qui précède la fête du Naurouz. On allumait devant chaque maison trois feux par-dessus lesquels on sautait en criant زردی من از تو سرخی تو از من. «C'est toi qui me rends jaune, c'est moi qui te rends rouge».

Page 53, ligne 14. — Thaghchadèh Boukhar Khoudat était le fils de Bindoun ou Beydoun, Boukhar Khoudat et époux de la Khatoun qui gouvernait Boukhara à l'époque de l'invasion des Arabes. Thaghchadèh était alors au berceau.

Nerchakhy nous donne sur quelques faits de son administration et sur sa mort des détails fort curieux.

«Ahmed ibn Mohammed ben Naṣr dit que Mohammed ibn Djafer rapporte dans son ouvrage, sur la foi de Mohammed ibn Salih el Leïthy et d'Aboul Hassan el Meïdany, qu'au temps où Assad ibn Abdallah el Qasry (et non el Qocheïry comme le porte le texte), était gouverneur du Khorassan, surgit à Boukhara un homme qui excita le peuple à embrasser l'Islamisme. Le plus grand nombre des habitants étaient infidèles et, à ce titre, ils payaient l'impôt de la capitation. Certains d'entre eux se laissèrent persuader, et devinrent musulmans. Le Boukhar Khoudat Thaghchadèh en conçut une violente colère, car, dans le fond de son cœur, il était resté infidèle. Il écrivit à Assad ibn Abdallah qu'il y avait à Boukhara un homme qui jetait le trouble dans la ville, et suscitait contre lui une vive opposition. «Les gens qui suivent son parti, ajoutait-il, prétendent qu'ils sont musulmans, mais ils mentent, car ils ne sont musulmans que de bouche, et leurs anciennes erreurs sont encore enracinées dans leurs cœurs. Il se servent de ce prétexte pour agiter la ville, donner des embarras au gouvernement et tarir la source du revenu de la capitation.» Assad ibn Abdallah écrivit, en conséquence, à son délégué Mouqatil Cherik ibn el Harith pour lui enjoindre de se saisir de ces gens, et de les livrer à Thaghchadèh qui en agirait à leur égard, selon son bon plaisir. On rapporte que ces nouveaux convertis se refugièrent dans la grande mosquée où ils attestaient à haute voix qu'il n'y a d'autre Dieu qu'Allah et que Mohammed est son serviteur et son envoyé. Ils criaient : Wa Mohammed, Wa Ahmed!

Le Boukhar Khoudat en fit décapiter quatre cents dont les têtes furent placées sur des gibets. Personne n'avait eu le courage d'intercéder en leur faveur. Les survivants réduits en esclavage au nom d'Assad ibn Abdallah lui furent envoyés dans le Khorassan. Aucun de ceux qui échappèrent à la mort ne renia l'Islamisme; tous lui restèrent fidèles, et ils le pratiquèrent sous la protection d'Assad ibn Abdallah. Après la mort de Thaghchadèh, ils retournèrent à Boukhara.

En l'année 156 (772) mourut Assad, fils d'Abdallah, fils

de Merwan. Le khalife Hicham, fils d'Abd el Melik, confia le gouvernement du Khorassan à Naṣr ibn Seyyar et lui en expédia le diplôme. Naṣr se rendit dans la Transoxiane, dirigea quelques expéditions contre les Turks et fit la conquête de Ferghanèh. Après avoir dispersé les Turks, il se rendit à Samarqand où Thaghchadèh alla le trouver. Naṣr ibn Seyyar le reçut avec honneur et lui témoigna les plus grands égards, car il avait demandé sa fille en mariage, et Thaghchadèh lui avait fait don du village de Khynoum qui porte aujourd'hui le nom de Karieki Alewian. Lorsque Thaghchadèh se présenta devant Naṣr ibn Seyyar, celui-ci était assis en dehors de sa tente. On était alors au mois de Ramazan, et le soleil allait se coucher. Naṣr conversait avec Thaghchadèh quand survinrent deux dèhqans de Boukhara parents de ce dernier, et qui avaient fait profession de la foi musulmane entre les mains de Naṣr ibn Seyyar. Ils appartenaient l'un et l'autre à une puissante famille. Ils se plaignirent vivement de la conduite tyrannique de Thaghchadèh à leur égard; celui-ci s'était, dirent-ils, emparé par violence de leurs domaines. L'émir de Boukhara Wacil ibn Amr était présent à l'entretien; les dèhqans réclamèrent aussi justice contre lui; ils prétendaient que Thaghchadèh et Wacil s'étaient associés pour mettre la main sur les propriétés d'autrui. Thaghchadèh parlait à Naṣr ibn Seyyar à voix basse; les deux dèhqans s'imaginèrent qu'il sollicitait l'autorisation de les faire mettre à mort. Ils se concertèrent et se dirent : « Puisque Thaghchadèh et Wacil veulent nous faire périr, donnons nous au moins satisfaction. » A ce moment Thaghchadèh dit à Naṣr : «Puisque ces deux hommes se sont convertis à la vraie foi, pourquoi donc, ô Emir, ont-ils un poignard dans leur ceinture?» Naṣr s'adressa à eux : «Pour quel motif, leur demanda-t-il, portez-vous des poignards?» «Il existe entre nous et Thaghchadèh, répondirent-ils, des causes d'inimitié; nous n'avons aucune sécurité». Naṣr donna à Haroun ibn Siavech l'ordre de leur enlever leurs armes, et il jeta sur eux des regards courroucés. Les deux dèhqans s'éloignèrent, et résolurent de tuer ces deux personnages qu'ils considéraient comme leurs ennemis. Naṣr en ce moment se leva pour faire la prière; il récita l'iqamet et remplit les fonctions d'imam. Thaghchadèh était assis sur un siège; il ne prenait pas part à la prière, car il était encore secrètement attaché à l'erreur. La prière terminée, Naṣr entra dans sa tente et invita Thaghchadèh à venir auprès de lui; celui-ci trébucha sur le seuil et tomba. A cet instant, un des dèhqans se précipita sur lui et lui ouvrit le ventre d'un coup de couteau : l'autre se jeta sur Waṣil qui était encore en prière, et lui plongea son couteau dans le sein. Waṣil qui avait vu son mouvement lui abattit la tête d'un coup de sabre, et tous deux expirèrent sur l'heure. Naṣr donna l'ordre de mettre à mort celui qui avait frappé Thaghchadèh, et il fit porter dans sa tente et placer sur son lit le blessé; un médecin fut appelé pour lui donner ses soins.

Thaghchadèh fit connaître ses dernières volontés et rendit l'âme au bout d'une heure. Ses serviteurs entrèrent alors, et détachèrent sa chair de ses os qu'ils transportèrent à Boukhara.

Thaghchadèh avait gouverné pendant trente deux ans.

Naṣr ibn Seyyar récita la prière sur le corps de Wacil ibn Amr et le fit enterrer dans sa tente.

Becher fils de Thaghchadèh succéda à son père dans la dignité de Boukhar Khoudat, et Khalid, fils de Djouneïd fut nommé émir de Boukhara».

Page 53, ligne 15. — L'émir Ismayl est le premier prince de la dynastie des Samanides qui ait fixé sa résidence à Boukhara. Il descendait par Ahmed, fils d'Assad des Saman Khoudat qui possédaient, à titre de fief, le district de Saman dans la Soghdiane et prétendaient faire remonter leur origine à Behram Gour de la dynastie des Sassanides.

L'émir Ismayl succéda à son frère Naṣr en 279 (892) et mourut le 15 du mois de Safer 295 (21 avril 908). Il reçut après sa mort le titre d'Emir Mazhy (le feu prince).

Page 53, ligne 17. — Moustaïn Ahmed, fils de Moutacem Mohammed, douzième khalife de la dynastie des Abbassides, naquit en 221 (835), il monta sur le trône en 248 (862) et périt assassiné à Baṣrah en 252 (866), après avoir régné trois ans et neuf jours.

Page 54, ligne 14. — L'histoire de Boukhara contient plusieurs passages relatifs à la grande mosquée de cette ville; je les juge assez intéressants pour en donner ici la traduction.

«La mosquée dans laquelle on faisait la prière publique du vendredi fut édifiée en 94 (712) par Qotaïbah ibn Mouslim, dans l'enceinte du château. Tous les vendredis, Qotaïbah faisait annoncer par un crieur public que tous ceux qui se rendraient à la mosquée et y assisteraient à la prière, recevraient deux dirhems.

Dans les premières années qui suivirent l'introduction de l'Islamisme, les habitants de Boukhara récitaient, en persan, les versets du Qoran qui forment la prière canonique, car il leur était impossible d'apprendre l'arabe. Quand, dans la mosquée, les assistants devaient se mettre à genoux, un homme placé derrière eux criait à haute voix : *Nekinita Nekinet* نكنيتا نكنت, et lorsqu'ils devaient se prosterner la face contre terre, il disait : *Nigounia Nigouny* نكونيا نكونى.

Nerchakhy rapporte dans un autre passage que la mosquée construite par Qotaïbah dans l'intérieur du château était fréquentée par les Musulmans qui y faisaient leurs prières. Quand l'amour de l'Islamisme multiplia les conversions, la mosquée fut insuffisante pour contenir la foule des fidèles. Lorsque, sous le règne de Haroun er Rechid, Fadhl, fils de Yahya, fils de Khalid le Barmécide fut investi du gouvernement du Khorassan, les habitants de Boukhara se réunirent et décidèrent, d'un commun accord, de construire une grande mosquée entre le château et la cité intérieure; elle fut achevée en 184 (800).

On cessa de faire la prière du vendredi dans la mosquée du château; elle fut abandonnée et convertie en bureaux pour la perception de l'impôt.

Personne ne déploya plus de zèle que Fadhl, fils de Yahia, pour la construction de cette nouvelle mosquée : il dépensa pour elle des sommes considérables. Depuis lors, chacun se plut à l'agrandir jusqu'à l'époque où l'émir Ismayl Samany acheta un grand nombre de maisons, et augmenta sa superficie des deux tiers.

Ce fut Fadhl, fils de Yahia, qui, le premier, fit placer des lampes dans la mosquée pendant le mois de Ramazan.

On rapporte que sous le règne de l'émir Saïd Naṣr, fils d'Ahmed, fils d'Ismayl, la grande mosquée s'écroula subitement, un vendredi du mois de Ramazan, alors qu'elle était remplie de fidèles. Un grand nombre d'entre eux périrent, et la ville fut plongée dans le deuil. On retira des décombres des gens qui respiraient encore, mais qui ne tardèrent pas à succomber; ils avaient les jambes ou les bras cassés. Le nombre des victimes de cette catastrophe fut si considérable que la ville sembla déserte. Les habitants déployèrent une grande énergie; les personnages de la cour de l'émir accordèrent des secours, et la mosquée fut rebâtie en un an, sous la surveillance d'Abou Qazhy.

L'année suivante fut marquée par un nouveau malheur; les deux côtés de la qiblèh s'écroulèrent, mais à ce moment-là, personne ne se trouvait dans la mosquée. Cet accident fut de suite reparé. En 306 (918) Abou Abdallah el Djeïhany, vézir de l'émir Naṣr, acheva à ses frais la construction du minaret. Ce travail dura cinq ans.

La grande mosquée était voisine du château de Boukhara. Sous le règne d'Ibrahim, fils de Thamghadj, Chems oul Moulk Naṣr, fils de ce prince voulant s'emparer de la ville se retrancha dans le château. On se battit sous ses murs, et on fit pleuvoir dans son enceinte, du haut du minaret, une grêle de flèches qui incommodèrent la garnison. Chems oul Moulk donna l'ordre de lancer sur le minaret des matières incendiaires. Le sommet qui était en bois prit feu; des débris enflammés tombèrent dans la mosquée qui fut dévorée par l'incendie.

La prise du château ayant fait passer le pouvoir dans les mains de Chems oul Moulk, ce prince donna l'ordre de reconstruire la grande mosquée. On creusa un fossé pour la séparer du château. Le sommet du minaret fut rétabli en briques cuites : la maqçourah et la construction qui l'entourait furent placées à une plus grande distance de la mosquée. Les ministres et les gens riches contribuèrent à sa reconstruction. Cet incendie eut lieu en 460 (1067) et les travaux furent achevés en 461 (1068).

Mohammed ibn Abou Bekr raconte qu'il avait entendu dire à des personnes qui méritent toute confiance, que Chems oul Moulk avait fait faire et orner d'incrustations, à Samarqand, la maqçourah, le minber et le mihrab qu'il fit transporter à Boukhara et placer dans la grande mosquée.

Cet édifice ne subit aucun changement jusqu'au règne d'Arslan Khan Mohammed ibn Souleyman. Celui-ci fit reporter la mosquée à une plus grande distance du château afin qu'elle n'eût point, comme au temps de Chems oul Moulk, à souffrir de ce voisinage. Arslan Khan acheta un grand nombre de maisons dans la cité; il fit abattre la partie de la mosquée la plus rapprochée du château, et donna l'ordre de déplacer le minaret et de le reporter dans la cité, car il n'avait point son pareil pour son élégance et la beauté de ses ornements. Sa reconstruction était à peu près achevée, quand une influence néfaste le fit écrouler. Il tomba sur la mosquée, en démolit un tiers et brisa dans sa chute toutes les poutres peintes et sculptées du plafond. Arslan Khan commanda qu'il fût reconstruit; on mit le plus grand soin à lui donner toute la solidité possible, et on fit le sommet en briques. Toutes les dépenses nécessitées par ces travaux furent payées sur les revenus particuliers du prince. Cette nouvelle mosquée fut achevée en l'an 516 (1122).

On y voit cinq *mian seray;* deux d'entre eux qui se trouvent du côté de la cité sont, ainsi que le minaret, l'œuvre d'Arslan Khan.

Le grand seray et la maqçourah ont été élevés par Chems oul Moulk. Le seray situé près du château est plus ancien; il a été construit par l'émir Ismayl Samany en l'année 290 (902); la maqçourah qui donne sur le palais de l'émir du Khorassan a été bâtie par l'émir Hamid Nouh, fils d'Ahmed, fils d'Ismayl en l'année 340 de l'Hégire (951).»

Page 56, ligne 2. — Khizhir Khan succéda en 472 (1079) à son frère Chems oul Moulk Naṣr. Son règne fut de courte durée et son fils Ahmed Khan le remplaça sur le trône. Sa tyrannie avait soulevé contre lui ses sujets qui réclamèrent la protection de Melik Châh. Ce prince fit passer le Djihoun à son armée et mit, en 482 (1089), le siège devant Samarqand dont il se rendit maître. Ahmed Khan fait prisonnier fut amené, la chaîne au cou, devant le prince Seldjouqide qui le traita avec égards, et lui assigna Isfahan pour résidence. Melik Châh confia le gouvernement de la Transoxiane à un de ses officiers; mais les notables ayant refusé de lui obéir, Melik Châh rendit le pouvoir à Ahmed Khan, après avoir reçu de lui des assurances de fidélité et de dévouement.

Page 57, ligne 4. — Le mot *ket* كت a la signification de maison, كتكت *ketket* pourrait donc désigner une grande maison, la demeure d'un homme riche, un palais. Nerchakhy nous fait connaître les mesures prises par Qotaïbah ibn Mouslim, lorsque les Arabes s'établirent définitivement à Boukhara; son récit est basé sur le témoignage du jurisconsulte Hatim. «Lorsque Qotaïbah, dit-il, s'empara de Boukhara après sa quatrième expédition, il accorda la paix aux habitants, à la condition qu'ils verseraient tous les ans une somme de deux cent mille dirhems au trésor du Khalife, et qu'ils donneraient dix mille dirhems au gouverneur du Khorassan. Ils devaient abandonner aux Musulmans la moitié des impôts et de leurs biens fonds. Ils étaient obligés, en outre, de fournir aux Arabes les fourrages pour leurs chevaux et de subvenir à leur entretien. Les habitants riches durent se loger hors de la ville, dans des kiosques ou dans des quartiers distincts et éloignés les uns des autres.» Dans un autre passage Nerchakhy donne quelques détails sur ces kiosques ou maisons de campagne construites, après la conquête, en dehors de la ville. «J'ai vu, dit cet auteur, sur les portes de la mosquée de Boukhara, des figures sculptées dont une partie avait été détruite tandis que l'autre était restée intacte. Je questionnai à ce sujet mon maître qui était un homme avancé en âge. Il me répondit : qu'il y avait autrefois, en dehors de la ville, des kiosques ou maisons de plaisance habitées par des gens opulents, qui s'étaient montrés très peu disposés à adopter l'Islamisme et ne paraissaient jamais à la mosquée. Les pauvres s'y rendaient avec empressement, à cause des deux dirhems que l'on y donnait à chacun d'eux : les riches, de leur côté, ne témoignaient aucun goût pour y aller.

Un vendredi, les Musulmans se dirigèrent vers ces kiosques et sommèrent ceux qui les habitaient de se rendre à la mosquée : on leur répondit en leur lançant des pierres du haut des terrasses. Il s'ensuivit une rixe dans laquelle les Musulmans eurent l'avantage; ils arrachèrent les portes de ces maisons et les emportèrent. Sur ces portes se trouvaient les figures des idoles que chacun adorait. Lorsque la grande mosquée fut agrandie, on y plaça ces portes, après avoir fait disparaître la représentation de ces divinités et en laissant intact le reste des sculptures.»

Ahmed ibn Mohammed ben Naṣr ajoute : une de ces portes existe encore aujourd'hui (522—1128). Elle se trouve à l'extérieur de la mosquée, dans l'endroit où après être descendu de la plateforme, on prend le chemin qui conduit au palais du gouverneur du Khorassan. On passe devant une première porte, et sur la seconde qui est une de celles dont nous avons parlé plus haut, on distingue encore des vestiges de sculpture.

Page 59, ligne 2 et suivantes. — Istakhry énumère tous les canaux qui sillonnaient le territoire de Boukhara et décrit avec un soin minutieux le cours de chacun d'eux. Quelques-uns des noms donnés par ce géographe diffèrent de ceux que nous trouvons dans le texte d'Ibn Zofer. Cf. Istakhry, pages 308—311. Ibn Hauqal, pages 357—361.

Page 60, ligne 16 et suivantes. — Mouqaddessy nous donne (éd. de M. de Goeje, p. 340) le chiffre des impôts prélevés sur Boukhara et les différentes parties de la Transoxiane. Ils étaient payés en dirhems Ghithrify, Mohammedy et Mousseïby. Mohammed, Mousseïb et Ghithrif ibn Ithab avaient été gouverneurs du Khorassan. Les dirhems Ghithrify, frappés à Boukhara dans le kiosque de Makhek, étaient composés d'un mélange d'or, d'argent, de cuivre, de fer, et d'étain. Ils n'avaient point cours hors de la Transoxiane. Un dirhem d'argent pur valait six dirhems Ghithrify.

Page 61, ligne 8 et suivantes. — Les géographes orientaux ne donnent point le nom de cette muraille que notre auteur appelle Diwarî Kenperek ou Kensserek ديوار كنپرك, ديوار كنسرك et qui, se développant sur une étendue de douze fersengs, protégeait la banlieue de Boukhara contre les invasions des tribus turkes. Ils la désignent sous le terme générique de حائط (mur). Les villages qui se trouvaient dans l'intérieur de cette enceinte étaient ceux de Thawawis, Bemdjeket, Zendenèh, Maghkan et Khoudjadèh. Cf. Istakhry, pages 305, 313. Ibn Hauqal, page 362.

Page 61, ligne 12. — Abou Abdallah Mohammed el Mehdy, troisième khalife de la dynastie des Abbassides, naquit au mois de Djoumazi oul akhir 127 (mars 745). Il monta sur le trône à l'âge de trente deux ans, au mois de Zilhidjèh 158 (octobre 775), et mourut au mois de Ramazan 169 (mars 785), après un règne de onze ans. Il eut pour successeur son fils Abou Mohammed Moussa el Hady.

Page 61, ligne 16. — شست est l'orthographe ancienne du mot qui désigne en persan le nombre soixante. On a depuis substitué à la lettre س la lettre arabe ص. Le mot صد (cent) s'écrivait aussi autrefois سد. Riza Qouly Khan, *Ferhengui Naciry*, Téhéran 1288, in-f°, sub voce شست.

Page 63, lignes 6 et 7. — La filiation de Mohammed, dernier prince de la famille des Thahirides du Khorassan, doit être rétablie ainsi : Mohammed, fils de Thahir, fils d'Abdallah, fils de Talhah. Mohammed succéda à son père Thahir au mois de Redjeb de l'année 248 (septembre 852); il fut mis à mort conformément aux ordres du khalife Moutadhed par Amr ibn Leith au mois de Chewwal 283 (décembre 896).

Page 63, ligne 14. — Saad ou Saïd ibn Khalef était originaire de Balkh. Il fut appelé à remplir les fonctions de cadi de Boukhara le dernier jour du mois de Djoumazi oul ewwel 213 (6 août 828). La douceur de son caractère et son équité étaient proverbiales. Il établit des règlements basés sur la justice, et ce fut lui qui pourvut à la distribution des eaux à Boukhara, de façon à mettre les faibles à l'abri des vexations des gens puissants.

Page 63, ligne 17. — Roukn eddin Massoud, fils de

Qilidj, fils de Thamghadj, de la dynastie des Âli Afrassiab, succéda à son cousin Ahmed Khan. Il ne gouverna la Transoxiane que pendant peu de temps (492—494).

Medjma' out tewarikh, tome II, f° 155. Chihaby Samarqandy a été son panégyriste, et quelques odes composées par lui nous ont été conservées dans les différents Tezkerèhs.

Page 64, ligne 1. — La date de 460, donnée comme celle de l'entrée du Kharezmchâh Qouthb eddin Mohammed, fils de Sultan Tekich dans Boukhara, est erronée. Au lieu de ستين واربعمايه il faut lire  six cents quatre.

Page 64, ligne 3. — L'armée moghole sous les ordres de Djenghiz Khan s'empara de Boukhara au mois de Moharrem 617 (mars 1220).

NOTICE

SUR L'OUVRAGE PORTANT LE TITRE DE

FEZHAILI BALKH

(LES MÉRITES DE BALKH)

(فضايل بلخ)

Balkh est, au dire des historiens orientaux, une des plus anciennes villes du monde. Selon une tradition adoptée par les Musulmans, qui rattachent généralement aux patriarches, aux prophètes et aux personnages de l'Ancien Testament tous les faits antérieurs à l'Islamisme, la première ville, celle de Ouq, aurait été fondée dans l'Inde par Adam, et Balkh aurait été bâtie par son fils Qabil (Caïn)[1]. On lui a donné le surnom de *Oumm el bilad* ام البلاد (la mère des villes) et le poète Envery fait une allusion à cette prétention de ses habitants dans ce vers satyrique : «Si le firmament était un petit enfant, Balkh serait sa nourrice; la

---

1. Le cadi Naṣir eddin Abdallah el Beizhaoui avance dans son *Nizham out Tewarikh* que Balkh a porté à l'origine le nom de Kabil ou Kaboul. On s'est basé sur ce nom pour en attribuer la fondation à Qabil (Caïn).

Mekke, de son côté, serait aussi la mère de toutes les villes du monde.»

آسمان گر طفل بودی بلخ کردی دایکیش

مکه ناندکرد معموره جهانرا مـــادری +

Les auteurs persans ne sont point d'accord sur le nom de son fondateur. Selon les uns, elle fut bâtie par Keyoumers, premier roi de la dynastie des Pichdadiens, qui s'y établit avec ses enfants, et selon les autres, par Lohrasp qui en jeta les fondements à l'époque où son lieutenant Bokht Naṣar détruisit Jérusalem. Lohrasp quitta Chadyakh de Nichabour pour se fixer à Balkh, et, à la fin de sa vie, il résigna le pouvoir entre les mains de son fils Gouchtasp pour se retirer dans le célèbre pyrée du Naubehar et se consacrer tout entier à la vie religieuse. «Lorsque Lohrasp, dit Daqiqy, dans son *Gouchtasp Namèh*, eut cédé le trône à Gouchtasp et qu'il en fut descendu, lorsqu'il eut renoncé au monde, il choisit Balkh pour sa résidence et se retira dans le Naubehar pour lequel les adorateurs de Yezdan avaient, à cette époque, la même vénération que les Arabes pour la Mekke.»

چو کشتاسب را داد لهراسب تخت

فرود آمد از تخت و بست رخت

بلخ کزین شد بدان نوبهـــار

که یزدان پرستان آن روزگار

مر آن خانه را داشتندی چنان

که مر مکه را تازیان آن زمان

Sous le règne de Menoutchehr, sixième prince de la dynastie des Pichdadiens, Afrassiab, Khaqan des Turks, s'empara de Balkh et en fit sa capitale. Elle resta au pouvoir de ses successeurs jusqu'à l'avènement des Keyâniens. Le Djihoun cessa, alors, d'être la frontière qui séparait l'Iran du Touran. Key Qobad, Key Kaous et Key Khosrau y demeurèrent, ainsi que leurs successeurs, jusqu'à l'époque où Houmaïeh, fille d'Isfendyar, transporta dans l'Iraq le siège du gouvernement. Yaqout prétend, dans son *Moudjem el bouldan* (tome I, page 713), qu'Alexandre fonda ou rebâtit la ville de Balkh et lui donna le nom d'Iskenderièh.

Sous la domination des anciens rois de Perse, Balkh jouissait d'une grande prospérité; sa situation géographique en faisait le centre du commerce des contrées occidentales de l'Asie avec le Turkestan, l'Inde, le Sind et les provinces du nord et du sud de la Chine. Lors de la ruine de la dynastie des Sassanides, Yezdedjerd y chercha un refuge jusqu'au moment où l'approche d'Ahnaf ibn Qaïs le força de s'enfuir auprès du Khaqan des Turks.

Belazory et Ibn Acem nous font connaître les événements dont Balkh a été le théâtre pendant les premiers temps de la conquête arabe : je ne crois pas devoir mentionner ici les entreprises des princes des différentes dynasties des Saffarides, des Ghaznévides, des Ghourides, des Seldjouqides et des Kharezmchâh jusqu'à la destruction de cette cité florissante par les soldats de Djenghiz (618—1221).

Elle se releva cependant de ses ruines, mais au bout d'un siècle et demi, Timour s'en empara et la rasa (771—1369). Balkh reprit quelque éclat sous les princes Timourides, mais elle déclina après cette époque, et rien ne vint arrêter sa décadence.

Je ne crois point inutile de donner ici une description de l'état actuel de la ville de Balkh. Elphinstone, Moorcroft, Burnes, Gerard, Ferrier l'ont visitée, et c'est de leurs relations que j'extrais les détails suivants.

La vieille ville de Balkh s'élève à la distance de soixante sept milles anglais du Djihoun, dans une plaine sillonnée de nombreux canaux dérivés de la rivière de Dehâs. Elle est entourée d'une muraille en briques et en terre fort dégradée, qui se développe sur une étendue de quatre ou cinq milles. Au milieu des ruines, on remarque des mosquées écroulées, des tombeaux effondrés et trois medressèhs ou colléges d'une belle architecture, construits probablement à l'époque des princes Timourides. Au nord de la ville, sur le sommet d'une colline artificielle se trouve le château aujourd'hui abandonné; il se compose d'une enceinte carrée ayant une tour à chacun de ses angles. Le nombre des maisons dans l'intérieur de l'enceinte est peu considérable; au commencement du siècle quelques-unes s'écroulèrent à la suite des pluies, et on retira de dessous les décombres plusieurs vases remplis de pièces d'or qui avaient été cachés dans les murailles. Cette découverte détermina les habitants à démolir les anciennes constructions, dans l'espoir de trouver de nouveaux trésors.

La population de la vieille ville de Balkh ne s'élève pas aujourd'hui à plus de deux mille habitants, dont un millier de Juifs et quelques Hindous; ils sont tous soumis à l'impôt de la capitation (Djizièh) que l'on prélève sur les infidèles. Les Hindous sont boutiquiers et se reconnaissent à la marque peinte sur leur front. Les Juifs sont marchands et ouvriers, et ils doivent porter un bonnet de peau d'agneau noire.

La ville neuve est à une lieue au nord de la vieille ville; elle n'a point de mur d'enceinte, et elle est défendue par un château où réside le gouverneur. Les maisons et les édifices sont tous construits avec des briques provenant des ruines de l'ancienne Balkh.

La population se compose de dix mille Afghans et de cinq mille Uzbeks appartenant aux tribus des Qiptchaq et des Sahou.

Le territoire du district de Balkh a conservé son ancienne fertilité; les récoltes de céréales sont très abondantes, et les fruits sont d'un goût exquis; mais le climat est devenu d'une insalubrité proverbiale dans toute l'Asie. Les canaux mal entretenus débordent après les pluies, et les eaux croupissantes donnent naissance à des miasmes pestilentiels.

L'histoire de Balkh dans ces derniers temps offre peu d'intérêt. Après la mort de Nadir Châh, Ahmed Châh Dourany concéda le district de Balkh à Hadji Khan, un de ses compagnons d'armes. Le fils de Hadji Khan en conserva le gouvernement après la mort de son père, mais les habitants cédant aux excitations de l'émir de Boukhara se soulevèrent contre lui. Timour Châh marcha contre eux et étouffa cette rébellion. A la mort de Timour, Châh Mourad de Boukhara envahit la province de Balkh et 'assiégea la ville sans succès. De 1793 à 1826, la domination Afghane fut incontestée.

En cette dernière année, Mourad Beik, gouverneur de Qoundouz, s'empara de la ville et la conserva pendant deux ans; il en fut chassé alors par l'émir de Boukhara, qui y installa comme gouverneur un certain Ichan Khodjah. L'émir Naṣr oullah en resta maître jusqu'en 1841, date de la conquête de Balkh par Mir Valy de Khoulm au nom de Châh Choudja. Enfin, en 1850, Mohammed Ekrem Khan Barekzay s'en empara, et depuis lors, elle est restée soumise à l'autorité des Afghans.

La fertilité du territoire de Balkh et la beauté de la ville étaient proverbiales en Orient. Mouqaddessy compare Balkh à Damas et la plaine qui l'environne à celle de Ramlèh. Lohrasp lui avait donné le surnom de Housna (حسنا la belle); elle portait aussi ceux de la jolie جميه et de la bien-aimée معشوقه. Assad ibn Abdallah l'appelait el Gharra (الغرا la brillante).

Le mérite et le nombre des jurisconsultes et des gens pieux qui s'y trouvaient réunis, lui valut les titres de *Dar el Feqahah* دار الفقاهة (la demeure de la jurisprudence) et de *Qoubbet oul islam* قبة الاسلام (la voûte de l'Islamisme). On la désigna aussi sous le nom de «la ville de sang» *Chehri khoun* شهر خون à cause des péripéties sanglantes qui marquent son histoire, et par ce qu'elle était le lieu de passage des troupes musulmanes dirigées sur les contrées occupées par les tribus turkes infidèles.

Balkh, dit Istakhry, s'élève dans une plaine unie. Les montagnes les plus rapprochées portent le nom de *Kouh*, et se trouvent à une distance de quatre fersengs. Elle est entourée par une muraille sans fossé, et par un faubourg.

La mosquée où se fait la prière du vendredi se trouve dans la cité, et les marchés se développent autour d'elle; elle est constamment fréquentée par un grand concours de fidèles. La superficie de Balkh est d'un demi ferseng. Les maisons sont construites en pisé. Les portes principales de la ville sont celles de Naubehar, Bab Rahbèh, la porte de fer (Bab el hadid), celle des Indiens, celle des Juifs, la porte des soixante barrages (Bab chast bend), et la porte de Yahia. La rivière de Dèhas (qui fait tourner les meules de dix moulins), traverse la ville et fournit l'eau nécessaire à l'irrigation des cultures jusqu'au village de Siahdjerd[1]. Les jardins et les vergers commencent aux portes de la ville.

Les principaux événements dont Balkh a été le théâtre ont été rapportés par les auteurs qui ont écrit l'histoire générale des pays soumis à l'Islamisme; des écrivains qui avaient vu le jour dans cette ville en avaient aussi rédigé les annales. Hadji Khalfa cite les noms de Mohammed ibn Oqaïl, mort en 316 (928), et d'Aboul Qassim Aly ibn Mahmoud el Kâaby. L'auteur du *Fezhaïli Balkh* nous apprend qu'il a tiré certains faits de l'histoire de l'Imam Naṣir eddin Aboul Qassim Samarqandy, des *Menaqib Balkh* (les beautés de Balkh) d'Abou Yezid el Balkhy et du livre de Dhahhak. Il cite également les recueils des biographies des savants de Balkh publiés par Abdallah ibn Mohammed ben Djafer Djouybary el Warraq, par Abou Ishaq el Moustetemy, par Aly ibn Fazhl ben Thahir (ces deux derniers ouvrages avaient chacun quatorze volumes), enfin un livre

---

[1]. La rivière de Balkh portait autrefois, au rapport de Massoudy, le nom de Kalef. Le nom de Roudi Dehâs a été corrompu en celui de Roudi Hâch.

publié par Younis ibn Thahir el Baṣry el Balkhy. Aucun de ces ouvrages ne nous a été conservé.

Les deux chapitres dont le texte figure dans ce volume sont extraits du manuscrit n° 115 du fond persan de la Bibliothèque nationale, porté au catalogue sous le titre de *Fadhaïl Balkh*.

Cet ouvrage fut écrit originairement en arabe, dans un style simple et élégant, par un prédicateur de Balkh nommé Safy eddin Abou Bekr Abdallah ibn Omar ben Daoud qui portait le titre de Cheikh oul islam. Il mit la dernière main à son œuvre le premier jour du mois de Ramazan 610 (14 janvier 1214), sept ans avant l'invasion des Moghols. L'exemplaire autographe du livre d'Abou Bekr échappa à la destruction lors du sac de la ville, et dans le dernier quart du treizième siècle, un personnage important, Fakhr eddin Abou Bekr Abdallah ibn Abil Ferid, manifesta le désir de le voir traduit en persan. L'auteur de la traduction ne s'est pas nommé; il nous fait savoir seulement qu'il entreprit son travail après avoir longtemps hésité et mûrement réfléchi et qu'il l'acheva le premier Zil qaadèh 676 (16 mars 1279); il habitait alors le quartier des cordonniers.

Il nous apprend que Safy Eddin s'était proposé de faire connaître les prérogatives spirituelles de Balkh et l'abondance des biens matériels que l'on y trouve; les particularités de sa fondation et la façon dont elle fut construite. Il parlait de ses canaux, de ses arbres, de ses jardins, des fruits produits par ses vergers et des plantes odoriférantes que l'on recueille sur son territoire. Il s'étendait sur ses mosquées, sur ses colléges et sur la pompe avec laquelle on célébrait les vendredis et les fêtes religieuses. Il décrivait la prospérité de la ville; il mentionnait les docteurs de la loi, les cheikhs et les souverains illustres, le chiffre élevé de la population et les dévots qui s'étaient voués à la vie ascétique. Il rappelait la sécurité des routes, le bas prix des choses nécessaires à la vie et la tranquillité dont le peuple jouissait, enfin les châtiments et les supplices infligés aux malfaiteurs.

« Où est le sage Safy eddin? s'écrie ensuite avec tristesse le traducteur; où est-il pour voir ce que sont devenues ces perdrix au plumage coloré qui voltigeaient dans la plaine de la satisfaction de tous leurs désirs? Que sont devenus ces lions du siècle, qui, dans leurs tanières, brisaient les os des malheureux animaux? Que sont devenus ces rois, modèles de majesté et de justice, et ces docteurs aux conseils écoutés, et ces philosophes au noble caractère, et ces dévots dont la vie était si pure? Tous ont été précipités du haut du trône de la puissance et du bonheur, et ils ont disparu sous les planches du cercueil de l'avilissement. Il n'est resté ni roi, ni trône, ni gouvernement, ni bonheur! Tu dirais qu'ils ont été comme le vent qui a passé, ou comme le nuage qui s'est dissipé. Leur langue éloquente est devenue muette; leur qalem a été brisé et n'a plus couru sur le papier. Ces arbres et ces fruits ont été changés en broussailles et en épines! Ces édifices si élevés ont été détruits! » Et cette allusion à la destruction de Balkh par les Moghols et au massacre de ses habitants, se termine par ce vœu: « Ô notre Dieu, affermis nos demeures, et pardonne à ceux qui les habitent, par ta grâce qui embrasse tout! »

وكتابى در فضايل بلخ و شمايل اهالى وى از تصنيف شيخ الاسلام ثقة السلف
اوستاد الخلف ابو بكر عبد الله بن عمر بن محمد بن داود الواعظ صفى الملة
و الدين البلخى طيب الله ثراه و جعل الجنة مثواه بخط مبارك او يافته شــد
بلغت نازى بعبارتى لطيف و تركيبى پاكيزه و فصاحتى بى غايت و بلاغتى بى
نهايت و در احصاى فضايل و بعداد نعم و اساس و بنياد و انهار و اشجار
و اثمار و بساتين و رياحين و مساجد و مدارس و رونق جمعه و اعيـــاد
و آبادانى شهر بلخ و ذكــــر علما و مشايخ و شاهان نامور و انبوه خلــــق
و تربيت صلحا و امن راهها و خصب نعمت و آسودكى خلق و زجر و تعريك
مفسدان مبالغتى هر چه تمامتر فرموده و آن بزرك آكنون كجاست تابينــد كه
كجا شدند آن تذروان رنكين كه در فضاى مراد خود مى پريدند و ياكجا شدند
شيران عصر كه در مسكن تسكين جانوران مسكين را مى شكستند و ياكجــا
شدند آن شاهان باهيبت و عدل و علماى بانصيحت و حكماى نيكو ســــيرت
و صلحاى پاكيزه سريرت همه از بالاى تخت كامرانى و كامكارى بزير تختهٔ
خوارى كرفتار شدند نه شاهان ماندند و نه تخت و نه دولت ماند و نه بخت
كوبى باد بودند و بركذشت و يا ابرى كه در نوشت و زبان فصيحچشان بسته
شد و قلم عزيزشان از رفتار شكسته شد و آن اشجار و اثمار بخار و خاشاك
مبدل شد و آن بناهاى عالى جمله منهدم كــــشت اللهم صحح بنياننا و اغفر
سكانها بفضلك العميم +

Le *Kitab Fezhaïli Balkh* se compose d'une préface et de trois parties.

La première est relative aux prérogatives spirituelles de

Balkh, établies sur les traditions recueillies de la bouche des compagnons de Mohammed ou de celle des tabis.

La seconde expose la situation matérielle de la ville, sans doute après la reconstruction faite par Naṣr ibn Seyyar et l'établissement de l'islamisme; l'auteur y parle des qualités morales des habitants et de leur goût pour les œuvres de l'esprit, ainsi que des ressources de toute nature que fournit le territoire de Balkh au point de vue des productions minérales et végétales; il fait enfin l'éloge du climat et énumère les facilités qu'offre, pour le commerce, la situation de Balkh.

La troisième partie de l'ouvrage, qui est de beaucoup la plus considérable, est consacrée à la biographie, écrite à un point de vue exclusivement religieux, de soixante-dix cheikhs ou saints personnages nés ou ayant résidé à Balkh. Safy eddin Abou Bekr a voulu, en choisissant ce nombre, se conformer à la parole du Qoran qui dit : «Moïse prit dans le peuple soixante-dix hommes pour les faire comparaître devant nous» (Ch. VII, v. 154), et à cette tradition du Prophète انه ليغان على قلبي حتى استغفر الله فى اليوم سبعين مرة «Mon cœur est oppressé jusqu'à ce que j'aie demandé, chaque jour, soixante-dix fois pardon à Dieu.»

Les deux chapitres dont je donne le texte ne présentent pas un égal intérêt. Le premier est un amas confus de traditions apocryphes et de faits historiques disposés sans ordre, et même répétés plusieurs fois. Il était bien difficile de rattacher Balkh, la ville où florissait la religion de Zoroastre et qui possédait un pyrée aussi vénéré que le Naubehar, au souvenir des patriarches et des prophètes antérieurs à Mohammed. Cependant, entre autres traditions, l'auteur n'a point hésité à rapporter celles qui ont trait à un voyage aérien fait par Abraham que guidait l'ange Salsabyl, gardien de la terre, et dans lequel le patriarche vit Balkh et fut instruit des vertus de ses habitants. Selon d'autres traditionnistes, Job aurait donné à Gouchtasp l'ordre de fonder Balkh, et il y serait enterré : on y montra aussi à Ibn Batoutha le tombeau d'Ezéchiel. Enfin, Aly aurait prédit que les docteurs de la loi seraient, à Balkh, aussi nombreux et aussi pressés que les grains dans l'écorce de la grenade. Ces assertions ne doivent pas arrêter l'attention ; j'ai jugé cependant convenable d'en donner le texte ; il nous montre le zèle aveugle avec lequel les peuples de l'Asie centrale, attachés au rite sunnite, après avoir perdu leur culte national et abandonné les croyances et les coutumes de leurs ancêtres, accueillent les allégations sans valeur attribuant aux pays et aux villes qu'ils habitent une place dans les légendes et les traditions des Arabes.

Le second chapitre nous offre sur la ville de Balkh, sur la condition de ses habitants et sur les productions de son territoire, des renseignements d'autant plus intéressants qu'ils sont dégagés de toutes ces assertions exagérées dont les écrivains orientaux sont si prodigues.

Le manuscrit de la Bibliothèque nationale est d'une écriture nestaliq du commencement du XVIᵉ siècle. Il se compose de 207 feuillets de douze lignes à la page. Les premiers feuillets de la préface manquent, ainsi que ceux de la fin du volume qui s'arrête au milieu de la biographie du cinquante-neuvième cheikh, Mohammed ibn Abi Sahl. Onze notices font donc défaut. J'ai, dans ces extraits, comme dans ceux de l'histoire de Boukhara, reproduit exactement le texte du manuscrit; il fournit une nouvelle preuve du peu d'exactitude des noms propres et des dates cités dans les ouvrages copiés dans la Transoxiane à partir du XVIe siècle, époque à laquelle les Uzbeks consolidèrent leur domination dans l'Asie centrale. J'ai corrigé toutes ces erreurs dans des notes que j'ai faites aussi courtes que possible, pour tous les personnages qui n'ont point joué un rôle marquant dans l'histoire.

NOTES.

Page 66, ligne 2. — Djandab ibn Djenadèh ben Sofian, plus connu sous le surnom d'Abou Dharr el Ghifary, faisait profession de monothéisme et adorait Allah, trois ans avant que Mohammed eût fait connaître sa mission comme prophète. Il se rendit à la Mekke, et fut l'un des quatre ou cinq Arabes qui embrassèrent les premiers l'islamisme. Il retourna alors dans sa tribu, et ne rejoignit Mohammed qu'après son émigration à Médine; il resta auprès de lui jusqu'au moment de sa mort. Il se rendit en Syrie après l'élection d'Omar au khalifat, et s'éleva hautement contre la cupidité et les extorsions de Moawiah qui le dénonça au khalife Osman. Celui-ci rappela Abou Dharr et lui assigna pour résidence le village de Rabadah (ربذة), situé non loin de Médine et sur la grande route des pèlerins de Syrie. Abou Dharr y mourut l'an 32 de l'hégire (652).

On cite, sur son autorité, un grand nombre de traditions qu'il avait recueillies de la bouche du Prophète. Cf. Ibn el Athir, *Ousd oul ghabèh*. Caire, 1285, tome I, pages 301 à 303. Nawawi, *Tezhib oul esma*, éd. de M. Wüstenfeld. Gœttingue, 1842—1847, page 714.

Page 67, ligne 15. — Abdallah, fils du khalife Omar et de Oumm Akhtah Hafsa el Djemhièh, fille de Madhoun, naquit à la Mekke, deux ans avant le moment où Mohammed se déclara prophète. Il embrassa l'islamisme en même temps que son père, et rejoignit, avant lui, Mohammed à Médine. Il mourut à la Mekke en l'année 73 (692), à l'âge de quatre-vingt-quatre ans, après avoir langui des suites d'une blessure qui lui fut faite par l'ordre de Hedjdjadj, pendant les cérémonies du pèlerinage au mont Arafat, avec un dard empoisonné. *Ousd oul gabèh*, tome III, pages 327—332.

Page 68, ligne 9. — Cette tradition est en désaccord avec une autre fort accréditée dans les pays musulmans, et qui place le lieu où Abel fut tué par Caïn au pied du mont Qassioun, près de Damas, où l'on montre une caverne appelée *Magharat ed Dem* (la caverne du sang). Elle est l'objet de la vénération des musulmans et des chrétiens, et elle est mentionnée, non-seulement dans les écrits des auteurs orientaux, mais encore dans toutes les relations des pèlerins du moyen âge et des voyageurs modernes qui ont visité Damas.

Page 68, ligne 13. — Abou Ishaq ibn Ahmed ben Ibrahim el Moustemily, client d'Abou Bekr Abdallah ibn Mohammed el Tarkhany, était né à Boukhara. Abou Ishaq el Moustemily connaissait toutes les traditions relatives aux habitants de Balkh et aux cheikhs de cette ville. Il était versé dans toutes les sciences et particulièrement dans celle de l'histoire. Il mourut à Balkh en 376 (986).

Samany, *Kitab oul Enssab*, art. Moustemily.

Page 68, ligne 18. — On peut consulter sur Gouchtasp l'article de la Bibliothèque orientale (Leyde 1777, tome II, pages 462—467, *sub voce* Kichtasp) et les pages que lui a consacrées M. Anquetil-Duperron dans le *Zend Avesta, ouvrage de Zoroastre*, Paris 1781, tomes I et II, passim.

Le Ferzanèh Behram ben Firouz a inséré une longue notice sur Gouchtasp dans le *Charistani tchehar tchemen*. Bombay, 1223 de l'ère de Yezdedjerd (1854).

Page 69, ligne 7. — Termiz est une ville dont l'origine remonte à la plus haute antiquité; elle est située sur la rive orientale du Djihoun et relève de la province de Saghanian. Elle est défendue par un château-fort, dans lequel se trouve le palais de l'émir. La ville ainsi que le faubourg sont entourés par une muraille; les rues principales et les bazars sont dallés en briques. La mosquée où l'on fait la prière du vendredi est dans l'intérieur de la ville et le mouṣalla est dans le faubourg, en dedans de l'enceinte fortifiée. L'eau potable est fournie par la rivière de Saghanian. Termiz, prospère et bien peuplée, est le point où l'on débarque les marchandises destinées aux pays voisins.

Istakhry, page 297. Yaqout, *Moudjem*, tome I, pages 823—824.

Page 69, ligne 11. — Si l'on s'en rapporte au témoignage de Firdoussy et de quelques auteurs persans, Djamas ou Djamasp était le frère et le ministre de Gouchtasp, cinquième roi de la dynastie des Pichdadiens. Il exerçait à Balkh les fonctions de grand-prêtre du culte de Zoroastre. Les écrivains orientaux lui donnent le titre de *Hekim* (savant versé dans la connaissance des sciences naturelles et occultes). Djamas aurait composé un livre sur influence exercée par la conjonction des astres, et un traité d'alchimie, écrit pour Ardechir. Mouhssin Fany, dans son *Dabistan oul Mezahib,* rapporte les explications de Djamasp sur plusieurs points des dogmes de la religion de Zoroastre. *Dabistan oul Mezahib,* éd. de Bombay 1262 (1845), page 98 et tome I, page 358 et suivantes de la traduction anglaise de MM. D. Shea et Anthony Troyer, Paris 1843. *Zend Avesta, ouvrage de Zoroastre* par M. Anquetil-Duperron, Paris 1781, tome I, 2ᵉ partie, pages 40, 48 et tome II, passim.

Page 70, ligne 3. — Abou Saïd Hassan ibn Aboul Hassan Yessar, plus connu sous le nom de Hassan el Baṣry, naquit à Médine en l'année 21 de l'hégire (641). Son père était un client des Anṣars, et sa mère Khaïrah, une esclave affranchie de Oumm Selamèh, femme de Mohammed.

Hassan el Baṣry avait recueilli les traditions du Prophète de la bouche du khalife Osman; il avait connu Aly et plusieurs des compagnons du Prophète et avait ouvert à Baṣrah une école de jurisprudence et de la science des traditions. Waṣil ibn Atha, son disciple, se sépara de lui et devint le chef de la secte des Motazely.

Hassan el Baṣry mourut à Baṣrah, le premier du mois de Redjeb de l'année 110 (10 octobre 728). Cf. Ibn Khallikan, pages 368—370; Nawawy, *Tezhib oul esma,* éd. de M. F. Wüstenfeld. Gœttingue, 1842—1847, pages 209—213.

Page 70, ligne 5. — Le personnage désigné sous le nom de Eyyoub le Martyr est Abou Eyyoub Khalid el Anṣary, le porte-étendard du Prophète, qui périt sous les murs de Constantinople en l'année 34 (654), lors du premier siège de cette ville par les Arabes. Le tombeau d'Eyyoub fut retrouvé en 1453 par le cheikh Aq Chems eddin, avant la prise de la ville par Mahomet II.

Page 70, ligne 9. — Qobad, fils d'Ardechir, me semble inexact. Il faut lire Qobad, fils de Firouz, descendant d'Ardechir. Qobad est le père de Nouchirevan. *Histoire des Sassanides de Mirkhond,* pages 232—236 et pages 353 à 358, de la traduction de M. S. de Sacy, insérée dans les *Mémoires sur diverses antiquités de la Perse,* Paris, 1793.

Page 70, ligne 15. — Le célèbre traditionniste et jurisconsulte Aboul Harith Leith ibn Saïd appartenait à une famille originaire d'Isfahan. Il naquit en l'année 94 (713) et mourut à Miṣr (Vieux-Caire), le 15 du mois de Chaaban 175 (25 décembre 791).

Page 70, ligne 16. — Hedjdjadj ibn Youssouf eth Thaqafy fut, pendant deux ans, le gouverneur du Hedjaz. Après la défaite d'Ibn Zobair, Abd el Melik ibn Merwan, cinquième prince de la dynastie des Omeyyades, lui confia le gouvernement de l'Iraq et du Khorassan. A la mort d'Abd el Melik, son fils Merwan le confirma dans ce poste. Hedjdjadj mourut à l'âge de cinquante-quatre ans, en l'année 95 (713). Cf. D'Herbelot, *Bibliothèque orientale,* Leyde 1777, tome II, pages 225—229; Massoudy, tome V, passim; Ibn el Athir, tomes III, IV et V, passim.

Page 70, ligne 18. — Qotaïbah ibn Mouslim, gouverneur du Khorassan, fit la conquête de la Transoxiane, sous le khalifat de Welid, fils d'Abd el Melik. Il se révolta contre le khalife Souleyman et fut massacré par ses soldats en l'année 96. Tabary, tome IV. Ibn el Athir, tomes IV et V, passim.

Page 71, ligne 3. — Le nom de la localité où périt Qotaïbah est écrit fort distinctement کج dans deux passages du manuscrit. Cette leçon est fautive. Il faut substituer à کج le mot کخ. Nous lisons dans la traduction de l'histoire de Boukhara par Ibn Zofer : « Le tombeau de Qotaïbah jouit, dans le Ferghanèh, d'une grande réputation. Qotaïbah repose dans le village de Kakh situé dans le district de Ribathi Serheng. On s'y rend continuellement de toutes parts en pèlerinage. Qotaïbah avait atteint, au moment de son martyre, l'âge de cinquante-cinq ans. »

و خاك قتیبه بفرغانه معروفست در ناحیت رباط سرهنك در دیهی كه كاخ
خوانند آسوده است و از ولایتها پیوسته آنجا روند بزیارت و پنجاه و پنج ساله
بود كه شهادت یافت

Page 71, ligne 4. — En l'année 106 (724), le khalife Hicham confia le gouvernement de l'Iraq à Khalid ibn Abdallah el Qassry et non el Qoucheïry, comme le copiste l'écrit toujours par erreur. Il confia à son frère Assad ibn Abdallah l'administration du Khorassan. A cette nouvelle, Mouslim ibn Saïd envahit la province de Ferghanèh, mit le siége devant la capitale, coupa les arbres et ruina les maisons des alentours. Le Khaqan des Turcs l'attaqua à la tête de ses troupes et le força à battre en retraite avec une telle précipitation qu'il franchit, en un seul jour, la distance de trois journées de marche.

Assad ibn Abdallah se rendit à Samarqand, et nomma gouverneur de cette ville Hassan ibn Abi Arramatah; il fit partir ensuite une expédition contre les montagnards du Nimrouz, dont le chef sollicita la paix et embrassa l'islamisme. Après avoir ravagé le Khorassan, Assad vint à Balkh. Il fit rebâtir cette ville et y installa les bureaux de l'administration. Il y mourut au moment où il se disposait à envahir le Turkestan. Khalid et Assad, fils d'Abdallah, appartenaient à une fraction de la tribu des Beni Qaïs qui était désignée sous le nom de Qassr.

Page 71, ligne 10. — Consultez, au sujet de Naṣr Khan, la note de la page 23.

Page 71, ligne 14. — Fadhl, fils de Yahia el Barmeky, fut nommé, par le khalife Haroun er Rechid, gouverneur du Khorassan en 177 (793). Il ne resta que sept mois dans cette province et revint à Baghdad dans le courant de l'année 178 (794).

Page 72, ligne 1. — Il faut lire سبعين au lieu de خسين qui est une faute du copiste.

Page 72, ligne 2. — Daoud, fils d'Abbas, fils de Mabendjour en Nauchary el Balkhy, succéda à son père dans le gouvernement de la province de Balkh, sous la suzeraineté des khalifes Abbassides. Il construisit auprès de Balkh le château de Nauchad, ou plus exactement Nauchar. Lorsque Mouwaffaq, pour faire évacuer le Fars à Yaqoub ibn Leith, lui donna l'investiture des provinces de Balkh, du Thakharistan et du Sedjestan, Yaqoub ibn Leith marcha immédiatement sur la ville de Balkh. Daoud s'enfuit à Samarqand, et, après la retraite de Yaqoub ibn Leith, il revint à Nauchar dont il trouva le château dévasté et ruiné. Dans sa douleur il se meurtrit la poitrine et récita ces vers :

«Hélas! ô Daoud, tu ne verras rien de pareil! Ce palais t'avait abrité contre la chaleur dans le milieu du jour, et voici, Nauchar est devenu un monceau de ruines! L'écho y résonne et invite de tous côtés le hibou à venir l'habiter. Ne te réjouis jamais de voir tes vœux accomplis, car c'est alors que l'âme oppressée remonte vers la gorge.»

هيهات يا داود لم تر مثلها + سترتك فى وضح النهار نحوما

فكأنما نوشار قاع صفصف + يدعو صداه بجانبيه البـــوما

لا تفرحن بدعوة حولتها + وزوالها قد قرب الحلقمـــا

Pendant que Daoud était occupé à faire construire Nauchar, il chargea la Khatoun, sa femme, du gouvernement de Balkh. Pour obtenir une diminution dans la quantité de blé que la province devait fournir, cette princesse envoya au khalife Moutazz une chemise ou tunique brodée en pierres précieuses. Le khalife refusa ce présent, et exprima le désir de voir le prix des pierreries consacré à l'achèvement de la grande mosquée et au creusement d'un canal. Les dépenses de ces travaux furent ainsi payées, et il resta en plus le devant et les manches de la tunique.

Ce fait fut raconté à Ibn Bathouthah pendant son séjour à Balkh. «Un homme versé dans la connaissance de l'histoire, dit-il dans la relation de ses voyages, m'a raconté que la grande mosquée de Balkh a été construite par une femme dont le mari, appelé Daoud, fils d'Aly, était émir ou gouverneur de Balkh. Il advint que le khalife se mit un jour en colère contre les habitants de Balkh, à cause d'une action qu'ils avaient commise. Il envoya dans leur ville quelqu'un chargé de leur faire payer une amende considérable. Lorsque cet officier fut arrivé à Balkh, les femmes et les enfants de la ville se rendirent près de cette femme dont il a été question plus haut, comme ayant construit la mosquée, et qui était l'épouse de leur émir. Ils se plaignirent à elle de leur situation et de l'amende qui leur était imposée. Elle envoya à l'émir qui était venu pour lever sur eux cette taxe, un vêtement brodé de perles, à elle appartenant et dont la valeur surpassait la somme que l'émir avait reçu ordre de leur faire payer ...... Cet émir alla trouver le khalife, plaça le vêtement devant lui et lui raconta ce qui s'était passé.»

«Le khalife fut honteux et dit : Est-ce que cette femme sera plus généreuse que nous? ..... Lorsque la tunique fut renvoyée par le khalife, elle ordonna de la vendre, et c'est avec le prix qu'on en retira que furent bâtis la mosquée, le zaouièh et un caravansérail situé vis-à-vis de la mosquée. Il resta un tiers du prix de ce vêtement, et on raconte que cette femme ordonna d'enfouir cette somme sous une des colonnes de la mosquée, afin que l'on pût s'en servir en cas de besoin. Djenghiz, instruit de cette particularité, donna l'ordre de renverser les colonnes de la mosquée. Le tiers fut abattu, mais on ne trouva rien. » Samany, *Kitab oul Enssab*, Art. Nauchary. Ibn el Athir, tome VII, page 171. Yaqout, tome IV, page 823. *Voyages d'Ibn Batoutah*, publiés par MM. Defrémery et Sanguinetti, tome III, pages 59 et suivantes.

Page 74, ligne 2. — Abou Abd el Djebbar Moutewekkil ibn Hamran était originaire du Kerman. Qotaïbah se l'attacha, et lui donna un commandement dans son armée; il le nomma cadi du Saghanian, après avoir fait la conquête de cette province. Il lui confia, ensuite, les mêmes fonctions à Balkh. Moutewekkil se déclara contre Abou Mouslim, et fut mis à mort en 142 (759), par le gouverneur de Balkh, Abou Daoud. Moutewekkil avait atteint, selon quelques auteurs, l'âge de quatre-vingt-dix ans, et selon d'autres, celui de cent quatre ans. Il avait exercé la charge de cadi pendant cinquante-deux ans.

Page 74, ligne 6. — Aboul Hassan Mouqatil ibn Souleyman a, comme traditionniste, une autorité très contestée, mais il est estimé comme commentateur du Qoran. Il avait été le disciple de Mohammed ibn Chirin et de Atha ibn Rabah. Il a composé un grand nombre d'ouvrages de théologie; il mourut à Basrah en l'année 158 (774).

Page 76, ligne 5. — Abou Mouthy Hakim ibn Abdallah ben Mouslim, et au dire de quelques auteurs, Ibn Selamèh, remplit à Balkh, puis à Wassith, les fonctions de cadi. Il mourut dans cette dernière ville en l'année 177 (793). Il avait été le disciple d'Abou Hanifèh et de Malik ibn Anas. Il expliqua et commenta le grand traité de jurisprudence d'Abou Hanifèh intitulé *el Fiqh el akbar*, et l'on s'appuie sur son autorité pour l'interpréter.

Page 76, ligne 6. — Abou Youssouf Yaqoub ibn Ibrahim ben Habib el Anṣary naquit à Koufa en l'année 113 (731—732), et mourut à Baghdad, le 5 du mois de Reby oul ewwel 182 (26 avril 798). Il fut appelé à remplir les fonctions de cadi, et il les conserva sous le règne des khalifes Mehdy, Hady et Haroun er Rechid, jusqu'au moment de sa mort. Abou Youssouf est le premier auquel ait été donné le titre de *Qadi oul Qoudhat*; il est aussi le premier qui ait porté le costume en usage, encore aujourd'hui, pour les gens de loi.

Il avait suivi les leçons de jurisprudence d'Abou Hanifèh et celles des traditionnistes Abou Ishaq ech Cheïbany, Atha ibn Saïb et Hicham ibn Ourwah. Abou Youssouf jouit de la plus grande faveur auprès de Haroun er Rechid. Il est l'auteur du *Kitab oul Kharadj* (Le livre de l'impôt), d'un traité sur les devoirs du cadi, ادب القاضى, de recueils de jurisprudence selon le rite hanéfite, connus sous les titres de الاصل et de المسند. *(Les principes, et le corps de traditions de la doctrine)*. Ses leçons, recueillies par ses élèves, formaient trois cents cahiers.

Page 76, ligne 11. — Abou Mohammed Yahia ibn el

Akthem rattachait son origine à la tribu de Ousseyd, branche de celle des Beni Temim. Il était né à Merv, et comptait parmi ses aïeux Akthem ibn es Seify, juge des Arabes. Yahia était un jurisconsulte éminent et un littérateur distingué; il était, en outre, versé dans la science des traditions. Il quitta le Khorassan sur l'ordre du khalife Mamoun, et il fut, à l'âge d'un peu plus de vingt ans, nommé cadi de Basrah. Il exerça sur Mamoun et sur ses ministres une très grande influence. Le khalife Moutewekkil lui confia aussi les fonctions de cadi. Yahia ibn Akthem mourut à Rabadah, à l'âge de quatre-vingt-trois ans, le 15 du mois de Zil Hidjèh 242 (25 avril 875), au retour d'un pèlerinage à la Mekke.

Ibn Khallikan, tome II, pages 322—332. Ibn el Athir, tomes VI et VII, passim.

Page 77, ligne 1. — Abou Hamzah Anas ibn Malik ben en Nadr est appelé *Khadim ressoul illah* (le serviteur du prophète de Dieu). Sa mère le confia à Mohammed pour le servir, et il resta dans la maison du Prophète jusqu'au moment de sa mort. Il se retira alors à Basrah, et il mourut dans son château de Thaf, à deux fersengs de cette ville, en l'année 93 (711); il avait atteint l'âge de quatre-vingt-dix-neuf ans. Il avait recueilli un grand nombre de traditions de la bouche du Prophète.

Page 77, ligne 13. — Abou Ismayl Hammad est le fils d'Abou Hanifèh Naman ibn Thabit, le fondateur de la secte orthodoxe qui porte son nom. Hammad se fit remarquer par son intégrité et la sainteté de sa vie. Il mourut au mois de Zil-qaadèh de l'année 176 (février-mars 793). Son fils Ismayl fut cadi de Baṣrah et remplacé, en l'année 202 (817), par Yahia ibn Akthem dont il a été question précédemment.

Page 78, ligne 2. — Le traditionniste Abou Hafṣ Omar ibn Haroun mourut à Balkh, en l'année 196 (811). Le Cheikh Abd er Rezzaq disait de lui, qu'il était une mer de science; il savait, dit-on, par cœur cinquante mille traditions.

Page 79, ligne 7. — On sait peu de chose de Kethir ibn Ziad, compagnon du Prophète. Il assista à la bataille de Qadissiah.

Page 81, ligne 6. — Ahnaf ibn Qaïs, chef de la tribu des Beni Temim, accompagna, dans sa jeunesse, la députation des habitants de Baṣrah qui allèrent à Médine, exposer au khalife Omar la situation des affaires, après la défaite de Hormouzan près de Nèh Tirah. Après la capitulation de Touster, Ahnaf ibn Qaïs conduisit, avec Anas ibn Malik, Hormouzan à Médine (A. H. 19, A. D. 640).

Le khalife Omar l'envoya, avec les troupes de Baṣrah et de Koufah, à la poursuite de Yezdedjerd; Ahnaf se rendit à Isfahan, puis à Thabès. Il prit d'assaut la ville de Hérât, s'empara, sans rencontrer de résistance, de Nichabour et de Merv, et contraignit les habitants des provinces qui s'étendent jusqu'aux rives du Djihoun, à embrasser l'islamisme. Il établit sa résidence dans un bourg situé à quatre fersengs de Merv et qui prit le nom de Deïr Ahnaf.

De Merv, Ahnaf fit marcher les troupes de Baṣrah et de Koufah contre Balkh, où Yezdedjerd avait cherché un refuge; ce prince abandonna cette ville et s'enfuit dans le Turkestan. Balkh se rendit à discrétion, après un combat malheureux pour ses défenseurs; Ahnaf y installa alors comme gouverneur Reby ibn el Amir et fit marcher un corps de troupes contre le Thakharistan. Lors de la révolte qui éclata contre les Arabes en l'année 32 (652), Abdallah ibn Amir, nommé par le khalife Osman gouverneur du Khorassan, chargea Ahnaf de réduire toutes les villes qui s'étaient soulevées, depuis Merv jusqu'à Balkh. Après les avoir fait rentrer dans l'obéissance, Ahnaf pénétra dans le Kharezm et en investit la capitale; les rigueurs de l'hiver le forcèrent à battre en retraite et à retourner à Balkh. Quand Abdallah ibn Amir se rendit en pèlerinage à la Mekke, il délégua Ahnaf comme gouverneur du Khorassan; à son retour du Hedjaz, il se fixa à Baṣrah, et fit administrer cette province de la Perse par ses lieutenants. Ahnaf, dans les premiers jours du khalifat d'Aly, revint dans l'Iraq; il assista à la bataille de Siffin, mais il ne prit pas part à la lutte engagée par Talhah et Zobaïr contre Aly. Il s'établit à Ouady es Siba près de Baṣrah et fit observer la neutralité aux Benou Temim et aux Benou Saad. Mais il accorda son appui à Aly contre les Kharidjy et resta fidèle à son fils Housseïn. Ahnaf vécut jusqu'au temps de Mouṣaab ibn Zobaïr qu'il accompagna à Koufah. Il mourut dans cette ville, en l'année 67 (686—687), à l'âge de soixante-dix ans. Ahnaf (qui a les pieds contournés) était son surnom; il se nommait Abou Bahr Dhahhak ibn Qaïs ben Moawiah et Temimy.

Il reçut le surnom de Dhahhak (le rieur) parce qu'il rit au moment de sa naissance. Sa mère l'avait, dit-on, porté deux ans dans son sein, et il vint au monde avec toutes ses dents.

Cf. Tabary, traduit par M. Zotenberg, tome III, pages 449—459, 505, 571, tome IV, pages 31, 93, 108. Ibn el Athir, tome III et IV passim. Ibn Khallikan, tome I, pages 325—329 de l'édition du Caire, et tome I, pages 635—642 de la traduction de M. de Slane.

Page 81, ligne 8. — Saïd, fils du khalife Osman et de Fathimah el Makhzoumièh fut, en 56 (675), nommé gouverneur du Khorassan par Moawiah en remplacement d'Obeïd Allah ibn Ziad. Il franchit le Djihoun, et défit une armée composée de Turks et des contingents du Soghd, de Kichch et de Nakhcheb. Après cette victoire, la Khatoun qui gouvernait Boukhara sollicita la paix; Saïd fit son entrée dans cette ville, puis marcha contre Samarqand, et s'en rendit maître après un combat sanglant dans lequel Mouhallib ibn Abi Soufrah et lui perdirent chacun un œil. Les habitants, craignant qu'il ne s'emparât du château dans lequel s'étaient réfugiés les fils de leurs princes, conclurent la paix moyennant une rançon de 700,000 dirhems. Ils livrèrent, comme ôtages, cinquante enfants des plus nobles familles que Saïd emmena à Médine et qu'il distribua à ses clients.

Page 81, ligne 9. — Il faut, je crois, au lieu de Abd el Melik ibn Noueïr, lire Abd el Melik ibn Omeïr, dont le nom est cité par Belazory. *Liber expugnationis regionum*, page 278.

Page 81, ligne 11. — Qoucem قم ibn Abbas el Qarachy el Hachimy était le cousin du prophète Mohammed. Sa mère Oumm el Fadhl Libabèh, fille de Harith, fut la première femme qui, après Khadidjah, embrassa l'islamisme.

Qoucem présida en l'année 38 (658), au nom d'Aly, aux cérémonies du pèlerinage. L'année suivante, lorsque Moawiah envoya Yezid ibn Chedjereh recevoir le serment de fidélité des habitants de la Mekke, Qoucem fut nommé par Aly gouverneur de la ville. Qoucem alla rejoindre Saïd, fils d'Osman, dans le Khorassan et il fut tué, en l'année 56 (675), sous les murs de Samarqand.

Ousd oul ghabèh, tome IV, page 197. Ibn el Athir, tome III, page 315, tome IV, page 16, 17, 18, 425. *Tarikh el Khamis*, le Caire 1283 (1866), tome I, page 168.

Page 81, ligne 11. — Mouhallib ibn Abi Soufrah el Yezdy accompagna Osman ibn el Ass dans son expédition contre le Fars et assista à la prise d'Istakhr. En 61 (680), Mouhallib, sur l'ordre de Selem ibn Ziad, pénétra dans le Kharezm. Il fut, en 64 (683), investi du gouvernement de Thaliqan, de Fariab, du Djouzdjanan et de Merv er Roud. L'année suivante, il fut recommandé aux habitants de Basrah par Ahnaf ibn Qaïs, pour tenir tête aux Kharidjy. Mouhallib accompagna Saïd ibn Osman dans la Transoxiane et fut blessé sous les murs de Samarqand.

Page 82, ligne 9. — Abd el Melik, cinquième prince de la dynastie des Omeyyades, succéda à son père, le 3 du mois de Ramazan de l'année 65 (25 avril 685). Il mourut le 15 du mois de Chewwal 82 (3 décembre 701), après un règne de dix-sept ans et dix mois.

Page 82, ligne 12. — Le district de Ṣaghanian ou Tchaghanian est limitrophe de celui de Termiz. Il est remarquable par sa fertilité, par l'abondance de ses pâturages et de ses cours d'eaux.

Page 82, ligne 19. — Khoulm est située à dix fersengs de Balkh; à l'époque de la conquête, son territoire fut occupé par les Arabes des tribus de Assad, de Temim et de Qaïs. Khoulm est entourée de villages, de jardins, de fermes et de vallons. La plus grande partie de son territoire est cultivée. Pendant l'été, la brise ne cesse d'y souffler jour et nuit.

Page 82, ligne 19. — Simindjan est une ville du Thakharistan plus grande que Khoulm; elle ne possède qu'une seule mosquée où l'on fait la prière du vendredi. Le territoire de Simindjan est couvert de hameaux et de champs cultivés; il est coupé par des vallées giboyeuses où paissent un grand nombre de bestiaux. Une fraction de la tribu de Temim est établie sur le territoire de Simindjan qui est à sept journées de Balkh, et à cinq de Enderâbèh.

Page 82, ligne 19. — Le nom de ce canton est orthographié اسكيمشت et سكيمشت par Istakhry et Mouqaddessy. Au rapport du premier de ces auteurs, la ville de Chyan se trouve dans le canton d'Iskimichet où l'on remarque une source extraordinaire, au bord de laquelle Qotaïbah ibn Mouslim a fait construire une mosquée.

Page 83, ligne 2. — Atha ibn Abi Sayb, client des Benou Leith, avait pris part à l'expédition d'Ahwaz, et à celles du Sistan et du Zaboulistan. Il fut, parmi les compagnons du Prophète, un des premiers qui, sous le khalifat d'Osman, franchirent le Djihoun et entrèrent à Balkh. Il mourut de la peste dans cette ville.

Il faut ajouter, dans le texte, un mot omis par le copiste, et lire : که پل عطا منسوب و معروف بوی است. On trouve en effet, dans la notice consacrée à Atha, f° 40 : بطخارستان پلیست که آنرا در بلخ پل عطا می خوانند. « Il y a dans le Thakharistan un pont que l'on appelle, à Balkh, le pont de Atha. » Belazory nous apprend aussi qu'Atha construisit trois ponts sur trois canaux du territoire de Balkh, et qu'ils portent le nom de *Qanathir Atha*.

Page 85, ligne 16. — Abou Bistham Mouqatil ibn Heyyan en Nabathy tirait son origine d'une tribu arabe établie dans l'Iraq, et avait reçu les leçons d'Abou Hanifêh. Traditionniste, prédicateur et commentateur du Qoran, Mouqatil se fit remarquer par la dévotion et la pureté de ses mœurs. Il mourut en l'année 135 (752). Une esclave, sa concubine, mourut peu de temps après lui et fut ensevelie à ses côtés. Les ouvrages composés par Mouqatil furent enterrés entre les deux tombeaux.

Page 85 et 86. — Les personnages désignés sous les

noms de Mouhallib ibn Rachid, Djafer ibn Achath et Abd el Aziz Maqbary n'ont pas laissé de traces dans l'histoire.

Page 86, ligne 13. — Le surnom de Khouzay désigne Hamzah ibn Malik ben Ibrahim qui fut, en l'année 176 (792), nommé gouverneur du Khorassan en remplacement de l'émir Ghithrif, oncle de Haroun er Rechid.

Page 87, ligne 12. — Il faut après les mots ثمان و سبعين ajouter مایه.

Page 88, ligne 14. — Thalhah reçut, à la mort de son père Thahir, du khalife Mamoun, l'investiture du Khorassan, et Ahmed ibn Abi Khalid fut délégué auprès de lui pour diriger les affaires de cette province. Thalhah mourut en 213 (828), à Balkh, au retour d'une expédition qu'il avait dirigée contre le Kharidjy Hamzah qui, pour la seconde fois, avait soulevé la province du Sedjestan.

Page 88, ligne 17. — Iṣam ibn Youssouf avait suivi les leçons d'Abou Hanifèh. Il était d'une grande générosité, et distribuait d'abondantes aumônes. Il secourait les pauvres pendant les années de disette, et il se plaisait à rendre la liberté aux captifs. On dit qu'il en racheta cent huit, et que sept cent mille personnes participèrent à ses libéralités. Il mourut en 215 (830), à l'âge de quatre-vingt-quatre ans. Son fils, Mohammed Obeïd, succéda à Ahmed ibn Moudrik dans le gouvernement de la ville de Balkh.

Page 88, ligne 17. — Abder Rahman Hatim Aṣem remplit les fonctions de cadi de la ville de Balkh, et se fit remarquer par sa piété, sa science et son intégrité. Il n'était point sourd comme son surnom semble l'indiquer. L'auteur du *Fezhaïli Balkh* rapporte, sur l'autorité d'Abou Aly Daqqaq, l'anecdote suivante :

وگویند که او اصم نبود اما خودرا چنان نمود که کرست شیخ الاسلام ابوعلی دقاق رحمه الله می فرماید که آنچنان بود ﮐﻪ روزی زنی بخدمت وی آمد تا مسئله پرسد ناگاه از او آوازی آمد زن از آن حادثه خجل شد حاتم کفتش آواز بلند کن و سوال کن که گوش من گران است زن پنداشت که او کرست و شادمان شد از آن سبب نام اصمی بروی نشست *Fezhaïli Balkh*,

f° 102 r°. Hatim, qui avait suivi pendant trente ans les leçons de Cheqiq, fut le maître d'Ahmed Khizhrouiëh. Il mourut à Wachdjird et fut enterré en dehors du ribath. L'auteur du *Fezhaïli Balkh* visita son tombeau en 588 (1192).

Page 90, ligne 9. — Yaqoub, fils de Leith, fondateur de la dynastie des Saffarides, établit son autorité dans le Sedjestan en 253 (867) : il s'empara de Hérât et de Bouchendj et reçut, en 255 (868), l'investiture du Kerman et du Fars. Après une suite de succès et de revers, il s'établit dans le Khouzistan, et mourut en 265 (878), dans la ville de Djoundi Sabour. Le surnom de Sindjary que l'auteur donne à Yaqoub ibn Leith est celui d'Abdallah que Yaqoub chassa du Sedjestan et qu'il fit exécuter à Rey en l'année 260 (873). Le surnom de Yaqoub est eṣ Ṣaffar (le chaudronnier).

Page 91, ligne 16. — Abou Mouslim Atha ibn Messirèh el Khorassany était originaire du Djouzdjanan. Il naquit en l'année 105 (723) et se fixa à Balkh où il mourut en 135 (752). Il avait profité des leçons de Hassan el Baṣry, de Naïm ibn Abi Hind, de Athab ibn Abi Rabah et d'autres docteurs. *Fezhaïli Balkh,* fᵒˢ 47 et 48.

Page 91, ligne 16. — Aboul Qassim Dhahhak ibn Mouzahim était un des tabis. D'après le témoignage d'Ahmed ibn Hanbal, les traditions rapportées par Dhahhak méritent toute confiance. Il mourut à Balkh en l'année 105 (723).

Page 92, ligne 1. — Abou Aly Omar ibn Meïmoun er Rammah exerça les fonctions de cadi pendant vingt ans après Moutewekkil ibn Hamran. Il mourut au mois de Ramazan 171 (février-mars 788). *Fezhaïli Balkh,* fᵒ 51.

Page 92, ligne 3. — Abou Ishaq Ibrahim, fils d'Edhem, était originaire de la ville de Balkh, et ses ancêtres avaient exercé le pouvoir dans cette ville. Une voix céleste se fit entendre à lui, pendant une partie de chasse, et il renonça au monde pour se consacrer, tout entier, à la vie ascétique. Il alla à la Mekke où il fréquenta Sofian Thoury, Fazyl ibn Ayyazh et Abou Youssouf Ghassouly. Il se rendit en Syrie et mourut en 161 (777) dans la petite ville de Djebelèh où son tombeau est un but de pèlerinage. *Nefehat oul ouns* de Djamy, Calcutta 1858, page 45; *Tezkeret oul Asfia,* Lahore 1280 (1873), page 117 et suivantes. L'auteur du *Fezhaïli Balkh* a consacré une très longue notice à ce personnage qui jouit en Orient de la plus haute réputation de sainteté.

Page 92, ligne 3. — Abou Mohammed Wessim ibn Djemil eth Thaqafy était l'oncle de Qotaïbah ibn Saïd. Il se distingua par sa science et par sa piété. Il avait connu Abdallah, fils de Hassan, fils de Housseïn, fils d'Aly. Il mourut à Balkh en l'année 182 (798) et fut enterré en dehors de la porte de Naubehar, à côté de Yaqoub Qari. Omar ibn Haroun disait qu'aucun musulman ne devait manquer, chaque semaine, de faire une visite pieuse au tombeau de Wessim.

Page 92, ligne 4. — Abou'l Hassan Saïd ibn Massadah el Moudjachi est plus connu sous le surnom de Akhfach el Awsath. Le mot de Akhfach a la signification de myope, qui a les yeux petits; on l'appelle Awssath (le second) pour le distinguer des grammairiens Abou'l Khaththab el Akhfach et Aly ibn Souleyman el Akhfach. Saïd qui était un affranchi des Moudjachi, fraction de la tribu des Beni Temim, enseigna la grammaire d'après les principes de l'école de Basrah. Il a publié les ouvrages suivants : كتاب الاوسط فى النحو (traité moyen sur la syntaxe); كتاب تفسير معانى القرآن (des figures de rhétorique qui se trouvent dans le Qoran); كتاب المقايس فى النحو (les déductions analogiques dans la syntaxe); كتاب الاشتقاق (sur les étymologies); كتاب العروض (traité de prosodie); كتاب القوافى (sur les rimes); كتاب معانى الشعر (sur les figures poétiques); كتاب الاصوات (les livres des rois); كتاب الملوك (traité des interjections); كتاب المسائل الكبير (le grand recueil des questions philologiques); كتاب المسائل الصغير (petit traité des questions philologiques).

Il mourut dans sa ville natale, en l'année 215 (830), et selon quelques auteurs, en 221 (835). Ibn Khalliqan, éd. du Caire, tome I, page 294, et tome I de la traduction de M. de Slane, pages 572—573.

Page 92, ligne 5. — Je n'ai pu recueillir aucun renseignement sur les interprètes des songes dont les noms sont cités par Safy eddin.

Page 92, ligne 6. — Je crois qu'il faut lire au lieu des mots و از اطبا بختیار ماسویه و از اطبا بختیشوع و ماسویه ceux-ci : «et parmi les médecins Bakhtichou et Massouièh.» Ibn Abi Oussëïbièh ne cite aucun médecin ayant porté le nom de Bakhtiar. Massouièh eut deux fils dont l'un porta le nom de Youhanna, l'autre celui de Mikhayl. Djirdjis Bakhtichou qui fut appelé à Baghdad par le khalife Manṣour, était ainsi que Massouièh, originaire de la ville de Djoundi Sabour, dans le Khouzistan.

Cf. dans le *Tezkiret oul houkema* du vézir Djemal eddin Aly el Qifty, les notices consacrées à Bakhtichou et à Massouièh. Man. de mon cabinet f°s 28—29, 87—99 et 113. Leclerc, *Histoire de la médecine arabe*, Paris 1876, tome I, pages 96—111. Wüstenfeld, *Geschichte der arabischen Aerzte und Naturforscher*, Göttingen 1840, pages 26—29, 59—60 et 125.

Page 92, ligne 7. — L'auteur du *Fezhaïli Balkh*, en

citant les Samanides comme originaires de la province de Balkh, adopte la tradition qui plaçait le bourg de Saman parmi les dépendances de Balkh; سامان هى قرية من قرى بلخ من البهارمة dit Aboul Abbas Mohammed el Boukhary, cité par Yaqout, *Moudjem*, tome II, page 13.

Page 93, lignes 9 et 10. — Le texte du manuscrit porte fort distinctement écrit le mot مقرى (lecteur du Qoran); il faut substituer le surnom de مقبرى Maqbary.

Page 93, ligne 19. — Omar el Qari (le lecteur du Qoran) s'était attiré la vénération de ses compatriotes par la pureté de sa vie et l'étendue de ses connaissances juridiques. Il mourut à Balkh en l'année 163 (779), et fut enterré en dehors de la porte de Naubehar. Yaqoub el Qari, pendant son séjour à la Mekke, s'était lié avec Sofian Thoury. *Fezhaïli Balkh*, f° 55.

Page 96, ligne 3. — La date donnée comme celle de la conquête de Balkh sous le gouvernement de Hedjdjadj est fautive; il faut lire سنه احدى و تسعين au lieu de سنه احدى وتسعين و مايه.

Page 96, ligne 17. — Le mot طفغاجى est fort distinctement écrit dans le texte. Il faut lui substituer celui de طمغاجى. Les historiens orientaux désignent, sous le nom de Thamghadj, la Mongolie et une partie de la Chine du nord. Les montagnes du Thamghadj renfermaient des mines d'argent, et les deux mots سومهاى طمغاجى désignent ces lingots d'argent en usage en Chine pour les transactions commerciales, et que les historiens persans désignent aussi sous les noms de بالش *(balich)* et de سیر *(syr).*

Page 100, ligne 8. — Le Thakharistan est une vaste province du Khorassan, divisée en haut et bas Thakharistan. Le haut Thakharistan est situé à l'ouest du Djihoun et à l'est de Balkh dont il est séparé par une distance de vingt-huit fersengs. Le bas Thakharistan est plus éloigné de Balkh et s'étend davantage vers le nord. Il se trouve également à l'ouest du Djihoun.

Cette province a pour capitale Thaliqan. Les villes principales sont Khoulm, Simindjan, dont il a été parlé précédemment, Baghlan, Sekakend et Zewalin.

Moudjem, tome III, page 518.

Page 100, ligne 8. — Le mot de Kouhistan est le nom générique de toute contrée montagneuse. Le Kouhistan, dont il est fait ici mention, est la province qui s'étend de Hérât à Nichabour et dont la capitale est Qayn. Les villes principales sont Toun, Gounabed et les deux Thabès.

Le Kouhistan fut conquis par les Arabes en l'année 29 (649), sous le khalifat d'Omar, par Abdallah ibn Amir ben Koureïz.

Page 100, ligne 5. — Amr, fils de Leith, reçut à la mort de son frère, de Mouwaffaq billah l'investiture du Fars, d'Ispahan, du Khorassan, du Sind et du Kerman. Ayant irrité le khalife, il fut, en 271 (884), destitué du gouvernement du

Khorassan, et il dut se retirer dans le Kerman. Il rentra en grâce et le Khorassan lui fut rendu en 276 (889).

En 286 (899), le khalife Mouthaded fit marcher contre lui l'émir Ismayl, gouverneur de la Transoxiane. Amr, vaincu et fait prisonnier, fut envoyé à Baghdad. Il y fut jeté en prison et mis à mort, par l'ordre du khalife Mouktefy en 289 (901).

NOTICE
SUR LE
LETHAÏF OUTH THEWAÏF
D'ALY SAFY IBN HOUSSEÏN WAIZH EL KACHIFY

(لطايف الطوايف)

(ANECDOTES PLAISANTES SUR LES DIFFÉRENTES CLASSES DE LA SOCIÉTÉ).

Les extraits du *Lethaïf outh Thewaïf* sont les morceaux les plus modernes qui figurent dans ce volume. Cet ouvrage a pour auteur Aly qui avait pris le surnom de Safy, et dont le père était le célèbre Housseïn Waïzh el Kachify. Nous ne possédons aucun renseignement sur la vie d'Aly Safy; il nous apprend seulement, dans la préface placée en tête de son ouvrage, qu'il avait éprouvé toutes les rigueurs de la mauvaise fortune et qu'il n'avait recouvré la liberté qu'après avoir été, pendant une année, emprisonné dans Hérât. Il faut, sans aucun doute, entendre par ces mots qu'Aly Safy se trouvait dans cette ville, lorsqu'au milieu de l'année 937 (1530) elle fut investie par les Uzbeks, commandés par Obeïd Khan. Le siège dura dix-huit mois et les habitants évacuèrent la ville, après avoir subi toutes les horreurs de la famine, et avoir mangé jusqu'aux chats et aux chiens.

Aly Safy n'attendit point l'arrivée de Châh Thasmasp qui installa à Hérât, comme gouverneur général, son fils Sam Mirza, poète et littérateur distingué. Il s'éloigna de la ville qui l'avait vu naître, et où son père avait joui d'une position si brillante et si respectée, et il alla chercher un refuge auprès de Sultan Mohammed, prince du Ghardjistan.

Le Ghardjistan, ou Gharchi Char, est une contrée montagneuse qui s'étend entre Hérât, le Ghour, Merv er Roud et Ghaznah. L'accès en est extrêmement difficile; les routes qui y conduisent étaient, autrefois, défendues par des ouvrages fortifiés fermés par des portes en fer; nul ne pouvait pénétrer dans ce pays, sans autorisation. Le prince résidait dans un bourg appelé Bilkan, situé dans la montagne, et portait le titre de Char. Au milieu des révolutions et des guerres dont le Khorassan a été le théâtre, le Ghardjistan avait réussi à conserver son indépendance.

Aly Safy fut accueilli avec bienveillance par Mohammed Char. Au début de la pièce de vers qu'il lui adresse pour célébrer ses louanges, il fait éclater, en termes enthousiastes, la joie d'avoir échappé aux tourments et aux angoisses de la captivité et de se sentir enfin en sécurité.

« Je suis arrivé, dit-il, dans cette contrée semblable au paradis éternel; je me suis échappé de l'enfer, et j'ai été délivré de supplices infinis.

« Que mille actions de grâces soient rendues à Dieu, car par l'effet des bontés du sultan, j'ai vu s'éloigner de moi des malheurs et des calamités qui semblaient ne devoir jamais prendre fin. »

منم رسیده بدین ملک چون بهشت مخلد
خلاص یافته از دوزخ عقوبت بی حد
هزار شکر خدارا که از عنایت سلطان
گذشت محنت دایم بسر آمد آفت سرمد

C'est pour reconnaître la protection et l'hospitalité qui lui étaient accordées, qu'Aly Safy composa son recueil d'anecdotes. Il se proposa de distraire agréablement les personnes formant la cour du prince, et il justifie son entreprise par ces vers de Saady :

« J'ai considéré, avec l'œil de l'intelligence, ce que je devais faire, et je n'ai point trouvé de qualité plus utile que celle du silence. Je ne dirai point cependant : tiens tes lèvres fermées et tes yeux bandés (littéralement : cousus), car chaque situation comporte un récit. Il faut, parfois, se livrer à des discussions scientifiques, et disserter sur le livre descendu du ciel, afin que l'esprit humain acquière une plus grande perfection. Il est bon, de temps en temps, de s'adonner à la poésie, de jouer aux échecs et de conter des plaisanteries, afin de bannir l'ennui de son cœur. Dieu seul n'a point son pareil, et jamais on ne le voit passer d'un état à un autre. »

نظر کردم بچشم عقل و تدبیر
ندیدم به ز خاموشی خصالی
نگویم لب به بند و دیده بردوز
ولیکن هر مقامی را مقالی

زمانی بحث علم و درس تنزیل
که باشد نفس انسان را کمالی
زمانی شعر و شطرنج و لطایف
که خاطر را بود دفع ملالی
خدایست آنکه ذات بی مثالش
نگردد هرگز حالی بحالی

Aly Safy a divisé son ouvrage en quatorze chapitres, qui comprennent chacun plusieurs *faṣl* ou paragraphes distincts.

Le premier chapitre est consacré aux marques d'affection que le Prophète a prodiguées aux siens, et aux bons mots qu'il a dits à ses compagnons. Le second renferme les nobles propos des Imams purs de tout péché, et des anecdotes agréables qui les concernent. Le troisième a pour objet les saillies des princes et les traits d'esprit des sultans. Le quatrième comprend des anecdotes se rapportant aux émirs, aux familiers des princes, aux vézirs et aux fonctionnaires de l'administration. Le cinquième est consacré aux reparties des littérateurs, des secrétaires d'État, des courtisans et des officiers distingués par leur bravoure. Dans le sixième, on trouve les anecdotes ayant trait aux Arabes des tribus, et les propos spirituels des gens doués d'éloquence : on y rapporte quelques-unes de leurs paroles, devenues des apophtegmes et des proverbes.

Le septième s'occupe des cheikhs, docteurs de la loi, des cadis, des jurisconsultes et des prédicateurs. Le huitième contient des anecdotes sur les philosophes anciens et modernes, et des histoires singulières sur les médecins, les interprètes des songes et les astrologues. Le neuvième est consacré aux poètes, à leurs impromptus, aux finesses de l'art poétique, et à des historiettes qui font connaître leur esprit. Le dixième, aux bons mots des gens d'esprit, hommes et femmes; le onzième, aux avares, aux gourmands et aux parasites; le douzième, aux gens avides, aux mendiants, aux aveugles et aux sourds; le treizième, aux jeunes garçons, aux pages et aux filles esclaves; enfin, le quatorzième donne une série d'anecdotes sur des sots, des mendiants, des fous et sur des imposteurs qui ont voulu se faire passer pour prophètes.

J'ai tiré du *Lethaïf outh Thewaïf* un *faṣl* ou paragraphe assez court, faisant partie du chapitre relatif aux médecins, aux interprètes des songes et aux astrologues. On y voit figurer deux astronomes célèbres dont les ouvrages sont tenus encore aujourd'hui en très haute estime. Les anecdotes relatives à Abou Machar Balkhy et à Abou Reïhan Birouny nous montrent le rôle singulier que le caprice d'un souverain pouvait faire jouer à des savants, remarquables par la variété et la profondeur de leurs connaissances.

J'ai choisi, dans le chapitre des poètes, les pages où se trouvent rapportées leurs réponses à des souverains et leurs impromptus. Ils nous donnent une idée de la vivacité et de la promptitude des reparties, qui sont un des traits caractéristiques de l'esprit persan.

Le plus grand nombre des vers cités par Aly Ṣafy se trouvent dans les *Tezkerèh* de Daoulet Châh et de Sam Mirza, dans le *Beharistan* de Djamy et le *Kitabi heft iqlim* d'Ahmed Razy. Aly Ṣafy a complétement négligé les indications biographiques, pour ne s'occuper que des détails anecdotiques. Il avait pu les recueillir dans la maison de son père, où se réunissaient les gens de loi, les littérateurs et les poètes de Hérât, à l'époque si brillante d'Aboul Ghazy Sultan Housseïn Behadir et de Mir Aly Chir Nevay.

Je donne le texte des extraits du *Lethaïf outh Thewaïf* d'après un manuscrit assez correct qui m'appartient. Pour éclaircir certains passages, j'ai eu recours à l'extrême obligeance de M. le D' Rieu qui a bien voulu me communiquer les leçons fournies par les manuscrits conservés au British Museum.

Dans les notes qui suivent, j'ai donné quelques indications sur les personnages cités dans le récit d'Aly Safy. Les *Tezkerèh* ou biographies sont, en général, très sobres de détails personnels sur les poètes; ceux-ci faisaient partie de la maison des princes ou des grands personnages qui se les étaient attachés, et leur rôle se bornait à chanter les louanges de leurs maîtres, ou à les distraire par des jeux d'esprit. Les dates de la naissance et de la mort de beaucoup d'entre eux sont restées inconnues, et ce n'est que par les noms cités, et par les sujets traités dans leurs pièces de vers, que l'on peut se rendre compte de l'époque à laquelle ils vivaient.

J'ai consulté les ouvrages que j'ai cités plus haut. Le *Tezkerèh* de Daoulet Châh n'a point été imprimé[1], mais il en existe une traduction turque abrégée, publiée à Constanti-

---

1. M. Vullers n'en a publié qu'une faible partie sous le titre suivant : *Vitæ poëtarum persicorum ex* Dauletschahi *Historia poëtarum excerptæ, persice et latine edidit* J. A. Vullers. Fasc. *I. Hafizi Schirazensis Historiam tenens.* Fasc. *II. Anvarii Vitam tenens.* Gissiæ 1839—1868, 2 fasc. Cf. p. 105.

nople en l'année 1259 (1843), et portant le titre de *Sefinet ouch chouara* (l'arche des poètes). Le traducteur Mohammed Fehim Efendy a complété l'œuvre de Daoulet Châh par des extraits du *Medjalis oun nefaïs* de Mir Aly Chir Nevay et du *Tezkerèhi Samy* de Sam Mirza. M. de Hammer a fait paraître à Vienne en 1818 la traduction du *Tezkerèh* de Daoulet Châh, sous le titre de *Geschichte der schönen Redekünste Persiens mit Blüthenlese aus zweihundert persischen Dichtern*. Je dois citer en outre, parmi les ouvrages imprimés auxquels j'ai eu recours, le *Medjma oul Fouscha* de Riza Qouly Khan, le *Khazinèhi Amirèh* d'Azad qui a paru à Cawnpoor en 1860, et le *Tezkerèh* de Mir Housseïn Doust, Lucknow 1292 (1875). Ce dernier auteur rapporte un distique de Ṣafy, qui, dit-il, était fils de Housseïn Waïzh et l'un des disciples du cheikh Naṣir eddin de Hérât.

NOTES.

Page 107, ligne 11. — Abou Machar Djafer ibn Mohammed était né à Balkh. Il se fixa à Baghdad et ne se livra à l'étude de l'astronomie qu'après avoir dépassé l'âge de quarante-sept ans. Il était le contemporain de Mohammed ibn Sinan de Nessa et de Sind ibn Aly el Oumewwy. Il fut attaché en qualité d'astrologue à la cour de Mouwaffaq billah, frère du khalife Moutamed al'allah, gouverneur général du Khorassan.

Abou Machar mourut à Wassith en l'année 272 (885); il avait dépassé, dit-on, l'âge de cent ans. Il connaissait les annales et les traditions de la Perse ancienne, et a composé un grand nombre d'ouvrages; je me bornerai à donner les titres des quelques-uns d'entre eux.

كتاب الدول و الملل, le *Livre des dynasties et des sectes religieuses;* كتاب الاقاليم, le *Livre des climats,* traité de géographie; كتاب الهيلاج و الكتخدا, le *Livre du chef de famille et du maître de maison*[1]: كتاب المدخل الكبير, le *Livre de la grande introduction à la science de l'astronomie;* كتاب المدخل الصغير le *Petit traité de l'introduction à l'astronomie;* كتاب القرانات, le

---

[1]. Le mot *heïladj* هيلاج qui ne se trouve dans aucun dictionnaire, est la forme arabisée du mot persan هيلد qui a la signification de maître de la maison, chef de famille. Le *Kitab el heïladj ouel'ketkhouda* devait être un ouvrage d'économie domestique.

Traité des conjonctions des astres. Ces trois derniers ouvrages ont été traduits par Jean d'Espagne, et ont joui d'une grande réputation au moyen âge. Ils ont été imprimés à la fin du XV° siècle. *Introductorium in astronomiam Albu Masaris Abalachi, octo continens libros.* Augustae Vindelicorum 1489. *Albu Mazaris, de magnis conjonctionibus, octo continens tractatus.* Augustae Vindelicorum 1489 et Venise 1515. *Flores astrologiae.* Venetiis per J. B. de Sessa, s. d. et Augustae Vindelicorum 1488.

Page 107, ligne 11. — Khosrau Perwiz, un des derniers princes de la dynastie des Sassanides, succéda à son père Hormouz, fils de Nouchirevan. Il mourut après un règne de trente-huit ans.

Page 107, ligne 25. — La biographie et la liste des ouvrages d'Abou Reïhan Mohammed ibn Ahmed el Birouny ont été données par M. Ed. Sachau, dans la préface placée en tête de son édition du texte de الآثار الباقية عن القرون الخالية, *Chronologie orientalischer Völker*, Leipzig, 1878, pages 1 à 41. On peut aussi consulter l'introduction qui précède la traduction de cet ouvrage. *The chronology of ancient nations. An english version of the arabic text of the Athar ul bakia of Albirûni*, translated and edited with notes and index by D. C. Edw. Sachau, professor in the Royal University of Berlin. London, 1879.

Page 109, ligne 15. — M. de Khanikof a donné dans le *Journal Asiatique* (août et septembre 1864, mars-avril

1865) une notice très complète sur la vie et les œuvres de Khaqany.

Page 109, ligne 21. — Mouzhaffer Hèrèwy était né dans un petit village du district de Khaf, dans le Khorassan. Il vint se fixer à Hérât, et renonçant au monde, il s'enferma dans un medressèh où il se livra tout entier à l'étude et à la vie contemplative. Mouzhaffer fut l'objet de la faveur et des bienfaits du sultan Mouizz eddin, septième prince de la dynastie des Kert de Hérât (A. H. 731—771, A. D. 1330 à 1369). Au moment de mourir, Mouzhaffer auquel ses admirateurs avaient décerné le titre de second Khaqany, donna l'ordre de jeter à l'eau le recueil de ses poésies dont personne, prétendait-il, ne serait capable d'apprécier les beautés.

Page 110, ligne 7. — Châh Mansour, le dernier prince de la dynastie des Mouzhafféricns, succéda en 790 (1388) à Sultan Zeïn el Abidin, aveuglé par l'ordre de Timour. En 795 (1392) Timour envahit le Fars, à la tête d'une armée de trente mille hommes; Châh Mansour se porta à sa rencontre avec cinq mille combattants. Dans la bataille qui fut livrée, Châh Mansour fit des prodiges de valeur; il perça les rangs des Tatars, et se fraya un passage jusqu'à l'étendard de Timour. Par deux fois, il essaya de frapper ce prince avec son sabre, mais les coups furent parés par Adil, écuyer de Timour. Châh Mansour, grièvement blessé, voulut rentrer à Chiraz; mais il fut reconnu et massacré par des soldats de Châhroukh. Sa tête fut apportée à Timour, qui manifesta les plus vifs regrets de la mort d'un si vaillant guerrier.

Page 110, ligne 7. — La biographie de Khadjèh Mohammed Hafiz de Chiraz, extraite du *Tezkerèh* de Daoulet Châh, a été traduite par M. S. de Sacy et publiée dans le tome IV des *Notices et extraits des manuscrits de la Bibliothèque nationale,* pages 238—245.

Page 110, ligne 15. — Mevlana Louthfy était originaire de la ville de Hérât; après avoir achevé ses études, il s'adonna au mysticisme sous la direction spirituelle du cheikh Chihab eddin Kheïabany. Il a composé un grand nombre de poésies en persan et en turc oriental; il avait aussi mis en vers le *Zafer Namèh,* ou histoire de Timour, par Cheref eddin Yezdy. Ce poème, qui n'a pas été mis au net et qui est aujourd'hui perdu, comprenait plus de dix mille distiques. Dans ses derniers moments, Louthfy composait un *ghazel;* ne pouvant l'achever, il pria Djamy de le terminer. Louthfy mourut à l'âge de quatre-vingt-dix-neuf ans. Il fut enterré dans la maison qu'il occupait aux environs de Hérât.

Page 110, ligne 16. — Ghiath eddin Baïsonghor Mirza, fils de Châhroukh, était l'objet de la plus tendre affection de son père qui l'avait fait son lieutenant dans le Khorassan et lui avait accordé, comme domaine privé, le Mazanderan, la province de Thous, et d'autres districts. Baïsonghor avait des goûts littéraires et comblait de ses largesses les poètes et les savants. Il recherchait particulièrement les beaux manuscrits, les miniatures et les belles reliures. Il faisait travailler des artistes tels que Chems eddin de Hérât, le célèbre calligraphe, Djafer de Tebriz, Zhehir eddin, Chihab eddin et Djelal eddin, Cheikh Mahmoud. Noureddin Louthf oullah Hafiz Abrou écrivit, par son ordre, l'histoire générale intitulée *Zoubdet out tewarikh* (La crème des chroniques), qui se termine à l'année 829 (1425), et qui est plus connue sous le nom de *Tarikhi Baïsonghory*. Un astrologue avait prédit à Baïsonghor qu'il n'atteindrait pas l'âge de quarante ans; pour détourner sa pensée d'une fin prochaine, il s'adonna au vin et mourut de ses excès à l'âge de trente-sept ans.

Page 111, ligne 2. — Aboul Qassim Hassan ibn Ahmed dont le surnom poétique est Onsory, naquit à Balkh. Jeune encore, il perdit son père et résolut de se livrer au commerce; il réalisa donc sa fortune, et partit de Balkh, emmenant avec lui sa mère et le seul esclave qu'il possédait. Il fut assailli en route par des brigands, dépouillé par eux et retenu prisonnier. Lorsqu'il fut rendu à la liberté, il renonça au commerce, et s'occupa avec succès de poésie et de littérature. L'émir Nasr, frère du Sultan Mahmoud le Ghaznévide, l'introduisit à la cour; il sut gagner la faveur du prince qui lui conféra les titres de *Melik ouch chouara* (roi des poètes) et de *Emir oul oumera* (émir des émirs). Il était reconnu, dit-on, comme le maître et le chef de quatre cents poètes. Son influence et ses richesses atteignirent un tel degré que personne ne pouvait se flatter d'être son égal. Khaqany dit dans une de ses poésies : «J'ai entendu dire qu'Onṣory fit faire en argent les marmites de sa cuisine, et que tous les objets que l'on mettait sur sa table étaient en or.»

شنیدم که از نقره زد دیکـــدان ٭ ز زر ساخت آلات خوان عنصری

On prétend qu'il avait à son service quatre cents esclaves turcs ayant des ceinturons en or, et que, lorsqu'il se mettait en voyage, il lui fallait quatre cents chameaux pour porter les ustensiles et les objets en or et en argent possédés par lui. Onṣory a été le panégyriste de Sultan Mahmoud, et il a célébré, dans des odes nombreuses, les expéditions guerrières et les victoires de ce souverain. L'émir Massoud Saad a imité le style d'Onṣory, et Menoutchehry qui se proclamait son disciple, a loué, dans ses vers, le caractère et le génie d'Onṣory : «Onṣory, dit-il, est le maître des maîtres du siècle. Il est l'élément vital de la religion : son cœur est sans défaut, sa vie est exempte de toute intrigue. Ses poésies sont comme son caractère, elles sont belles et ne sont point déparées par de vains ornements. Son caractère ressemble à ses poésies : ses qualités et sa beauté ne connaissent point de limites. Lorsque tu lis ses vers, c'est du sucre que tu croques, lorsque tu récites ses compositions, c'est l'odeur du jasmin que tu respires.»

اوستاد اوستادان زمانه عنـــــصری
عنصری دین و دلش بی عیب و عیش بی فتن
شعر او چون طبع او هم بی تکلف هم بدیع
طبع او چون شعر او هم بی نهایت هم حسن

تا همی خوانی تو اشعارش همی خایی شکر

تا همی کوبی بیانش همی بوبی یاسمن

Les poètes Ghizhary de Rey, Asdjedy de Merv, Ferroukhy du Sistan, Firdoussy de Thous, Mendjik, Chihaby et Khourremy de Termiz, étaient les contemporains d'Onsory et le reconnaissaient comme leur maître. Le divan de Onsory ne comprenait pas moins de trente mille distiques. Il avait, en outre, composé les poèmes de *Wamiq et Azra* وامق وعذرا, de *Sourkh bout ou khink bout* سرخ بت وخنک بت (L'idole rouge et l'idole grise)[1] et de *Nehr aïn il hayat* نهرعین الحیات (La rivière qui prend naissance dans la fontaine de la vie). Onsory mourut à Ghaznah en 432 (1040) pendant le règne de Sultan Massoud, fils de Sultan Mahmoud.

Medjma oul fouscha de Riza Qouly Khan. Téhéran, 1294 (1877), tome I, pages 355—367.

Page 111, ligne 18. — Mohammed ibn Abd el Melik Nichaboury, né à Nessa, était le fils d'un poète qui avait pris pour *tekhallus*, ou surnom poétique, celui de Bourhany.

Les poésies de Mouïzzy commencèrent à être remarquées sous le règne de Sultan Ibrahim le Ghaznévide, mais son talent brilla de tout son éclat sous le règne de Djelal eddin Melik Châh (A. H. 465—485, A. D. 1072—1082) et dans les premières années de celui de Mouïzz eddin Sindjar (513 à 552, A. D. 1119—1157). Dans sa jeunesse, il avait suivi la carrière militaire. Il eut, à la cour des deux princes Sel-

---

1. On désigne sous ces deux noms les deux statues colossales, taillées dans le roc de la montagne qui s'élève près de la ville de Bamian, à quelque distance de Balkh.

djouqides, la situation qu'Onsory avait eue à celle de Sultan Mahmoud. Il avait été présenté à Melik Châh par l'émir Ala ed Daoulèh, Aly ibn Feramourz. Mouïzzy a composé un grand nombre de poésies à la louange de Melik Châh et de Sultan Sindjar : il en a dédié d'autres au vézir Nizham oul Moulk, à son fils Fakhr oul Moulk, à Zhehir oud Daoulèh et à Moudjir oud Daoulèh, ministres de ces deux souverains.

Page 112, ligne 6. — Rechid eddin Mohammed ibn Abd el Djelil el Katib, auquel son apparence grêle et délicate avait fait donner le surnom de Wathwath (le martinet), naquit à Balkh en 476 (1083) et mourut dans cette ville en 573 (1177), à l'âge de quatre-vingt-dix-sept ans. Il fut le secrétaire d'Etsiz et resta attaché à la cour de son fils Il Arslan et de son petit-fils Sultan Châh. Outre un divan qui renferme plus de dix mille distiques, Rechid Wathwath a composé un traité de poétique intitulé *Hadaïq ous sihr fi daqaïq ich chi'ir* حدايق السحر فى دقايق الشعر (Les parterres de la magie concernant les subtilités de la poésie) qu'il écrivit pour réfuter certaines assertions émises dans le *Terdjouman oul belaghah* ترجمان البلاغة (L'interprète de l'éloquence), et qu'il dédia à Aboul Mouzhaffer Etsiz; il a fait aussi une traduction persane des sentences des quatre premiers khalifes, divisée en quatre parties portant les titres de *Tohfet ous siddiq* تحفة الصديق (Le présent de celui qui est sincère), *Fasl oul khitab* فصل الخطاب (La distinction du discours), *Ouns oul lehfan* انس اللهفان (La consolation de l'affligé), et *Mathloub koulli thalib* مطلوب كل طالب (Le but de quiconque recherche (la vérité).

Il a publié sous le titre de ابكار الافكار *Ebkar oul efkar* (Les vierges des pensées), un recueil de lettres et de poésies, divisé en quatre chapitres; un petit vocabulaire persan rimé, connu sous le nom de *Hamd ou cena* حمد و ثنا : un autre recueil de sentences et de proverbes, dédié à Melik Châh et portant le titre de غرر الاقوال و درر الامثال *Ghourer oul aqwal ou dourer oul emçal* (Les splendeurs des sentences et les perles des proverbes) et enfin le *Feraïd oul qalaïd* فرائد القلائد (Les pierres précieuses des colliers), ouvrage de littérature.

Page 113, ligne 1. — Aouhed eddin Envery vit le jour dans le village de Bedeneh, dépendant d'Abiverd dans le Dechti Khaveran. Il fit ses études à Thous dans le medressèh Mansourièh, et devint le poète le plus brillant de la cour de Sultan Sindjar. Envery excellait dans les *qasidèhs*. Ses poésies, qui ont été publiées à Tébriz en 1266 (1849), ont été le sujet de nombreux commentaires. Envery mourut, en 547 (1152), à Balkh où il s'était réfugié.

Page 114, ligne 10. — Il s'agit ici de la bataille qui eut lieu en 536 (1141) à Qathawan, près de Nakhcheb ou Nessef, et dans laquelle Sindjar, battu par Kou Khan, fut sauvé par Tadj oul Mealy Aboul Fazhl, prince du Sistan.

Page 111, ligne 13. — Khadjèh Ferid Khorassany était le secrétaire de Sultan Sindjar. Il se proclamait disciple d'Envery et il imitait sa manière. Khadjèh Ferid a été le poète attitré de Sultan Massoud, petit-fils de Melik Châh.

Page 114, ligne 20. — Mehsety ou Mâh Khanoum, d'une noble famille de Guendjèh, avait été mariée à Ibn Khatib Guendjèwy; elle devint ensuite la maîtresse de Sultan Sindjar sur l'esprit duquel elle exerça un grand empire. Elle était douée d'un vif esprit d'à propos; elle composa un grand nombre de *roubayat* ou quatrains pleins de finesse, et d'une remarquable élégance de style. On en conservait le recueil à Hérât; ce volume disparut lors du siège de cette ville par Obeïd Khan Uzbek (938—1532). *Djevahir oul adjaïb* (les joyaux des merveilles), biographie des femmes persanes qui ont cultivé la poésie, par Fakhry Hèrèwy, Lucknow 1263 (1845), page 7. *Medjma oul fousçha*, tome I, page 593.

Page 115, ligne 1. — Zeïn eddin Abou Bekr Azraqy fut l'un des poètes les plus célèbres qui fleurirent au commencement de la dynastie des Seldjouqides. Le Sultan Toghan Châh l'avait admis dans son intimité; Daoulet Châh, dans son *Tezkerèh* et Djamy, dans son *Beharistan*, font connaître le motif qui le détermina à composer le livre d'*Elfièh et Chelifèh*. Azraqy avait reçu le titre de *Melik ouch chouara*; il est l'auteur d'un poème intitulé *Sindbad namèh* سندباد نامه. Il mourut en 524 (1129).

Page 115, ligne 8. — Les biographes sont très sobres de détails sur Roukni Sayn. Thogha, fils de Timour, descendait de Djoudy, fils de Djenghiz Khan; il se révolta en 735 (1334), dans le Khorassan, contre l'émir Hassan el Kebir et se fit proclamer khan. Il fut vaincu et obligé de se contenter du gouvernement de la province du Mazanderan. Il établit sa résidence à Esterâbad où il fut attaqué par les Serbedariens, et il perdit la vie dans la bataille qu'il leur livra en 754 (1353). Thogha est le fondateur d'une dynastie qui compta quatre princes, et eut une durée de soixante-quinze ans. Pirek Padichâh, petit-fils de Thogha, fut confirmé dans sa principauté par l'émir Timour.

Page 115, ligne 17. — Zhehir eddin Thahir ibn Mohammed Fariaby naquit à Fariab dans la province du Djouzdjanan. Il fut le disciple de Rechid Samarqandy, l'auteur du poème de *Mihr ou wefa* مهر و وفا (L'amour et la constance). Rechid était si fier des succès de son élève, qu'il inséra dans ce poème le distique suivant : « Si tu trouves le divan de Fariaby, vole-le, quand bien même il serait dans la Kaabah. »

ديوان ظهير فاريابى   در كعبه بدزد گر يابى

Zhehir eddin, dans sa jeunesse, quitta Fariab pour aller s'établir à Nichabour, où il s'attacha à la personne du prince Seldjouqide Thoghan Châh, deuxième du nom. Il se rendit ensuite à Isfahan, où il fut bien accueilli par le Qadhi oul Qoudhat, Sadr eddin Abd el Lathif Khodjendy. Zhehir eddin gagna ensuite l'Azerbaïdjan, et s'y fixa à la cour de Qizil Arslan Atabek Ildeghiz dont il fut, pendant quelque temps, le poète attitré. Il se sépara de ce prince pour entrer au service de Nousret eddin Abou Bekr ibn Mohammed ben Ildeghiz.

Zhehir eddin était le contemporain de Khaqany, de Moudjir eddin Bilqany et de Djemal eddin Isfahany. Il mourut en 598 (1201), à Sourkhâb, village des environs de Tébriz, et il y fut enterré dans un cimetière auquel on donna le nom de *Maqbarahi chouara* مقبرهٔ شعرا (le cimetière des poètes).

Riza Qouly Khan assure, dans son *Medjma oul fouṣeha*, que le distique relatif au divan de Fariaby n'est point de Rechid Samarqandy, mais qu'il est tiré d'une pièce de vers satyrique dirigée contre Djamy et dont voici le texte :

ای باد صبا بگو بجــــــامی   آن دزد سخنـــوران نامی

بردی اشعار کهنه و نو   از سعدی و انوری و خسرو

اکنون که سر حجاز داری   و آهنگ حجاز ساز داری

دیوان ظهـــیر فاریابی   در کعبه بدزد گر یابی

« Ô brise du nord! dis à Djamy qui, par ses vols, a dépouillé les hommes dont l'éloquence est célèbre : tu as pillé les poésies anciennes et modernes, celles de Saady, d'Envery et de Khosrau. Maintenant que tu as l'intention d'aller à la Mekke, et de moduler des chants sur le mode Hedjaz, si tu trouves le divan de Fariaby, vole-le, même dans la Kaabah. »

Le divan de Fariaby se compose de quatre mille distiques. La plupart de ses odes sont adressées à des princes Seldjouqides et au gouverneur du Mazanderan, Houssam oud Daoulèh, Ardechir ibn Hassan.

Page 116, ligne 6. — L'émir Cheikh Hassan el Kebir faisait remonter son origine à Ilkan de la tribu turke de Djelaïr; son père, l'émir Housseïn avait épousé la fille d'Argoun Khan. A la mort de Sultan Abou Saïd Khoudabendèh Behadir, Cheikh Hassan se révolta dans le pays de Roum. Il perdit cette province dans la lutte qu'il soutint contre son frère, l'émir Hassan Saghir, et il dut se contenter du gouvernement de Baghdad. Il eut pour successeur Sultan Ouveïs qui monta sur le trône en 749 (1348), et mourut en 766 (1364), après un règne de dix-sept ans. Sultan Ouveïs avait accueilli à sa cour Selman Savèdjy, Khadjèh Mohammed Assar et Obeïd Zagany. Selman a composé, à l'occasion de la mort de ce prince, une élégie qui commence par ces vers :

ای فلك آهسته رو وكارى نه چندان كرده

ايرانرا بمرك شــاه و يران كــــــــــــــرده

«Ciel, ralentis ta course! Quelle mauvaise action n'as-tu pas commise! par la mort du roi, tu viens de ruiner l'Iran.»

Page 116, ligne 8. — Djemal eddin Selman reçut le jour à Savèh, ville située à une égale distance de Rey et de Hamadan. Son père, Khadjèh Ala eddin, était le chef de l'administration de cette ville, et il jouissait, à ce titre, d'une haute considération. Selman suivit tout d'abord la carrière de son père, puis il quitta Savèh pour se rendre à Baghdad. Ses compositions poétiques furent goûtées par Cheikh Hassan et sa femme Dilchad Khatoun qui le chargèrent de l'éducation littéraire de leur fils. Selman vécut à la cour de Baghdad jusqu'à un âge avancé. A la fin de sa vie, il perdit la vue et renonça au monde, pour se livrer, tout entier, aux exercices de la piété la plus ardente. Au moment de se retirer, il présenta à Sultan Ouveïs une supplique pour lui demander les revenus de quelques villages, afin d'assurer sa subsistance; le prince écrivit en marge ce distique: «Donnez lui le village d'Irin qui se trouve dans les environs de Rey, puisque telle est sa demande.»

ده ایرین که از حدود ریست
بدهیدش که التماس ویست

Selman mourut en l'année 769 (1367). Il a laissé, outre son divan, deux poèmes dont l'un porte le titre de *Djemchid ou Khourchid* جمشید و خورشید, l'autre celui de *Firaq Namèh* فراق نامه (Le livre de la séparation d'avec l'objet aimé).

Son père Ala eddin disait: «On ne trouve, nulle part, des grenades comme à Simnan, et des poésies comme celles de Selman انار سمنان و شعر سلمان دیگر جای نیست.»

Page 117, ligne 11. — Aboul Fewaris Djemal eddin Châh Choudja, second prince de la dynastie des Mouzhafferiens du Fars, succéda à son père Moubariz eddin Mohammed ibn Mouzhaffer, en l'année 760 (1358). Il mourut en 786 (1384), après avoir annexé à ses états l'Azerbaïdjan qu'il enleva à Housseïn Ilkhany.

Page 118, ligne 2. — Le nom de ce poète est écrit Bouroundaq برندق par Daoulet Châh et par Hadji Louthf Aly Beik dans son *Atechkedèh*. Son surnom poétique est Nedimy. Il était le courtisan assidu de Mirza Baïqara, fils de Omar Cheikh et petit-fils de Timour, et il suivit ce prince dans le Khorassan; son esprit satyrique l'avait fait redouter des poètes ses contemporains. Le fait raconté par Aly Safy, par Daoulet Châh et par Hadji Louthf Aly Beik eut lieu à Balkh, lorsque Mirza Baïqara se rendit dans cette ville.

Page 118, ligne 3. — Khadjèh Ismet appartenait à une ancienne famille de Boukhara, qui faisait remonter son origine à Djafer ibn Abou Thalib. Son père, Khadjèh Massoud, était un des personnages les plus riches et les plus respectés de la ville. Khadjèh Ismet fut en grande faveur auprès de Sultan Khalil, petit-fils de Timour. Il composa quelques odes pour Sultan Oulough Beik et mourut sous le règne de ce prince, en l'année 829 (1423).

Page 118, ligne 15. — Khadjèh Mansour Qara Boqay, intendant des finances d'Ala oud Daoulèh, fils de Baïsonghor, était né à Thous où sa famille occupait, à cause de sa noblesse, un rang distingué. L'inimitié qui existait entre Khadjèh Mansour et le cadi Abdoul Wehhab, avait été provoquée par ce distique ajouté par celui-ci à un ghazel de Mansour. «O seigneur! accorde-moi le pouvoir, afin que je puisse traiter les gens selon leurs mérites.»

یا رب تو مرا حکومتی ده   تا من بدهم سزای مردم

A la suite de cette querelle, Mansour fut dénoncé par un de ses ennemis nommé Khouda Bedad; il fut jeté en prison, et ses biens furent confisqués. Il mourut dans les fers en 854 (1450). Le lendemain de sa mort, Khouda Bedad demanda de ses nouvelles à l'émir Razy eddin Aly,

frère de Daoulet Châh, qui lui répondit par ces deux vers :
« Manṣour a succombé miné par le chagrin; il est maintenant délivré de tes violences et de l'injustice des hommes. »

منصور ز غم بمرد و او رست   از جور تو و جفــای مردم

Page 119, ligne 1. — Emir Châh, connu sous le surnom poétique de Châhy, est le prince Aq Àqa Melik, fils de l'émir Djemal eddin Firouzkouhy. Il naquit à Sebzvar; il descendait des princes Serbedariens qui avaient gouverné cette ville. Il fut un des familiers de Mirza Baïsonghor qui lui fit restituer une partie des états de ses ancêtres. Il fut appelé à Esterâbad par Mirza Aboul Qassim Baber, fils de son protecteur Baïsonghor. Il y passa la dernière partie de sa vie et y mourut en 857 (1453), âgé de plus de soixante-dix ans.

Page 119, ligne 11. — Le célèbre vézir qui porta le titre de Nizham oul Moulk (le régulateur de l'État) se nommait Abou Aly Hassan ibn Aly. Il naquit à Nauken, faubourg de Thous, le 21 du mois de Zilqaadèh 408 (12 avril 1018). Après avoir achevé ses études, il entra, en qualité de secrétaire, au service d'Aly ibn Chadan, gouverneur de Balkh. Il quitta Balkh, et se rendit auprès du souverain Seldjouqide Daoud ibn Mikayl qui le plaça à côté de son fils Alp Arslan. A l'avènement de ce prince, Nizham oul Moulk prit la direction des affaires publiques, et il la conserva pendant les dix années du règne d'Alp Arslan. Il assura le trône à Melik Châh et pendant vingt ans, il fut à la tête de l'administration de l'empire des Seldjouqides. Il accompagna Melik Châh à Isfahan en 435, et le dix du mois de Ramazan, après avoir rompu le jeûne, il prit congé de ce prince pour s'en retourner. Il était arrivé au village de Sahna, près de Nehavend, lorsqu'un jeune homme du Deïlem, nommé Abou Thahir el Adany, adepte de Hassan ibn Sabbah et portant le costume des Sofis, s'approcha de sa litière, sous prétexte de lui remettre une supplique; au moment où Nizham oul Moulk étendait la main pour la recevoir, l'assassin lui plongea un poignard dans la région du foie. Nizham oul Moulk, transporté dans sa tente, ne tarda pas à expirer : le meurtrier fut arrêté et mis à mort. Le corps de Nizham oul Moulk fut transporté à Isfahan.

Selon quelques auteurs, le meurtre de Nizham oul Moulk aurait été ordonné par Melik Châh qui était fatigué de son vézir, et désirait rentrer en possession des vastes domaines dont celui-ci avait la jouissance; selon d'autres, il aurait eu lieu à l'instigation de Tadj oul Moulk Aboul Ghanaim Merzban ibn Khosrau Firouz, plus connu sous le nom de Darest, qui succéda à Nizham oul Moulk dans les fonctions de vézir.

Page 120, ligne 2. — Chems eddin Mohammed fut le vézir d'Abaqa et de Sultan Ahmed, souverains Moghols de la Perse. Dans les premiers jours du règne de Sultan Arghoun, il s'enfuit de Djadjerem à Isfahan; sentant sa vie menacée dans cette dernière ville, il se rendit à Qoum. Il se détermina alors à aller trouver le ministre d'Arghoun, Boqay qui le présenta à ce prince dont il fut bien accueilli; mais dénoncé, au bout de peu de temps, par des fonctionnaires dont il avait fait la fortune, il devint suspect à Arghoun qui donna l'ordre de l'arrêter et d'instruire son procès. Ne pouvant donner les sommes qui lui étaient réclamées, il fut mis à mort sur le bord de la rivière d'Ebher, le 4 du mois de Chaaban 683 (16 octobre 1284). Un certain nombre de pièces de poésies arabes et persanes, composées par Khadjèh Chems eddin, nous ont été conservées. C'est à lui que Nedjm eddin Omar ibn Aly Qazwiny, un des disciples de Naṣir eddin Thoussy, dédia son traité de logique intitulé *Rissalèhi chemssièh*.

Page 120, ligne 13. — Nedjm eddin Hemguer naquit à Chiraz; il prétendait faire remonter son origine à Kesra Nouchirevan. Il florissait sous la dynastie des Atabeks du Fars et Saad ibn Abou Bekr, dont il était le familier, lui décerna le titre de *Melik ouch chouara*. Il quitta Chiraz pour se rendre auprès de Beha eddin, fils de Khadjèh Mohammed Chems eddin, gouverneur d'Isfahan. Hemguer était le contemporain de Saady. Voici les vers dans lesquels il fait allusion à sa généalogie et se plaint de ne point pouvoir arriver à une haute fortune qu'il aurait acquise, s'il avait été le fils d'un Turk :

«Mon défaut est de ne point être le fruit d'une union illégitime : mon crime est d'être l'enfant d'une race noble et pure. Je descends de Sassan et non pas de Tekin. J'ai Kesra parmi mes aïeux et Nyal n'est point mon ancêtre.»

عیبم همین که نیستم از نطفهٔ حرام
جرمم همین که زادهٔ ام از نسبت حلال

هستم ز نسل ساسان نز تخمهٔ تکین
هستم ز صلب کسری نز دودهٔ نیال

Page 120, ligne 25. — Châhfour, originaire de Nichabour, était le chef de la chancellerie du sultan Seldjouqide Mohammed, fils de Sultan Tekich. Il était célèbre pour l'élégance de son style, et il a composé plusieurs traités sur l'art épistolaire et sur les titres que l'on doit donner, selon leur rang, aux personnages auxquels on écrit. Châhfour était en poésie, le disciple de Zhehir eddin Fariaby. On n'a conservé de lui qu'un seul ghazel, inséré par Daoulet Châh dans son *Tezkerêh*. Châhfour mourut à Tébriz en l'année 600 (1203). Son tombeau est placé entre celui de Khaqany et de Zhehir eddin dans le *Maqbarahi chouara* à Tébriz.

Page 121, ligne 13. — Djelal eddin était le fils d'Azhed eddin, primat des Seyyds ou descendants du Prophète de la ville de Yezd, et vézir de Sultan Moubariz eddin Mohammed qui succéda en 713 (1313), à son père Monzhaffer.

Moubariz eddin vint de Meyboz s'établir à Yezd, et il s'empara successivement du Fars, du Kerman et de l'Iraq. Il fit aussi la conquête de Tébriz et il remplit, dans la grande mosquée de cette ville, à l'étonnement général, les fonctions d'imam et il récita la khouthbêh à son nom. Moubariz eddin était d'un caractère violent et sanguinaire ; il condamnait à mort, sous les prétextes les plus futiles, les membres de sa famille et les serviteurs attachés à sa personne. Il encourageait l'espionage et la délation, et les poètes et les lettrés lui avaient donné le surnom de *Mouhtessib* (lieutenant de police). C'est à lui que s'appliquent les vers suivants de Hafiz.

«Bien que le vin provoque la joie et que le vent éparpille les roses autour de nous, ne bois pas aux sons de la flûte, car le Mouhtessib est cruel.»

اکرچه باده فرح بخش و باد کلریز است
بیانك نای مخور می که محتسب تیز است

«Les libertins ont tous renoncé à adorer le vin, excepté le Mouhtessib de la ville, qui est ivre sans en avoir goûté.»

رندان همه ترك می پرستی کــردند
جز محتسب شهر که بی می مستست

Châh Choudja et Châh Mahmoud, fils de Moubariz eddin, ainsi que Châh Sultan son neveu, sentant leur vie menacée, s'emparèrent de lui, le privèrent de la vue et le jetèrent dans un cachot où il mourut après une captivité de cinq ans (765—1363).

Page 122, ligne 6. — Les détails donnés par Aly Ṣafy sur Cheref eddin Riza sont les mêmes que ceux donnés par Daoulet Châh dans son *Tezkerèh*. A l'époque du gouvernement de l'émir Baba Hassan Faudjy un déficit considérable fut constaté dans les recettes du trésor. Dénoncé comme ayant détourné à son profit des sommes importantes, Cheref eddin Riza fut condamné à mort et exécuté en 856 (1452). Khadjèh Ghiath eddin Pir Ahmed fut le vézir tout puissant de Châhroukh. Il avait, dit Ahmed Razy, la direction des affaires de l'empire depuis les frontières de la Chine jusqu'à celles du pays de Roum. Il fut aussi le ministre d'Ala ed Daoulèh et de Mirza Sultan Mohammed. Il mourut sous le règne de Baber.

Page 123, ligne 4. — La notice biographique de Firdoussy par Daoulet Châh a été traduite par M. S. de Sacy et insérée dans le tome IV des *Notices et extraits des manuscrits de la Bibliothèque nationale,* pages 230—238.

Page 123, lignes 14 et 15. — J'ai donné, dans l'appendice placé à la suite de la *Relation de l'ambassade au Kharezm* de Riza Qouly Khan, la traduction de la notice que cet auteur a consacrée à Ferroukhy dans son *Medjma oul fouṣeha* (page 439).

On n'a que fort peu de détails sur la vie d'Abou Nazhar Abd el Aziz ibn Manṣour Assdjedy. Il était né à Hérât et il mourut en 432 (1040). Le recueil de ses poésies n'est point parvenu jusqu'à nous. Le temps a, seulement, épargné quelques pièces de vers, un petit nombre de quatrains, et une ode adressée à Sultan Mahmoud pour le féliciter de la conquête de Soumnat.

Page 124, ligne 6. — Chemssi Thabès, le soleil de Thabès (Thabès est une petite ville du Khorassan, qui est le lieu de sa naissance), est le surnom donné au cadi Chems eddin Mohammed ibn Abd el Kerim qui fut le disciple du célèbre jurisconsulte et poète Manṣour Ferghany, connu dans le Khorassan sous le titre honorifique de Ṣadr ouch

Cheriah. Chems eddin fut le favori de Ṣadr oud Daoulèh Nizham oul Moulk vézir de Kour Khan; il quitta son service pour se rendre à Hérât, puis à Boukhara. A la fin de sa vie, il se fixa dans cette première ville, et il y mourut en 624 (1229).

Page 125, ligne 6. — Edib Ṣabir était originaire de Boukhara. Il eut de longs démêlés avec Réchid Wathwath, et les deux poètes échangèrent de nombreuses satyres. Envery et Khaqany avaient pour le talent d'Edib Ṣabir la plus grande admiration. Lorsque les relations se tendirent entre Sultan Sindjar et Etsiz, prince du Kharezm, Sindjar qui avait en lui la plus grande confiance, l'envoya dans cette province pour se rendre compte de la situation. Edib Ṣabir apprit qu'Etsiz s'était assuré le dévouement d'un Fiday qui était parti pour Merv, et devait assassiner Sindjar un vendredi, lorsque ce prince se rendrait à la mosquée. Il envoya au sultan le portrait exact de cet homme qui fut recherché, arrêté et exécuté. Etsiz soupçonna Edib Ṣabir d'avoir fourni ces indications. Il le fit saisir et jeter dans le Djihoun, les pieds et les mains liés (546—1151).

Edib Ṣabir a laissé un divan et un *Saukend Namèh* سوكند نامه (Livre du serment) qu'il composa pour le Seyyd Abou Djafer Aly ibn Houssein de Nichabour. Cf. *Relation de l'ambassade au Kharezm*, page 155, note.

Page 125, ligne 17. — Imamy appartenait à une famille de jurisconsultes qui avait fourni des cadis à la ville de Hérât; il était le contemporain de Saady et de Hemguer.

Il s'attacha au service des Atabeks du Fars et du Kerman, et il fut le panégyriste de ces princes. Il jouit aussi de la faveur de Khadjèh Chems eddin Mohammed. Imamy mourut en l'année 676 (1277). On lui donne, quelquefois, le surnom de Kermany à cause de son long séjour dans le Kerman.

Fakhr oul Moulk (la gloire du royaume) est le titre honorifique d'Aboul Mouzhaffer, fils de Nizham oul Moulk; il fut le vézir de Sultan Sindjar.

Page 126, ligne 9. — Siradj eddin Qamary était originaire de Qazwin. L'enjouement de son caractère, ses saillies spirituelles l'avaient fait admettre dans la familiarité d'Aboul Ghazy Sultan Houssein Behadir.

Daoulet Châh raconte une anecdote dont il fut le héros malheureux. La mésaventure de Siradj eddin Qamary eut lieu chez une femme nommée Safièh qui avait embrassé la vie ascétique à Hérât, et qui recevait les visites de Qounqourat Khatoun, sœur de lait de Sultan Houssein. Siradj eddin entretenait un commerce littéraire avec Selman Savèdjy et Obeïd Zagany.

Page 126, ligne 13. — Mir Aly Chir Nevay a, dans son *Medjalis oun nefaïs*, consacré quelques lignes à Mewlana Hassan Châh. «Il est aujourd'hui, dit-il, un des plus anciens poètes du Khorassan. Depuis l'époque de Châhroukh jusqu'au temps béni du souverain aujourd'hui régnant, il a fait le panégyrique des princes et des grands personnages, et il a composé des élégies sur leur mort. Il avait, comme Nedimy, le goût de la plaisanterie, et on a de lui un grand nombre de poésies facétieuses qui jouissent d'une certaine célébrité. »

Page 126, ligne 17. — Naṣir Boukhary avait embrassé la vie mystique et parcourait le monde, vêtu d'un froc en lambeaux et n'ayant pour tout bagage qu'un vieux livre. Il fit la rencontre de Selman Savèdjy à Baghdad qu'il traversait pour se rendre à la Mekke. On a de lui une ode qu'il composa en l'honneur de Sultan Ouveïs.

Le distique rapporté par Aly Ṣafy est souvent cité par les orientaux. Je le transcris ici, avec les vers qui en forment la suite.

درویش را که کنج قناعت مسلم است
درویش نام دارد و سلطان عالم است
گر قرص مهر کرم بر آرد تنور چرخ
در وقت چاشت سفره درویش را کست
روزی ترا بزهر حوادث کند هلاک
گردون حلقه کرده که چون مار ارقم است
درهم شود ز بهر درم حال آدمی
آری تمام صورت درهم چو درهم است

« Le derviche auquel a été donné le trésor de la modération, est qualifié de derviche, mais en réalité il est le sultan du monde. Si le four du firmament sert le disque de soleil tout chaud, au moment du repas, c'est peu de chose pour la table du derviche. Le ciel formant un rond semblable à celui de la vipère, cause parfois ta mort avec le poison des vicissitudes de ce monde. Acquérir de l'argent est pour l'homme une cause de trouble et de souci; oui, celui qui recherche l'argent, est toujours aigri et préoccupé.

Page 127, ligne 5. — Nous ne possédons aucun détail sur Chihab eddin Aly Terchizy dont le surnom poétique était Thouty. Nous savons seulement qu'il avait étudié la médecine et qu'il mourut en l'année 866 (1461).

Hamzah ibn Aly ben Malik dont le *tekhallus* est Azery, appartenait à la famille des Serbedariens de Beyhaq, dans le district de Thous[1]. Il faisait remonter son origine à Ahmed ibn Mohammed ez Zemdjy el Hachimy el Merwezy.

Dans sa jeunesse, Cheikh Azery se livra avec succès à la poésie, et Châhroukh pour lequel il composa plusieurs odes, lui avait promis le titre de *Melik ouch chouara* : mais il renonça aux honneurs du monde, et se voua tout entier à la dévotion et aux exercices de la vie spirituelle. Il se plaça sous la direction du cheikh Mouhy eddin Thoussy, et il étudia avec lui la théologie et les traditions du Prophète. Azery et son maître firent ensemble le pèlerinage de la Mekke; au retour, le cheikh Mouhy eddin mourut à Alep et Azery s'attacha alors à Seyyd Nimet oullah. Il entreprit une seconde fois le voyage du Hedjaz et il fit la route à pied. Pendant son séjour à la Mekke, il composa sous le titre de سعی الصفا *Sa'y ous Safa* (la course de Safa) un guide pour les pèlerins, et il écrivit, dans l'enceinte du temple, une histoire de la

---

1. Il prit le *tekhallus* d'Azery, parce qu'il était né au mois d'Azer (novembre-décembre).

Kaabah. Du Hedjaz, il se rendit dans l'Inde où il fut bien accueilli par Sultan Ahmed Behmen Châh, souverain du Dekkan. Il composa en l'honneur de ce prince un poème auquel il donna le nom de *Behmen Namèh;* il quitta sa cour pour n'avoir point voulu se prosterner devant lui, lorsqu'il lui fit don d'un lak de tenghas. A son retour de l'Inde, il se consacra tout entier, pendant trente ans, à la vie contemplative. Il s'était acquis la vénération des personnages les plus éminents, et il reçut la visite de Mirza Baïsonghor, lorsque celui-ci alla prendre possession du gouvernement de l'Iraq. Ce prince, pour remercier Azery des conseils qu'il lui donna, déposa devant lui une bourse pleine d'or. Le cheikh la refusa en improvisant ce distique :

زر که ستانی و بر افشانیش

هم به از آن نیست که نستانیش

« Cet or, produit des impôts, que tu te plais à répandre, il vaudrait beaucoup mieux que tu n'eusses pas à le prélever. »

Azery mourut à Esferaïn en 866 (1461), à l'âge de quatre-vingt-deux ans. Il légua tous ses biens à des fondations pieuses qu'il désira voir annexées à son tombeau. On devait y donner des leçons à des étudiants et distribuer des vivres à des religieux et à des gens voués à la vie ascétique. Outre le *Saÿ ous Safa* et l'histoire de la Kaabah, Azery a publié des opuscules en vers et en prose tels que le *Djewahir oul esrar* جواهر الاسرار (Les joyaux des secrets divins), le *Thoughraï houmaïoun* طغرای همایون (Le chiffre impérial) et les *Adjaib oul gharaïb* عجایب الغرایب (Les merveilles des merveilles). Khadjèh Ahmed Moustaufy a fixé dans ces vers la date de la mort d'Azery :

دریغا آذری شیخ زمانه که مصباح حیاتش کشت بی ضو
چو او مانند خسرو بود در شعر از آن تاریخ فوتش کشت خسرو

«Ô regrets! La lampe de la vie d'Azery, le cheikh de ce siècle, a perdu son éclat. Il était un Khosrau dans la poésie, aussi le nom de Khosrau est-il devenu la date de sa mort.» La valeur numérique des lettres qui forment le nom de Khosrau, donne le chiffre de 866. Ahmed Moustaufy fait allusion au célèbre poète Khosrau de Dehly, et au nom de Khosrau (Cosroès) porté par des rois de Perse.

Page 127, ligne 24. — Kemal eddin Ismayl était le fils de Djemal eddin Abder Rezzaq Isfahany. Il imita la manière des anciens poètes, et il commença à jouir d'une grande réputation sous le règne de Sultan Tekich. Il fut ensuite le panégyriste de Djelal eddin Kharezmchâh et des princes de la dynastie des Saïdyèh. A la fin de sa vie, il renonça au monde, se voua à la solitude et à la vie ascétique sous la direction du cheikh Chihab eddin Souhrewerdy. Il fut torturé et mis à mort par des soldats Moghols, lors de la prise d'Isfahan par Ogotay, le 2 du mois de Djoumazi oul akhir 635 (21 décembre 1237).

Page 128, ligne 12. — «La vie de Ferid eddin Attar, extraite de l'histoire des poètes de Dauletschah Gazi de Samarqand», a été placée par M. S. de Sacy, à la fin de la traduction de la préface qui se trouve en tête de son édition du *Pend Namèh* ou Livre des conseils. Paris 1819, pages XXXIX—LIII.

Un poète a composé sur la mort de Ferid eddin Attar un poème mystique qui porte le titre de *Bi ser Namèh* بى سر نامه (Le livre de celui qui est sans tête); Attar est supposé l'avoir récité après avoir été décapité.

J'en cite les premiers vers :

من بغیر تو نه بینم در جهان

قادرا پروردگارا جـــاودان

من ترا دانم ترا دانم تـــرا

خود ترا غیری میباشد خدا

چون بجز تو نیست در هر دو جهان

لا جرم غیری نباشد درمیـــان

اولین و آخرین و بی حـداد

ظاهرین و باطنین و بی عداد

این جهان و آن جهانی در نهان

آشکارا و نهانی در عیـــان

Le *terdji* ou refrain de ce poème est ce distique :

من خدایم من خدایم من خدا

فارغم از کینه و کبر و هـوا

On lit à la fin de la copie que je possède :

تمت هذا الکتاب المسمی بی سر نامه من اعظم مولفات العطار علیه رحمة الستار الذی کتبه بدمه بعد کونه مقطوع الرأس و رأسه فی ابطه فلما تمت الرسالة سقط فی المکان الذی قبره فیه نور الله مرقده

Page 128, ligne 19. — Riza Qouly Khan a donné dans la *Relation de son ambassade au Kharezm*, la biographie de Pehlivan Mahmoud, et quelques-unes de ses poésies, pages 132—136.

Page 128, ligne 25. — Mewlana Louthfoullah, né à Nichabour, était le contemporain de Timour. Détaché des biens du monde et voué à la vie ascétique, considéré comme un saint, il fut l'objet des largesses d'Emiran Châh, fils de Timour; mais son mépris des biens terrestres lui fit dissiper rapidement tous les dons qu'il avait reçus de ce prince. L'anecdote racontée par Aly Safy se lit également dans le Tezkerèh de Daoulet Châh, qui la rapporte sur la foi du théologien et jurisconsulte Mouïzz eddin Thathar de Nichabour. Mewlana Louthfoullah avoue lui-même qu'il a toujours été poursuivi par la fortune adverse.

«Je suis né, dit-il, sous une telle étoile, que si, pour chercher de l'eau, je me dirige vers la mer, celle-ci se détournera de moi. Si je vais en enfer pour trouver du feu, le feu se changera pour moi en quelque chose de plus froid que la glace. Si je me rends à une montagne pour chercher de la pierre, celle-ci deviendra plus rare que les pierreries. Si je vais dans une plaine pour y prendre de la terre, la terre sera transformée en or rouge. Néanmoins, je dois être reconnaissant, car le mauvais pourrait encore devenir pire pour moi.»

طالعی دارم آنکه از پی آب   گر روم سوی بحر برکردد
ور بدوزخ روم پی آتش   آتش از یخ فسرده ترکردد

ور زکوه التماس سنك کنم   سنك نا یاب چون کهر کردد

ور بدشت از برای خاك روم   خاك آنجا بسرخ زر کردد

با همه نیز شكر باید کرد   که مبادا زبد بتر کردد

Lorsque Mirza Baïsonghor fit son entrée à Hérât, les disciples de Louthfoullah l'engagèrent à aller voir son cortège. Louthfoullah, ayant donné son turban à laver, ne put sortir dans la ville, mais quand le prince et sa suite passèrent dans sa rue, il ouvrit précipitamment la porte de sa maison et parut sur le seuil, la tête coiffée d'un haut bonnet. Le cheval du prince fut effrayé par la figure étrange de Louthfoullah; il se cabra et manqua de renverser son cavalier. Baïsonghor, dans sa colère, donna l'ordre de tuer Louthfoullah qui se mit à crier grâce, et à demander pour quel crime il était condamné. «A peine a-t-on aperçu l'aspect funeste de ta personne, répondit le prince, que mon cheval s'est cabré, et peu s'en est fallu que je ne tombasse.» «Ne puis-je pas dire, répondit Louthfoullah, que votre figure a été aussi néfaste pour moi, puisqu'en la voyant, j'ai été jugé digne de perdre la vie.» Cette repartie plut à Baïsonghor qui lui fit donner une gratification considérable.

Louthfoullah mourut en 816 (1413). Il fut enterré dans le voisinage du mausolée de l'Imam Aly ibn Moussa Riza, à Mechhedi Thous.

NOTICE
SUR LE
KITAB BEÏAN IL EDIAN

(EXPOSÉ DES RELIGIONS).

L'ouvrage qui porte ce titre, est peut-être le plus ancien des traités écrits en persan sur les diverses religions. Je n'ai pu trouver, dans les recueils de biographies ou dans les dictionnaires bibliographiques, aucun détail sur son auteur ni sur les œuvres qu'il a produites.

Dans l'introduction placée en tête du livre, il fait connaître son nom et le motif qui l'a porté à écrire ce traité, et dans le cours du récit, il indique la date de sa composition; certains faits nous permettent, en outre, de désigner la ville où il résidait.

L'imam Aboul Mealy Mohammed ibn Obeïd allah faisait remonter son origine jusqu'au khalife Aly. Il nous apprend qu'il rédigea son travail deux cent trente années lunaires après la naissance du douzième imam à Samara. Aboul Qassim Mohammed Hassan ayant vu le jour en 255 (868),

Aboul Mealy Mohammed mit donc la dernière main à son exposé des religions en l'année 485 de l'hégire (1092). Il entreprit de l'écrire, à la suite de discussions théologiques qui avaient lieu à la cour d'un puissant monarque, et dont le sujet était la connaissance des dogmes des anciennes religions et des doctrines des différentes sectes musulmanes. On y dissertait aussi sur cette parole de Mohammed qui a dit : «Il y aura après moi, soixante-treize sectes dans l'islamisme.»

Le souverain dont parle Aboul Mealy Mohammed, ne peut être qu'Abou Saïd Djelal eddin Massoud, fils d'Ibrahim, de la dynastie des Ghaznévides, qui avait reçu du khalife le titre honorifique de Ala ed Daoulèh et régna de 482 (1089) à 492 (1099).

L'auteur écrivait sans doute à Ghaznah, résidence de ce prince, car il nous apprend que l'on conservait dans cette ville, dans le trésor royal, l'*Erjenk* ou recueil de peintures attribuées à Mani, et dans l'article consacré aux Ismayliens, il nous dit que, de son temps, il y avait à Ghaznah un certain Mohammed Edib *day*, ou missionnaire des khalifes Fathimites d'Égypte, qui avait détourné de la voie de l'orthodoxie un grand nombre des habitants de la ville et de la banlieue.

Il consacre aussi quelques lignes à Naṣiri Khosrau, mort depuis quatre années, et qui, pendant son séjour à Yemgan, avait fait de nombreux prosélytes. Aboul Mealy était sunnite et hanéfite, comme les princes de la dynastie des Ghaznévides et le plus grand nombre des habitants de l'Asie centrale.

Aboul Mealy Mohammed a divisé son ouvrage en cinq chapitres. Il établit, dans le premier, que dans tous les temps et dans tous les pays, le plus grand nombre des hommes ont cru à l'existence d'un créateur de l'univers, et il indique les idées que se formaient de la divinité les Perses, les philosophes grecs, les Turks, les Indiens et les Zendjs.

Dans le second chapitre, on trouve exposées sommairement, les croyances religieuses des Arabes avant l'islamisme, celles des philosophes, des Juifs, des Samaritains, des chrétiens, des Guèbres, des sectateurs de Mani, des idolâtres, des Sabéens, des Qarmathes et autres sectaires, et celles des sophistes.

L'auteur, à propos des Juifs, cite en hébreu les premiers mots du Pentateuque et rapporte aussi une phrase en zend tirée du Zendavesta. En parlant des Melkites, il nous fait connaître ce qu'il savait de l'organisation militaire et religieuse de l'empire de Byzance, et nous apprenons par lui ce fait curieux qu'au XIIe siècle de notre ère, un catholicos résidait dans le Khorassan. Quant aux croyances des Indiens, l'auteur a eu entre les mains, pour traiter ce sujet, les ouvrages de Mouqaddessy, d'Abou Zeyd Balkhy et de Birouny.

Le troisième chapitre du *Kitab beïan il Edian* est consacré à l'*Isnad* (citation des sources), au sens réel et à l'explication de ces paroles du Prophète : « Après moi, mon peuple sera divisé en soixante-treize sectes. »

Nous trouvons dans le quatrième, l'énumération des différentes sectes, ainsi qu'un exposé très clair des doctrines sunnites et chiites. Aboul Mealy a donné des notices fort intéressantes sur les Bathiniens et sur les Ismayliens. Malgré les travaux de MM. Silvestre de Sacy, Rousseau, de Hammer, Defrémery et Stanislas Guyard, certains points des doctrines de cette secte mystérieuse et terrible sont restés peu connus. Les renseignements d'Aboul Mealy, auxquels j'ai joint dans les notes ceux donnés par l'auteur du *Tabṣiret oul awwam*, méritent d'autant plus de fixer l'attention que les livres des Ismayliens d'Égypte ont été détruits par les Eyyoubites, et ceux des Ismayliens du Roudbar par Houlagou qui, après la prise d'Alamout, les fit tous brûler par son vézir Atay Moulk, sur les instances des musulmans qui l'entouraient.

L'auteur se proposait, dans le cinquième chapitre, de faire connaître les personnages qui ont essayé de propager des doctrines inadmissibles et de se faire passer pour Dieu ou pour prophètes. Cette partie de l'ouvrage ne se trouve pas dans l'exemplaire du *Kitab beïan il edian* en ma possession. L'auteur a-t-il reculé devant le récit de blasphèmes et d'extravagances que sa foi réprouvait? A-t-il considéré comme funeste de les mettre sous les yeux de lecteurs faciles à égarer, ou bien le copiste, cédant à un zèle pieux, a-t-il supprimé ces pages dans sa transcription? Ce sont des questions auxquelles je ne saurais répondre.

Aboul Mealy prend soin, à la fin de sa préface, de nous faire savoir qu'il n'a avancé aucun fait sans s'appuyer sur le témoignage d'un maître, ou sans citer l'ouvrage dans lequel il l'a puisé. Il espère détourner ainsi de lui le mécontentement du lecteur auquel ses allégations pourraient déplaire. Je dois faire observer, en terminant cet aperçu du

Kitab beïan il edian, que les noms des sectes diffèrent quelquefois de ceux donnés par Chehristany, et ces derniers ne concordent pas non plus avec les dénominations du traité anonyme dont je parle plus loin.

Le *Kitab beïan il edian* fait partie d'un manuscrit copié en l'année 900 (1494) qui renferme plusieurs traités et opuscules se rapportant à la religion ou au mysticisme. Le premier est le *Zoubdet oul haqaïq* زبدة الحقايق (La crême des vérités) de Aïn el Qoudhat Hemdany; le second est une liste en arabe et en persan, dressée par Lissan eddin Afzhal Simnany, des animaux dont il est permis ou défendu aux musulmans du rite chaféite, de manger la chair; vient ensuite un très court opuscule de Aziz Nessefy sur l'amour divin رساله در عشق. Ce *rissalèh* est suivi par le *Bahr al haqiqah* بحر الحقيقة (La mer de la vérité) d'Ahmed Ghazzaly et par le *Kitab oul qoudssièh* كتاب القدسية (Le livre des choses saintes) du cheikh Rouzbehan. On trouve ensuite le *Kitab beïan il edian*, puis un opuscule sans nom d'auteur sur la connaissance de Dieu: *Rissalèh der marifeti bary* رساله در معرفت بارى et un *Idjazet* ou licence écrite pour le cheikh des cheikhs Razhy eddin Lala par le «sultan des cheikhs», سلطان المشايخ, Nedjm eddin Baghdady. Le volume est terminé par un *Tezkeret oul mechaïkh* ou liste des cheikhs Naqchbendy écrite en 877 (1472) par le derviche Aly ibn Abi Saïd el Kehdjy et par des maximes de piété d'Abd allah Ensary.

Parmi les ouvrages persans consacrés à l'exposition des religions et des doctrines des différentes sectes, je me bornerai à citer le *Tabsiret oul awwam fi marifet miqalat il anam* تبصرة العوام فى معرفة مقالات الانام (Le livre qui fait comprendre à tout le monde les doctrines des différentes croyances), composé après que les Fathimites d'Égypte eurent été remplacés par la dynastie des Eyyoubites. Cet ouvrage est attribué à un écrivain nommé Mourtezha qui, comme son homonyme le chérif Mourtheza mort en 436 (1044), était un chiite convaincu.

Nous possédons, en outre, une version persane du *Kitab oul milel ouen nihal* (Le livre des sectes religieuses et philosophiques) de Chehristany, faite sur l'ordre de Châhroukh par Khadjèh Afzhal eddin, et un petit traité, sans nom d'auteur et sans date, rédigé en persan par un sunnite. L'auteur de ce dernier opuscule donne les noms des différentes sectes et expose, d'une façon très succincte, les divergences qui existent entre elles. Je me borne à ces citations, car les titres des ouvrages de longue haleine et des *rissalèhs* qu'ont fait naître les discussions religieuses, au sein de l'islamisme, suffiraient, à eux seuls, à remplir plusieurs volumes.

Je me suis attaché, dans les notes qui suivent, à donner quelques détails sur les croyances des Arabes avant l'islamisme, sur celles des Sabéens, et sur les sectes qui, comme les Khourremdinan et les Bathinys, ont provoqué des révoltes redoutables et des bouleversements qui ont mis en péril l'existence de certains États. J'ai donné le texte du chapitre du *Tabṣiret oul awwam* qui est consacré aux Ismayliens et j'ai extrait du *Kitab oul siassat* de Nizham oul Moulk quelques passages relatifs aux révoltes des Khourremdinan et autres sectaires. Nizham oul Moulk qui avait été le condisciple d'Omar Kheyyam et de Hassan ibn

138   NOTICE

Sabbah, le fondateur de l'ordre des Assassins, connaissait à fond les doctrines des sectes hérétiques et l'histoire des pays musulmans. Avant d'entrer au service des Seldjouqides il avait parcouru l'Asie centrale, et les hautes fonctions qu'il remplit à la cour de trois des princes de la dynastie la plus puissante de l'Asie au XIIe siècle, lui ont permis d'avoir sur bien des faits des renseignements dont nous ne trouvons pas trace dans les autres historiens.

J'ai cru ne devoir rien ajouter aux explications données par l'auteur du *Kitab beïan il edian* sur les dogmes des sunnites et des chiites, ni sur les divergences qui séparent leurs différentes sectes. L'exposé de leurs doctrines, fait par l'imam Aboul Mealy Mohammed, est d'une exactitude et d'une clarté suffisantes.

NOTES.

Page 133, ligne 18. — Qoran, chap. IV, v. 62.

Page 134, ligne 5. — Qoran, chap. XXVI, v. 84.

Page 134, ligne 15. — Qoran, chap. VII, v. 41.

Page 134, ligne 24. — Moussaïlimah ibn Habib auquel les musulmans donnent le surnom d'el Kezzab (l'imposteur), appartenait à la tribu des Beni Hanifèh, fraction des Bekr Wayl, établie dans le Yemamèh. Il se donna comme prophète en l'an 10 de l'hégire (631), et une partie des populations du Yémen se souleva à sa voix. La rébellion dura jusqu'à l'époque où Khalid, fils de Welid, fut envoyé dans le Yémen par le khalife Abou Bekr. Mousseïlimah fut tué dans le combat de Hadiqat er rahman par un nègre, appelé Wahchy. La prise de Hedjr qui suivit la victoire de Khalid, amena la pacification complète du Yemamèh et des pays voisins. *Siret our ressoul* d'Abdel Melik ibn Hicham, éd. publiée par M. Wüstenfeld, Göttingen 1858, pages 312, 566, 945, 966. Ibn el Athir, tome II, pages 227, 229, 269, 272.

Page 135, ligne 14. — Qoran, chap. XXIX, v. 61.

Page 136, ligne 1. — Qoran, chap. XVII, v. 110.

Page 136, ligne 7. — Qoran, chap. XI, v. 43.

Page 136, ligne 8. — Qoran, chap. XVII, v. 110.

Page 136, lignes 9 et 10. — Qoran, chap. XXVII, v. 30.

Page 136, ligne 14. — Qoran, chap. XXXIX, v. 4.

Page 136, ligne 18. — Je n'ai pas trouvé dans le traité géographique de Mouqaddessy, la mention d'un pyrée existant dans le Fars où l'on aurait conservé le livre de Zerdoucht divisé en trois chapitres, Zend, Pazend et Avesta.

Page 136, ligne 25 et page 137. — On peut recourir pour les doctrines des philosophes grecs telles qu'elles sont connues des orientaux, au *Fihrist* d'Ibn en Nedim, éd. de M. Flügel, Leipzig 1871, pages 238—254, au *Tezkiret oul houkema* du vézir Djemal eddin Aly el Qifty, au texte de Chehristany, pages 251 à 345 et pages 77—213 du tome II de la traduction allemande de M. Th. Haarbrücker, *Abu-l-Fath Mohammad asch Schahrastani's Religionsparteien und Philosophenschulen*, Halle, 1850—1851.

Page 137, ligne 3. — Je crois qu'il faut lire au lieu de Aboul-Hassan Àmy ابو الحسن عامى, Aboul-Hassan Ṣaby ابو الحسن صابى. Il s'agirait alors du célèbre Aboul Hassan Thabit ibn Qourrah el Harrany es Ṣaby, né en 221 (mort en 288). On trouve la liste de ses ouvrages dans le *Fihrist* d'Ibn en Nedim et le *Tezkiret oul houkema,* page 272. Cf. aussi l'ouvrage de M. Wenrich, *De auctorum græcorum versionibus et commentariis syriacis, arabicis etc. commentatio,* Leipzig 1842, passim et celui de M. Chwolsohn, *Die Ssabier und der Ssabismus,* pages 546—567.

Page 137, ligne 7. — Aboul Khaïr Hassan ibn Sewar ben Behnam, plus connu sous le nom d'Ibn Khammar, naquit à Baghdad en 381 (991) sous le règne du khalife Thay billah. Il étudia la médecine et les sciences naturelles sous la direction de Yahia ibn Ady. Ibn el Khammar a traduit du syriaque en arabe un grand nombre d'ouvrages. Il jouissait comme médecin d'une si grande réputation que le Kharezmchâh Mamoun le fit venir de Baghdad à sa cour : sur les instances de Sultan Mahmoud, il consentit à le laisser aller à Ghaznah. Ibn el Khammar était chrétien et avait résisté à toutes les instances qui lui avaient été faites pour abandonner sa religion; il embrassa cependant l'islamisme dans les dernières années de sa vie. Ibn Khammar mourut plus que centenaire, d'une chute de cheval. Le Sultan Ibrahim lui avait envoyé son cheval pour l'amener au palais; en passant par le bazar des cordonniers à Ghaznah, sa monture prit peur et s'abattit à la vue d'un chameau; Ibn Khammar fut écrasé sous son poids. L'ouvrage auquel Aboul Mealy Mohammed fait allusion, doit être soit le مقالة فى سيرة الفيلسوف (Discours sur le caractère du philosophe), soit le مقالة فى اقوال القدما (Discours sur les paroles des anciens). *Namèhi danichvèran,* tome 1, f° 51.

Page 138, lignes 7 et 8. — Je me bornerai à citer, pour la connaissance des dogmes et l'histoire des églises grecque, copte et abyssinienne, les ouvrages suivants : [Richard Simon.] *Histoire critique de la créance et des coutumes des nations du Levant,* par le Sr. de Moni, Francfort 1684. *Some account of the present greek church with reflections on their present doctrine and discipline .... compared with Jac. Goar's notes upon the greek ritual or* Εὐχολογίον, by John Covel, Cambridge and London 1722, in-f°.

Historia Jacobitarum seu Coptorum in Aegypto, Libya, Nubia, Aethiopia tota et Cypri insulae parte habitantium, etc. opera Josephi Abudacni, ed. Havercampus. Leyde 1740. *De Abassinorum rebus, deque Aethiopiae patriarchis Joanne Nonio Barreto et Andrea Oviedo libri tres,* P. Nicolao Godigno S. J. auctore. Lugduni 1615, pages 113 à 219. Silbernagl, *Verfassung und gegenwärtiger Zustand sämmtlicher Kirchen des Orients.* Landshut 1865.

Vansleb, *Histoire de l'église d'Alexandrie.* Paris 1677, in-12°. *Eutychii Aegyptii, Patriarchae orthodoxorum Alexandrini, ecclesiae suae origines,* ed. J. Seldenus, Londres 1642. Neale, *The Patriarchate of Alexandria,* Londres 1847. Ludolf, *Historia aethiopica,* Francoforti 1681, La Croze, *Histoire du christianisme d'Éthiopie et d'Arménie.* La Haye 1739.

Page 138, ligne 20. — Le mot باتجل désigne l'ouvrage publié sous les titres suivants : Patandjaly, *The Viâkaramanamahâbashaya,* ed. by F. Kielhorn, Bombay 1878. *The Yoga aphorisms of Patandjali with the commentary of*

Baoja Raja, with an english translation by Rajendratala Mitra L. L. D., Calcutta 1882.

Page 139, ligne 9. — Les mots *Guita* كيتا, *Baharat* بهارت, *Basediv* باسديو, *Sang* سانك et *Ardjoun* ارجن désignent le Baghavadguita, le Mahâbârata, le Vasudeva, le Sankhya, traité philosophique; Ardjouna est le nom de l'interlocuteur de Krichna dans le Bagavadguita.

Page 139, ligne 11. — Le mot انسقر est probablement une corruption de Indra Çakra, ou du mot *akchara* (immortel, être suprême).

Page 139, ligne 11. — M. Devic, chargé du cours d'arabe à la faculté des lettres de Montpellier, a réuni sur les Zendjs tous les renseignements qu'il a pu trouver dans les auteurs orientaux. Le *pays des Zendjs ou la côte d'Afrique au moyen-âge* .... *d'après les écrivains arabes.* Paris 1883.

Page 139, ligne 19. — Abou Issa el Warraq est cité par Ibn Abi Yaqoub en Nedim, comme un des auteurs qui, affectant les dehors de l'islamisme, professaient en secret les doctrines de Mani. *Fihrist,* page 338.

Page 139, ligne 21. — Le fils de Zoheïr est Kaab; son père Zoheïr, fils d'Abi Solma el Mouzeny est l'auteur de la *Moallaqah* et sa mère portait le nom de Kibchèh bint Ammar.
Kaab ibn Zoheïr embrassa l'islamisme l'an 9 de l'hégire, et récita, à cette occasion, devant le prophète, le poème connu

sous le nom de *Qaṣidet oul borda* قصيدة البردا (L'ode du manteau), pour lequel Mohammed lui fit don de son manteau. *Siret our ressoul*, page 887. *Kitab el aghany*, tome XV, pages 147—151. Caussin de Perceval, *Histoire des Arabes avant l'islamisme*, tome II, pages 530—635, et tome III, pages 280—281.

Page 140, ligne 1. — Qoran, chap. LXXI, v. 22.

Page 140, ligne 2. — Qoran, chap. LIII, v. 19.

Page 140, lignes 4 à 9. — Suivant les commentateurs du Qoran, Souwa سواع était une statue de femme, Ouedd (ودّ) une statue d'homme. Yeghouth (يغوث) était la représentation d'un lion, Nisr (نسر) celle d'un vautour, Yeouq (يعوق) celle d'une jument. Lat (لات) était une statue humaine, Ouzza (عزّى), un mimosa qui fut abattu, sur l'ordre du Prophète, par Khalid ibn Welid. Au moment où cet arbre tomba, on vit s'échapper du tronc un démon féminin, poussant de grands cris, les mains sur la tête et les cheveux épars. Khalid le tua à coups de sabre. Menat (منات) était un bloc de pierre qui fut renversé par Saad ibn Zeyd el Achhely. Hobal (هبل), placé dans la Kaabah, était un morceau d'agate, rapporté par un chef qoreïchite des pays étrangers. Assaf et Naïleh (اساف و نايلة), ayant commis un adultère dans l'intérieur de la Kaabah, avaient été changés en statues de pierre; elles furent placées l'une à Ṣafa, l'autre à Merwèh. Saad (سعد) était un rocher qui s'élevait dans le désert.

Il faut, à la ligne 6, au lieu de رمة الجندل lire دومة الجندل.

Doumet el Djandel est un château construit, dit-on, par Douma, fils d'Ismayl, et qui s'élève entre Damas et Médine, à sept journées de marche de la première ville. *Moudjem*, tome II, pages 625—626. Ibn Sâïd a consacré dans son ouvrage du *Taarif fi thabaqat il oumem* التعريف في طبقات الامم un chapitre curieux aux croyances des Arabes avant l'islamisme. J'en donne l'extrait suivant :

« Les Arabes avaient différentes religions; les Himyarites adoraient le soleil, et ce fait est attesté par ce que Dieu révèle, dans son livre, au sujet de la huppe, lorsque Souleyman, parlant de Balqis l'Himyarite, dit : « J'ai trouvé qu'elle et son peuple adoraient le soleil au détriment d'Allah[1]. » Selon l'assertion d'Abou Mohammed el Hemdany[2], les Himyarites abandonnèrent le culte du soleil pour embrasser le judaïsme, lorsque Souleyman fit la conquête du Yémen et des pays voisins.

« Voici les paroles de Hicham ibn Mohammed el Kelby[3] : « Himyar adorait le soleil, Kinaneh la lune, Myssem la constellation des Hyades, Lakhm et Djoudham la planète de

---

1. Qoran, chap. XXVII.
2. Abou Mohammed Hassan ibn Ahmed el Hemdany, mort en 334 (945), est connu sous le surnom de Ibn Haïk. Il a composé une histoire généalogique des rois de Himyar et une description de l'Arabie qui porte le titre de *El Iklil fi enssab Himyar ouà eyyam moulonkiha* الاكليل في انساب حمير وايام ملوكها (La couronne des généalogies de Himyar et les journées célèbres de leurs rois). Cet ouvrage, qui se compose de dix volumes, a été abrégé et ce résumé est intitulé *Sifat djeziret il arab* صفة جزيرة العرب (Description de la presqu'île des Arabes).
3. Hicham ibn Mohammed el Kelby, mort en 204 (820), est l'auteur de trois ouvrages importants : l'un est le *Djemheret oul enssab* جمهرة الانساب grand ouvrage de généalogie, le second est un volumineux traité de géographie intitulé كتاب البلدان *Kitab oul bouldan* (Le livre des pays), le troisième est le *Kitab moulouk ith thewaïf* كتاب ملوك الطوائف (Histoire des rois successeurs d'Alexandre).

Jupiter, Thay l'étoile de Canope, Qaïs Sirius, Assad la planète de Mercure. Thaqif et Iyad adoraient une hutte placée au sommet d'un dattier; ils lui donnaient le nom de el Lat. Iyad et Bekr, fils de Waïl, adorèrent ensuite la Kaabah de Sindad[1].

« Les Benou Hanifèh rendaient un culte à une idole faite d'une pâte de dattes pétrie avec du lait. Pendant une famine, elle fut mangée par les gens de cette tribu, ce qui fit dire à un poète : « Les hommes de Hanifèh ont, dans un temps de disette et de famine, dévoré leur divinité. Ils n'ont redouté ni leur dieu, ni les suites malheureuses, ni les calamités (que provoquerait sa vengeance). » Ibn Qotaïbah dit : « Les tribus de Rebia, de Ghassan et quelques branches de celles de Qoudhaa étaient chrétiennes; Himyar, les Benou Kenanèh, les Benou Harith ibn Kaab et Kendah étaient juifs; dans la tribu de Temim, Zerarèh ibn Ads, ainsi que son fils Hadjib et Aqrah ibn Djabis, suivaient le culte des Mages. Les Qoreïchites étaient Zendiq (matérialistes) et ils avaient reçu cette doctrine des habitants de Hirah. Le culte des idoles était général parmi les Arabes. »

« Sâid dit : « Les Arabes qui adoraient les idoles, reconnaissaient l'unité d'Allah. Ils imitaient, en quelque sorte, le culte des Sabéens qui vénéraient les astres et les statues faites à leur image et placées dans les temples. Les gens ignorants des matières religieuses peuvent seuls être persuadés que les Arabes voyaient dans les idoles de véritables dieux.

1. Sindad est le nom d'un canal entre Hirah et Ouboullèh sur le bord duquel s'élevait un château avec des galeries que les Arabes visitaient en pélerinage. Sindad était un des campements de la tribu de Iyad. *Moudjem*, tome III, pages 164, 165.

Tout homme sensé doit repousser l'opinion représentant les Arabes comme croyant que ces idoles avaient créé le monde.»

«La preuve en est dans ces paroles du Qoran: «Nous ne les adorons que parcequ'elles nous rapprochent d'Allah.» La seule différence qui les sépare de la parole révélée du Qoran, c'est qu'ils ne croyaient ni à la résurrection, ni à la mission des prophètes, ni au caractère prophétique de Mohammed. Le plus grand nombre d'entre eux les niaient, et n'admettaient pas le jour du jugement. Ils disaient cependant, que le monde ne périrait pas et n'aurait pas de fin, quand bien même il aurait été créé et aurait eu un commencement. Quelques-uns croyaient au jour du jugement, et s'imaginaient qu'ils ressusciteraient, montés sur leur chamelle égorgée sur leur tombe. Celui pour lequel on n'aurait pas fait ce sacrifice, ressusciterait à pied.

«Cette croyance a inspiré les paroles de Khouzeïmah, fils de Eythem el Faqassy, lorsqu'il fit à son fils ses dernières recommandations: «O Saad, dit-il, si je meurs, voici les dernières volontés que doit exécuter celui qui m'est le plus proche. Ne me laisse pas marcher à pied derrière ceux qui ressusciteront, jusqu'à ce que, épuisé de fatigue, je me laisse choir en tombant sur mes mains. Fais monter ton père sur un jeune chameau vigoureux; exauce ses vœux les plus chers; c'est ce qui est le mieux. Au regard des biens laissés par moi, si médiocres qu'ils soient, une jeune chamelle est peu de chose; je la monterai au jour de la résurrection, lorsque les morts sortiront de leurs tombeaux.»

فكانت حمير تعبد الشمس ودليل ذلك حكاية الله تعالى فى كتابه عن الهدهد

اذ قال سليمان و اصفاً حال بلقيس الحميرية انى و جدتها و قومها يسجدون للشمس من دون الله قال ابو محمد الهمدانى فلما ملك سليمان و تغلب على اليمن وغيرها رفضت حمير عبادة الشمس و تهودت و قال هشام بن محمد الكلبى كانت حمير تعبد الشمس و كانة القمر و ميسم الدبران و لخم و جذام المشترى و طى سهيلًا و قيس الشعرى العبور و اسد عطارداً و كانت ثقيف و اياد تعبد بيتاً باعلى نخلة يقال لها اللات ثم عبدت اياد و بكر وايل كعبة سنداد و كان لحنيفة صنم يعبدونه من حيس فلحقتهم مجاعة فى بعض السنين فاكلوه فقال فى ذلك بعض الشعراء

اكلت حنيفة ربها عام التقحم و المجاعة

لم يحذروا من ربهم سوء العواقب و التباعة

وقال ابن قتيبة كانت النصرانية فى ربيعة و غسان وبعض قضاعة و كانت اليهودية فى حمير و بنى كنانة و بنى الحرث بن كعب و كندة وكانت المجوسية فى تميم منهم زرارة بن عدس وابنه حاجب والاقرع بن جابس وكانت الزندقة فى قريش اخذوها عن اهل الهيرة وكانت عبادة الاوثان فاشية فى العرب قال صاعد وجميع عبدة الاوثان من العرب موحدة لله تعالى وانما كانت عبادتهم لها ضرباً من التدين بدين الصابية فى تعظيم الكواكب و الاصنام المثلة بها فى الهياكل لا على ما يتقعده الجهال بديانات الامم وانما الفرق من ان عبدة الاوثان ترى ان الاوثان هى الآلهة الخالقة للعالم ولم يعتقد قط هذا الرأى ذو فكرة ودليل ذلك قول الله تعالى عنهم انما نعبدهم ليقربونا الى الله زلفى وانما جاء نص القران بمخالفتهم فى البعث و النشور و نبوة محمد صلى الله عليه و سلم فكان جمهورهم ينكر ذلك و لا يصدق بالمعاد ويرى ان العالم

لا يخرب ولا يبيد وان كان مخلوقاً مبتدعاً وكان فيهم من يقر بالمعاد ويعتقد ان من نحرت ناقته على قبره حشر راكباً ومن لم يفعل ذلك به حشر ماشياً وفى ذلك يقول خذيمة بن الايثم الفقعسى يوصى ابنه +

اوصيك ان اخا الوصاة الاقرب	يا سعد اما اهلكن فانــــــــنى
تعبايمر على اليدين وينكب	لاتركنّ اباك يمشى خلفهــم
وتق الحظية انه هو اصــوب	و احمل اباك على بعير صـــالح
فى الهام اركبها اذا قيل اركبوا	و اقل مالى ما تركت مطيـــة

Page 140, ligne 12. — Qoran, chap. XXIII, v. 39.

Page 140, ligne 16. — Qoran, chap. XVI, v. 59.

Page 140, ligne 20. — L'auteur du *Thariq el wadhih el meslouk* طريق الواضح المسلوك raconte avec certains détails, les évènements du règne du Tobba ibn Hessan, ben Tobba, ben Koleïkarib el Himyary, successeur d'Abd Kilal qui est désigné par les historiens sous les surnoms de Tobba el Asghar (le petit Tobba) ou de Tobba el Akhir (le dernier Tobba). Il mentionne l'expédition qu'il fit faire par son neveu Harith ibn Amr contre Maad, celle qu'il conduisit lui-même en Syrie, la destruction de Yathreb et ses persécutions contre les Juifs. Le texte du *Thariq el wadhih* a été inséré, mot pour mot, par le Munedjdjim Bachy Ahmed Efendy dans son histoire générale. Cf. la traduction turque intitulée *Schaïf oul akhbar*. Constantinople 1285 (1868), tome I, pages 445—446.

Page 140, ligne 23. — Le nom de Qouss قس a été transcrit fautivement قيس par le copiste et au lieu de الحكيم il faut lire الحكم l'arbitre, le juge.

Ibn Kethir, dans le troisième volume de sa chronique, rapporte ainsi le fait relatif à Qouss ibn Saïdah el Iyady. Thabarany[1] dans son *Moudjem el kebir* dit : « Il nous a été rapporté par Mohammed ibn es Sery ben Mahrem el Naqid el Baghdady, qui le tenait de Mohammed ibn Hassan et Teïmy, qui l'avait entendu de Mohammed ibn el Hedjdjadj, et celui-ci de Mouladjid, qui le tenait de Chaaby, qui l'avait entendu d'Ibn el Abbas :

« Un certain nombre de gens de la tribu d'Abd el Qaïs se présentèrent devant le Prophète qui leur dit : « Qui de vous connait Qouss ibn Saïdah el Iyady? » « Nous le connaissons tous », répondirent-ils. « Que fait-il maintenant? » « Il est mort. » Je ne l'oublierai jamais, ajouta le Prophète. Je l'ai vu à Oukazh pendant le mois sacré, monté sur un chameau roux; il exhortait la foule et disait : Ô hommes! réunissez vous, prêtez l'oreille et entendez ceci : Quiconque vit, meurt, et quiconque meurt, passe. Tout ce qui doit arriver, arrivera; les ténèbres règnent pendant les nuits; les cieux ont les signes du Zodiaque; les flots des mers sont agités, les étoiles scintillent au firmament. (Tout consiste ici bas) en lumière et ténèbres, bien et mal, manger et boire, vêtements et montures. Il y a bien des exemples et des enseignements

---

[1]. Thabarany est le surnom de Aboul Qassim Souleyman ibn Ahmed ben Eyyoub, qui naquit à Tibériade en 260 (873) et mourut presque centenaire à Isfahan en 360 (970). Il est l'auteur du *Moudjem oul kebir fi esma is sahabet il kiram* معجم الكبير فى اسماء الصحابة الكرام (Le grand dictionnaire des noms des nobles compagnons du Prophète).

et au ciel et sur la terre. La terre est un berceau placé pour nous recevoir, et le ciel est un plafond élevé. Nous voyons les astres toujours en mouvement, et il y a sur la terre des mers qui ne se dessècheront jamais. Qouss en fait le serment véridique! S'il y a ici bas des satisfactions, il y aura ensuite des désenchantements. Certes, Dieu a un royaume qu'il place au dessus de ce monde dans lequel vous êtes; je vois les hommes s'en aller, et ils ne reviennent pas. Sont-ils satisfaits des demeures dans lesquelles ils se trouvent, ou bien les vivants les ont-ils abandonnés et dorment-ils pour toujours.»

«Le Prophète demanda : Quelqu'un d'entre vous pourrait-il réciter quelqu'une de ses poésies? Un des gens d'Abdel Qaïs déclama les vers suivants : «Nous avons, comme exemple, ceux qui sont partis avant nous! J'ai vu que tous ceux qui sont descendus dans l'abreuvoir de la mort, n'ont pu en remonter en gravissant les bords; j'ai vu les gens de ma tribu y descendre, petits et grands; ceux qui ont passé, ne reviennent pas vers nous, et nos contemporains vont aller les rejoindre. Je saurai, un jour, j'en suis certain, ce qu'ils sont devenus.»

✣ قس ابن ساعدة الايادى ✣

قال الطبرانى فى معجمه الكبير حدثنا محمد ابن السرى بن مهران الناقد البغدادى حدثنا محمد ابن حسان التيمى حدثنا محمد ابن الحجاج عن مجالد عن الشعبى عن ابن عباس قال قدم وفد عبد القيس على النبى فقال ايكم يعرف قس بن ساعدة الايادى قالوا كلنا نعرفه يا رسول الله قال فا فعل قالوا

هلك قال النبي انا انساه بعكاظ في الشهر الحرام و هو على جمل احمر يخطب
الناس و يقول ايها الناس اجتمعوا و اسمعوا وعوا من عاش مات و من مات
فات وكل ما هو آت فهو لا محالة آت ليل داج و سماء ذات ابراج بحار تزخر و
نجوم تزهر و ضوء و ظلام و بر و آثام و مطعم و مشرب و ملبس و مركب ان
في السماء الخبراء و ان في الارض العبراء مهاد موضوع و سقف مرفوع و
نجوم تمور و بحار لا تغور اقسم قس قسماً حقاً فقال لئن كان في الامر رضى
ليكون من بعده سخط ان لله لدنياء هو أحب اليه من دنياكم الذي انتم عليه
ما لي ارى الناس لذهبون فلا يرجعون ارضوا بالمقام فاقاموا ام تركوا فناموا ثم
قال رسول الله أفيكم من يروي شعره فانشده بعضهم

في الذاهبين الاولـــــيـــــن   القرون لنا بصـائر
لما رايت مـــــــواردا   للموت ليس لها مصادر
و رايت قومي نحوهــا   يمضي الاصاغر و الاكابر
لا يرجع المــاضي الى   و لا من الباقين غابر
ايقنت اني لا محـــالــة   حيث صار القوم صـائر

Qouss ibn Saïdah était évêque de Nadjran. Il mourut
vers l'époque de l'avènement de Bâdhân à la vice-royauté
du Yémen. Cf. *Kitab el aghany*, éd. du Caire, tome XIV,
page 42.

Pocoeke, *Specimen historiæ Arabum*. Oxford 1806, pages
47, 168. S. de Sacy, *Anthologie arabe*. p. 357, et *Séances
de Hariri*, p. 276. Caussin de Perceval, *Essai sur l'histoire
des Arabes avant l'islamisme*, 1847, tome I, page 159.

Page 141, ligne 1. — Abou Qaïs Sarmah ibn Abi Anas

el Anṣary el Khazerdjy descendait de Nadjdjar. Il avait abandonné le culte des idoles, pour embrasser le christianisme, et avait élevé une chapelle dans laquelle il n'admettait ni homme ni femme dans un état d'impureté (ولا طامث ولا جنب). Dans les dernières années de sa vie, il se rendit à Médine et embrassa l'islamisme avec tous ceux qui l'accompagnaient; il récita, à ce moment là, les vers suivants:

« Il est resté pendant dix ans au milieu des Qoreïchites, et il cherchait un ami auquel il pût se confier. Il se montrait à l'époque où les gens se réunissent, et il ne rencontrait personne qui ajoutât foi à ses paroles et qui lui prêtât secours. Lorsqu'il s'est refugié auprès de nous, il a trouvé dans Yathreb toutes les satisfactions et toutes les joies. Il n'aura à y craindre ni l'hostilité de ses proches, ni celle des étrangers, et il n'aura à y redouter les attaques d'aucun ennemi soulevé contre lui. Nous lui avons accordé et abandonné le meilleur de nos biens, et nous lui avons donné nos vies aux jours des combats. Je dis au Prophète: Si tu te livres à la prière dans tous les temples, sois assuré que les ennemis ne pourront nous vaincre.»

ثوى بقريش بضع عشرة حجة   يذكر لو يلقى صديقاً مواتيا
و يعرض فى اهل المواسم نفسه   فلم يلق من يؤمن ولم يردعيا
فلما اتانا و اطمأنت به النوى   و اصبح مسروراً بطيبة راضيا
و اصبح لا يخشى عداوة واحد   قريباً ولا يخشى من الناس باغيا
بذلنا له الاموال من جل مالنا   وانفسنا عند الوغى و التآسيا
اقول اذا صليت فى كل بيعة   حنانيك لا تظهر على الاعاديا

Oussd oul ghabèh, tome III, page 18.

Page 141, ligne 4. — Khalid ibn Sinan appartenait à la tribu des Benou Abs. Le nom de son grand-père était Ghaïth (غيث) et non Boueïth (بعيث) que donne notre texte. Ads, ancêtre de la tribu, était fils de Baghizh بغيض. *Kamil fit tarikh*, tome I, page 270. *Oussd oul ghabèh*, tome II, page 92. La fille de Khalid se convertit à l'islamisme en entendant le Prophète réciter le cent-deuxième chapitre du Qoran; son père, dit-elle, prononçait les mêmes paroles.

Le nom de ce poète est donné par Aboul Mealy d'une façon très fautive. La filiation ne saurait s'appliquer à Nabighah edh Dhobiany نابغة الذبياني dont le nom est زياد بن معاوية بن جابر بن ذباب Ziad ibn Moawiah ben Djabir ben Dhibab. Il faut donc substituer au nom de Nabighah, celui de Omeyyah ibn Abi Salt (et non Salb comme l'écrit le copiste) Abdallah qui appartenait à la tribu de Thaqif et mourut après la bataille de Bedr. *Kitab oul aghany*, tome XVI, pages 71—80. Caussin de Perceval, *Essai sur l'histoire des Arabes avant l'islamisme*, tome III, pages 82—83.

Page 141, ligne 9. — Sehban, le plus éloquent des Arabes, appartenait à la tribu de Waïl. Saadi, dans son *Gulistan*, dit que Sehban aurait pu parler pendant un an à une assemblée, sans répéter deux fois le même mot.

Page 141, ligne 12. — Amr, fils de Nofaïl naquit vers l'an 530 de Jésus-Christ; il appartenait à la tribu de Qoreïch et était le frère de Khaththab, père du khalife Omar. Caussin de Perceval, *Essai sur l'histoire des Arabes*, tome I, page 323.

Amir, fils de Zharib, chef de la tribu des Benou Adwan qui occupaient le territoire de Thaïf, commandait les Arabes maadiques à la journée de Bayda; après la victoire, il fut nommé juge ou arbitre (حكم) des tribus maadiques. Amir parvint à une extrême vieillesse et mourut probablement vers la fin du IVe siècle. *Kamil fit tarikh,* tome I, pages 384 et 385. Caussin de Perceval, *Essai sur l'histoire des Arabes,* tome II, pages 259—262.

Je suppose, qu'il s'agit ici de Amr, fils de Zeyd, fils de Hammar, connu sous le surnom de Soumay.

Page 141, ligne 15. — Sathih était un devin célèbre qui vécut, prétend-on, trois cents ans; il prédit à Rebia ibn Nasr, le successeur du Tobba Assad Abou Karib, l'invasion du Yémen par les Abyssiniens. Chiqq fit les mêmes prédictions au sujet de l'invasion et de la domination des Abyssiniens, et de la mission d'un prophète issu de la race de Ghalib qui soumettrait toute l'Arabie à ses lois.

Kamil fit tarikh, tome I, pages 301—302. Caussin de Perceval, *Essai sur l'histoire des Arabes,* tome I, page 97.

Page 141, ligne 19. — On peut consulter sur les doctrines des philosophes telles qu'elles sont exposées par les écrivains orientaux: *Kitab oul fihrist,* pages 238 et suiv., Chehristany, pages 251—384 du texte arabe et pages 77 à 192 de la traduction de M. Haarbrücker. Il faut recourir aussi à l'excellent ouvrage de M. Georges Wenrich: *De auctorum graecorum versionibus et commentariis syriacis, arabicis, armeniacis, persicisque commentatio.* Leipzig 1842, in-8°.

Parmi les ouvrages manuscrits qui sont fort nombreux, je me contenterai de citer le *Tezkiret oul houkema* du vézir Djemal eddin Aly el Qifty, et le *Kitab out taarif fi thabaqat il oumem* d'Ibn Sâid el Qorthouby pour le chapitre consacré aux philosophes.

Page 142, ligne 11 et suiv. — Chehristany a consacré quelques pages aux Juifs, pages 163—167 du texte arabe et pages 247—257 de la traduction de M. Haarbrücker.

Pages 142, ligne 16. — M. de Sacy a inséré dans les *Annales des voyages*, Paris 1812, un *Mémoire sur l'état actuel des Samaritains*, et dans le tome XII des *Notices et extraits des manuscrits de la Bibliothèque du Roi* la *Correspondance des Samaritains de Naplouse*. Il faut aussi recourir aux ouvrages suivants : Juynboll, *Commentarii in historiam gentis Samaritanae*, Leyde 1846, in-4°; *Abulfathi annales*, ed. Vilmar, Gothæ 1865, et *Les Samaritains de Naplouse*, par M. l'abbé Bargès, Paris 1855.

Page 143, ligne 1. — Qoran, chap. IX, v. 31.

Page 143, ligne 8. — Les ouvrages à consulter sur les Jacobites sont : Assemani, *Bibliotheca orientalis*, Rome 1719—1728. Baron d'Avril, *Étude sur la Chaldée chrétienne*, Paris 1864. Silbernagl, *Verfassung und gegenwärtiger Zustand sämmtlicher Kirchen des Orients*, Landshut 1865. L'abbé Martin, *La Chaldée*, Rome 1867. Khayyat, *Syri orientales seu Chaldæi*, Rome 1870.

Matta ibn Temim, évêque d'Alep, vivait au temps de Jean, patriarche d'Antioche (631—649). Cf. Bar Hebræus, *Chronicon ecclesiasticum*, éd. Abeloos et Lamy, tome I, page 276.

Page 143, ligne 12. — Outre les ouvrages déjà cités de MM. Silbernagl et Khayyat, on peut consulter pour connaître les croyances des Nestoriens : Doucin, *Histoire du Nestorianisme*, Paris 1698. Assemani, *Bibliotheca orientalis*, tome IV. Aloysius Assemani, *De catholicis seu patriarchis Chaldæorum et Nestorianorum commentarius historico-philologicus*, Rome 1775, et Percy Badger, *The Nestorians and their rituals*, Londres 1852.

Page 143, ligne 16. — Le nom de Melchites (de ملك roi) était donné aux chrétiens vivant sous la domination de l'islamisme et professant la religion grecque, selon les rites de l'église de Byzance. Ils se rattachaient par des liens spirituels au patriarcat de la nouvelle Rome, et étaient, à ce titre, tenus en suspicion par les souverains musulmans. Les mots de بطريق (*Batriq*), طرنكار (*Throunkar*), فسطيار (*Festyar*), قومس (*Qoumes*), عسطرتج (*Istratedj*) et زاوج (*Zaoudj*) sont la transcription des titres grecs de Πατρίκιος. Δρουγγάριος, Βεστιάρις, Κόμης, Στράτηγος et Τζαούσιος. Ce dernier mot est emprunté au turc چاوش.

Page 144, ligne 12. — On compte un grand nombre d'ouvrages traitant des croyances des Guèbres (الفرس, مغان الفارسيه الدريـة). Je citerai seulement : Chehristany, pages

182—196 du texte arabe, et 275—280 de la traduction de M. Haarbrücker. *Dabistan oul Mezahib* de Mouhsin Fany, Bombay 1262 (1846), pages 4—112 et tome I, introduction, pages XIX—CXX et 1—172, de la traduction anglaise de MM. David Shea et Anthony Troyer, Paris 1843. *The Desatir or sacred writings of the ancient persian prophets in the original tongue, together with the ancient persian version and commentary of the fifth sasan carefully published by* Mulla Firuz bin Kaus, Bombay 1818, 2 vol., in-8°. *Charistani tchehar tchemen* publié par le Ferzanèh Behram ibn Ferhad, Bombay, l'an 1223 de Yezdedjerd. *Le Zend Avesta, ouvrage de Zoroastre*, traduit sur l'original zend par M. Anquetil-Duperron. Paris 1781, 2 vol., in-4°. *Essays on the sacred language, writings and religion of the Parsis by* Martin Haugh. Ph. D. Londres, 1878.

Page 145, ligne 3. — Mazdek, selon l'auteur du *Tabsirat oul awwam*, était né à Tébriz. Cf. Mirkhond, *Histoire des Sassanides*, pages 237—239 du texte persan et pages 353—361 de la traduction de M. de Sacy dans les *Mémoires sur les antiquités de la Perse*. Eus. François, comte de Salles, *Mazdac, réformateur socialiste de la Perse Sassanide*. 1840.

Page 145, ligne 8. — D'Herbelot a, dans sa *Bibliothèque orientale*, retracé les principaux traits de la vie de Mani (Leyde 1777, tome II, pages 549—551). M. Flügel a donné, d'après le *Fihrist* d'Ibn en Nedim, un exposé de la doctrine de Mani, et a recueilli tous les renseignements épars dans les écrivains orientaux. *Mani, seine Lehre und seine*

Schriften. *Ein Beitrag zur Geschichte des Manichäismus,* Leipzig 1862. Mirkhond a consacré quelques lignes à Mani dans son *Histoire des Sassanides,* pages 188—190. Elles sont un résumé du chapitre du *Tabṣirat oul awwam* relatif à ce personnage. Cf. encore : J. de Beausobre, *Histoire critique de Manichée et du Manichéisme.* Amsterdam 1734 à 1739.

Page 145, ligne 14. — Chehristany émet sur les dualistes la même opinion que l'imam Aboul Mealy Mohammed. Les dualistes étaient une secte des mages مغان. Ils prétendaient que les deux principes de la lumière et des ténèbres, c'est-à-dire du bien et du mal, étaient égaux en ancienneté et que la seule différence consistait dans leur essence et dans leur situation. Le nom de dualiste ثنوى a été donné à certains Motazélites.

Page 146, ligne 22. — Houcheng, fils de Siamek, fils de Keyoumers, est le second prince de la dynastie des Pichdadiens. Les Orientaux prétendent que c'est lui qui, le premier, fit bâtir des palais et des maisons, planter des jardins, exploiter les mines d'or, d'argent et de fer; c'est aussi ce prince qui, le premier, fit usage des lettres parsy. Il atteignit l'âge de cinq cents ans et mourut après en avoir régné quarante. D'Herbelot, *Bibliothèque orientale,* Leyde 1777 art. Hischeng. *Châh Namèh,* traduit par M. Mohl, tome I, pages 25—28.

Page 147, ligne 24. — Abou Zeyd Ahmed el Balkhy

(340—951) a consacré, dans son ouvrage intitulé *el Beda ouet tarikh* والبداء والتاريخ, un long chapitre aux croyances religieuses des Indiens. La liste des ouvrages d'Abou Zeïd el Balkhy est donnée par Ibn en Nedim dans son *Fihrist*, page 138 de l'édition de M. Flügel. La doctrine de la métempsycose est exposée avec les plus grands détails dans le *Tabṣirat oul awwam* et son auteur cite, parmi les auteurs qui ont déployé le plus de zèle pour la propagation de cette idée chez les musulmans, Ahmed Haith et Fadhl Hadathy.

Page 148, ligne 11. — M. D. Chwolsohn a réuni dans un important ouvrage, *Die Ssabier und der Ssabismus*, St Pétersbourg 1856, tous les témoignages des écrivains arabes sur les Sabéens et leurs doctrines. M. de Hammer a donné dans le *Journal Asiatique* (septembre-octobre 1841), les passages du *Fihrist* relatifs à la religion des Sabéens. M. N. Siouffi, vice-consul de France à Mossoul, a fait paraître en 1880 des «*Études sur la religion des Soubbas ou Sabéens, leurs dogmes, leurs mœurs*».

L'auteur du *Tabṣirat oul awwam* leur a consacré un chapitre dont je donne ici la traduction et le texte. «Les Sabéens disent que l'univers est l'œuvre d'un artisan qui a créé le ciel et les astres d'après des règles parfaites, et qui a soumis le monde entier à l'influence des planètes. Ils rendent un culte à celles-ci, et ils sculptent des statues pour représenter chacune d'elles sous la figure qu'ils lui attribuent. Ils se prosternent devant elles et disent : «Nous agissons ainsi, parce que nous sommes éloignés d'elles et que nous reconnaissons que tous les biens en émanent et nous nous prosternons devant ces statues parce qu'elles sont la représentation des astres.» Ils agissent ainsi pendant le jour; mais lorsque le soleil a disparu sous la terre, et que les corps célestes apparaissent, ils se prosternent devant eux. Les Sabéens disent que les astres existent de toute éternité, et qu'à ce titre ils ont droit à des hommages, car ce sont eux qui règlent tout ce que nous voyons dans ce monde.

«Une secte des Sabéens prétend que les astres ne doivent point être adorés, mais qu'ils sont seulement le *qiblèh* ou point vers lequel on doit se tourner pendant les prières; ils ajoutent que la vénération dont il sont l'objet, remonte, ainsi que l'affirment les philosophes, à la plus haute antiquité. Les Sabéens tiennent comme vains les règles religieuses, le don de prophétie, les livres révélés et toute espèce de culte. Ils ressemblent aux philosophes et aux matérialistes.

«Les Sabéens sont divisés en un grand nombre de sectes. Les unes reconnaissent comme prophètes Houd (Héber), Ṣalih, Choueïb (Jéthro), Moussa (Moïse), Haroun (Aaron), Issa (Jésus). D'autres disent que Hermès, Derhous (Horus?), Eflathoun (Platon), Socrate, Boqrath (Hippocrate) et Aristotelis (Aristote) sont leurs prophètes. Les divergences qui séparent ces sectes, sont très nombreuses, et chacune d'elles se conforme à des traités et possède des préceptes religieux différents. La secte qui adore les planètes, considère comme indispensable l'ablution générale après l'accomplissement des devoirs conjugaux : elle juge aussi nécessaires toutes les autres ablutions.

« Une autre secte prétend que le monde a été créé par une lumière différente de celle que l'œil peut percevoir; cette lumière est toute puissante, elle entend et elle voit tout.

« Certains Sabéens disent qu'Adam est le premier prophète et Chith (Seth) le dernier; malgré cela, ils croient en Jésus, et rejettent la mission des autres prophètes. « Elle est inadmissible, disent-ils, car si les ordres des prophètes sont conformes à la raison, celle-ci suffit pour nous guider; s'ils lui sont contraires, on doit les rejeter comme mauvais. » D'autres reconnaissent Adam et Ibrahim comme prophètes. Bref, chacune de ces sectes a donné naissance à de nombreux ouvrages; les mentionner ne ferait que provoquer l'ennui, et j'ai cru devoir me borner aux remarques que je viens de faire connaître. »

اما صابیه گویند عالم را صانع است و افلاك و کواکب بیافرید باحکام تمام و تدبیر عالم بکواکب داد و ایشان عبادت کواکب کنند و بر صورت هر یك از کواکب سبعه بتها تراشند و سجده کنند و گویند این بجهت آن است که ما از ایشان دوریم و نیز ما خیرها از کواکب دانیم و سجدهٔ بت از آن میکنیم که صورت ایشان اند و این در روز باشد و چون آفتاب بتحت الارض رود و کواکب ظاهر شود سجدهٔ کواکب کنند و گویند کواکب قدیمند از بهر آن مستحق عبادت شدند که مدبر آن چیزها اند که در عالم پیدا می شود و قومی از ایشان گویند که کواکب مستحق عبادت نیستند بلکه ایشان را قبلهٔ خود ساختیم و عبادت قدیم است چنانکه فلاسفه گویند و ایشان احکام شرایع و نبوت و کتب منزله و عبادات را همه باطل دانند چنانکه فلاسفه و دهریان

فرقه بسیار اند از جمله کویند هود و صالح و شعیب و موسی و هارون و عیسی و محمد انبیا بودند و کویند هرمس و درهوس و افلاطون و سقراط و بقراط و ارسطاطلیس جمله انبیا بودند بر خلاف فرقهٔ دیگر و از این هر جماعت را مقالات و نصائح است بر خلاف یکدیگر و این طایفه که عبادت کواکب کنند غسل جنابت و جمله غسلها واجب دانند و کویند صانع عالم نور است نه چون نورهای دیگر که بچشم بتوان دید و قادر و سمیع و بصیر است و صابیه کویند اول انبیا آدم است و آخرشیث و با این همه ایمان بعیسی دارند و انکار بعث انبیا کنند و کویند بعث قبیحست از بهر آنکه اکر انبیا چیزی فرمایند که موافق عقل باشد خود عقل کفایتست و اکر خلاف عقل باشد خود قبیحست و بعضی از ایشان کویند که آدم و ابراهیم پیغمبر بودند و پس بدانکه اصحاب و ارباب ملل را مقالات بسیار است و از یاد کردن جمله ملالت خیزد و این قدر در اینوضع کفایتست

Page 148, ligne 25. — Il faut consulter, sur l'origine des Qarmathes, l'introduction placée en tête de l'*Exposition de la religion des Druzes*, par M. le baron Silvestre de Sacy, Paris 1838, p. XX et suivantes, la *Bibliothèque Orientale* de d'Herbelot, tome I, pages 507—511 et le mémoire de M. de Goeje sur les Carmathes du Bahraïn, Leyde 1862. Le vézir Nizham oul Moulk, dans son *Kitab ous siassat*, donne sur l'origine des Qarmathes les détails suivants:

«Voici, dit-il, l'origine de la secte des Qarmathes et des Bathinys: Djafer Sadiq eut un fils nommé Ismayl. Celui-ci mourut avant lui en laissant un fils, Mohammed, qui vécut jusqu'au temps de Haroun er Rechid; un membre de la famille de Zobeïr dénonça Djafer au khalife en disant qu'il se livrait à la propagande, nourrissait des projets de révolte et aspirait au khalifat. Haroun fit venir Djafer à Baghdad et il ne cessa de le redouter. Mohammed, petit-fils de Djafer, avait un serviteur originaire du Hedjaz qui écrivait avec beaucoup de talent les lettres déliées que l'on appelle Mouqarmath. Ce talent lui fit donner le surnom de Qarmathouièh sous lequel il était connu. Un individu de la ville d'Ahwaz, nommé Abdallah, fils de Meïmoun Qaddah (l'oculiste), se lia avec Moubarek et lui dit un jour en secret : «Ton maître Mohammed, fils d'Ismayl, était mon ami; ne t'a-t-il pas confié ses secrets?» Moubarek se laissa séduire et manifesta un vif désir de les connaître. Abdallah, fils de Meïmoun, exigea de lui le secret le plus absolu et le serment de ne révéler les choses qu'il lui dirait qu'à des personnes dignes de les entendre. Il lui tint alors des discours dans un langage obscur, et il lui exposa des théories qui étaient celles des matérialistes et des philosophes. Puis il se sépara de Moubarek qui se rendit à Koufah; quant à lui, il gagna le Kouhistan de l'Iraq.

«A cette époque, les chiites étaient persécutés à cause de Moussa ibn Kazhim qui se trouvait en prison. Moubarek fit en secret de la propagande et recruta des adhérents dans la campagne de Koufah. Ses partisans furent appelés par les uns Moubareky, et par les autres Qarmathy.

«Abdallah, fils de Meïmoun, prêcha ses doctrines dans le Kouhistan de l'Iraq; il était passé maître dans l'art de la magie blanche et il faisait des tours de sorcellerie; Mohammed ibn Zekeria l'a cité dans son ouvrage des *Mekhariq*

مخارق (tours merveilleux), et il le met au rang des plus célèbres bateleurs.

«Abdallah désigna ensuite pour son lieutenant (khalifèh) un individu nommé Khalef. «Va, lui dit-il, à Rey, à Qoum, à Kachan, à Àbèh[1], dans le Thabarestan et dans le Mazanderan. Les chiites et les hérétiques y sont nombreux; invite les à embrasser nos doctrines, et s'ils répondent à notre appel, tu acquerras bientôt une haute situation. Abdallah ayant, alors, conçu des craintes pour sa sûreté, se réfugia à Baṣrah. Khalef se rendit à Rey et s'établit, aux environs de cette ville, dans le village de Mehkouhen; il se logea dans la maison d'un maître frangier qui y exerçait son industrie et il y demeura pendant quelque temps, sans oser révéler ses doctrines à son hôte. Il se rendit maitre de l'esprit d'un individu auquel il commença à les dévoiler; il les lui présenta comme étant celles de la famille du Prophète, et lui recommanda de les tenir secrètes, jusqu'à l'apparition du Mehdy. Il serait possible alors de les professer publiquement; pour le moment, il suffisait de s'instruire. Un jour le chef du village, se rendant à un endroit, vit dans une mosquée en ruines Khalef occupé à initier un individu. Rentré au village, il dit: «O hommes, ne vous laissez pas prendre dans ses filets! Ne vous groupez pas autour de lui! Ce qui a frappé mes oreilles, me fait craindre que le village ne soit sous son influence. Je lui ai entendu dire: « Une porte en dehors de laquelle sera la miséricorde, et le

---

1. Àbèh et selon la prononciation vulgaire Âwèh est un petit village qui s'élève en face de Savèh. Les habitants de cette dernière ville sont sunnites, ceux d'Àbèh chiites. Cette différence de croyances donne lieu, dit Yaqout, à des hostilités continuelles. *Moudjem*, tome I, page 57.

supplice au dehors[1]. » Khalef, se voyant découvert, s'enfuit à Rey, puis à Merv; mais les habitants du village, étant devenus ses prosélytes, Khalef désigna, pour lui succéder, son fils Ahmed qui suivait les mêmes errements que lui. Celui-ci réussit à convertir un individu nommé Ghiath qui était versé dans la connaissance de la littérature et des sciences grammaticales; il en fit son lieutenant pour le seconder dans sa propagande. Ce Ghiath publia, sous le titre de *El Beïan* البيان (la démonstration), un livre exposant les principes fondamentaux de la secte, et il le para de citations de versets du Qoran, de traditions du Prophète, de proverbes des Arabes, de morceaux de poésies et d'anecdotes. Il donna l'explication du sens que l'on doit attribuer à la prière, au jeûne, à la purification, au zekat, et il disposa les termes de jurisprudence comme on le fait dans un vocabulaire. Il eut, ensuite, des colloques avec les sunnites et fit répandre le bruit qu'un controversiste venait de se produire aux yeux du peuple, qu'il se nommait Ghiath, annonçait une bonne nouvelle et instruisait le peuple selon de nouvelles doctrines. Les habitants des villes témoignaient de l'inclination pour elles et les adoptaient. Ceux qui les embrassaient étaient appelés par les uns Khalefy, par les autres Bathiny. C'est en l'année 200 de l'hégire (815) que cette secte se manifesta au grand jour. »

سبب پدید آمدن مذهب قرمطیان و باطنیان آن بود که جعفر صادق را رضی الله عنه پسری بود نام او اسماعیل پیش از پدر فرمان یافت و از اسماعیل پسری ماند نام او محمد و این محمد بزیست تا روزگار هارون الرشید و یکی از

---

1. Qoran, chap. LVII, v. 13.

ز بیریان غمز کرد که جعفر الصادق رضی الله عنه سر خروج دارد و در سر دعوت می کند و خلافت می طلبد و بدروغ گفت رشید جعفر را از مدینه ببغداد باز داشت و از وی می ترسید و این محمد را غلامی بود حجازی نام او مبارك خط بارك نیکو نوشتی مقرمط و بدین سبب اورا قرمطویه گفتندی و بدین لقب معروف شد و مردی از شهر اهواز با این مبارك دوست بود نام او عبد الله میمون قداح روزی بخلوت با او بنشست و اوراگفت این خداوند تو محمد بن اسماعیل با من دوست بود اسرار خویش با تو هیچ نگفتست مبارك فریفته شد و حریص کشت بر دانستن آن پس عبد الله بن میمون مبارك را سوگند داد که آنچه با تو بکویم با هیچ کس نگویی الا با کسی که اهل باشد پس سخن چند بر او عرضه کرد از حروف معجم از زبان آمیخته از کلام اهل طبایع و الفاظ فیلسوفیان و بیشتر ذکر رسول و ملائکه و لوح و قلم و عرش و کرسی آورد و آنگه از وی مفارقت کرد مبارك سوی کوفه شد و عبد الله سوی کهستان عراق رفت در بن حال اهل شیعت رنجور بودند بسبب موسی بن جعفر الکاظم که محبوس بود و مبارك دعوت در پنهان می ورزید در سواد کوفه پراکنده شد آن مردمان که دعوت او اجابت کردند بعضی را مبارکی خواندند و بعضی را قرمطی و عبد الله بن میمون در کهستان عراق هم بدین مذهب دعوت می کرد و مشعبدی سخت اوستاد بود و شعبده می بود و محمد زکریا نام او در مخاریق آورده است و اورا از جملهٔ مشعبدان استاد یاد کرده است پس خلیفتی خویش بمردی داد که نام او خلف و اوراگفت تو بجانب ری رو که ری و قم و کاشان و آبه و ولایت طبرستان و مازندران شیعی بسیار باشند و رافضی جهد کن تا ایشانرا دعوت کنی که اگر دعوت تو اجابت کنند

کار تو زود بالا گیرد و خود از بیم بجانب بصره شد پس خلف بری آمــد و در ناحیت ری در دهی که آنرا مکهن خواندند مقام گــــرد و در آن ده مطرزی استاد بود و در آن ده مطرز کری کردی مدتی پیش او بماند و اسرار خویش با کسی نمی یارست گفت تا یکی را بدست آورد و این مذهـــب اورا آموختن گرفت و چنان نمود که مذهب اهل بیت است و پنهان داشتنی است تا مهدی پدید آید آنکه آشکارا شود و آکنون باید آموخت پس مردمان آن ده این مذهب آموختن گــــرفتند تا روزی مهتر آن ده بیرون آمد و جایی مسجدی ویران بود اورا دید در آن مسجد یکی را این مذهب می آموخـت چون در ده شد گفت ای مردمان طرازیهای او باطل کنید و هیچکس کرد او مگردید که آنچه از وی شنیدم ترسم که این ده در سر او شود و شنیدم باب باطنه فیه الرحمة و ظاهره من قبله العذاب خلف چون بدانست که حـال او بدانستند از این ده بکریخت و بشهر ری آمد و از آنجا برو و بعضی را از این ده در مذهب خویش آورده بود و پسر وی احمد خلف بجای پدر بنشست و بر مذهب پدر می رفت و این احمد خلف را مردی بدست آمد نام او غیاث که ادب و نحو نیکو دانست اورا خلیفه کرد بدعوت کردن پس این غیــــاث اصول مذهب ایشانرا بآیات قرآن و اخبار رسول علیه السلام و امثال عرب و ابیات و حکایات بیاراست و کتابی تالیف کرد نام آن کتاب البیان و در وی معنی نماز و روزه و طهارت و زکوة و لفظهاء شرعی بر طریق لغت یاد کرد پس مناظره کرد با اهل سنت و این خبر پراکند که مردی مناظر آمده اسـت بدین خلق نام غیاث خبری خوش میدهد و مردمانرا مذهبی می آمـــوزد مردمان شهرها روی بوی نهادند و این مذهب آموختن گرفتند و مردمانرا

که در این مذهب شده بودند کروهی خلقی میخواندند وکروهی باطنی چون
سال دویست در آمد هجری این مذهب فاش شد

Nizham oul Moulk ne dit que quelques mots des Qarmathes du Bahreïn.

« Sous le règne de Moutaṣem, dit-il, Abou Saïd el Hassan ibn Behram el Djennaby se révolta à Bahreïn et à Lahṣa, et fit embrasser au peuple la doctrine chiite que nous appelons celle des Bathinys. Lorsqu'il eut assuré son pouvoir, il ne garda plus de ménagements, et établit ouvertement le communisme. Au bout d'un certain laps de temps, il fut assassiné par un eunuque. Depuis cette époque, à Bahreïn, on ne se fie plus aux eunuques. Il eut un fils nommé Bou Thahir qui lui succéda. Celui-ci se conduisit, tout d'abord, comme un homme vertueux; il ne connaissait pas les hérésies chiites. Cependant, il envoya auprès des days pour demander leur ouvrage intitulé *Belaghat ous sabi* بلاغة السابع (Les paroles éloquentes du septième) : il le lut attentivement et devint un chien (comme les autres hérétiques). » Ces renseignements sont suivis du récit de l'expédition des Qarmathes contre la Mekke, et du pillage des richesses renfermées dans le Haram. Nizham oul Moulk nous apprend, en outre, que la plus grande partie du butin fut envoyée aux days de l'Occident. Il ajoute que lorsque Bou Saïd entra à Lahṣa, il fit jeter dans la campagne tous les exemplaires du Pentateuque, des Evangiles et du Qoran que l'on trouva dans la ville, et qu'on les couvrait d'immondices. Bou Said disait : « Trois hommes ont perdu l'humanité, un berger, un médecin et un chamelier. Ce dernier était le bateleur le plus habile et celui dont la main était la plus légère.»

در روزگار معتصم ابو سعید الحسن بن بهرام الجنابی خروج کرد در بحرین ولحصا و آن مردمازا بر مذهب شیعه که ما باطنی خوانیم دعوت کرد و از راه ببرد و کار خود محکم کرد چون متمکن کشت اِه زدن کرفت و اباحت آشکار کرد و روزکاری برین بکذشت خادمی اورا بکشت و بعد از آن در بحرین بر خادمان اعتماد نکردند پسری داشت اورا بو طاهر می خواندند بجـای پدر بنشست و مدتی بصلاح بود و از مقالت شیعیان چیزی ندانست و خودرا از فساد دور داشت عاقبت کس بداعیان فرستاد و کتاب ایشـان را که آرا بلاغة السابع کویند بخواست آن کتاب را فرو خواند و سکی کشت . . . . . . بو طاهر چون بلحصا آمد هر چه مصحف بود از قرآن و توریت و انجیل همه در صحرا افکندند و بر آن نجاست می کردند و کفت در دنیا سه کس مردمارا تباه کردند شبانی و طبیبی و شتربانی و این شتربان از دیکران مشعبد تر و سبکدست تر بود

Aboul Mealy Mohammed fait dériver le mot arabisé de Zendiq du nom du sectaire persan Zendek. La dénomination de Zendiq est appliquée par les Orientaux à ceux qui ne reconnaissent aucune loi religieuse, aux athées et aux matérialistes.

Les Ibahety considéraient comme permis tout ce qui est défendu par les lois divines et naturelles.

Les Khourremdinan prenaient dans les prescriptions religieuses tout ce qui flattait leurs passions. Nizham oul Moulk fait dériver leur nom de celui de Khourremèh, femme de Mazdek, fille de Qabèh.

« Khourremèh, femme de Mazdek, dit-il, avait réussi à s'enfuir de Medaïn avec deux autres individus et s'était réfugiée dans la campagne de Rey. Elle y fit de la propagande, au nom de son mari, et réussit à attirer dans son parti, un nombre considérable de gens. On leur donna le nom de Khourremdin. Ils tenaient leurs croyances secrètes et cherchaient une occasion de se révolter et de manifester leurs idées au grand jour.

« Lorsque le khalife Abou Djafer Mansour mit à mort, à Baghdad, Abou Mouslim le maître de la vocation, en l'année 138 (755), il y avait, à Nichabour, un Guèbre nommé Sinbad qui remplissait les fonctions d'administrateur et avait été longtemps au service d'Abou Mouslim avec lequel il avait entretenu des relations d'amitié. Celui-ci avait beaucoup de goût pour lui et l'avait élevé à la dignité de Sipèhssalar. A la nouvelle du meurtre d'Abou Mouslim, Sinbad se révolta, se rendit de Nichabour à Rey et appela à lui les Guèbres de Rey et du Thabarestan. Il apprit que les habitants du Kouhistan de l'Iraq étaient Rafizhy, Ramestehy ou sectateurs de Mazdek. Il prit donc la résolution de leur faire connaître ses doctrines et de les inviter à s'y rallier. Il massacra, tout d'abord, Abou Obeïdah el Hanefy, gouverneur de Rey au nom du khalife Mansour, et il se rendit maître des trésors qu'Abou Mouslim avait déposés dans cette ville. Lorsqu'il se sentit assez fort, il fit publier qu'il allait venger le sang d'Abou Mouslim, et il se donna comme son envoyé; il annonça aux populations du Khorassan et de l'Iraq qu'Abou Mouslim n'était pas mort; qu'Abou Djafer

172   NOTICE

Manṣour avait voulu le tuer, mais qu'au moment de succomber, il avait invoqué le nom suprême de Dieu et avait été changé en une colombe blanche qui, en s'envolant, avait échappé aux mains de Manṣour. Abou Mouslim était, disait-il, en la compagnie du Mehdy, dans un château de cuivre, et ils en devaient bientôt sortir tous les deux. Abou Mouslim précèderait le Mehdy ayant Mazdek pour vézir. J'ai reçu (à ce sujet), ajoutait-il, une lettre d'Abou Mouslim.

« Lorsque ces propos se furent propagés, les Rafizhys, les Qadrys, les Mouaththily et les partisans de Mazdek vinrent se ranger en foule autour de lui, et son parti devint tellement fort qu'il vit réunis sous ses ordres cent mille cavaliers et fantassins.

« Lorsqu'il parlait dans l'intimité aux Guèbres, il leur disait : Le règne des Arabes a pris fin, ainsi que le prédit un livre des Sassanides. Je ne renoncerai point à mon entreprise, tant que je n'aurai pas détruit la Kaabah dont le culte a été substitué à celui du soleil, et nous prendrons comme autrefois, cet astre pour qiblèh. Il disait aux Khourremdinan : Mazdek est devenu chiy et il nous enjoint de venger le sang d'Abou Mouslim.

« Le khalife Manṣour fit, à plusieurs reprises, marcher contre eux des troupes commandées par des chefs énergiques : elles furent battues par Sinbad, et plusieurs généraux furent tués. Au bout de sept années de luttes, Manṣour investit du commandement Djomhour, fils d'Aly, qui réunit les troupes du Khouzistan et du Fars, et se rendit à Isfahan. Il y fit une levée en masse et agit de même à Qoum et à Adjlyan Kouh.

« Il emmena tout ce monde avec lui et se présenta devant Rey où il livra un combat qui dura, sans interruption, pendant trois jours et trois nuits. Le quatrième jour, Sinbad fut tué de la main de Djomhour. Ses partisans se dispersèrent. Les Khourremdiny se confondirent avec les Guèbres et tinrent ensemble, par la suite, des conciliabules secrets. Cette secte communiste prit, chaque jour, une plus grande extension.

« Après la mort de Sinbad, Djomhour entra à Rey; il massacra tous les Guèbres qu'il y trouva, s'empara de leurs maisons, et emmena et garda en esclavage leurs femmes et leurs enfants. »

و چنان بود که زن مزدك که نام او خرمه بنت قاده بکریخته بود با دو مرد از مداین بروستاهای ری آمده و مردم را بمذهب شوهر میخواند و خلق بسیار در مذهب او آمدند و مردم ایشان را خرم دین لقب کردند و لیکن پنهان داشتند این مذهب را بهانه می جستند تا خروج کنند و این مذهب آشکار کنند چون منصور ابو جعفر ببغداد صاحب الدعوة ابو مسلم را بکشت در سال صد و سی و هشت از هجرت رئیسی بود در نیشابور کبر سنباد نام و با ابو مسلم حق صحبت و خدمت قدیم داشت و ابو مسلم اورا پسندیده و بسپهسالاری رسانیده چون خبر کشتن ابو مسلم شنید خروج کرد و از نیشابور بری آمد و کبران ری و طبرستان را بخود خواند و دانست که مردمان کوهستان و عراق یکنیه رافضی و یکنیه رامستی و یکنیه مزدکی باشند خواست که دعوت آشکارا کند اول ابا عبیده حنفی را که از قبل منصور عامل ری بود بکشت و خزینها که ابو مسلم بری نهاده بود برد چون جمله قوی حال کشت طلب خون

ابو مسلم کرد و دعوی چنان کرد که او رسول ابو مسلم است بمردمان عراق و خراسان کفت بو مسلم را نکشته اند و لیکن قصد کرد ابو جعفر بکشتن او و نام مهین حق تعالی بخواند کبوتر کشت سفید و از میان دو دست او بپرید و آکنون در حصاریست از مس با مهدی نشسته است و اینك بیرون می آیند و مقدمه ابو مسلم خواهد بود و مزدك وزیر ست و نامهٔ ابو مسلم بمن آمد چون رافضیان و قدریان و معطلی و مزدکی بشنیدند خلقی بسیار بر و کرد آمدند پس کار او قوی کشت و بجایی رسید که از سوار و پیاده آنچه با او بودند قدر صد هزار مرد بود و هر کاه که با کبرکان خلوت کردی کفتی که دولت عرب شد که در کتابی یافته اند از کتب بنی ساسان و من باز نکردم تا کعبه و بران نکنم که اورا بدل آفتاب بر پای کرده اند و ما همچنان قبلهٔ خویش آفتاب کنیم چنانکه در قدیم بود و باز با خرم دینان کفته که مزدك شیعی شده است و باز شما را می فرماید که خون ابو مسلم باز خواهید و بکرات منصور لشکر فرستاده با سپهسالاران قوی و او لشکر منصور بشکست و چندی را از سپهسالاران منصور بکشت تا بعد از هفت سال منصور جهور علی را بجنك او نامزد کرد جهور لشکر خوزستان و فارس جمع کرد و باصفهان آمد و حشر اصفهان کرد و بشهر قم آمد و حشر قم کرد و بجلیان کوه را کرد کرد و باخود ببرد و بدر ری شد و سه شبانه روز با سنباد جنك کرد روز چهارم سنباد در مصاف کشته شد بر دست جهور و آن جمع جمله پراکنده شدند و این مذهب خرم دینی و کبری آمیخته شد و بعد از این در سر با یکدیکر سخن همی کفتندی تا هر روز این مذهب اباحت پرورده تر شد و جهور چون سنباد را بکشت در ری شد و هر چه از کبرکان یافت همه را

بکشت و سراهای ایشان غارت کرد و زن و فرزندرا ببرد و بندکی میداشت

Nous trouvons encore dans le *Kitab ous siassat* la mention de deux révoltes des Khourremdinan. La première eut lieu en l'année 162 (778) sous le khalifat d'el Mehdy. «Les Bathiny du Gourgan qui portaient le nom de «drapeaux rouges» s'unirent aux Khourremdinan» باطنیان کرکان که ایشان; را سرخ علم خواند با خرم دینان دست یکی کردند. Ils proclamèrent qu'Abou Mouslim était encore vivant et élirent pour leur chef son fils Mamar Abou Welyèh. Ils furent dispersés par Aboul Ala, gouverneur du Thabarestan. Ils se soulevèrent encore sous le règne de Haroun er Rechid, et attirèrent dans leur parti un grand nombre d'habitants des villages de la province d'Isfahan. Ils furent anéantis par Abdallah ibn Moubarek, gouverneur du Khorassan.

Les Mouaththils معطل sont les sectaires qui suivaient la doctrine du *Ta'thil* تعطیل, c'est-à-dire, la négation de toute action de Dieu.

Page 150, ligne 11. — Qoran, chap. VII, v. 159.

Page 150, ligne 14. — Qoran, chap. LVII, v. 27.

Page 153, ligne 10. — Je me contenterai de citer, parmi les innombrables ouvrages qui traitent des doctrines des sunnites, les deux suivants : عمدة عقیدة اهل السنة و الجماعة et les عقاید. *Pillar of the creed of the Sunnites, being a brief exposition of their principal tenets by Hafidh uldîn Barakat Abdullah al Nasafy to which is subjoined a shorter treatise of similar nature by Najm uldin Abu Hafs Umar el Nasafy*, edited by the rev. W. Cureton. London 1843.

Il faut consulter aussi, dans le *Tableau de l'Empire Ottoman de* M. Mouradja d'Ohsson, la partie qui porte le titre de *Code religieux*, Paris 1788, tomes I, II et III.

Page 155, lignes 4 et 5. — Mohammed ibn el Hassan ech Cheïbany est l'auteur des ouvrages de jurisprudence qui portent le titre de *Djami el kebir* et de *Djami eş şaghir*. Il naquit en 135 (752) et mourut en 189 (805).

Aboul Hozeïl Zofer ibn Hozeïl el Anbary, el Başry naquit en 110 (728) et mourut en 158 (774) à l'âge de quarante-sept ans. Pour Abou Mouthy et Abou Youssouf, voyez les notes contenues dans les pages 78 et 79.

Page 155, ligne 21. — Qoran, chap. XIV, v. 49.

Page 156, ligne 7. — Les ouvrages exposant les croyances des chiites ne sont pas moins nombreux que ceux qui ont été publiés par les sunnites. Il me suffira de citer parmi les ouvrages persans le *Medjalis oul moumenin* مجالس المومنين, publié à Téhéran en 1268 (1851).

Chardin a tracé un tableau des croyances chiites, dans son *Voyage en Perse*, Amsterdam 1735, in-4°, tome IV. On peut consulter aussi: *Droit Musulman. Recueil de lois concernant les Musulmans Schyites*, par M. Querry, Consul de France à Tébriz. Paris 1871, 2 vol.

Page 156, ligne 18. — Qoran, chap. V, v. 8.

Page 158, ligne 24. — Le nom de la quatrième fraction des chiites ne se trouve pas dans le manuscrit du *Beïan oul edian* : ce sont les Bathiny باطنيـة[1]. Pour mieux faire connaître les doctrines de cette secte j'insérerai ici le chapitre du *Tabṣirat oul awwam* qui leur est consacré.

« Ces hérétiques sont, selon les divers pays où ils se trouvent, désignés sous des noms différents. A Isfahan et dans les environs, on les appelle Khourremy, à Qazwin, Mazdeky et Sinbady, dans l'Azerbaïdjan, Qaoulièh, dans la Transoxiane, Moughan.

« La dix-huitième secte est celle des Ismayliens qui sont indifféremment appelés Bathiny, Qarmathes, Khourremy, Sefih, Babeky et Mouhammarèh. On les qualifie de Bathiny parce qu'ils prétendent que chaque verset du Qoran ou chaque tradition du prophète a un sens apparent et un sens caché. Le sens apparent a la valeur de l'écorce, le sens caché celle de l'amande, et, pour soutenir cette opinion, ils s'appuient sur ce verset : « Entre eux s'élèvera une muraille qui aura

---

1. Les détails donnés par les historiens occidentaux des croisades sur les Ismayliens ont été réunis par M. Denis Lebey de Batilly, conseiller du Roi, dans un opuscule composé par lui à l'occasion de la mort de Henri III et publié en 1603 sous le titre de : *Traicté de l'origine des anciens assassins porte couteaux avec quelques exemples de leurs attentats et homicides ès personnes d'anciens Roys, Princes et seigneurs de la chrestienté.* Cf. Rousseau, *Mémoire sur les trois plus fameuses sectes du musulmanisme, les Wahabis, les Nosaïris et les Ismaïlis. Mémoire sur les Ismaïlis et les Nosaïris de Syrie* adressé à M. S. de Sacy (Annales des voyages, cahier XLII). *Extrait d'un livre des Ismaïlis pour faire suite au Mémoire sur les Ismaïlis de Syrie* (Annales des voyages, cahier LII). S. de Sacy, *Exposé de la religion des Druzes*, introduction, page LXIV et suivantes. St. Guyard, *Fragments relatifs à la doctrine des Ismaëlis*. Paris 1874. Chehristany, pages 145—153 du texte et 165, 219 du tome Ier et 392—414 du tome II de la traduction de M. Haarbrücker. *Dabistan oul mezahib*, pages 235—246 et tome II, pages 397—451, de la traduction de M. D. Shea et Anth. Troyer.

une porte en dedans de laquelle sera la miséricorde et au dehors les tourments.»

«Dieu, disent-ils, n'est ni le néant ni l'existence; il n'est ni mort, ni vivant; ni fort, ni faible; ni ignorant, ni sachant; ni parlant, ni muet; ni voyant, ni aveugle; ni sourd, ni doué du sens de l'ouïe. Ils tournent ainsi en dérision le sens de tous les attributs de Dieu. Ils disent que Jésus est le fils de Joseph le menuisier. Selon le Qoran, il n'avait pas de père; on doit, prétendent-ils, entendre ces paroles dans ce sens qu'il n'avait pas de père qui pût l'instruire, et qu'il a reçu la science des chefs de la loi qui vivaient de son temps, et non pas d'un maître sincère et de bonne foi.

«Quant à ce qui est dit que Jésus ressuscitait les morts, il faut le comprendre ainsi : il rendait, par la science, la vie aux cœurs envahis par la mort, et il invitait le peuple à marcher dans la voie droite. Ces sectaires détruisent, par des explications semblables, les préceptes fondamentaux de toutes les religions. Ils affirment qu'il n'est nullement nécessaire de se conformer aux obligations extérieures du culte. Faire la prière ne signifie autre chose que suivre l'invitation faite par le maître (Mewlana).

«Le zekat doit consister dans l'abandon fait aux pauvres du superflu de ce qui est nécessaire à soi et à sa famille. L'ezan et l'iqamet sont l'appel fait par le maître pour le suivre comme un guide.

«Le jeûne a ce sens, qu'il faut garder le silence sur ce que fait le maître, ne point lui chercher de défauts, et reconnaître comme justes et bonnes toutes ses actions, fussent-elles blâmables et impies. On ne doit le renier en aucun cas; il faut lui obéir jusqu'au point de lui sacrifier sa vie, s'il l'ordonne. Le pèlerinage indique l'obligation d'aller faire visite au maître, et quiconque en a le moyen doit se rendre auprès de lui et le voir. Ils regardent comme licite tout ce qui est défendu; les interdictions légales à leurs yeux représentent des gens que l'on doit considérer comme des ennemis et que l'on doit maudire, et les prescriptions d'origine divine, comme un peuple dont il est nécessaire de s'assurer l'amitié.

«Ce que Dieu a dit dans ce verset: «Lorsqu'il (Satan) a dit à l'homme: sois infidèle[1]», s'applique, selon eux, à Abou Bekr et à Omar; ils allèguent que, chaque fois, que Dieu parle de Pharaon et de Haman, il s'agit d'Abou Bekr et d'Omar. Ils interprètent de même tout le Qoran et les traditions. Ils prétendent que Dieu a envoyé, avant l'islamisme, un de leurs rois nommé Chervin, et que celui-ci a la prééminence sur tous les prophètes et sur tous les envoyés.

«Ils disent aussi que l'ablution canonique représente pour eux les règles fondamentales de leur foi; la prière, le nathiq à la parole éloquente; l'ezan et l'iqamet, le day qui invite les peuples à embrasser leurs croyances. Ils disent aussi que dans ce verset: «La prière préserve des péchés impurs et de tout ce qui est blâmable», Dieu a désigné par ce mot «la prière[2]» un nathiq qui préserve le peuple (de tout ce qui est mal). Car la prière est un acte extérieur et un acte extérieur ne peut préserver de rien: c'est seulement un être agissant qui peut le faire.»

1. Qoran, chap. LIX, v. 16.
2. Ibid., chap. XXIX, v. 44.

و بدانکه هر قومی را در هر دیاری بلقبی خوانند در دیار اصفهان و نواحی آن خرمیه و در قزوین مزدکی و سنبادی و در آذربایجان قولیه و در ما ورا النهر مغان فرقهٔ هژدهم اسماعیلیه اند و ایشان را باطنیه و قرامطه و خرمیه و سفیه و بابکیه و محمره خوانند اما باطنیه از برای آن خوانند که گویند هر چیزرا از قرآن و حدیث ظاهری است و باطنی است ظاهر بمنزلهٔ پوست است و باطن بمنزلهٔ مغز و آیه را دلیل سازند که باب باطنه فیه الرحمة وظاهر من قبله العذاب گویند خدا نه معدوم است و نه موجود و نه مرده و نه زنده و نه قادر و نه عاجز و نه جاهل و نه عالم و نه متکلم و نه اخرس و نه بینا و نه کور و نه شنوا و نه کر در جملهٔ صفات او معانی خفش کنند بدین طریق که یاد کردیم گویند عیسی پسر نجار است و آنچه در قرآن میگویند پدر نداشت یعنی از پدر تعلیم نداشت که علم از وی فراگرفته باشد و او علم از نقیبان آموخته بود که در زمان او بودند نه از معلم صادق و آنچه گویند عیسی مرده زنده می‌کرد یعنی دلهای مرده بعلم زنده می‌کرد و خلق را براه راست میخواند و امثال این ابطال جملهٔ شرایع کنند گویند هیچ از تکالیف ظاهر بر خلق واجب نیست نماز عبارتست از آنکه مولانا خواند و زکوة آنکه هر چه از مؤنت بود و عیال تو زیاده بود بدرویشان رسانی وگویند بانک نماز و اقامت عبارتست از آنکه خلق بمقتدای ایشان خواند و روزه اشارت بآنکه هر چه اوکند خاموش باشی و عیب قدوهٔ ایشان نجویی و هر چه اوکند از جمله فواحش و زندقه آنرا حق دانی و در هیچ جا منکر وی نشوی و چنان مطیع وی باشی که اگر فرمایند خودرا هلاک سازی ساز و گویند حج مشعر است از قصد کردن بنزد امام ایشان هرکرا قدرت لازم باشد که برود و اورا به بیند و همه

محرمات حلال دانند وگویند محرمات عبارت بود از قومی که ایشانرا دشمن باید
داشت و از ایشان بیزار باید شدن و بر ایشان لعنت باید کردن و فرایض
عبارت بود از قومی که ولای ایشان واجب بود وگویند آنچه خدا گفت اذا
قال للانسان اکفر ابو بکر و عمررا می خواهد وگویند هر جا در قرآن ذکر
فرعون و هامان است اشارت به ابو بکر و عمر است و جملهٔ قرآن و حدیث را
باین نوع تفسیر کنند گویند خدا یکی از ملوک ایشان را بخلق فرستاد پیش
از اسلام و نام وی شروین و او بهتر از جملهٔ انبیا و رسل بود وگویند وضو
عبارتست از اساس دین که ایشان نهاده اند و نماز عبارت بود از ناطق
فصیح و بانگ نماز و اقامت عبارت بود از داعی که خلق را بدیشان خواند گویند
آنچه خدا گفت ان الصلوة تنهی عن الفحشاء و المنکر بدین صلوة ناطــــق
می خواهد که خلق نهی کند از بهر آنکه صلوة ظاهر فعل بود و از فعل قول
صورت نه بندد و از فاعل جایز بود

L'auteur du *Tabṣirat oul awwam* donne sur l'origine du jeune homme qu'Abdallah ibn Meïmoun présenta comme le descendant des imams, des détails qui diffèrent du récit d'Aboul Mealy. Cet enfant aurait été le propre fils d'Abdallah.

« Abdallah ibn Meïmoun el Qaddah, le fondateur de cette secte, était assidu auprès de Djafer eṣ Ṣadiq, et il allait aussi fréquemment voir Ismayl, fils de Djafer. Ismayl mourut et laissa un enfant qui avait reçu le nom de Mohammed; Abdallah se rendait souvent auprès de lui. Lorsque Djafer eṣ Ṣadiq fut empoisonné par Abou Djafer Manṣour, Abdallah enleva Mohammed et se rendit en Égypte. Mohammed y mourut, laissant une jeune esclave enceinte de lui. Abdallah la tua et lui substitua une esclave qui lui appartenait; celle-ci accoucha d'un garçon qu'Abdallah éleva dans ses doctrines impies, et qu'il fit passer pour le fils de Mohammed. Lorsque celui-ci eut grandi, Abdallah dit : ce jeune homme est l'imam. Des souverains de la Perse se déclarèrent ses partisans, et un grand nombre de gens furent détournés de la voie droite.»

Les Ismayliens reconnaissaient sept imams : Aly, Hassan, Housseïn, Aly, fils d'Housseïn, Mohammed, fils d'Aly, Djafer, fils de Mohammed et Ismayl, fils de Djafer. Ils prétendaient que ce dernier était vivant, qu'il apparaîtrait à la fin du monde et qu'il serait le Mehdy.

Page 161, ligne 20. — J'ai donné dans l'introduction du *Sefer Namèh* les détails biographiques que j'ai pu réunir sur Naṣiri Khosrau. Depuis la publication de cette relation, j'ai reçu de Perse, grâce à l'extrême obligeance de S. E. Hassan Aly Khan Guerroussy, la copie du *Zad oul moussafirin* (Le viatique des voyageurs). Cet ouvrage n'est point, comme je l'avais supposé, un traité de mysticisme, mais bien un exposé très détaillé des opinions philosophiques et religieuses de Naṣiri Khosrau.

Page 161, ligne 23. — On peut consulter au sujet de Hassan, fils de Sabbah, le chapitre que M. de Hammer lui a consacré dans son *Histoire de l'ordre des Assassins*, pages 66—118 et la *Bibliothèque orientale* de d'Herbelot, art. Hassan et Roudbar.

Page 162, lignes 9 et 10. — Qoran, chap. IV, v. 29.

Page 162, ligne 12. — Qoran, chap. II, v. 229.

Page 162, lignes 23 et 24. — Qoran, chap. II, v. 244.

Page 163, ligne 4. — Qoran, chap. XLIX, v. 14.

Page 163, ligne 7. — Le chérif Mourtezha Aboul Qassim Aly ibn Housseïn ben Moussa, né au mois de Redjeb 355 (Juillet 967), faisait remonter son origine jusqu'au khalife Aly. Il occupait, parmi ses contemporains, le premier rang dans la scholastique, les belles-lettres et la poésie. Il a composé un grand nombre de traités religieux écrits au point de vue chiite, et un ouvrage de littérature portant le titre de *el Ghourer oued dourer* الغرر و الدرر (Les splendeurs et les perles), cité avec éloge par Ibn Bassam dans son *Zakhirèh* et qui dénote chez son auteur de vastes connaissances grammaticales et lexicographiques. On lui a souvent attribué le *Nehdj oul belaghah* نهج البلاغة (La voie de l'éloquence), grand recueil de toutes les traditions relatives à Aly, mais il est dû à la plume de son frère le chérif Rizha, mort trente ans avant lui. Le chérif Mourtezha porte le surnom de *Alem el houda* علم الهدى (L'étendard qui guide dans la bonne voie). Il mourut au mois de Reby oul ewwel de l'année 436 (septembre 1044), à l'âge de quatre-vingts ans et huit mois. Le titre du *Mouqny fil ghaibèh* مقنع فى الغيبة (Les preuves qui suffisent à démontrer l'invisibilité de l'imam) se trouve mentionné dans la liste des ouvrages chiites de Mohammed ibn Hassan eth Thoussy, publiée par M. Sprenger. Calcutta 1855, pages 218—220.

Pages 164, 165. — Je crois devoir donner quelques détails sur la fin tragique des descendants d'Aly. Tous les historiens en ont rapporté les circonstances douloureuses. Je donne ici les faits tels qu'ils sont exposés dans l'ouvrage populaire en Perse, intitulé *Djennat oul khouloud* جنات الخلود (Les jardins de l'éternité).

Aly fut assassiné par Abderrahman ibn Meldjem, le 21 Ramazan de l'an 40 (29 janvier 661), pendant qu'il faisait sa prière près du mihrab dans la grande mosquée de Koufah. Sa maison était attenante à la mosquée. Il y fut transporté : son corps fut lavé, et les prières funèbres récitées par Housseïn et par ses frères. Aly est enterré à Nedjef.

Hassan fut empoisonné, à l'instigation de Moawiah, par sa femme Djaadah bint el Achath. On plaçait, tous les soirs, auprès du lit de Hassan, un vase rempli d'eau dont le goulot était recouvert par une toile scellée sur la panse. Djaadah fit passer à travers la toile de la poudre de diamant; Hassan, après avoir bu, éprouva des douleurs atroces qui le torturèrent pendant quarante jours. Il donna l'ordre, peu d'instants avant sa mort, de transporter son lit au milieu de la cour de sa maison, et une foule de musulmans vinrent le voir. Il expira le 28 du mois de Safer de l'an 49 (17 mars 669). Son frère Housseïn lava son corps et récita sur lui les prières des morts. Hassan fut enterré dans le cimetière de Baqy.

Housseïn périt dans le combat qu'il soutint à Kerbela

contre les partisans des Omeyyades. Les circonstances émouvantes de sa mort sont trop connues pour être rapportées ici. L'histoire a conservé les noms de ceux qui le frappèrent; Salih ibn Wahb lui porta dans le flanc un coup de lance qui le fit tomber la face contre terre, et Sinan ibn Anas ou, d'après une autre version, Choumar lui coupa la tête : il fallut onze coups de sabre pour la séparer du tronc.

L'imam Aly Zeïn el Abidin fut empoisonné par l'ordre du khalife Abd el Melik, fils de Merwan, ou selon une version plus exacte, par le khalife Hicham. Celui-ci assistait aux cérémonies du pèlerinage dans le Haram de la Mekke; il vit la foule s'écarter respectueusement devant Aly Zeïn el Abidin pour lui permettre de faire le thewaf autour de la Kaabah et de baiser la pierre noire. Un Syrien demanda au khalife quel était ce jeune homme, objet d'une si grande déférence de la part des musulmans. «Je ne le connais pas», répondit-il. Farazdaq qui était au nombre des pèlerins s'écria : Je le connais, et il récita à la louange d'Aly Zeïn el Abidin une pièce de vers dont je rapporte ici le commencement :

«Il est celui dont la terre connaît le pas, que connaissent aussi la maison de Dieu, les pays éloignés et le territoire sacré. Il est le fils du meilleur de tous les serviteurs de Dieu; il est le chaste, le pieux, le pur, le savant. Il a pour père Aly, l'envoyé de Dieu, et la lumière qu'il répand guide ceux qui sont dans les ténèbres. Peu s'en faut que le pilier de Hathym pour reconnaître sa générosité ne s'attache à lui, lorsqu'il vient pour toucher la pierre noire.»

هذا الذى تعرفه البطحاً وطأه

و البيت يعرفه و الحل و الحرم

هذا ابن خير عباد الله كلهم

هذا النقى التقى الطاهر العلم

هذا على رسول الله والـــده

امة بنور هداه تهتــدى الظلم

يكاد يمسكه عرفان راحتــــه

ركن الحطيم اذا ما جاء يستلم

Hicham se montra vivement froissé de ces éloges; il fit jeter Farazdaq en prison et donna l'ordre d'empoisonner Aly Zeïn el Abidin. Celui mourut dans sa maison, à son retour à Médine, le 12 du mois de Mouharrem 110 (28 avril 728). Il fut enterré à côté de son oncle.

Mohammed el Baqir fut empoisonné pendant un repas donné par Ibrahim ibn Welid, gouverneur de Médine. Il expira après quelques jours de souffrances, le 7 du mois de Zilhidjèh de l'année 119 (6 décembre 737).

Djafer es Ṣadiq fut, de la part du khalife Manṣour, l'objet de plusieurs tentatives d'empoisonnement. Il succomba, selon une tradition, après un repas, et, d'après une autre version, après avoir mangé une grappe de raisin trempée dans de l'eau empoisonnée. Djafer es Ṣadiq mourut le 25 du mois de Chewwal de l'année 148 (15 décembre 765).

Moussa ibn Djafer fut dénoncé au khalife Haroun er Rechid par son neveu Aly ibn Ismayl, comme voulant provoquer un soulèvement des chiites. A la fin de son pèlerinage, Haroun er Rechid fit placer l'imam dans une litière et le fit partir secrètement de la Mekke pour Baṣrah, où il fut mis en prison et placé sous la surveillance de Djafer ibn Manṣour. Il fut rendu à la liberté après une année de captivité, mais il fut arrêté de nouveau, et confié à la garde de Sindy ibn Chahek. La crainte d'un soulèvement des chiites empêcha pendant longtemps d'attenter à ses jours. Au bout de huit années de captivité, Haroun envoya à Sindy ibn Chahek un poison violent, avec l'ordre de le donner à l'imam : on le lui fit prendre dans une datte, et il mourut au bout de trois jours. Selon une autre version, on versa du vif argent dans l'oreille de Moussa lorsqu'il était prosterné pendant sa prière. Son corps fut montré, après sa mort, à des personnages notables, afin qu'ils pussent constater qu'il ne portait aucune trace de violence. La mort de l'imam eut lieu le 5 du mois de Redjeb 164 (7 mars 780).

Aly ibn Moussa mourut après avoir mangé quelques grains d'une grappe de raisin dans lesquels on avait fait passer, au moyen d'une aiguille très fine, un fil d'une extrême ténuité frotté d'une substance vénéneuse fort violente. Cette grappe lui fut présentée par Mamoun, à cette époque gouverneur du Khorassan, et qui mangea quelques grains du côté laissé intact. Selon une autre version, il fut empoisonné avec une figue. L'auteur du *Kechf oul ghoummèh* كشف الغمة (Le livre qui dissipe l'obscurité) prétend que Mamoun fit ouvrir et égrener devant Moussa une grenade par un eunuque dont les ongles avaient été enduits d'un poison mortel. Le bol qui contenait les grains, fut présenté à l'imam par Mamoun lui même. Moussa mourut le jour suivant, 14 Ramazan de l'an 203 (26 mars 818).

Mohammed ibn Aly fut, à l'instigation du khalife Moutaṣem, empoisonné par sa femme Oumm el Fadhl au moyen d'une serviette qui avait été trempée dans une substance vénéneuse d'une violence extraordinaire. A peine le corps de l'imam en avait-il été frotté, qu'une grande inflammation se déclara; les chairs se fendirent, et il s'établit une suppuration abondante qui emporta Mohammed ibn Aly au bout de deux jours. Oumm el Fadhl, maudite par son époux, fut atteinte d'une maladie horrible et incurable. Chassée du palais du khalife, elle erra dans les rues de Baghdad et fut dévorée par les chiens.

Aly ibn Mohammed en Naqy résidait à Médine, où il était l'objet du respect et de la vénération des chiites. Abdallah ibn Mohammed, gouverneur de la ville, le dénonça au khalife Moutewekkil, comme ayant des projets de révolte. Moutewekkil écrivit à Aly en Naqy une lettre remplie de protestations d'amitié et l'engagea à venir s'établir à Samara, où un palais fut disposé pour le recevoir. Moutewekkil le fit rigoureusement surveiller, et enfin empoisonner au bout de quelque temps.

Hassan ibn Aly el Askery fut empoisonné dans un repas que lui donna le khalife Moutamed; ce prince, se repentant de son crime, donna l'ordre aux plus habiles médecins de prodiguer leurs soins à l'imam et de ne le quitter ni jour, ni nuit; lui-même venait le voir tous les jours. Tous les remèdes furent impuissants à sauver Hassan el Askery qui mourut au bout de douze jours de souffrances, le 8 du mois Reby oul ewwel 260 (6 janvier 873).

Page 168, ligne 18. — Qoran, chap. VII, v. 175.

Page 168, ligne 20. — Qoran, chap. LXII, v. 5.

Page 169, ligne 16. — Qoran, chap. V, v. 48.

Page 170, ligne 2. — Qoran, chap. IV, v. 39.

Page 170, ligne 4. — Qoran, chap. V, v. 96.

Page 171, ligne 13. — Le titre complet de l'ouvrage auquel Aboul Mealy renvoie le lecteur désireux d'avoir les détails les plus complets sur les Kharidjys est : *Ahssan el koubar fi maarifet il aïmmet il athhar* احسن الكبار فى معرفة الائمة الاطهار (Le livre que les grands font bien de lire pour connaître les imams les plus purs). Ce livre, divisé en soixante-dix-huit chapitres, a été écrit par Mohammed ibn Abi Zeyd ben Arabchâh, natif de Veramin.

La Bibliothèque Impériale de St Pétersbourg en possède deux exemplaires provenant de la bibliothèque fondée en 1017 (1608—1609) par Châh Abbas Ier à Ardebil, auprès du tombeau de Cheikh Sefy. *Catalogue des manuscrits et xylographes orientaux de la Bibliothèque Impériale publique de St Pétersbourg*. St Pétersbourg 1852, pages 301—302.

NOTICE
SUR LE
RISSALÈHI HATIMYÈH
DE
HOUSSEÏN WAÏZH KACHIFY

(رسالۀ حاتمیه)

Hadji Khalfa, dans son dictionnaire bibliographique, mentionne un certain nombre d'ouvrages dus à la plume féconde de Housseïn Waïzh Kachify; mais, nous ne voyons pas figurer parmi eux le *Rissalèhi Hatimyèh* dont je publie le texte aujourd'hui.

La version persane du livre de Kalilah et Dimnah, connue sous le nom de *Enwari Souheïly*, et les traductions qui en ont été faites, ont popularisé le nom de Housseïn Waïzh Kachify en Orient et en Europe. Elles ont, peut-être, contribué à faire moins rechercher ses autres œuvres.

Nous ne possédons que peu de détails sur la vie de Mouïn eddin Housseïn ibn Aly el Waïzh (le prédicateur) el Kachify. Nous savons qu'il était originaire de Sebzvar, et qu'il était depuis vingt ans fixé à Hérât, lorsque Mir Aly Chir Nevay écrivait la biographie des poètes à laquelle il a donné le titre de *Medjalis oun nefays* مجالس النفايس (Les réunions littéraires où l'on recueille des choses exquises).

Housseïn Waïzh se partagea entre l'étude et les devoirs de la prédication, et il ne se trouva mêlé à aucun des événements qui se produisirent dans le Khorassan, pendant les dernières années du XVe et les premières années du XVIe siècle. Il mourut à Hérât en 910 (1504); il avait joui, pendant toute sa vie, de la faveur d'Aboul Ghazy Sultan Housseïn, de celle de son vézir l'émir Nizham eddin Ahmed Souheïly, et de la bienveillance et de l'amitié du célèbre Mir Aly Chir Nevay.

Celui-ci lui a consacré une notice dans son *Medjalis oun nefaïs*, et j'en donne ici le texte et la traduction.

مولانا حسین واعظ کاشفی تخلص قیلور سبزواراغ دور یکرمی ییل غا یاقین بار که شهردا دور مولانا ذو فنون و رنگین و پرکار واقع بولوب تور آز فن بولغای که دخلی بولماغای خصوصا وعظ و انشا و نجوم که انینک حق دور هر قایسی دا متعین و مشهور ایشلاری بار مصنفاتی دین بیری جواهر التفسیر دورکیم البقرة سوره سین بر مجلد بیتیب قطع مصنف بیلا یوز جزو بولغای با وجود بارچا چیره لیغ و دانالیغ شهر شوخ لاریدین بیری حضرت خواجه حافظ قدس سره نینک بو مطلعین کیم + مطلع + واعظان کین جلوه در محراب و منبری می کنند + چون بخلوت میروند آن کار دیگر کنند + بیتیب منبری نینک اوستی دا قویغان ایرکان دور آلیب اوقو غاج کوپ متغیر و مضطرب بولوب خیلی خارج مبحث سوز آیب نیچه وقت وعظ ایتـادی خصم نا معلوم

خود اوز مقصودین حاصل قیلدی اما مولانا قیلغانی خطـــا ایرکانیکا واقف بولغاج یا نا اوز ایشی باشی غا باردی بارماسا ایکی بالك یوق عیب سز تینکری دور

«Mewlana Housseïn Waïzh a adopté le surnom poétique de Kachify. Il est originaire de Sebzvar, et il y a près de vingt ans qu'il réside dans la ville (de Hérât). Il est fort instruit, modeste et actif, et il y a peu de sciences dont il ne se soit occupé. L'éloquence de la chaire, le style épistolaire et l'astronomie ont été, plus particulièrement, les objets de ses études. Il a publié sur ces matières des traités remarquables et qui jouissent d'une grande célébrité. Il faut citer parmi ses œuvres, un commentaire du Qoran auquel il a donné le titre de *Djewahir out tefssir* (Les joyaux du commentaire). L'explication du second chapitre, celui de la Vache, forme à lui seul un volume composé de cent cahiers de grand format.

«Sans respect pour sa science et pour l'estime qu'il avait inspirée à tous, un insolent de la ville plaça un jour, sur le minber, un papier sur lequel il avait écrit ces deux premiers vers d'un ghazel de Khadjèh Hafiz :

«Les prédicateurs font brillante figure au mihrab et sur le minber; lorsqu'ils sont loin des regards, leur conduite est toute différente.» Après avoir lu ces vers, Housseïn Waïzh fut dans un tel état de trouble et d'agitation qu'il prononça, dans le cours de son sermon, des paroles qui n'avaient aucun rapport avec le sujet qu'il traitait, et il renonça, pendant quelque temps, à monter en chaire. Son ennemi resté inconnu atteignit le but qu'il s'était proposé. En agissant ainsi, Mewlana a commis une faute; s'il avait conservé son calme et s'il s'était tu, personne n'aurait eu connaissance de cet incident. Personne n'est exempt d'erreur; Dieu seul est pur de tout défaut.»

Je crois devoir donner à la suite de la courte notice de Mir Aly Chir, la liste des ouvrages de Housseïn Waïzh.

Il vient d'être question du commentaire auquel il avait donné le titre de *Djewahir out tefssir*. Pendant qu'il s'occupait de cet immense travail, il en fit paraître, à la requête de Mir Aly Chir, un résumé qu'il intitula : *Mewahib alyyèh* مواهب عليه (Les présents illustres) ou les présents faits à Aly (Mir Aly Chir).

Housseïn Waïzh, mit pendant le mois de Ramazan 899 (juin 1494), la dernière main à un traité sur la prière, *Tohfet ous ṣalat* تحفة الصلوة (Cadeau pour la prière), qu'il divisa en huit chapitres et un *Khatimèh* ou conclusion. Il écrivit aussi pour le cheikh Naṣir eddin Obeïd allah Naqchbendy, un *Rissalèhi alyyèh* رسالة عليه comprenant huit chapitres dans chacun desquels sont commentées, à l'aide de versets du Qoran, de vers, de proverbes et d'anecdotes pieuses, cinq traditions du Prophète.

On lui doit également, sous le titre de *Ma la boudda fi'l mezheb* مالا بد فى المذهب (Ce qu'il faut pratiquer dans la secte), un traité des obligations religieuses imposées aux fidèles du rite hanéfite.

Il a publié un ouvrage sur les vertus de Mohammed, مرأة الصفا فى صفات المصطفى *Miraat ous ṣafa fi ṣifat il Mouṣtafa* (Le miroir de la pureté sur les qualités de l'élu), et un recueil de préceptes pieux et de recommandations religieuses sous le titre de : حرز الآمان فى فتن آخر الزمان *Hirz oul âman fi fiteni âkhir iz zeman* (L'amulette qui assurera la sécurité lors des bouleversements de la consommation des siècles).

Housseïn Waïzh a rédigé deux ouvrages historiques : Le *Raouzhet ouch chouheda* روضة الشهدا (Le jardin sépulcral des martyrs de la foi), qui renferme le récit des évènements des premiers temps de l'islamisme jusqu'à la mort de Housseïn, fils du khalife Aly, et est divisé en dix chapitres. Cet ouvrage jouit d'une grande réputation et a été, en 970 (1562), traduit en turc par Mohammed Fouzhouly Efendy de Baghdad. Le second est un recueil de biographies des cheikhs de l'ordre des Naqchbendy. Housseïn Waïzh lui a donné le titre de *Rechhât aïni'l hayat* رشحات عين الحيات (Les gouttes de la source de vie); il le rédigea, une année avant sa mort, ainsi que le constate ce chronogramme :

آمد رشحات باكثير البركات

چون آب خضر منفجر از عين حيات

مانند محاسبان سنجيده صفات

تاريخ تمامش از حروف رشحات

«Les gouttes de cette fontaine nous apportent de nombreuses bénédictions, comme l'eau de Khizhr qui s'épanche de la fontaine de la vie. Les mathématiciens aux qualités sérieuses en ont trouvé la date dans le mot Rechhat.» La valeur numérique des lettres qui le composent donne la date de 909 (1503). Housseïn Waïzh nous apprend que cet ouvrage, divisé en trois chapitres et suivi d'un *Khatimèh*, a été composé d'après les renseignements à lui fournis par le cheikh Naṣir eddin Obeïd allah qu'il eut l'occasion de voir en 889 (1484) et 893 (1487).

M. S. de Sacy a, dans les *Notices et extraits des manuscrits de la bibliothèque Royale* (Paris 1818, tome X, pages 94—211), et dans la préface du *Livre de Kalila et Dimna ou fables de Bilpay* (Paris 1816, pages 42—47), fait connaître l'histoire et la valeur de littéraire de l'*Enwari Souheïly*. Je me bornerai donc à citer ici, sans entrer dans aucun détail, cet ouvrage qui a assuré la célébrité de Housseïn Waïzh.

Cet écrivain a composé aussi pour Mirza Mouhssin, petit-fils de Mirza Baïqara, un traité de morale qu'il a intitulé *Akhlaqi Mouhssiny* اخلاق محسنى.

Le distique placé à la fin de l'ouvrage nous fait connaître l'année de sa publication:

اخلاق محسنى تمامى نوشته شد

تاریخ هم نویس ز اخلاق محسنى

«Le livre des Akhlaqi Mouhssiny a été achevé: écris aussi sa date, elle est dans ces mots: les vertus de Mouhssin.» Les lettres des deux mots اخلاق محسنى forment le chiffre de 900 (1494)[1].

Le manuel de style épistolaire porte le titre de *Makhzen oul enwar fi'l incha* مخزن الانوار فى الانشا (Le trésor des lumières au sujet du style épistolaire). Ce livre a été composé sur l'invitation de Sultan Housseïn et de Mir Aly Chir. Enfin, un traité d'art poétique intitulé *Beday oul efkar* بدایع الافکار

---

[1]. Une partie de l'*Akhlaqi Mouhssiny* a été publiée par Lumsden dans les *Selections for the use of the persian class*. Calcutta 1809, tome I, pages 1—158.

(Les beautés des pensées) est mentionné par son contemporain Seïfy Arouzy de Boukhara, dans son traité de prosodie[1].

Hadji Khalfa ne cite que deux ouvrages ayant trait à l'astronomie ou à l'astrologie. Le premier est le *Feïzh oun nouwal fi bëïan iz zewal* فيض النوال فى بيان الزوال (La vertu du cadeau pour la connaissance du déclin du temps).

Le second est le *Kitab oul ikhtiarat* كتاب الاختيارات ou exposé des moments heureux ou néfastes soumis à l'influence des astres.

Je terminerai cette énumération par la mention d'un traité d'économie politique : *Meyamin oul iktissab fi qawaid il ihtissab* ميامن الاكتساب فى قواعد الاحتساب (Les moyens heureux de réaliser des gains, en suivant les règles de la perception des impôts indirects).

Le *Rissalèhi Hatimyèh* a été écrit en 891 (1485) sur l'invitation d'Aboul Ghazy Sultan Housseïn. Ce prince exprima le désir de lire en persan le récit des traits de générosité qui ont immortalisé le nom de Hatim Thay, et il chargea Housseïn Waïzh de réunir les anecdotes rapportées par des auteurs anciens, et de recueillir les traditions qui s'étaient perpétuées à ce sujet.

Les ouvrages qui les renferment sont nombreux et Housseïn Waïzh paraît en avoir eu quelques-uns à sa disposition. Il a traduit des passages du *Kitab oul aghany* d'Aboul Faradj Isfahany, du *Medjma oul emthal* de Meïdany et du *Kitab oul mearif* d'Ibn Qotaïbah. Il a emprunté à Saady trois anecdotes qui figurent dans le *Gulistan* et le *Boustan*, et il

---

1. Le traité de prosodie de Seïfy a été publié par feu M. H. Blochmann. *The persian metres by Saify edited in persian*. Calcutta 1867, in-8.

a aussi mis à contribution le *Djewahir oul imarèh ouè anasir oul wezarèh* ainsi que le *Djami oul hikayat* et le *Zoulal ous safa*, écrits l'un et l'autre en persan.

Le *Rissalèhi Hatimyèh* se fait remarquer par l'élégance de la rédaction, et le goût qui a présidé au choix des citations poétiques ajoute un nouveau charme à la narration. Il ne saurait être comparé sous le rapport de la valeur littéraire et historique ni au *Qissèhi Hatim Thay*, publié en 1818 à Calcutta par M. Atkinson[1], ni au roman turc intitulé *Dassitani Hatim Thay* dont il y a deux éditions publiées, l'une à Constantinople en 1256 (1840), et l'autre à Kazan en 1876.

L'intérêt du récit et le charme du style m'ont engagé à le tirer de l'oubli auquel sa rareté l'avait condamné. J'en donne le texte d'après un manuscrit qui m'appartient, et dont l'exécution fort soignée remonte, sans aucun doute, à la première moitié du XVIe siècle.

Dans les quelques notes qui suivent, je n'ai donné aucun détail sur Hatim. Je renvoie le lecteur au sujet de ce personnage, à l'article de la Bibliothèque orientale de d'Herbelot, au *Specimen historiæ Arabum* de Pockoke, et surtout à l'excellent ouvrage de M. Caussin de Perceval, *Histoire des Arabes avant l'islamisme*. Il sera utile de consulter aussi le *Kitab oul aghany*, publié au Caire, tome XVI, pages 96—110, le *Medjma oul emthal* de Meïdany, éd. du Caire 1284 (1867), tome I, pages 160—161, et le *Iqd el ferid* d'Ibn Abd Rabbihi, Boulaq, 1293 (1876) tome II, passim.

---

1. M. Duncan Forbes en a donné une traduction sous le titre de *The adventures of Hatim Tay, a romance*, Londres 1830.

Hatim a composé, selon le témoignage d'Ibn en Nedim, de nombreuses poésies qui formaient un volume de deux cents feuillets (*Fihrist,* page 132); celles que le temps a épargnées, ont été publiées à Londres, en 1872, par R. Hassoun avec des extraits biographiques tirés des auteurs que j'ai cités plus haut.

NOTES.

Page 174, ligne 4. — Qoran, chap. III, v. 86.

Page 174, ligne 11 et page 175, ligne 1. — Qoran, chap. LIX, v. 9.

Pages 176—177. — Les ouvrages relatifs à la généalogie des tribus arabes sont extrêmement nombreux. Je me bornerai à citer les deux plus anciens et les volumes imprimés soit en Europe, soit en Orient qui peuvent être consultés par le lecteur :

Kitab oul moulouk oue akhbar oul madhiyn كتاب الملوك واخبار الماضين (Histoire des rois et traditions concernant ceux qui sont passés), par Obeïd ibn Seryyèh el Djorhoumy qui écrivit cet ouvrage sous le règne de Moawiah (A. H. 41—60, A. D. 661—680). *Djemheret oul enssab* جهرة الانساب (Collection des généalogies) par Hicham el Kelby.

Specimen historiæ Arabum éd. Pockoke; Caussin de Perceval, *Histoire des Arabes avant l'islamisme*, Wüstenfeld, *Die Wohnsitze und Wanderungen der arabischen Stämme*, Gœttingue 1849; *Sebaik oudh dheheb fi marifeti qabaïl il Arab* سبائك الذهب فى معرفة قبائل العرب (Les lingots d'or qui donnent la connaissance des tribus arabes), Baghdad 1280 (1863), et le *Iqd el ferid*, tome II, pages 44—85.

Page 177, ligne 13. — Le nom de la mère de Hatim était Outbah, fille de Afif; elle était douée, comme son fils, du caractère le plus généreux. *Kitab oul aghany,* tome XVI, p. 97.

Page 178, ligne 24, Qoran, chap. X, v. 25.

Page 178, ligne 25, Qoran, chap. XCX, v. 66.

Pages 178 et 179. — Cf. sur le mariage de Mawiah, fille d'Afzer avec Hatim, l'*Histoire des Arabes avant l'islamisme,* tome II, pages 613—616, 624—626. Aboul Faradj donne les pièces de vers composées par les trois prétendants à la main de Mawiah, Hatim, Nabigha edh-Dhobiany رجلًا من نابغة الذبيانى et un homme des Anṣars de Nebit الانصار من النبيت. Nebit était une branche de la tribu des Aus, fixée à Yathreb.

Page 178, ligne 22. — Le *Tohfèhi Meliky* est probablement l'ouvrage historique d'Abdoul Wehhab.

Page 180, ligne 15. — Les historiens nous apprennent que Hatim avait eu de sa première femme Newar, après la mort de laquelle il épousa Mawiah, une fille appelée Sofanah. Mawiah fut la mère de son fils Ady. Hatim était désigné par les deux surnoms de Abou Sofanah et Abou Ady, et il n'est nullement question d'un fils qui aurait porté le nom de Malik. Ce nom était celui d'un des cousins de Hatim qui épousa Mawiah après qu'elle eut repudié Hatim.

Pages 183, 184, 185. — Les deux anecdotes relatives à l'envoi d'un ambassadeur de l'empereur de Byzance auprès de Hatim et à l'assassinat de ce dernier projeté par un prince du Yémen, sont, ainsi que le dit Housseïn Waïzh, tirées du *Boustan* de Saady, livre 11, pages 167—175 de l'édition donnée par M. Ch. H. Graf. Vienne 1858, in-4°. *Le Boustan ou verger, poème persan de Saadi,* traduit par M. Barbier de Meynard, Paris 1880, pages 118—122. Le texte arabe du récit de l'envoi d'un ambassadeur de l'empereur d'Orient à Hatim se trouve dans les extraits d'historiens insérés en tête du Divan de Hatim, publié par M. Hassoun, page 20.

Page 188, ligne 21. — Qoran, chap. X, v. 25.

Page 188, ligne 22. — Qoran, chap. XXX, v. 49.

Page 191. — L'ouvrage intitulé *Zoulal ouṣ ṣafa fi siret il mouṣtafa* زلال الصفا فى سيرت المصطفى (L'eau limpide de la pureté montrant les qualités de l'élu) est une histoire du Prophète écrite pour le souverain du Guilan Abou Naṣr, Tadj ibn Filchâh, par Aboul Feth Mohammed Razy. Celui-ci a emprunté l'anecdote qu'il raconte au *Medjma oul emthal* de Meïdany. La tribu au pouvoir de laquelle se trouvait le captif délivré par Hatim, était celle des Anezèh, *Medjma oul emthal*, page 161.

Page 195. — L'anecdote rapportée par Housseïn Waïzh est la treizième du troisième livre du *Gulistan*.

Page 198, ligne 12. — Je n'ai pu trouver aucune indication sur l'ouvrage portant le titre de *Djewahir oul imaret oue anasir oul wezarèh* جواهر الامارة و عناصر الوزارة (Les joyaux du pouvoir et les éléments du vézirat).

Page 199, ligne 3. — Ce récit est rapporté par Ibn el Kelby qui le tenait d'Abou Meskin affranchi d'Abou Horeïra, il remontait par tradition jusqu'à son aïeul. Le personnage appelé par Housseïn Waïzh Aboul Bokhtory, porte dans le récit d'Ibn el Kelby le nom de Aboul Khaïbary.
Divan de Hatim Thay, Londres 1872, page 30.
Le tombeau de Hatim se trouve à Latha dans le Awaridh.

Page 201. — Le *Djami oul hikayat oue lami our riwayat* جامع الحكايات ولامع الروايات (Le recueil des anecdotes et la mise en lumière des récits traditionnels) a été écrit en persan par Djemal eddin Mohammed Oufy qui l'a dédié au vézir Nizham oul Moulk Chems eddin. Voir la note de la page 120 au sujet de ce dernier personnage.

Page 201, ligne 24 et 202. — Au mois de Reby oul akhir de l'an 9 (juillet-août 630), Mohammed confia à Aly le soin de diriger une expédition contre la tribu de Thay. Aly envahit son territoire, dispersa ses guerriers, renversa l'idole appelée Fouls et rapporta à Mohammed les trois sabres célèbres suspendus au cou de Fouls et appelés Rassoub, Mikhdam et Yemany. Le Prophète fit cadeau des deux premiers à Aly.
Parmi les prisonniers amenés à Médine se trouvait So-

fanah, fille de Thay; lorsqu'elle fut en présence du Prophète, elle s'écria : « O Mohammed! Mon père est mort, mon protecteur a disparu! Si tu consens à me rendre la liberté, tu dissiperas la joie de mes ennemis. Je suis la fille d'un chef de tribu! Mon père soulageait les malheureux et protégeait nos foyers; il accordait une large hospitalité, il rassasiait les affamés, il consolait les affligés, il nourrissait ceux qui pâtissaient, et il mettait en pratique tous les préceptes de la générosité. Jamais il ne repoussait une demande. Je suis la fille de Hatim Thay! »

« Ton père, répondit le Prophète, avait le caractère d'un vrai croyant : s'il avait été musulman, nous aurions appelé sur lui la miséricorde divine. Rendez lui la liberté, ajouta-t-il parce que son père était généreux, et Dieu aime les hommes généreux ».

Sofanah embrassa l'islamisme et alla chercher son frère Ady qui avait abandonné sa sœur et s'était refugié avec sa famille en Syrie, d'autres disent en Mésopotamie. Ady arriva à Médine pendant le mois de Chaaban (novembre) et se présenta devant le Prophète avec sa sœur. Ibn el Athir dans son *Ousd oul ghabèh* nous a rapporté la conversation de Ady avec Mohammed. Ady était chrétien *roukoussy*, c'est-à-dire qu'il alliait aux croyances chrétiennes celles des Sabéens; il se convertit à l'islamisme, et persévéra dans sa nouvelle foi. A la mort du Prophète, lorsque les tribus arabes renièrent la religion musulmane, Ady apporta au khalife Abou Bekr les impôts de la tribu de Thay et l'assura de sa fidélité et de son dévouement. Ady détestait Osman, et lorsque celui-ci fut assassiné, il s'écria : « Le meurtre d'Osman ne doit pas être vengé, même par la mort d'un chevreau.»

Ady prit part à la conquête de l'Iraq; il assista à la bataille de Qadissiah et à celle livrée à Mihran. Il combattit avec Abou Obeïdah à la journée du Pont. Il accompagna Khalid en Syrie, et ce fut lui qui apporta à Abou Bekr le cinquième du butin. Il se fixa ensuite à Koufah. Il perdit un œil à la journée du Chameau; son fils Mohammed succomba dans un des combats livrés par Aly; son autre fils fut tué par les Kharidjy. Abou Tharif, lui dit-on alors, la vengeance d'Osman vaut-elle un chevreau? «Par Dieu! répondit-il, en faisant allusion à la mort de ses deux enfants, elle a coûté un chevreau et un bouc.» Il était avec Aly à la bataille de Siffin. On n'est d'accord ni sur l'année, ni sur le lieu de sa mort; il mourut, dit-on, à l'âge de cent-dix ans en l'année 67, 68 ou 69 (686, 687, 688). Les uns prétendent qu'il rendit l'âme à Koufah lorsque Moukhtar était gouverneur de cette ville; d'autres affirment que ce fut à Qarqissia.

Ady avait les qualités de son père, il était comme lui généreux, respecté des siens, redouté des étrangers; il était éloquent et avait la repartie toujours prompte. Le Prophète avait pour lui une déférence toute particulière. On lui donnait les *Kounièh* d'Abou Tharif et d'Abou Wahb. *Ousd oul ghabèh*, tome III, pages 392—394 et tome V, page 475.

NOTICE
SUR LE POËME INTITULÉ
RAHAT OUL INSSAN
راحة الانسان
(LE REPOS DE L'HOMME).

Le *Rahat oul inssan* est un recueil de préceptes de morale versifiés; il a été composé par un poète nommé Cherif et il est, de son aveu, l'œuvre de sa jeunesse. Je n'ai pu trouver le nom de ce poète, ni dans les *tezkerèhs* que j'ai eus à ma disposition, ni dans les listes d'Oufy, ni dans celles des autres biographes données par M. le Dr Sprenger. Il n'est fait mention de ce petit poème ni dans les dictionnaires bibliographiques ni dans les catalogues des manuscrits orientaux des bibliothèques de l'Europe.

Comme tous les livres de morale persans, celui-ci a pour base les préceptes attribués à Nouchirevan, et Cherif nous apprend qu'il a recueilli ces conseils parvenus jusqu'à lui par tradition, et qu'il les a mis en vers, parce que, dit il, l'on goûte et l'on apprécie plus généralement la poésie. «Si ces sentences morales sont mises en pratique, ajoute-t-il, celui qui s'y conformera jouira du repos du corps et du bonheur de l'âme; il parviendra au but de tous ses désirs, et sera à l'abri de toutes les infortunes. Sa conduite ne recevra que des éloges, et après avoir fait la joie de ses semblables, il sera récompensé par Dieu et obtiendra les félicités éternelles. »

Je ne puis préciser exactement la date de la composition de ce petit ouvrage. L'auteur a dû être le contemporain d'Onṣory ou vivre peu d'années après lui.

Nous trouvons, en effet, dans le trente-cinquième huitain ces deux vers tirés du divan de ce poète : « Onṣory a dit au sujet d'une pareille conduite un distique remarquable : Si tu enlèves de la terre d'une montagne, et si tu ne mets rien à la place, elle finira par disparaître totalement. »

Le style du *Rahat oul inssan* est plus archaïque que celui des écrivains de la période des Ghaznévides; ceux des ouvrages qui nous ont été conservés ont, peut-être, été retouchés à une époque plus récente.

On trouve dans ce petit poème des tournures de phrases peu grammaticales, des constructions incorrectes et quelques expressions tombées en désuétude; cependant, je le considère comme un spécimen fort intéressant de la poésie populaire de la Perse au commencement du XIe siècle de notre ère. C'est, à ce titre, que je l'ai placé à la suite des opuscules et des morceaux qui composent le premier volume de cette chrestomathie. L'explication des mots hors d'usage ou dont le sens a changé, se trouvera dans le vocabulaire placé à la fin du second volume.

Le *Rahat oul inssan* se compose d'une préface en prose, d'une définition de la raison, d'un avant-propos en vers et de quatre-vingt-dix-huit de huitains meçnewy dont les vers sont du mètre mouteqarib.

Il existe, en turc, un petit traité de morale en prose portant également le titre de *Rahat oul inssan;* mais l'auteur ne paraît pas avoir connu le poème dont je donne aujourd'hui le texte.

ADDITIONS ET CORRECTIONS.

Page 50, ligne 16. — Lire l'émir Nouh, fils de Naṣr etc.

Page 55, ligne 11. — Au lieu de six cents quatre, lire : six cent quatre.

Page 62, ligne 26. — Au lieu de Moustetemy, lire : Moustelemy.

Page 90. — Il faut mettre à la suite de la note consacrée à Abou Mohammed Wessim celle qui a trait à Omar Qari et qui se trouve placée à la page 92 (page 93, ligne 19, du texte persan).

Page 96, ligne 4. — Au lieu de Thasmasp, lisez Thahmasp.

Page 111, lignes 17 et 18. — Khondemir nous apprend, dans son *Habib ous sier*, que le fils de Housseïn Waïzh avait composé un poème intitulé *Mahmoud ou Ayaz*. Khondemir lui donne le nom de Fakhr eddin Aly, et il nous dit qu'il avait remplacé son père dans les fonctions de prédicateur à la grande mosquée d'Hérât.

Page 129, ligne 11. — Le vers doit être ainsi rétabli :

خود را کی غیری میباشد خدا

Page 134, ligne 18. — Au lieu de un catholicos, il faut lire : un évêque suffragant du catholicos.

Page 171, ligne 10. — Au lieu de Ramestchy, lisez Ramesethy.

TEXTE PERSAN.

Page	ligne	au lieu de		il faut lire	
14	10	au lieu de	راشیدین	il faut lire	راشدین
44	14	»	مسلمانان	»	مسلمانان
68	4	»	من	»	می
79	3	»	موکل	»	متوکل
83	2	»	عطای	»	عطا
91	16	»	عطار مسیر	»	عطای مسیره
92	4	»	الجاسع	»	الجاشع
123	22	»	امام	»	امامی
134	15	»	الهدا	»	لهذا
142	17	»	نکروند	»	بکروند
158	5	»	باز	»	بار
163	1	supprimer le mot	و		
179	15	au lieu de	دبیانی	»	ذبیانی
181	23	»	عیان	»	اعیان
186	22	»	شرین	»	شیرین
187	10	»	مبالغة	»	مبالغة
194	12	»	ذخار	»	زخار
194	12	»	شرین	»	شیرین

INDEX ALPHABÉTIQUE.

INDEX ALPHABÉTIQUE.

Les titres des ouvrages cités sont imprimés en caractères italiques.

A

Abaqa, souverain Moghol de la Perse, 118.
Abbas Ier (Châh —), 189.
Abbassides (les —), 22, 46, 53, 76.
Abdallah Enṣary, voy. Enṣary.
Abdallah, fils de Hassan, fils de Housseïn, fils d'Aly, 90.
Abdallah, fils du khalife Omar, 69.
Abdallah, fils d'Ozaïr, vézir de Nouh ibn Manṣour, 4.
Abdallah ibn Amir ben Koureïz, gouverneur du Khorassan, 82; fait la conquête du Kouhistan, 93.
Abdallah ibn Meïmoun el Qaddah, fondateur de la secte des Ismayliens, 164, 165, 181, 182.
Abdallah ibn Mohammed, gouverneur de Médine, 188.
Abdallah ibn Mohammed ben Djafer Djouybary el Warraq, 62.
Abdallah ibn Moubarek, gouverneur du Khorassan, 175.

Abdallah ibn Sina, père d'Avicenne VII.
Abdallah Sindjary, chassé du Sedjestan par Yaqoub ibn Leïth, 88.
Abd el Aziz Mouqbary, 87.
Abd el Melik, fils de Nouh, fils de Naṣr, fils d'Ahmed, fils d'Ismayl, dernier émir Samanide, 23, 41.
Abd el Melik ibn Hicham, 139.
Abd el Melik ibn Merwan, 5e khalife de la dynastie des Omeyyades, 73, 84, 185.
Abd el Melik ibn Noucïr, 83.
Abd el Melik ibn Omeïr, voy. le précédent.
Abd el Qaïs (tribu d'—), 150, 151.
Abderrahman Hatim Aṣem, voy. Hatim, le jurisconsulte.
Abderrahman ibn Meldjem, 184.
Abderrahman Istakhry, vézir de Nouh ibn Manṣour, 4.
Abd er Rezzaq (le cheikh —), 81.
Abd Kilal, 149.
Abdoul Wehhab (le cadi —), 116, 199.
Abèh, Awèh, village, 165.

INDEX ALPHABÉTIQUE.

Abel, tué par Caïn, au mont Qassioun, 70.
Abeloos (M.), 157.
Abiverd, 110.
Abou Abdallah Mohammed el Mehdy, khalife Abasside, voy. Mehdy.
Abou Abdallah Mohammed ibn Ahmed el Djeïhany (traité géographique d'—), 10, 30 ; vézir de l'émir Naṣr, 48.
Abou Abdallah Mohammed ibn Ismayl, 31.
Abou Abdallah Mohammed ibn Souleyman el Boukhary (chroniques d'—), 10.
Abou Abdallah Mohammed el Ghoundjar (chroniques d'—), 10.
Abou Abd el Djebbar Moutewekkil ibn Hamran, voy. Moutewekkil (le cadi).
Abou Ady, kounïèh de Hatim, 199.
Abou Ahmed el Mouwaffaq billah Talhah Naṣir lidin illah, 22.
Abou Aly Dameghany, vézir de Nouh ibn Manṣour, 4.
Abou Aly Daqqaq, 88.
Abou Aly Hassan ibn Aly, Nizham oul Moulk, 117.
Abou Aly ibn Sina (Avicenne), VII, 3, 4.
Abou Aly Mohammed ibn Issa Belamy, vézir de Nouh ibn Manṣour, 4.
Abou Aly Omar ibn Meïmoun er Rammah, 89.
Abou Bahr Dhahhaq ibn Qaïs ben Moawiah et Temimy, voy. Ahnaf ibn Qaïs.
Abou Bekr (le khalife —), 139, 179, 202.

Abou Bekr Abdallah ibn Mohammed el Tarkhany, 70.
Abou Bekr Mohammed ibn Djafer ben Zekerya Nerchakhy, voy. Nerchakhy.
Abou Bekr Siddiq (le khalife —), 16.
Abou Bistham Mouqatil ibn Heyyan en Nabathy, voy. Mouqatil.
Abou Daoud, gouverneur de Balkh, 78.
Abou Dharr el Ghifary, 69.
Abou Djafer Aly ibn Housseïn de Nichabour (le Seyyd —), 123.
Abou Djafer Manṣour (le khalife —), voy. Manṣour.
Abou Djafer Mohammed ibn Hatim ez Zendeny, traditionniste, 25.
Abou Eyyoub Khalid el Anṣary, 72, 73.
Abou Hafs Omar ibn Haroun, traditionniste, 81, 90.
Abou Hamzah Anas ibn Malik ben en Nadr, appelé Khadim ressoul illah, 80.
Abou Hanifèh, 79, 80, 86, 87.
Abou Horeïra, 200.
Abou Ishaq ech Cheïbany, 79.
Abou Ishaq ibn Ahmed ben Ibrahim el Moustelemy, voy. Moustelemy.
Abou Ishaq Ibrahim, fils d'Edhem, 89.
Abou Ismayl Hammad, voy. Hammad.
Abou Issa el Warraq, 143.
Aboul Abbas Ahmed Moutadhed billah, voy. Moutadhed billah.
Aboul Abbas el Omary, 30.
Aboul Abbas Mohammed el Boukhary, 92.

INDEX ALPHABÉTIQUE. 215

Aboul Ala, gouverneur du Thabarestan, 175.
Aboul Faradj Isfahany, 196, 199.
Aboul Fath, auteur des *Annales Samaritaines*, 156.
Aboul Feth Mohammed Razy, 200.
Aboul Fewaris, *konnièh* d'Abd el Melik, 41.
Aboul Fewaris Djemal eddin Châh Choudja, voy. Châh Choudja.
Aboul Ghazy Sultan Housseïn Behadir, 100, 124, 191, 196.
Aboul Harith Leïth ibn Saïd, jurisconsulte célèbre, 73.
Aboul Hassan Abdallah, ibn Ahmed el Outby, vézir de l'émir Abd el Melik, 41.
Aboul Hassan Abderrahman ibn Mohammed Nichaboury, 10, 11, 14.
Aboul Hassan Aly el Moustaufy, VII n.
Aboul Hassan Âmy (Saby), 140.
Aboul Hassan el Meïdany, 42.
Aboul Hassan Mouqatil ibn Souleyman, traditionniste, 78.
Aboul Hassan Naṣr, 40; voy. Saïd Naṣr.
Aboul Hassan Saby, voy. Aboul Hassan Thabit ibn Qourrah.
Aboul Hassan Saïd ibn Massadah el Moudjachi, voy. Akhfach el Awsath.
Aboul Hassan Thabit ibn Qourrah el Harrany eṣ Ṣaby, 140.
Aboul Housseïn Mouzny, fils d'Aboul Hassan Outby, vézir de Nouh ibn Manṣour, 4.
Aboul Hozeïl Zofer ibn Hozeïl el Anbary el Baṣry, 176; voy. Baṣry.

Aboul Khaÿbary, 200.
Aboul Khaïr Hassan ibn Sewar ben Béhnam, voy. Ibn el Khammar.
Aboul Khaththab el Akhfach, grammairien, 90.
Aboul Leïth Naṣr Samarqandy, VII n.
Aboul Mealy Mohammed ibn Obeïd Allah, VIII, IX, 132, 133, 134, 135, 138, 170, 181.
Aboul Mehassin el Waïz, Imam Zadèh, 24.
Aboul Mouzhaffer Etsiz, voy. Etsiz.
Aboul Mouzhaffer, fils de Nizham oul Moulk, 124.
Aboul Qassim Aly ibn Mahmoud el Kaaby, 62.
Aboul Qassim Baber (Mirza —), 117.
Aboul Qassim Dhahhak ibn Mouzahim, voy. Dhahhak.
Aboul Qassim Hassan ibn Ahmed, voy. Onṣory.
Aboul Qassim Mohammed Hassan, douzième imam, 132.
Aboul Qassim Souleyman ibn Ahmed ben Eyyoub, voy. Thabarany.
Abou Machar Djafer ibn Mohammed Balkhy, 99, 102; ses ouvrages, 102.
Abou Meskin, 200.
Abou Mohammed Hassan ibn Ahmed el Hemdany, voy. Ibn Haïk.
Abou Mohammed Moussa el Aly, khalife Abasside, 54.
Abou Mohammed Yahia ibn el Akthem, 80, 81.
Abou Mohammed Wessim ibn Djemil eth Thaqafy, voy. Wessim.
Abou Mouslim, gouverneur du Khorassan, 16, 78, 171, 172, 175.

216 INDEX ALPHABÉTIQUE.

Abou Mouslim Atha ibn Messirèh el Khorassany, 89.
Abou Mouthy Hakim ibn Abdallah ben Mouslim (Ibn Selamèh), cadi de Balkh, 78, 79, 176.
Abou Naṣr, kounièh de l'émir Ahmed, 41.
Abou Naṣr Ahmed el Qobawy, 9, 10.
Abou Naṣr Mohammed ibn Mohammed ben Abdel Djebbar el Outby, 41.
Abou Naṣr, Tadj ibn Filchâh, souverain du Guilan, 200.
Abou Nazhar Abd el Aziz ibn Manṣour Assdjedy, 122.
Abou Obeïdah, 202.
Abou Obeïdah el Hanefy, gouverneur de Rey, 171.
Abou Qaïs Ṣarmah ibn Abi Anas el Anṣary el Khazerdjy, 152, 153.
Abou Qazhy, 48.
Abou Reïhan Mohammed ibn Ahmed el Birouny, voy. Birouny.
Abou Saïd Djelal eddin Massoud, fils d'Ibrahim, 133.
Abou Saïd Hassan ibn Aboul Hassan Yessar, voy. Hassan Baṣry.
Abou Saïd el Hassan ibn Behram el Djennaby, voy. Bou Saïd.
Abou Saïd Khoudabendèh Behadir (le sultan —), 114.
Abou Ṣalih Manṣour, fils de Nouh (l'émir Sedid —), 18, 41.
Abou Sofanah, kounièh de Hatim, 199.
Abou Thahir el Adany, 118.
Abou Tharif, kounièh d'Ady, fils de Hatim, 202, 203.
Abou Tourab Aly ibn Thahir el Kerminy, 21.

Abou Wahb, kounièh d'Ady, fils de Hatim, 203.
Abou Yezid el Balkhy, 62.
Abou Youssouf Ghassouly, 89.
Abou Youssouf Yaqoub ibn Ibrahim ben Habib el Anṣary, 79, 176.
Abou Zeyd Ahmed el Balkhy, 134, 159, 160.
Abraham, le patriarche, 67.
Abs, ancêtre de la tribu des Beni Abs, 154.
Abyssinie (histoire de l'église d'—), 142.
Abyssiniens (les —) en Arabie, 155.
Adab ous salthanèh ouel wezarèh, VII n., 6, 7.
Adam, fonde Ouq, 56; premier prophète des Sabéens, 162.
Adil, écuyer de Timour, 105.
Adjaïb oul gharaïb, 127.
Adjlyan kouh, 172.
Ady, fils de Hatim, 199, 202, 203.
Afghans (les —) à Balkh, 60, 61.
Afrassiab, 23, 26, 33, 34; s'empare de Balkh, 58.
Afzhal, 5.
Afzhal eddin (Khadjèh), 137.
Ahmed (l'émir —) le Samanide, 40, 41.
Ahmed, fils d'Assad, 46.
Ahmed (Sultan —), souverain Moghol de la Perse, 118.
Ahmed Behmen Châh (Sultan —), 127.
Ahmed Châh Dourany, 60.
Ahmed Efendy (Munedjdjim Bachy), 149.
Ahmed, fils d'Assad le Samanide, 18, 46.

INDEX ALPHABÉTIQUE. 217

Ahmed, fils d'Ismayl (l'émir Samanide —), 31.
Ahmed, fils de Nouh (l'émir —), voy. Nouh, fils de Saïd Naṣr.
Ahmed Ghazzaly, 136.
Ahmed Haïth, 160.
Ahmed, fils de Khalef, fondateur de la secte des Bathinyens, 166.
Ahmed ibn Abi Khalid, 87.
Ahmed ibn el Hassan (le khan —), 35.
Ahmed ibn Hanbal, 89.
Ahmed ibn Mohammed ben Naṣr, 42, 52.
Ahmed ibn Mohammed ez Zemdjy el Hachimy el Merwezy, 126.
Ahmed ibn Moudrik, gouverneur de Balkh, 87.
Ahmed Khan, gouverneur de la Transoxiane, 55.
Ahmed Khan, fils de Khizhir Khan, règne à Boukhara, 50.
Ahmed Khizhrouïeh, 88.
Ahmed Moustaufy (Khadjèh —), 128.
Ahmed Razy, 99, 121.
Ahnaf ibn Qaïs, 58, 81, 82, 84.
Ahwaz, ville, 86, 164.
Aïn el Qoudhat Hemdany, voy. Hemdany.
Akhfach el Awsath, grammairien, 90.
Akhlaqi Mouhssiny, 195.
Akthem ibn es Seify, juge des Arabes, 80.
Ala ed Daoulèh (l'émir —), voy. Abou Saïd Djelal eddin Massoud et Aly ibn Feramourz.
Ala ed Daoulèh, fils de Baïsonghor, 116, 122.

Ala eddin, voy. Khadjèh Ala eddin.
Ala eddin Tekich (le Kharezmchâh —), 40.
Alamout, prise par Houlagou, 135.
Alem el houda, surnom du chérif Mourtezha, 183.
Alep, 126, 157.
Alexandre le Grand, fondateur de Balkh, 58; (histoire des successeurs d'—), 145 n.
Ali Afrassiab (dynastie des —), 24, 55; voy. Afrassiab.
Alp Arslan, 23, 117.
Aly, fils d'Abou Thalib, 5, 67, 72, 82, 84, 132, 182, 201, 202; (descendants d'—), 183, 184 - 188; (mort d'—), 184; (traditions relatives à —), 183.
Aly, fils de Housseïn (l'imam —), 182.
Aly ibn Abi Saïd el Kehdjy (le derviche —), 136.
Aly ibn Chadan, gouverneur de Balkh, 117.
Aly ibn Fazhl ben Thahir, 62.
Aly ibn Feramourz (l'émir Ala ed Daoulèh —), 109.
Aly ibn Ismayl, 186.
Aly ibn Mohammed en Naqy, 188.
Aly ibn Moussa Riza (l'imam —), 131, 187.
Aly ibn Souleyman el Akhfach, grammairien, 90.
Aly Ṣafy, auteur du *Lethaïf outh thewaïf*, VIII, 95—101, 116, 121, 125, 130.
Aly Zeïn el Abidin (l'imam —), 185, 186.

Amil, percepteur des finances, VII, 4.
Amr ibn Leïth, 22, 54, 93, 94.
Amr ibn Nofaïl, 154.
Amr, fils de Zeyd, fils de Hammar, voy. Soumay.
Anas ibn Malik, 81.
Amir ibn Zharib, 155.
Anezèh (tribu des —), 200.
Anquetil-Duperron, 71, 72, 158.
Anṣars (les —), 72, 199.
Anvari, 100 n., voy. Envery.
Aouhed eddin Envery, voy. Envery.
Aq Âqa Melik, fils de l'émir Djemal eddin Firouzkouhy, voy. Châhy.
Aq Chems eddin (le cheikh), 73.
Aqrah ibn Djabis, 146.
Arabe (langue —), dans le Khorassan, VII n., en Perse, VI, en Transoxiane, VI, 9.
Arabes (les —), 172; leurs expéditions contre Boukhara, 18, 42, 51; contre Kerminèh, 20; dans le Khorassan, 82; à Khoulm, 85; dans le Kouhistan, 93; dans la Transoxiane, 17; premières conversions à l'islamisme, 69; tribus arabes, anecdotes, 98; ouvrages sur les tribus, 198; religion des Arabes avant l'islamisme, 134, 137, 144, 145 à 147.
Arabie (géographie de l'—), 145 n.
Arafat (le mont —), 70.
Ardebil, 189.
Ardechir, fils de Babekan, 8, 72.
Ardechir ibn Hassan (Houssam ed Daoulèh), 113.
Ardjoun, Ardjouna, 143.
Arghoun (Sultan —), 118, 119.

Argoun Khan, 114.
Ariamiten, voy. Rametin.
Aristote, 161.
Arménie (l'—), 21.
Arslan Khan (la fille d'—), 38.
Arslan Khan Mohammed ibn Souleyman, 24, 35, 36, 49, 50.
Asdjedy, poëte persan, 108.
Assad, 145.
Assad, tribu arabe, 85.
Assad, le Samanide, 18, 46.
Assad ibn Abdallah el Qasry, gouverneur du Khorassan, 42, 43, 61, 74, 75.
Assaf, 144.
Assassins (l'ordre des —), 138, 177 n., 182; voy. Ismayliens.
Assemani, 156, 157.
astronomie (ouvrages sur l'—) 102, 103, 196.
Atabeks (les —) du Fars, 119, 124.
Atay Moulk, vézir de Houlagou, 135.
Atechkedèh, 115.
Atha (pont d'—), à Balkh, 86.
Athab ibn Abi Rebah, 89.
Atha ibn Abi Saïb, 79, 86.
Atha ibn Rabah, 78, 89.
Athar oul bakia, 103.
Atkinson (M.), 197.
Attar, voy. Ferid eddin Attar.
Aus (tribu des), 199.
Avicenne, voy. Abou Aly ibn Sina.
Avril (Baron d'—), 156.
Awaridh (le —), 200.
Azad, 101.
Azerbaïdjan (l'—), 112, 115, 177.
Azery (Cheikh —), poëte persan, 126, 127, 128.

INDEX ALPHABÉTIQUE. 219

Azhed eddin, primat des Seyyds de Yezd, 120.
Aziz Nessefy, 136.
Azraqy, poète persan, 111.

B

Baba Hassan Faudjy, 121.
Bab chast bend, — el hadid, — Rahbeh, portes de Balkh, 62.
Babeky (secte des —), 177.
Bâdhân, vice-roi du Yémen, 152.
Baghavadguita (le —), 143.
Baghdad, 75, 79, 91, 94, 102, 114, 125, 141, 164, 171, 188.
Baghizh, 154.
Baghlan, ville du Thakharistan. 93.
Baharat, voy. *Mahâbhârata*.
Bahr al haqiqah, 136.
Bahreïn (Qarmathes du —) 169 ; voy. Qarmathes.
Baïqara (Mirza —), fils de Omar Cheikh, 115, 116, 195.
Baïsonghor, 105, 106, 116, 117, 127, 131.
Bakhtiar, médecin, 91.
Bakhtichou, médecin, 91.
balich (lingots d'argent), 93.
Balkh, VIII, XI, 34, 54, 88, 89, 90, 92, 93, 102, 106, 109, 110, 116 ; fondation de la ville, 56, 57, 63 ; situation, 58, 59, 60, 66, 67 ; histoire, 60, 61, 62, 63, 64, 66, 75, 81, 82, 85, 86, 87, 92 ; prise par Afrassiab, 58 ; par Ahnaf, 82 ; par les Arabes, 86 ; par les Ghouzz, 40 ; cadi de —, 78, 79, 88 ; culte de Zoroastre à —, 71 ; gouverneurs de —, 76, 77, 78,

87, 92, 117 ; grande mosquée de —, 77, 78.
Balqis l'Himyarite, 145.
Bamian (statues de —), 108.
Baqy, 184.
Barbier de Meynard (M.), 199.
Bargès (l'abbé —), 156.
Barghach (l'émir —), 24.
Barguin Firakh (lac de —), 30.
Bar Hebræus, 157.
Basediv, voy. *Vasudeva*.
Basrah, 46, 72, 78, 81, 82, 84, 90, 165, 186 ; cadi de —, 80, 81.
Basry (el —) 176.
Bathinyens (secte des —), ses croyances, 135, 137, 166, 169, 177 ; son origine, 163, 166 ; — du Gourgan, 175.
Batriq (Πατρίκιος), 157.
Bayda (bataille de —), 155.
Bayezid, fils de Sultan Suleyman, 4.
Beausobre (J. de —), 159.
Becher, fils de Thaghchadèh, Boukhar Khoudat, 46.
Beda ouet tarikh (el —), 160.
Beday oul efkar, 195.
Bedeneh, village, 110.
Bedr (bataille de —), 154.
Beha eddin, fils de Khadjèh Mohammed Chems eddin, 119.
Beharistan, 99, 111.
Behmen Namèh, 127.
Behram ben Firouz (ibn Ferhad) [le Ferzanèh —], 71, 158.
Behram Ghour, 46.
Behrnauer (le Dr W.), 31 n.
Beïan (el —), 166.
Beïkend, 29 ; voy. Bikend.

Bekar (rue de —), à Boukhara, 31.
Bekr Wayl (tribu des —), 139, 146.
Belaghat ous sabi, 169.
Belazory, 18, 29, 58, 83, 86.
Bemdjeket, village près de Boukhara, 53; voy. Boumdjeket.
Bendoun, Bindoun, voy. Beydoun.
Beni Abs (tribu des —), 154.
Beni Adwan (tribu des —), 155.
Beni Hanifèh (tribu des —), 139, 146.
Beni Leïth (tribu des —), 86.
Beni Qaÿs (tribu des —), 75, 85, 145.
Beni Saad (tribu des —), 82, 84.
Beni Temim (tribu des —), 80, 81, 82, 84, 85, 90, 146.
Benou Harith ibn Kaab (les —), 146.
Benou Kenanèh (les —), 145, 146.
Benyat, Boukhar Khoudat, 17.
Bèrèkhchy, voy. Wèrèkhchèh.
Beydoun, le Boukhar Khoudat, 17, 42.
Beyhaq, 126.
Biaghou, surnom de Qara Djourin Turk, 15.
Bikend, bourg du pays de Boukhara, 15, 25; description de la ville, 27—29; étymologie du nom, 29.
Bilassaghoun, 34, 36.
Bilkan, bourg du Ghardjistan, 96.
Bindoun, voy. Beydoun.
Birouny (el —), 99, 103, 134.
Bi ser Namèh, 129.
Bokht Naṣar, lieutenant de Lohrasp, détruit Jérusalem, 57.
Boqay, ministre de Sultan Arghoun, 118.
Boqrath (Hippocrate), 161.
Bouchendj, 88.
Boukhara, VIII, XI, 4, 9, 20, 26, 70, 116, 123; fondation de la ville, 15, 16; description, 14, 18; canaux, 52, 54; château, 33, 48, 50; grande mosquée, 46—48, 49, 50, 51; muraille, 18, 20, 22, 53; grand seray, 50; histoire, 31, 42, 49; prise par les Arabes, 51; par Chems oud Daoulèh, 23; par Etsiz, 34; par les Ghouzz, 39; par les Moghols, 9, 55; par les Turks, 37, 39; cadis de —, 11, 54; émirs de —, 44, 46, 60; impôts, 53; monnaies, 16, 53; la fille de l'empereur de Chine à —, 16.
Boukhar Khoudat, origine de ce titre, 16; personnages ayant porté ce titre, 16, 17, 42, 43, 45, 46; monnaies des —, 17 n.
Boumdjeket, Boumsseket, Bounmedjket, noms donnés à Boukhara, 32.
Bourhany (Mohammed ibn Abd el Melik), 108.
Bouroundaq Nedimy, poète persan, voy. Nedimy.
Bou Saïd, 169.
Boustan (le —), 196, 199.
Boutek, 14.
Bou Thahir, fils de Bou Saïd, 169.
Bouzourdjmihr, 3.
Burnes, 59.
Byzance, 199, 200; organisation militaire et religieuse de l'empire de —, 134.

C

Caïn, voy. Qabil.
canaux, de Boukhara, 18; — du Dehàs, dans la plaine de Balkh, 59, 60, 85.

INDEX ALPHABÉTIQUE.   221

Caussin de Perceval, 144, 152, 154, 155, 197, 198.
Chadyakh de Nichabour, 57.
Châh Choudja, 61, 115, 121.
Châhfour, poète persan, 120.
Châh Mahmoud, fils de Moubariz eddin, 121.
Châh Mansour, 104.
Châh Mourad de Boukhara, 60.
Châh Namèh (le —), 33, 159.
Châhroukh, 104, 105, 121, 124, 126, 137.
Châh Sultan, 121.
Châh Thahmasp, 96.
Châhy, poète persan, 117.
Chaldée (la —), 156.
Chameau (Journée du —), 202.
Chang-gan, 29.
Char, titre du prince du Ghardjistan, 96.
Chardin, 175.
Charistan, Charistan rouyyin, 29, voy. Bikend.
Charistani tchehar tchemen, 71, 158.
Chefenèh, bourg du pays de Boukhara, 15.
Chehri Khoun, surnom de Balkh, 61.
Chehristany, 136, 137, 140, 155, 156, 157, 159, 177 n.
Cheikh Hassan el Kebir (l'émir —), 114.
Cheikh Mahmoud, 106.
Cheikh Sefy (tombeau de —), 189.
Chems eddin, le calligraphe, 106; — Nizham oul Moulk, 201.
Chems eddin Mohammed, vézir d'Abaqa, 118, 119, 124.
Chems eddin Mohammed ibn Abd el Kerim, voy. Chemssi Thabès.

Chems eddin Nasr, 23, 48, 49, 50, 75.
Chems oud Daoulèh Ilek Khan, s'empare de Boukhara, 23.
Chems oul Moulk Nasr, fils d'Ibrahim, fils de Thamghadj Khan, voy. Chems eddin Nasr.
Chemssi Thabès, 122, 123.
Cheqiq, 88.
Cheref eddin Riza, 121.
Cheref eddin Yezdy, 105.
Cherif, poète persan, auteur du *Rahat oul inssan*, IX, 204.
Cherik ibn Cheikh, 18.
Chervin, roi des Ismayliens, 179.
Chihab eddin, 106.
Chihab eddin Aly Terchizy, poète persan, voy. Thouty.
Chihab eddin Kheïabany, 105.
Chihab eddin Souhrewerdy, 128.
Chihaby, poète persan, 108.
Chiites (les —), 164, 165, 177, 188; dogmes des —, 138, 169, 176; ouvrages sur les —, 176.
Chine (la —), 35, 36, 58, 92, 93, 122; commerce avec Bikend, 29; fille de l'empereur donnée en mariage à Eskedj, de Boukhara, 16.
Chiqq, 155.
Chiraz, 104, 119.
Chiri Kichver, s'empare d'Ebrewy, 15; fonde Boukhara, 16; explication du nom de Chiri Kichver, 15 n.
Chith (Seth), 162.
Chorgh, bourg du pays de Boukhara, 16, 24; canal de —, 24.
Choueïb (Jéthro), 161.
Choumar, 184.
chrétiennes (tribus arabes —), 146.

christianisme en Arabie, 146, 155.
Chwolsohn (M.), 141, 160.
Chyan, ville, 85.
communistes (sectes —), voy. Bathinyens et Khourremdiny.
Constantinople, assiégée par les Arabes, 73.
Copte (histoire de l'église —), 142.
Covel (John), 142.
Cureton (Rev. W.), 176.

D

Dabistan oul mezahib, 72, 158, 178 n.
Daghouny, 23.
Damas, 61, 70.
Daoud, fils d'Abbas, fils de Mabendjour en Nauchary el Balkhy, gouverneur de Balkh, 75, 76, 77.
Daoud ibn Mikayl, le Seldjouqide, 117.
Daoulet Châh, 99, 100, 101, 105, 111, 115, 116, 117, 120, 121, 122, 124, 128, 130.
Daqiqy, 57.
Dar el feqahah, surnom de Balkh, 61.
Darest (Tadj oul Moulk Abou'l Ghanaïm), 118.
Dassitani Hatim Thay, 197.
Day, sens de ce mot, 133, 179; (ouvrage des —), 169.
Deboussièh, Deboussy, ville du pays de Boukhara, 15, 20.
Dechti Khaveran (le —), 110.
Defrémery (M.), 25, 78, 135.
Dehâs, rivière à Balkh, 59, 62.
Dehi Verakhchy, bourg du pays de Boukhara, 16, voy. Werekcheh.
Dehly, 128.

Dèhqanan (Dèhqans), propriétaires terriens du pays de Boukhara, 15, 16, 44, 45.
Dehy Masty, bourg du pays de Boukhara, 16.
Deïr Ahnaf, bourg près de Merv, 81.
Dekkan (le —), 127.
Derhous, 161.
Destour oul wuzera, 3.
Devic (M. M.), 143.
Dhahhak, 62, 83, 89.
Dilchad Khatoun, femme de Cheikh Hassan, 114.
Dirgham (vallée de —), 38.
dirhems Ghithrify, Mohammedy et Mousseïby, à Boukhara, 53.
Diwan de Hatim Thay, 200.
Diwari Kenperek, ou Kensserek, muraille de Boukhara, 53.
Djaadah bint el Achath, femme de Hassan, 184.
Djadjerem, 118.
Djafer, voy. Mohammed, fils de Djafer Nerchakhy.
Djafer de Tebriz, 106.
Djafer eṣ Ṣadiq, 163, 164, 181, 186.
Djafer, fils de Mohammed (l'imam —), 182.
Djafer ibn Abou Thalib, 116.
Djafer ibn Achath, 87.
Djafer ibn Manṣour, 186.
Djaghry Khan, fils de Hassan Teguin, 39.
Djamas, Djamasp, 71, 72.
Djami el kebir, 176.
Djami eṣ ṣaghir, 176.
Djami oul hikayat oue lami our riwayat, 196, 200.

INDEX ALPHABÉTIQUE.

Djamy, 89, 99, 105, 111, 113.
Djandab ibn Djenadèh ben Sofian, voy. Abou Dharr el Ghifary.
Djebelèh (ville de —), 89.
Djeïhany (el —), voy. Abou Abd Allah Mohammed ibn Ahmed.
Djelaïr (tribu turke de —), 113.
Djelal eddin, 106.
Djelal eddin, fils d'Azhed eddin, 120.
Djelal eddin Kharezmchâh, 128.
Djelal eddin Melik Châh, 108.
Djemal eddin Abder Rezzaq Isfahany, 128.
Djemal eddin Aly el Qifty (le vézir —), 91, 140, 156.
Djemal eddin Isfahany, 112.
Djemal eddin Mohammed Oufy, 201.
Djemal eddin Selman, voy. Selman.
Djemchid ou Khourchid, 115.
Djemheret oul enssab, 145 n., 198.
Djenghiz Khan, à Boukhara, 55; détruit Balkh, 58, 78.
Djennat oul khouloud, 184.
Djevahir oul adjaïb, 111.
Djevahir oul esrar, 127.
Djevahir oul tefssir, 192, 193.
Djihoun (le —), 58, 59, 71, 81, 83, 86, 93; bataille sur les bords du —, en 472 (1079), 23; franchi par Qotaïbah ibn Mouslim, 28; par Melik Châh, 50.
Djirdjis Bakhtichou, voy. Bakhtichou.
Djiziéh, impôt de la capitation à Balkh, 59.
Djomhour, fils d'Aly, 172, 173.
Djorgh, voy. Chorgh.
Djoudan, 145.
Djoudy, fils de Djenghiz Khan, 111.

Djoundi Sabour, ville du Khouzistan, 88, 91.
Djouneïd ibn Abdallah el Mory, 20.
Djouy Mevlian, résidence royale de Boukhara, 18.
Djouzdjanan (le —), 84, 89, 112.
Doucin (M.), 157.
Douma, fils d'Ismayl, 145.
Doumet el Djandel, château, 145.
Druses (les —), 163.
Dualistes, secte des Mages, 159.
Duncan Forbes (M.), 197 n.

E

Ebher, rivière, 119.
Ebkar oul efkar, 110.
Ebrewy, chef des habitants du Turkestan dans la vallée du Sogd, 14, 15.
Edib Sabir, poète persan, 123.
Efchéneh, localité du pays de Boukhara, VII, 4, 25, 26.
Eflathoun (Platon), 161.
Égypte (Ismayliens d'—), 135; Abdallah ibn Meïmoun en —, 181.
Elfiéh ou Chelifèh, 111.
Elphinstone, 59.
Emiran Châh, fils de Timour, 130.
Emir Châh, voy. Châhy.
Emirek Belamy, vézir de l'émir Abou Salih Mansour, 42.
Emir oul oumera, titre d'Onsory, 106.
Enderâbèh, 85.
Ensary, 5, 136.
Envery, poète, 56, 100 n., 110, 113, 123.
Enwari Souheïly, VI, IX, 190, 195.

Erjenk (l'—), recueil de peintures, 133.
Erk, résidence royale de Boukhara, 18.
Esferaïn, 127.
Eskedj, successeur de Chiri Kichver à Boukhara, 16, 26.
Eskedjket, localité du pays de Boukhara, 22.
Esterâbad, 112, 117.
Etsiz (le Kharezmchâh —), fils de Qouthb eddin Mohammed, 33, 34, 123.
Etsiz (Aboul Mouzhaffer), 109.
Eyssouwanèh, bourg du pays de Boukhara, 15.
Eyyoub le Martyr, voy. Abou Eyyoub Khalid el Anṣary.
Eyyoubites (les —), 135, 137.
Ezéchiel (tombeau d'—), à Balkh, 67.

F

Fadhl Hadathy, 160.
Fadhl, fils de Yahya, fils de Khalid le Barmécide, gouverneur du Khorassan, 47, 48, 75.
Fakhr eddin Abou Bekr Abdallah ibn Abil Ferid, 63.
Fakhr oul Moulk, 109, 124.
Fakhry Hèrèwy, 111.
Farazdaq, 185, 186.
Fariab, 83, 112.
Fariaby, 112, 113, 120.
Fars (le —), 76, 84, 88, 93, 104, 115, 119, 120, 124, 140, 172.
Fathimah el Makhzoumièh, 83.
Fathimites (les —) d'Égypte, 133, 137.
Fazhloullah ibn Osman ben Mohammed el Esferaïny, VII n.

Fazil ibn Ayyazh, 89.
Fèchenèh, voy. Efchènèh.
Feïzh oun nouwal fi beïan iz zewal, 196.
Feraïd oul qalaïd, 110.
Ferakhchèh, voy. Wèrèkhchèh.
Ferdanèh, bourg du pays de Boukhara, 14.
Fereb, Ferebr, Firebr, bourg du pays de Boukhara, 14, 16, 30, 31, 40.
Fèrèkhcha, voy. Wèrèkhchèh.
Ferghanèh, conquis par Naṣr ibn Seyyar, 44; envahi par Mouslim ibn Saïd, 74.
Ferhengui Naṣiry, 54.
Ferid eddin Attar, poète persan, 128, 129.
Ferrier (M.), 59.
Ferroukhy, poète persan, 108, 122.
Festyar (Βεστιάρις), 157.
Fezhaïli Balkh, VIII, 56, 63, 89; son auteur, 63, 88, 91; division de l'ouvrage, 65–68.
Fihrist, 3, 140, 141, 143, 155, 158, 160, 197.
Fiqh el akbar (el —), 79.
Firaq Namèh, 115.
Firdoussy, 26, 33, 108, 122.
Fireb, Firebr, voy. Fereb.
Firuz bin Kaus (Mulla —), 158.
Flügel (M.), 140, 158.
Fouls, idole de la tribu de Thay, 201.

G

Galland (Ant.), 4.
Gérard (M.), 59.
Ghaïth, grand-père de Khalid ibn Sinan, 154.

Ghalib (la race de —), 155.
Gharchi Char, voy. le mot suivant.
Ghardjistan (le —), 96.
Gharra (el —), surnom de Balkh, 61.
Ghassan (tribu de —), 146.
Ghaznah, 37, 96, 108, 133, 141; prise par les Ghouzz, 34.
Ghaznévides (les —), 7, 58, 107, 108, 133, 205.
Ghiath, adepte de la secte des Bathinyens, 166.
Ghiath eddin Pir Ahmed (Khadjèh —), 121.
Ghiath eddin Baïsonghor Mirza, voy. Baïsonghor.
Ghithrif ibn Ithab (l'émir —), gouverneur du Khorassan, 17, 53, 87.
Ghithrify (dirhems), 53.
Ghizhary, poète persan. 108.
Ghour (le —), 96; le prince du —, 37.
Ghourer oul aqwal ou dourer oul emthal, 110.
Ghourides (les —), 58.
Ghouzz (les —), 34; à Boukhara, 39; leur origine, 39, 40; maîtres du Khorassan, 40.
Godignus (le père Nicolas), 142.
Goeje (M. de —), 20, 163.
Gouchtasp, fils de Lohrasp, 57, 67, 70, 71.
Gouchtasp Namèh, 57.
Gounabed, ville du Kouhistan, 93.
Graf (M. Ch. H.), 199.
grammairiens arabes, 90.
Grecque (histoire de l'église —), 142, 157; (titres de l'église —), 157.
Grecs (les philosophes —), 134, 155.

Guèbres, 171, 172, 173; croyances des —, 134; ouvrages sur les —, 157, 158.
Guendjèh, 111.
Guilan (le —), 200.
Guita, voy. *Baghavadguita*
Gulistan (le —), 196, 200.
Guyard (M. Stanislas), 135, 177 n.

H

Haarbrücker (M. Th.), 140, 155.
Hadaïq ous sihr fi daqaïq ich chiir, 109.
Hadiqat er Rahman (combat de —), 139.
Hadjib, fils de Zerarèh ibn Ads, 146.
Hadji Khalfa, 3, 4, 10, 62, 190, 196.
Hadji Khan, gouverneur de Balkh, 60.
Hadji Louthf Aly Beik, 115, 116.
Hafidh uldin Barakat Abdullah al Nasafy, 175.
Hafiz (Khadjèh Mohammed), poète persan, 100 n., 105, 121, 192.
Hafiz Abrou, 106.
Haman, 179.
Hamid Abou Mohammed Nouh, l'émir —), voy. Nouh, fils de Nasr.
Hamd ou Cena, 110.
Hammad, 80, 81.
Hammer (M. de), 101, 135, 160, 182.
Hamouket, ancien nom de Thiraz; étymologie de ce mot, 15, 16.
Hamzah (le Kharidjy), 87.
Hamzah ibn Aly ben Malik, poète persan, voy. Azery.
Hamzah ibn Malik ben Ibrahim, 87.
Hanéfite (le rite —), 133.

15

Hanifêh (les hommes de —), 146.
Haram Kam, voy. Roudi Samdjen.
Harith ibn Amr, 149.
Haroun (Aaron), 161.
Haroun er Rechid (le khalife), 75, 79, 86, 163, 164, 175, 186, 187.
Haroun ibn Siavech, 45.
Hassan (l'imam —), fils d'Aly, 182, 184.
Hassan Aly Khan Guerrousy, 182.
Hassan el Basry, 72, 89.
Hassan el Kebir (l'émir —), 111.
Hassan ibn Abi Arramatah, 75.
Hassan ibn Aly el Askery, 188.
Hassan ibn Sabbah, 118, 138, 182.
Hassan Saghir, 114.
Hassan Teguin, 39.
Hassoun (M. R.), 197, 200.
Hatim (Abder Rahman —), le jurisconsulte, 51, 88.
Hatim Thay, IX, 196, 197, 198, 199, 200, 201.
Haugh (Martin), 158.
Havercamp (S.), 142.
Hedjaz (le —), 73, 82, 164.
Hedjdjadj ibn Youssouf eth Thaqafy, 28, 29, 70, 73, 92.
Hedjr (prise de —), 139.
Hekim, surnom de Djamasp, 71.
Hemdany (Aïn el Qoudhat —), 136.
Hemguer, poëte persan, 119, 123.
Hérât, 93, 100, 101, 104, 105, 111, 122, 123, 124, 191, 192; prise par Ahmaf, 84; par Mirza Baïsonghor, 134; par les Uzbeks, 95, 96; par Yaqoub ibn Leïth, 88.
Herbelot (B. d'—), 70, 73, 158, 159, 163, 182, 197.
herisséh (le —), sorte de mets, 31.

Hermès, 161.
Hicham, fils d'Abd el Melik (le khalife), 44, 74, 185.
Hicham ibn Mohammed el Kelby, 145, 189, 200.
Hicham ibn Ourwah, traditionniste, 79.
Himyar (rois de —), 145 n. 149.
Himyarites (croyances des —), 145, 146,
Hindous, à Balkh, 59, 60.
Hirah, 146.
Hirzoul aman fi fiteni âkhir iz zeman, 193.
Hischeng, voy. Houcheng.
Histoire de Boukhara, voy. *Tarikhi Nerchakhy*.
Hobal, 144.
Hormouz, fils de Nouchirevan, 103.
Hormouzan (défaite de —), 81.
Houcheng, fils de Siavech, fils de Keyoumers, 159.
Houd (Heber), le prophète, 161.
Houlagou, s'empare d'Alamout, 135.
Houmaïêh, fille d'Isfendyar, 58.
Housna, surnom de Balkh, 61.
Houssam ed Daouléh, Ardechir ibn Hassan, 113.
Houssam Omar, fils d'Abdoul Aziz, fils de Mazêh, jurisconsulte, 39.
Housseïn, fils d'Aly 82, 182; sa mort, 184, 194.
Housseïn (l'émir —), 113.
Housseïn (Sultan —), 124, 195.
Hosseïn Ilkhany, 115.
Hosseïn Waïzh el Kachify, IX, 95, 101, 190, 191, 192, 199; ses ouvrages, 193—196, 200.

INDEX ALPHABÉTIQUE.

I

Ibahety (secte des —), 170.
Ibn Abd Rabbihi, 197.
Ibn Abi Ousseïbiêh, 91.
Ibn Acem, 58.
Ibn Bassam, 183.
Ibn Batoutha, 67, 77, 78.
Ibn el Athir, 22, 24, 25, 33, 39, 69, 73, 74, 78, 80, 84, 139, 202.
Ibn el Kelby, 200; voy. Hicham ibn Mohammed el Kelby.
Ibn el Khammar, 141.
Ibn el Moqaffah, VII n.
Ibn en Nedim, 3, 140, 141, 143, 158, 160, 197.
Ibn Haïk, 145 n.
Ibn Hauqal, 25, 32, 53.
Ibn Kethir, 150.
Ibn Khatib Guendjewy, 111.
Ibn Khallikan, 72, 80, 83, 91.
Ibn Qotaïbah, 146, 196.
Ibn Saïd el Qorthouby, 145, 156.
Ibn Selamêh, 79.
Ibn Sina (Avicenne), voy. Abou Aly ibn Sina.
Ibn Zobaïr, 73.
Ibn Zofer (Mohammed —), 10, 11, 18, 19, 23, 53, 74.
Ibrahim (Abraham), 162.
Ibrahim (Sultan —), le Ghaznévide, 108, 133, 141.
Ibrahim, fils de Thamghadj Khan, 23, 48.
Ibrahim ibn Welid, gouverneur de Médine, 186.
Ichau Khodjah, gouverneur de Balkh, 61.

Idjazet, 136.
idolâtres (croyances des —), 134.
idoles (culte des —), chez les Arabes, 145, 146; dans le temple de Bikend, 29; à Boukhara, 16; à Thay, 201.
el Iklil fi enssabi Himyar ouè eyyami mouloukiha, 145 n.
Il Arslan (Chiri Kichver), 15 n., 109.
Ilkan, 113.
Imams (les —), des Ismayliens, 182.
Imamy, 123, 124.
Imam Zadêh, 24.
Inde (l'—), VI, 56, 58, 127.
Indiens (croyances des —), 134, 160; (porte des —), à Balkh, 62.
Indra Çakra, 143.
Iqd el ferid, 197, 198.
Iran (l'—), 58.
Iraq (l'—), 58, 73, 74, 82, 86, 120, 127, 171, 202; voy. Kouhistan.
Irghanêh Khatoun, 35.
Irin, village près de Rey, 115.
Isam ibn Youssouf, 87.
Isfahan, 50, 73, 81, 93, 112, 118, 119, 128, 150 n., 172, 175, 177.
Iskenderiêh (Balkh), 58.
Iskimichet, 85.
Ismayl (l'émir —), gouverneur de la Transoxiane, 94.
Ismayl, fils de Djafer eṣ Ṣadiq, 163, 181, 182.
Ismayl, fils de Yahia ibn Akthem, 81.
Ismayliens (les —), 133; leurs doctrines, 177—179, 182; leurs livres détruits, 135; ouvrages sur les —, 177 n.
Ismayl, fils d'Ahmed, Samany (l'émir —), 17, 25, 46, 48, 50.

15*

Ismad (l'—), 134.
Issa (Jésus), 161, 162, 178.
Istakhr (prise d'—), 84.
Istakhry, 20, 21, 22, 24, 25, 26, 27, 32, 33, 52, 61, 71, 85.
Istratedj (στράτηγος), 157.
Iyad (tribu de —), 146.

J

Jacobites (les —), 156.
Jean d'Espagne, 103.
Jérusalem, détruite par Bokht Naṣar, 57.
Jésus, 178; voy. Issa.
Job, donne l'ordre de fonder Balkh, 67.
Juifs (les —), 156; — à Balkh, 59, 60; croyances des —, 134, 146; porte des —, à Balkh, 62; — persécutés par Tobba ibn Hessan, 149.
Juynboll (M.), 156.

K

Kaabah (la —), 144, 172; histoire de la —, 127.
Kaab ibn Zoheïr, 143.
Kabil, Kaboul, ancien nom de Balkh, 56 n.
Kachan, 165.
Kachghar, 35.
Kakh, village du Ferghaneh, 74.
Kalef, rivière de Balkh, 62 n.
Kalilah et Dimnah (le livre de —), VII n., 190, 195.
Kamil fit tarikh, 22, 34, 154, 155.
K'ang Ken (le roi de —), 29.
Karieki Alewian, voy. Khynoum.

Keïkhosrau Houmaïoun, fils de Siavech, 26; voy. Key Khosrau.
Kelimat (les —) d'Abd Allah Enṣary, 5.
Kemal eddin Ismayl, 128.
Kerbela (combat de —), 184.
Kerman (le —), 78, 88, 93, 94, 120, 124.
Kermany, surnom d'Imamy, 124.
Kermineh, Kerminieh, 20; étymologie du mot —, 21.
Kert (dynastie des —), de Hérât, 104.
Kesra Nouchirevan, voy. Nouchirevan.
Kethir ibn Ziad, compagnon du Prophète, 81.
Ketket, explication de ce mot, 51.
Keyâniens (les —), 58.
Key Kaous, 58.
Key Khosrau, 26, 58.
Keyoumers, 57.
Key Qobad, 58, 73.
Kezzab (el —), surnom de Moussaïlimah ibn Habib, 139.
Khadidjah, 84.
Khadjèh Ala eddin, 114, 115.
Khadjèh Chems eddin Mohammed, voy. Chems eddin Mohammed.
Khadjèh Ferid Khorassany, 110.
Kadjèh Ghiath eddin Pir Ahmed, 121.
Khadjèh Ismet, 116.
Khadjèh Manṣour Qara Boqay, voy. Manṣour (Khadjèh).
Khadjèh Massoud, 116.
Khadjèh Mohammed Aṣṣar, 114.
Khadjèh Mohammed Hafiz, voy. Hafiz.
Khaf, dans le Khorassan, 104.
Khaïrah, mère de Hassan el Baṣry, 72.

INDEX ALPHABÉTIQUE. 229

Khalef, lieutenant d'Abdallah, fils de Meïmoun, 165, 166.
Khalefy (les —), secte, 166; voy. Bathinyens.
Khalid, fils de Djouneïd, émir de Boukhara, 46.
Khalid, fils de Welid, 139, 144.
Khalid ibn Abdallah el Qassry, 74, 75.
Khalid ibn Sinan, 154, 202.
Khalil (Sultan —), petit-fils de Timour, 116.
Khalil ibn Ibek es Safedy, 10.
Khan (le —), de Boukhara, 20.
Khanikof (M. de —), 103.
Khaqan (le —), 34, 36, 37, 58, 75; — des Turcs à Kerminéh, 20; à Balkh, 58.
Khaqany, 104, 106, 112, 120, 123.
Kharezm (le —), 20, 33, 82, 83.
Kharezmcháh (les —), 34, 40, 55, 58, 141.
Kharidjy (les —), 82, 83, 87, 202; ouvrage sur les —, 189.
Khaththab, père du khalife Omar, 154.
Khatoun (la —), femme de Beydoun Boukhar Khoudat, 17, 42, 82; — femme de Daoud, chargée du gouvernement de Balkh, 76, 77.
Khayyat, 156.
Khazaïn oul ouloum, 10, 11.
Khazinèhi amirèh, 101.
Khirqanroud, bourg du pays de Boukhara, 14.
Khita (le —), 35.
Khitayens, soldats du Khita, 38, 39; en Transoxiane 39, 40.
Khizhir Khan, succède à son frère Chems oul Moulk, à Boukhara, 50.

Khodjas du Djouïbar de Boukhara (les —), 19.
Khodjendèh, 36.
Khondemir, 3.
Khorassan (le —), VI, VII n., 39, 54, 80, 84, 93, 104, 105, 111, 115, 122, 124, 171, 191; émirs et gouverneurs du —, 28, 42, 43, 44, 47, 51, 53, 73, 74, 75, 82, 83, 87, 94, 102, 175, 187; évêque du —, 134.
Khosrau de Dehly, poète persan, 113, 128.
Khosrau Perwiz, prince de la dynastie des Sassanides, 103.
Khouda Bedad, 116.
Khoudjadèh, village près de Boukhara, 53.
Khoulm, 85, 93.
Khourremdinan (secte des —), 137, 175; leur doctrine, 170, 137; origine de leur nom, 171.
Khourremèh, femme de Mazdek, fille de Qabèh, 171.
Khourremy, poète persan, 108; secte des —, 177.
Khouzay, surnom de Hamzah ibn Malik, voy. ce nom.
Khouzeïmah, fils de Eythem el Faqassy, 147.
Khouzistan (le —), 88, 91; troupes du —, 172.
Khynoum, village du territoire de Boukhara, 44.
Kibchèh bint Ammar, 143.
Kichch, 83.
Kichtasp, voy. Gouchtasp.
Kielhorn (F.), 142.
Kinanèh, 145; voy. Benou Kenanèh.

230   INDEX ALPHABÉTIQUE.

Kitab beïan il edian, VIII; son auteur, 132; date de la composition, 133; division de l'ouvrage, 134—136, 177.
Kitab oul aghany, 144, 152, 154, 196, 197, 198.
Kitab oul heïladj ouel' ketkhouda, 102 n.
Kitab Fezhaïli Balkh, voy. *Fezhaïli Balkh*.
Kitab heft iqlim, 99.
Kitab moulouk ith thewaïf, 145 n.
Kitab oul akhbar, 30.
Kitab oul bouldan, 145 n.
Kitab oul enssab, 21, 70.
Kitab oul fihrist, voy. *Fihrist*.
Kitab oul ikhtiarat, 196.
Kitab oul kharadj, 79.
Kitab oul mearif, 196.
Kitab oul milel ouel nihal, 137.
Kitab oul moulouk oue akhbar oul madhiyn, 198.
Kitab oul qoudssièh, 136.
Kitab ous siassat, 137, 175.
Klaproth, 40.
Koufah, 79, 81, 82, 164, 184, 202, 203.
Kouhistan (le —), 93, 164, 171.
Kou Khan, chef chinois, 10, 35, 36, 37, 38, 39, 110.
Kour Khan (le Borgne), surnom de Qouchqin, 34, 35, 123.

L

Lahṣa, 169.
Lakhm, 145.
Lamy (M.), 157.
Langlès (M.), IV.
Lat, 144.
Lat (el —), hutte adorée par Thaqif et Iyad, 146.

Latha, 200.
Lebey de Batilly (Denis), 177 n.
Leclerc (M.), 91.
Lehawer (Lahore), 34.
Lerch (M. Pierre), 18 n.
Lethaïf outh thewaïf, VIII; son auteur, 95, 96, 97; division de l'ouvrage, 98.
Lissan eddin Afzhal Simnany, 136.
littérature persane (renaissance de la —), VII.
Loqman, 5.
Lohrasp, 57, 61.
Louthfoullah, 130, 131.
Louthfy, 105.
Ludolf, 142.
Lumsden (M.), 195 n.

M

Maad, 149.
Maadiques (les Arabes —), 155.
Macef Roud, rivière des environs de Samarqand, 14.
Mages (culte des —), 146.
Magharat ed dem, caverne près de Damas, 70.
Maghkan, village près de Boukhara, 53.
Mahâbârata (le —), 143.
Mâh Khanoum, voy. Mehsety.
Mahmoud le Ghaznévide, 41, 106, 107, 109, 122, 141.
Mahmoud (Mirza —), 5.
Mahmoud ibn Mohammed (le Khaqan —), 36, 37.
Mahmoud Khan, 24.
Makh (bazar de —), à Boukhara, 18; mosquée de —, 31, 32.

INDEX ALPHABÉTIQUE. 231

Makhek (kiosque de —), à Boukhara, 53.
Makhzen oul enwar fi'l incha, 195.
Ma la bouddha fi'l mezheb, 193.
Malcolm, 26, 33.
Malik, fils de Hatim, 199.
Malik ibn Anas, 79.
Mamar Abou Welyèh, 175.
Mamoun (le khalife —), 80, 87, 187.
Mamoun Kharezmchâh, 141.
Mani, 133, 158; la secte de —, 35, 134, 143; doctrine de —, 158, 159.
Manichéens (les —), 159, voy. Mani.
Mansour (Khadjèh —), 116, 117.
Mansour (Abou Djafer —), le khalife, 91, 171, 172, 181, 186.
Mansour, frère de l'émir Abd el Melik, 41.
Mansour Ferghany, 122.
Mansouriéh (le medressèh —), à Thous, 110.
Maqbarèhi chouara, cimetière, 113, 120.
Marta oum nazar, ouvrage de morale du cheikh Mohammed ibn Aly, 32.
Martin (l'abbé), 156.
Massoud Khan, 23.
Massoud (Sultan —), fils de Sultan Mahmoud, 108, 110.
Massoud Saad (l'émir —), 107.
Massoudy, 62 n., 73.
Massouièh, médecin, 91.
Matta ibn Temim, évêque d'Alep, 157.
Mavera en nehr, voy. Transoxiane.
Mawiah, fille d'Afzer, femme de Hatim, 199.
Mazanderan (le —), 105, 111, 165; le roi du —, 37.

Mazdek, 158, 171, 172.
Mazdeky (secte des —), 177; voy. Bathinyens.
Mazhy (l'émir —), 46.
Mechhedi Thous, 131.
Medaïn, 171.
médecine arabe (histoire de la —), 91.
Médine (Yathreb), 69, 70, 72, 81, 83, 145, 149, 153, 186, 188, 199, 201, 202.
Medjachi (les —), fraction des Beni Temim, 90.
Medjalis oul moumenin, 176.
Medjalis oum nefaïs, 101, 124, 191.
Medjma oul emthal, 196, 197, 200.
Medjma oul fouscha, 101, 108, 111, 113, 122.
Medjma out tewarikh, 23, 55.
Medressèh de Farihek (la porte du —), à Boukhara, 31.
Mehdy (le —), 165, 172, 182.
Mehdy (le khalife —), 39, 53, 175.
Mehkouhen, village, 165.
Mehmasty, bourg du pays de Boukhara, 16.
Mehsety (Mâh Khanoum), 111.
Meïdany, 196, 197, 200.
Mekhariq, ouvrage de Mohammed ibn Zekeria, 164.
Mekke (la —), 57, 69, 70, 82, 84, 92, 113, 126, 185, 186; prise par les Qarmathes, 169.
Melchites (les —), 134, 157.
Melik Châh, fils de Khosrau Châh, 34.
Melik Châh, le Seldjouqide, 50, 109, 110, 117, 118.
Melik ouch chouara, surnom d'Ousory.

106; — d'Azraqy, 111; — de Hemguer, 119.
Menaqib Balkh, 62.
Menat, 144.
Mendjik, poëte persan, 108.
Menoutchehry, 107.
Merv, 40, 80, 81, 82, 84, 96, 108, 123, 166; (dialecte de —), 23.
Merwan, fils d'Abd el Melik (le khalife —), 73.
Merwêh, à la Mekke, 144.
Messalik oul absar, 30.
métempsycose (doctrine de la —), chez les musulmans, 160.
Mewahib alyyèh, 193.
Mewlana Hassan Châh, 124.
Mewlana Housseïn Waïzh, voy. Housseïn Waïzh el Kachify.
Mewlana Louthfoullah, voy. Louthfoullah.
Mewlana Louthfy, voy. Louthfy.
Meyamin oul iktissab fi qawaïd il ihtissab, 196.
Meyboz, 120.
mihrab remarquable à Bikend, 27.
Mihran (bataille de —), 202.
Mihr ou wefa, 112.
Mikhayl, fils de Massouïch, 91.
Mikhdam, sabre de l'idole Fouls, 201.
Miraad ous safa fi sifa' il moustafa, 193.
Mir Aly Chir Nevay, 100, 101, 124, 191, 193, 195.
Mir Housseïn Doust, 101.
Mirkhond, 8, 25, 27, 33, 41, 73, 158, 159.
Mir Valy de Khoulm, 64.
Misr (Vieux-Caire), 73.
Moallaqah, 143.

Moawiah, 16, 29, 69, 83, 84, 184, 198.
Moghols (les —) à Boukhara, 19, 55; — à Balkh, 63, 64; — en Perse, 118, 128.
Mohammed, le prophète, 69, 72, 80, 98, 144, 193, 201, 202, 203.
Mohammed (Mirza Sultan —), 122.
Mohammed Char, prince du Ghardjistan, 96.
Mohammed Edib, 133.
Mohammed Ekrem Khan Barekzay, 61.
Mohammed el Baqir, 186.
Mohammed el Djeïhany, fils d'Abou Abdallah, vézir de Nouh ibn Mansour, 4.
Mohammed Fehim Efendy, 101.
Mohammed, fils d'Ady, 202.
Mohammed, fils d'Aly (l'imam —), 182; empoisonné par Oumm el Fadhl, 187, 188.
Mohammed, fils d'Ismayl, petit-fils de Djafer, 163, 164, 181.
Mohammed, fils de Thahir, dernier prince de la famille des Thahirides, 22, 54.
Mohammed, fils de Sultan Tekich, sultan Seldjouqide, 120.
Mohammed Fouzhouly Efendy, de Baghdad, 194.
Mohammed ibn Abd el Melik Nichaboury, voy. Bourhany.
Mohammed ibn Abi Sahl (le cheikh —), 67.
Mohammed ibn Abi Zeyd ben Arabchâh, natif de Veramin, 189.
Mohammed ibn Abou Bekr, 49.
Mohammed ibn Aly ben Mohammed Abou Bekr (le cheikh —), 32.

Mohammed ibn Chirin, 78.
Mohammed ibn Djafer, voy. Nerchakhy.
Mohammed ibn Hassan eth Thoussy, 183.
Mohammed ibn el Housseïn ech Cheïbany, 176.
Mohammed ibn Oqaïl, 62.
Mohammed ibn Salih el Leïthy, 42.
Mohammed ibn Sinan de Nessa, 102.
Mohammed ibn Zekeria, 164.
Mohammed ibn Zofer, voy. Ibn Zofer (Mohammed).
Mohammed Obeïd, gouverneur de Balkh, 87.
Mohammedy (dirhems —), 53.
Mohl (M.) 26.
Mongolie (la —), 92.
Moorcroft, 59.
Motazely (secte des —), 72, 159.
Mouaththily (secte des —), 172; leur doctrine, 175.
Moubarek, esclave de Mohammed, fils d'Ismayl, et fondateur de la secte des Qarmathes, 164.
Moubareky, nom des partisans de Moubarek, 164.
Moubariz eddin Mohammed ibn Mouzhaffer, 115, 120, 121.
Mousaab ibn Zobaïr, 82.
Moudjem oul bouldan, 20, 58, 92, 93, 145.
Moudjem oul kebir fi esma is eshabèt il kiram, 150.
Moudjir eddin Bilqany, 112.
Moudjir oud Daouléh, ministre de Melik Châh, 109.
Moueyyed, surnom d'Abd el Melik, 41.

Moughan (secte des —), 177; voy. Bathinyens.
Mouhallib ibn Abi Soufrah el Yezdy, 84.
Mouhallib ibn Rachid, 87.
Mouhammarèh (secte des —), 177; voy. Ismayliens.
Mouhssin (Mirza —), 195.
Mouhssin Fany, 72, 158.
Mouhtessib, surnom de Moubariz eddin, 121.
Mouhy eddin Thoussy, 126.
Mouïzz eddin Sindjar (le sultan —), 104, 108.
Mouïzz eddin Thathar de Nichabour, théologien et jurisconsulte, 130.
Mouïzzy, poète persan, 108, 109.
Moukhtar, gouverneur de Koufah, 203.
Mouktefy (le khalife —), 94.
Mouqaddessy, 3, 20, 22, 25, 26, 27, 53, 61, 85, 134, 140.
Mouqannah, 18, 39.
Mouqarmath, écriture en lettres déliées, 164.
Mouqatil (Abou Bistham —), 86.
Mouqatil Choureik ibn el Harith, 43.
Mouqhni fil ghibèh, 183.
Mourad Beik, gouverneur de Qoundouz, 61.
Mouradjea d'Ohsson (M.), 176.
Mourtezha Aboul Qassim Aly ibn Housseïn ben Moussa (le chérif —), 137, 183.
Mouslim ibn Saïd, 74.
Moussa (Moïse), 161.
Moussa ibn Djafer, 186.
Moussa ibn Kazhim, 164.

Moussaïlimah ibn Habib, 139.
Mousseïb, gouverneur du Khorassan, 53.
Mousseïby (dirhems —), 53.
Moustaïn Ahmed, fils de Moutacem Mohammed, khalife Abasside, 46.
Moustaufy, voy. Aboul Hassan Aly el Moustaufy et Ahmed Moustaufy.
Moustemily, 70.
Moutadhed billah (le khalife —), 22, 54, 94.
Moutamed al'allah (le khalife —), 102, 188.
Moutaṣem (le khalife —), 169, 187.
Moutazz (le khalife —), 76.
Moutewekkil al'allah Djafer, 22; — (le khalife —), 80, 188.
Moutewekkil, cadi du Ṣaghanian et de Balkh, 78.
Moutewekkil ibn Hamran, cadi, 89.
Mouwaffaq billah, gouverneur du Khorassan, 76, 93, 102; — surnom d'Abd el Melik, fils de Nouh, 41.
Mouzhaffer (Sultan —), 120.
Mouzhaffer Hèrèwy, 104.
Mouzhafferiens (dynastie des —), 104, 115.
Mouzhaffer Namèh, 4.
Munedjdjim Bachy, voyez Ahmed Efendy.
Myssem, 145.

N

Nabighah edh Dhobiany, 154, 199.
Nadir Châh, 60.
Nadjdjar, 153.
Nadjm uddin Abu Hafs Umar el Nasafy, 176.

Nadjran (évêque de —), voy. Qouss ibn Saïdah.
Naïlêh, 144.
Naïm ibn Abi Hind, 89.
Nakhcheb (Nessef), 83, 110.
Namèhi danichvèran, 141.
Naqchbendy (les cheikhs —), 136, 194.
Naṣir Boukhary, 125.
Naṣir eddin de Hérât (le cheikh —), 101.
Naṣir eddin Abdallah el Beizhaoui, 56.
Naṣir eddin Obeÿd allah Naqchbendy, 193, 195.
Naṣir eddin Thoussy, 119.
Naṣiri Khosrau, 133, 182.
Naṣr, frère d'Ismayl, 46.
Naṣr (l'émir —), frère du sultan Mahmoud, 106.
Naṣr eddin Aboul Qassim Samarqandy (l'imam —), 62.
Naṣr, fils d'Ahmed (l'émir —), 30.
Naṣr ibn Seyyar, gouverneur du Khorassan, 16, 44, 45, 46, 66.
Naṣr Khan, 75; voy. Chems eddin.
Naṣr oullah, 61.
Naubchar, pyrée, 57, 66; porte du —, à Balkh, 62, 92.
Nauchad, Nauchar (château de —), près de Balkh, 76.
Nauken, faubourg de Thous, 117.
Nawawi, 68, 72.
Neale (M.), 142.
Nebit, branche de la tribu des Aus, 199.
Nedimy (Bouroundaq), poète persan, 115, 125.
Nedjef, 184.
Nedjm eddin Baghdady, 136.

INDEX ALPHABÉTIQUE. 235

Nedjm eddin Hemguer, voy. Hemguer.
Nedjm eddin Omar ibn Aly Qazwiny, 119.
Nefehat oul ouns, 89.
Nehavend, 118.
Nehdj oul belaghah, 183.
Nehr aïn il hayat, poème d'Onṣory, 108.
Nêh Tirah, 81.
Nemoudjeket, nom donné à Boukhara, 32.
Nerchakh, village de la banlieue de Boukhara, 9.
Nerchakhy (Abou Bekr Mohammed ibn Dja'fer ben Zekerya —), 9, 22, 26, 28, 29, 33, 42, 47, 51.
Nessa, 108.
Nestoriens (ouvrage sur les —), 157.
Newar, femme de Hatim, 199.
Nichabour, 57, 81, 93, 112, 120, 130, 171.
Nichaboury, voy. Aboul Hassan Abderrahman ibn Mahmoud Nichaboury.
Nimet oullah (Seyyd —), 126.
Nimrouz (le —), 75.
Nisr, 141.
Nizham eddin Ahmed Souheïly (l'émir —), 191.
Nizham oul Moulk, (le vézir —), 109, 117, 118, 137, 163, 169, 170, 201; voy. Abou Aly Hassan ibn Aly.
Nizham oul tewarikh, 56 n.
Nointel (M. de), 4.
Nosaïris (les —), de Syrie, 177 n.
Nouchirevan, IX, 3, 73, 119, 204.
Noudjâbady (Nouhâbady), village de la banlieue de Boukhara, 32.

Nouh (l'émir —), fils de l'émir Manṣour VII. 3, 4.
Nouh, fils de Naṣr, fils d'Ahmed, fils d'Ismayl (Hamid Abou Mohammed —), émir, 9, 27, 50.
Noumdjeket, nom donné à Boukhara, 32.
Nour, ancien bourg du pays de Boukhara, 14, 21.
Nour eddin, fils de Nizham Tebrizy (le cheikh —), 5.
Noureddin Louthfoullah Hafiz Abrou, voy. Hafiz Abrou.
Nouṣret eddin Abou Bekr ibn Mohammed ben Ildeghiz, 112.
Nyal, 119.

O

Obeïd ibn Seryyèh el Djorhoumy, 198.
Obeïd Khan, chef des Uzbeks, 95; assiège Hérât, 111.
Obeïd oullah ibn Waṣil, traditionniste, 25.
Obeïd oullah ibn Ziad, gouverneur du Khorassan, 29, 83.
Obeïd Zagany, 114, 124.
Ogotay, s'empare d'Isfahan, 128.
Omar (le khalife —), 69, 81, 93, 154, 179.
Omar el Qari, 92.
Omar ibn Haroun, voy. Abou Hafs Omar ibn Haroun.
Omar Kheyyam, 137.
Ommeyyades (les —), 73, 184.
Omeyyah ibn Abi Salt Abdallah, 154.
Onṣory, 106—108, 109, 205.
Osman (le khalife —), 69, 72, 82, 202.

Osman ibn el Ass, 84.
Ouady es Siba, près de Başrah, 82.
Ouedd, 144.
Oufy, 204.
Oukazh, 150.
Oulough Beik (Sultan —), 116.
Oumm Akhtah Hafsa el Djemhiéh, fille de Madhoun, 69.
Oumm el bilad, surnom de Balkh, 56.
Oumm el Fadhl, femme de Mohammed ibn Aly, 187, 188.
Oumm el Fadhl Libabéh, fille de Harith, 84.
Oumm Selaméh, femme de Mohammed, 72.
Ouq, ville fondée par Adam, 56.
Oussd oul ghabéh, 69, 70, 84, 153, 154, 202, 203.
Ousseyd (tribu des —), 80.
Outbah, fille de Atif, 198.
Outbah ibn Ghazwan, compagnon du Prophète, 41.
Outby (la famille —), son origine, 41.
Ouveïs (Sultan —), 114, 115, 125.
Ouzza, 144.

P

Patandjaly, 142.
Pehlivan Mahmoud, 130.
Pend Naméh, 129.
Percy Badger (M.), 157.
Perses (religion des —), 134.
Pe-tcen, nom chinois de Bikend, 29.
Pharaon, 179.
Pibrac (quatrains de —), IX.
Pichdadiens (dynastie des —), 57, 58, 71, 159.

Pirek Padichâh, 112.
Pococke, 152, 197, 198.
prosodie persane (traité de —), 195.
pyrée du Naubehar, 57; — dans le Fars, 140.

Q

Qabil (Caïn), fondateur de Balkh, 56; — tue Abel au mont Qassioun, 70.
Qadhi oul Qoudhat (titre de —), 79, 112.
Qadissiah (bataille de —), 81, 202.
Qadr Khan Djebrayl, fils d'Omar, fils de Thogroul, 23, 24.
Qadry (secte des —), 172.
Qaïs (tribu de —), 85, 145.
Qanathir Atba, ponts du territoire de Balkh, 86.
Qaouliéh (secte des —), 177; voy. Ismayliens.
Qara Djourin Turk, 15.
Qara Gueul, lac, 30.
Qarghaly (les Turcs —), 37, 38.
Qarmathes (croyances des —), 134; origine des —, 163—166, 169, 177; ouvrages sur les —, 163.
Qarmathouiéh, surnom de Moubarek, 164.
Qarqissia, 203.
Qaşidéh (les —), d'Envery, 110.
Qaşidet oul borda, 144.
Qassioun (le mont —), près de Damas, 70.
Qassr, tribu des Beni Qaïs, 75.
Qathawan (bataille de —), 10, 38, 110.
Qayn, capitale du Kouhistan, 93.

INDEX ALPHABÉTIQUE. 237

Qazwin, 124, 177.
Qiptchaq (tribu des —), à Balkh, 60.
Qissèhi Hatim Thay, 197.
Qizil Arslan Atabek Ildeghiz, 112.
Qoba, bourg de la province de Ferghanèh, 10.
Qobad, fils d'Ardechir, ou mieux Qobad, fils de Firouz, 73.
Qocheïry, mis pour Qasry, 42.
Qoreïchites (les —), 153, 154; croyances des —, 146.
Qotaïbah ibn Mouslim, 16, 20, 78, 86; il s'empare de Bikend, 28, 29; construit la mosquée de Boukhara 46, 47, 48, 51; fait la conquête de la Transoxiane, 74; sa mort, 74.
Qotaïbah ibn Saïd, 90.
Qoubbet oul islam, surnom de Balkh, 61.
Qoucem ibn Abbas el Qarachy el Hachimy, 84.
Qouchqin, fils de Beïghou, émir du Khita, 34; voy. Kour Khan.
Qoudhaa (tribus de —), 146.
Qoufou, 34.
Qoum, 118, 165, 172.
Qoumadj, émir de Balkh, 34, 38, 40.
Qounnes (κόρης), 157.
Qounqourat Khatoun, 124.
Qouss ibn Saïdah el Iyady, 150, 151, 152.
Qouthb eddin Mohammed, (le Kharezmchâh —) 40, 55.
Querry (M.), 176.

R

Rabadah (village de —), près de Médine, 69, 80.

Rafizhy (secte des —), 171, 172.
Rahat oul inssan IX; notice sur ce poème, 204—206.
Rajendralala Mitra, 143.
Ramesethy (secte des —), 171.
Rametin, Ramiten, l'ancienne Boukhara, 26; pagode construite à Rametin pour le culte chinois, 16, 26.
Ramlèh, 61.
Raouzet ous sefa, 33.
Raouzhet ouch chouheda, 194.
Rassoub, sabre de l'idole Fouls, 201.
rawy (le —), des traditions du Prophète, voy. Abou Abdallah Mohammed ibn Ismayl.
Razhy eddin Lala (le cheikh des cheikhs —), 136.
Razhy eddin Aly (l'émir —), frère de Daoulet Châh, 116.
Rebia (tribu de —), 146.
Rebia ibn Naṣr, 155.
Reby ibn el Amir, 82.
Rechhât aïni 'l hayat, 194.
Rechid eddin Mohammed ibn Abd el Djelil el Katib, voy. Wathwath.
Rechid Samarqandy, 112, 113.
religions (ouvrages orientaux sur les —), VIII, 132, 136, 137, 140.
religion des Arabes avant l'islamisme, 134, 145.
Rey, 88, 108, 165, 166, 171, 173.
ribath (caravansérails) à Bikend, 27, 28.
Ribathi Serheng (district de —), 74.
Ribath Thahir ibn Aly, autre nom de Fereb, 30.
Rieu (M. le Dʳ), 100.
Rissalèh, 7, 136, 137.

238 INDEX ALPHABÉTIQUE.

Rissalèh der marifeti bary, 136.
Rissalèhi alyyèh, 193.
Rissalèhi Hatimyèh, IX; son auteur, 190, 191; date de l'ouvrage, 196.
Riza Qouly Khan, XI, 20, 54, 101, 108, 113, 122, 130.
Rizha (le chérif —), frère de Mourtezha, 183.
Roubayat (quatrains), 5; — de Mehsety, 111.
Roudbar (Ismayliens du —), 135.
Roudi Dehâs, voy. Dehâs.
Roudi Hâch, 62 n.
Roudi Samdjen, canal de Chorgh, 24.
Roukn eddin Massoud, fils de Qilidj, fils de Thamghadj, 55.
Roukni Sayn, 111.
Roukoussy (les chrétiens —), 202.
Roum (pays de —), 114, 122.
Rousseau (M.) 135, 177 n.
Rouzbehan (le cheikh —), 136.

S

Saad (rocher), 144.
Saad, fils de Khouzaïmah, 147.
Saad, ou Saïd ibn Khalef, 54.
Saad ibn Abou Bekr, 119.
Saad ibn Zeyd el Achhely, 144.
Saady, 97, 113, 119, 123, 154, 196, 199.
Sabéens (croyances des —), 134, 137, 146, 160, 161, 162, 202; ouvrages sur les —, 160.
Sabou (tribu des —), à Balkh, 60.
Sachau (M. Ed.), 103.
Sadr ed Daouleh Nizham oul Moulk, 123.

Sadr eddin Abd el Lathif Khodjendy, 112.
Sadr ouch Cheriah, voy. Manşour Ferghany.
Sadyèh (dynastie des —), 128.
Ṣafa, à la Mekke, 144.
Ṣaffar (eṣ —), surnom de Yaqoub ibn Leïth, 88.
Ṣaffarides (les —), 58, 88.
Ṣafièh, 124.
Ṣafy eddin Abou Bekr Abdallah ibn Omar ben Daoud, prédicateur de Balkh, 63, 64, 66, 91.
Ṣaghanian, rivière et province, 71, 78, 85.
Ṣahih, ouvrage d'Abou Abdallah Mohammed ibn Ismayl, 31.
Sahl ibn Ahmed, surnom, 23.
Sahna, village près de Nehavend, 118.
Saïd, fils du khalife Osman, 83, 84.
Saïd Naṣr (l'émir), fils de l'émir Ahmed, 10, 27, 40, 48.
Ṣalih, 161.
Ṣalih ibn Wahb, 184.
Salles (Eus. François, comte de —) 158.
Ṣalsabyl (l'ange —), 67.
Saman (bourg et district de —), 46, 92.
Samanides (les —), 3, 7, 9, 18, 23, 25, 27, 30, 31, 46, 92; histoire des émirs —, 18.
Saman Khoudat (les —), 46.
Samany, 20, 21, 23, 28, 70, 78.
Samara, 132, 188.
Samaritains (croyances des —), 134; ouvrages sur les —, 156.
Samarqand (environs de —), 13; ville

INDEX ALPHABÉTIQUE.

de —, 16, 20, 21, 37, 39, 44, 49, 50, 75, 76, 83, 84.
Sam Mirza, gouverneur de Hérât, 96, 99, 101.
Sang, voy. *Sankhya.*
Sankhya (le —), 134.
Saqmetin, bourg du pays de Boukhara, 16.
Sassan, 119.
Sassanides (les —), 46, 58, 73, 103.
Sathih, devin, 155.
Saukend Namèh, 123.
Savèh, ville, 114, 165 n.
Sa'y ouṣ Ṣafa, 126, 127.
Sebaïk oudh dheheb fi marifeti qabaïl il Arab, 198.
Sebzvar, 117, 192.
sectes musulmanes, VIII, IX, 163 à 182.
Sedid (l'émir —), Abou Salih Manṣour, fils de Nouh, 18, 42.
Sedjestan (le —), 87, 88; le prince du —, 37, 38, 76.
Sefer Namèh, de Naṣiri Khosrau, 182.
Sefih (secte des —), 177, voy. Ismayliens.
Sefinet ouch chouara, 101.
Ṣefy (le cheikh —), 189.
Ṣehaïf oul akhbar, 22, 149.
Sehban, orateur arabe, 154.
Seïfy Arouzy de Boukhara, 195.
Sekakend, ville du Thakharistan, 93.
Selden (J.), 142.
Seldjouqides (les —), 23, 39, 50, 58, 109, 111, 112, 113. 117, 120, 138.
Selem ibn Ziad, 84.
Sélim Ier (le sultan —), 7.

Selman Savèdjy, 114, 115, 124, 125.
Serbedariens (les —), 112, 117, 126.
Seyyds (les —), de Yezd, 120.
Shea (M. D.), 72, 158.
Siahdjerd, village près de Balkh, 62.
Siavech, 32.
Ṣifat djeziret il arab, 145 n.
Ṣiftin (bataille de —), 82, 202.
Silbernagl (M.) 142, 156.
Silvestre de Sacy (M.), 73, 105, 122, 128, 135, 152, 156, 158, 163, 177 n., 195.
Simindjan, ville du Thakharistan, 85, 93.
Simnan, 115.
Simon (Richard), 142.
Sinan Bey, 4.
Sinan ibn Anas, 184.
Sind (le —), 58, 93.
Sindad (Kaabah de —), 146.
Sindbad (le Guèbre), 171, 172, 173.
Sindbad Namèh, 111.
Sinbady (secte des —), 177, voy. Bathinyens.
Sind ibn Aly el Oumewwy, 102.
Sindjar (Sultan —), 10, 24, 33, 34, 37, 38, 40, 109, 110, 111, 123, 124.
Sindjary, surnom d'Abdallah, 88.
Sindy ibn Chahek, 187.
Siouffi (M. N.), 160.
Siradj eddin Qamary, 124.
Siret our ressoul, 139, 144.
Sistan (le —), 86, 108; prince du —, 110.
Slane (M. de), 83.
Socrate, 161.
Sofanah, fille de Hatim, 199, 201.
Sofian Thoury, 89, 92.

Soghd (formation de la vallée du —), 14; contingents du — 83.
Soghdiane (la —), 46.
Soudavèh, Soudabèh, 33.
Souleyman, fait la conquête du Yémen, 145.
Souleyman (le khalife), 74.
Souleyman Châh, gouverneur du Kharezm, 33.
Soummay, 155.
Soummat (conquête de —), 122.
Sourkhâh, village près de Tebriz, 113.
Sourkh bout ou khink bout, poëme d'Onsory, 108.
Souwa, 114.
Sprenger (M.), 183, 204.
Sultan Châh, 109.
sunnites, dans l'Asie centrale, 133; doctrines des —, 138; ouvrages sur les —, 175, 176.
syr (lingots d'argent), 93.
Syrie (la —), 69, 89, 149, 177 n , 202.

T

Taarif fi thabaqat il oumem, 145, 156.
Tabary, 74, 83.
Tabsiret oul awwam fi marifet miqalat il anam, 135—137, 158—160, 177, 181.
Tadj oul Mealy Abdoul Aziz, fils du Sadr es Soudour Houssam eddin Omar, 10.
Tadj oul Mealy Aboul Fazhl, prince du Sistan, 110.
Tadj oul Moulk Aboul Ghanaim Merzban ibn Khosrau Firouz, 118, voy. Darest.

Talhah, 82.
Tarikhi Baïsonghory, 106.
Tarikhi Boukhara, voy. *Tarikhi Nerchakhy*.
Tarikh el Khamis, 83, 84.
Tarikhi Nerchakhy, VIII, 9; traductions de cet ouvrage, 10; remarques sur la traduction de Mohammed ibn Zofer, 11, 17, 19; notes sur les extraits, 20—55.
Tarikh Yeminy, 41.
Tatars (les —), 104.
Taathil (doctrine du —), 175.
Tchaghanian, voy. Saghanian.
Tchorgh, voy. Chorgh.
Tebriz, 113, 120, 158.
tekhallus, surnom poétique, 108, 126 n.
Tekich (Sultan —), 128.
Tekin, 119.
Temim, voy. Beni Temim.
Tenbih oul ghafilin, VII n.
Terawedjèh, bourg du pays de Boukhara, 15.
Terdjouman oul belaghah, 109.
Termiz, 71, 85, 108.
Tezkerèh (les —), de Daoulet Châh, 99, 100, 104, 105, 111, 120, 121, 130; de Mir Houssein Doust, 101.
Tezkerèhi Samy, 101.
Tezkeret oul asfia, 89.
Tezkeret oul houkema, 91, 141, 156.
Tezkeret oul mechaikh, 136.
Tezhib oul esma, 69, 72.
Thabarany, 150.
Thabarestan (le —), 165, 171, 175.
Thabès, ville, 81, 93, 122.
Thaf (château de —), près de Basrah, 80.

INDEX ALPHABÉTIQUE. 241

Thaghchadèh, le Boukhar Khoudat, 16, 17; son administration, 42, 43; sa mort, 45.
Thahir ibn Fakhr el Moulk ben Nizam oul Moulk, vézir de Sindjar, 38.
Thahir, 54, 87.
Thahirides (les —), 22, 54.
Thaïf (territoire de —), 155.
Thakharistan (le —), 28, 34, 76, 82, 85, 86, 93.
Thalhah, 87.
Thaliqan, capitale du Thakharistan, 84, 93.
Thamghadj (Mongolie), 92.
Thaqif (tribu de —), 146, 154.
Thariq el wadhih el meslouk, 149.
Thawawis, village près de Boukhara, 20, 21, 22, 53.
Thay, (tribu de —), 145, 201, 202.
Thay billah (le khalife —), 141.
Thewaissèh, voy. Thawawis.
Thiraz, ville du Turkestan; sa fondation, 15.
Thogha, fils de Timour, 111, 112.
Thoghan Châh (le sultan —), 111, 112.
Thoughray houmaïoun, 127.
Thous (province de —), 105, 126; ville de —, 108, 110, 116.
Thouty, poète persan, 126.
Throunkar (Δρουγγάριος), 157.
Tibériade, 150 n.
Timour, 112, 115, 116, 130; s'empare de Balkh, 58; envahit le Fars, 104; histoire de —, 105.
Timour Châh, 60.
Timourides (les —) 58, 59.
tissus de soie, à Boukhara, 18.
Tobba Assad Abou Karib, 155.

Tobba ibn Hessan ben Tobba ben Koleïkarib el Himyary, surnommé Tobba el Asghar ou Tobba el Akhir, 149.
Tohfèhi meliky, 199.
Tohfet ouṣ ṣalat, 193.
Tornberg (M.), 22.
Toun, ville du Kouhistan, 93.
Touran (le —), 58.
Touster, 81.
Transoxiane (la —), VII, 9, 21, 23, 27, 29, 33, 39, 50, 177; conquise par les Arabes, 17, 74, 84; par les Khitayens (Kou Khan), 34, 36, 37, 39, 40; par Naṣr ibn Seyyar, 41; gouverneurs et khans de la —, 24, 55, 94; monnaies de la —, 17, 53.
Troyer (Anthony), 72, 158.
Tsëe'n Han Shoo (le —), 29, 30.
Turke (dynastie —), en Transoxiane, 23, 39.
Turkestan (le —), 14, 39, 58; les Dèhqans de Boukhara s'y réfugient et y fondent Thiraz, 15; envahi par Kou Khan, 35, 36.
Turkomans, à Bikend, 28.
Turks (les —), à Balkh, 58; à Kerminèh, 20; à Qoufou, 34; en Transoxiane, 35, 36, 37, 38, 39, 44, 83; croyances des —, 134; Turks Qarghaly, 37.

U

Uzbeks, à Balkh, 60; en Asie centrale, 68; à Hérât, 95.
Uzkend, 23.

V

Vansleb, 142.
Vasudeva (le —), 143.
Vilmar (M.), 156.
Vullers (M. J. A.), 100 n.

W

Wachdjird, 88.
Wafy fil wefyat, 10.
Wahabis (les —) 177 n.
Wahchy, 139.
Waïl (tribu de —), 154.
Wamiq ou Azra, poème d'Onṣory, 108.
Warqah ibn Naṣr el Bahily, gouverneur de Bikend, 28.
Waṣil ibn Amr, émir de Boukhara, 44, 45, 46.
Waṣil ibn Atha, 72.
Wassith, 79, 102.
Wathwath, le poète, 109, 123.
Welid, fils d'Abd el Melik (le khalife —), 74.
Wenrich (M.), 141, 155.
Wĕrĕkhchĕh, Wĕrĕkhchy, 17, 26.
Wessim (Abou Mohammed —), 90.
Wüstenfeld (M.), 69, 91, 139, 198.
Wylie (A.), 30.

Y

Yahia, voy. Abou Mohammed Yahia.
Yahia (porte de —), à Balkh, 62.
Yahia ibn Ady, 141.
Yaqoub el Qari, 92.
Yaqoub ibn Leïth, fondateur de la dynastie des Ṣaffarides, 76, 88.
Yaqout, 20, 21, 22, 24, 25, 26, 28, 30, 32, 58, 71, 78, 92, 165 n.
Yemgam, 133.
Yathreb, 149, voy. Médine.
Yeghouth, 144.
Yemamèh (le —), 139.
Yemany, sabre de l'idole Fouls, 201.
Yémen (le —), 139, 145, 152, 199; envahi par les Abyssiniens, 155.
Yeouq, 144.
Yezd, 120.
Yezdan (adorateurs de —), 57.
Yezdedjerd, se réfugie à Balkh, 58, 81, 82.
Yezid ibn Chedjerèh, 84.
Youhanna, fils de Massouièh, 91.
Younis ibn Thahir el Baṣry el Balkhy, 63.
Yue-nich (le pays de —), 29.

Z

Zaboulistan (le —), 86.
Zad oul moussafirin, 182.
Zafer Namèh, VII, 3—5, 105.
Zakhirèh d'Ibn Bassam, 183.
Zaoudj (Τζούσιος), 157.
Zat Eththawawis, voy. Thawawis.
Zeïn eddin Abou Bekr Azraqy, voy. Azraqy.
Zeïn el Abidin (l'imam —), 104.
Zend-Avesta, 71, 72, 134, 158.
Zendek, sectaire persan, 170.
Zendenedjy (étoffes), 15.
Zendenèh, village près de Boukhara, 25, 53.
Zendiq (matérialistes), 116, 161; origine du nom, 170.

Zendjs (croyances des —), 134; pays des —, 143.
Zenguy ibn Aly ben Khalifèh ech Cheïbany (l'émir —), 33, 34, 40.
Zerarèh ibn Ads, 146.
Zerdoucht (livre de —), 140; voy. Zoroastre.
Zewalin, ville du Thakharistan, 93.
Zhehir eddin, 106.
Zhehir oud Daoulèh, 109.
Zhehir eddin Thahir ibn Mohammad Fariaby, voy. Fariaby.

Ziad ibn Moawiah ben Djabir ben Dhibab, 154.
Zobeïr, 82.
Zobeïr (la famille de —), 164.
Zoheïr, fils d'Abi Solma el Mouzeny, 143.
Zoroastre (religion de—), 66, 71, 72, 140.
Zotenberg (M.), 83.
Zoubdet oul haqaïq, 136.
Zoubdet out tewarikh, 106.
Zoulal ous safa fi siret il moustafa, 196, 200.

TABLE DES MATIÈRES.

	Page
Avant-propos	V
Notes et éclaircissements	1
Note sur le *Zafer Namèh*	3
Note sur le *Adab ous salthanèh ouel wezarèh*	6
Notes et éclaircissements sur l'*Histoire de Boukhara*	9
Notice sur l'ouvrage portant le titre de *Fezhaïli Balkh*	56
Notice sur le *Lethaïf outh thewaïf*	95
Notice sur le *Kitab bëian il edian*	132
Notice sur le *Rissalèhi Hatimyèh*	190
Notice sur le poème intitulé *Rahat oul inssan*	205
Additions et Corrections	209
Index alphabétique	211

که جویان شنیدم من از دوستـان ❊ ز هم شکل وهم گوشت وهم پوستان
که هر که کند دوستی را نیت ❊ باندوه و شـادی کند تجربت

هر که ما را کند به نیکی یـاد
یادش اندر جهان به نیکی باد

تم

پس آنکه بگو آنچه باشد صواب ٭ چنان چون توانی شنیدن جواب
شنیدم ز دانا که جان از زبان ٭ بروزی دو صد بار خواهد امان

٭ سخنهای نیکو بشنوید ٭

چو خواهی که باشد ترا نام و نان ٭ مکن دوری از صحبت مهتران
همیشه بر مهتران جای جوی ٭ کز ایشان فزاید ترا آب روی
ز دون و فرومایکان دور کرد ٭ که خیزد ز کنجشک با باز کرد
یکی داستان زد در ین مرد سنگ ٭ که انگور گیرد ز انگور رنگ

٭ حاجت از خویشان خواهید ٭

چو خواهی تو حاجت ز خویشان خویش ٭ ببازند جان و روا را به پیش
بود جان در اندیشه کاستن ٭ ز بیکانگان حاجتی خواستن
ندانند قدر تو بیکانکان ٭ شمارندت از خیل دیوانکان
چنین گفت دانا که دانا منم ٭ که من دست در تو بر خود کنم

٭ قدم از دوستان مبرید ٭

چنانکه دل پاک شد دوست تو ٭ سزاوار تو چون تن و پوست تو
مبر زود در دوستی کن فزون ٭ ز بهروی دست در زن بخون
هر آنکو ز دل دوستدار تو شد ٭ چنان دان که اصل و تبار تو شد
نکو گفت داننده نیست و هست ٭ مرا دوست نیک از برادر بهست

٭ دوستان کهن را فراموش مکنید ٭

ز بخت ار کند دولتت بختیار ٭ نهاده دل از دوستان بر مدار
سپاس جهان آفرین پیشه کن ٭ مبر همت از دوستان کهن

دل تو بهر کار هشیار باد ✦ که جویان شنیدم من از اوستاد
که پازهر زهرست که افزون شود ✦ چو از اندازه خویش بیرون شود

✦ به پیری از زن جوان طمع نیکی مدارید ✦

ز پنجاه چون موی تو شد سپید ✦ مدار از جوان زن به نیکی امید
که با پیر هرگز نسازد جوان ✦ چو سازند خیزد بلا در میان
جوان زن چو بیند جوان هژیر ✦ به نیکی نیندیشد از مرد پیر
عروسی جوان گفت با پیر شاه ✦ که موی سپید ست مار سیاه

✦ کارها بتدبیر کنید ✦

چو خواهی که دلت باشد بی تعب ✦ بتدبیر و هش کار خود کن طلب
که چون تو سخن گوی از پیش اوی ✦ نه در بار او آورد آبروی
نه زور و هم بر بود راغ و زاغ ✦ نشاید بخورشید بردن چراغ
چنین گفت سیمرغ چون من شنید ✦ که نتوان فزون از پر خود پرید

✦ از علم بهره برگیرید ✦

کند علم کار تو آراسته ✦ به از علم نبود ترا خواسته
بیندوز علم و میندوز مال ✦ که مال حرامست و علمت حلال
بعالم نیابی به از علم گنج ✦ پرهیز گر گنج خواهی ز رنج
نکو داستان زد حکیم عجم ✦ که از علم کشتم بعالم علم

✦ سخن پخته و با اندیشه گوید ✦

چو لب بر کشایی سخن پخته گوی ✦ چو نا پخته گویی شود آبروی
سخن را بپرور بدل در نخست ✦ بمیزان هش بر بدل کن درست

بد اندیش مردم بود بد نـژاد ✦ چنین یاد دارم من از مرد زاد
پسر را نکو گفت شاه یمن ✦ مکن بد که بد باز گردد بمـن

✦ توشهٔ آن جهان را بدست خود کنید ✦

بده توشه آن جهانی بدسـت ✦ که کس درجهان جهان دل نبست
چوصد سال گردد جهان رام تو ✦ هم آخر برآید سر انجــام تو
وگر چرخ گردان کشد زین تو ✦ سر انجام خشتست بالـین تو
جهان چون عروسست پررنگ و بوی ✦ دریغا که داماد خوردست اوی

✦ کار پیری بجوانی بسازید ✦

چو باشی جوان کار پیری بساز ✦ چو اندر جوانی نمــانی دراز
جوانی چو باشد دراز ای پسر ✦ هم آخـر چنبر در آیدش سر
بسرما و گرما ترا یاد بـاد ✦ که سرما دهد آنکه گرمات داد
شنیدم جوانی ز دانا پذیــر ✦ جوانم و لیکن باندیشه پـــیر

✦ زن بکاه جوانی خواهید ✦

بکاه جوانی کن ار زن کــنی ✦ چه ار زن کنی جفت برزن کنی
بدل آرزو خواه را دل به بین ✦ پس آنکه بر زن بمهرش نگین
بدان نیک و بد آشکارا و نهـان ✦ که تا زن بتو است همداستان
نکه کن که با شاه موبد چه گفت ✦ سزاوار خود جوی پاکیزه جفت

✦ داروی تن درستی خورید ✦

چو دارو تن از درد خواهدت شست ✦ مخور جز بدانکه باشی درست
نی وقت خون کم کن از تن برون ✦ برآن عادهکت هست بیکار خون

دل آنکو بسوکند خوردن نهاد ✤ نباشد ورا بهرهٔ از دین و داد
نکو گفت آن خسرو داد ده ✤ که سوکند خوردن ز الماس به

✤ بمال یتیمان طمع مکنید ✤

مکن طمع هرگز بمال یتیم ✤ و گرهست خود جمله در یتیم
ز سود یتیمت بود پر زیان ✤ چو او نالد اندر خدای جهان
که مال یتیمان وبال تو است ✤ زوال تو و جان و مال تو است
یتیم ارچه دارد بسی زر و سیم ✤ مر اورا همان بس که باشد یتیم

✤ سرای فنا را بسرای بقا عرض کنید ✤

مکن عرضه هر چند باشی عنا ✤ سرای بقا با سرای فنا
شوی زین جهان جهنده جهان ✤ ترا آن جهان به بود زین جهان
اگرچه دل از نقد شادان بود ✤ به از نقد نسیه فراوان بود
نکو گفت آن خسرو باده خوار ✤ که خوشی باده نیرزد خمار

✤ دل را باز مدهید ✤

چو خواهی که نبود ترا دل بناز ✤ مکن بسته دل را بحرص و باز
که آزست جان ترا بند سخت ✤ بود مردم از آزها کور بخت
بخرسندی آزار دل را بشوی ✤ سخن کآزارهست هرگز مکوی
که بادم چنین گفت و خالد زمی ✤ که از آزها شد بنیاز آدمی

✤ بمردمان بد مخواهید ✤

چو خواهی نباشد ترا کار بد ✤ بمردم همان خواه که خواهی خود
هر آنکو بمردم بدی خواهد ا ✤ تن او ببد در بسی کاهد ا

هش و رای و تدبیر باید نخست ✦ چو خواهی که کار تو آید درست
بهندوستان گفت موبد برای ✦ که کارت مکن جز بتدبیر و رأی

✦ از بخیلان دور باشید ✦

کرانه کن از مرد دون و بخیل ✦ چو خواهی که نبود ترا قال و قیل
کسی را که دل با بخیلست تام ✦ نیابی از و طبع نیکی و نام
بخیلان دخیلان عالم بوند ✦ ز هرکس بهر دو جهان کم شوند
نکو گفت آن خواجهٔ کم سخن ✦ که جان را ببخش و بخیلی مکن

✦ جوانمردی پیشه گیرید ✦

همیشه جوان و جوانمرد باش ✦ ز دونی و بی حاصلی فرد باش
که نام جوانمرد تا جاودان ✦ بود زنده پیش کهان و مهان
نگه کن که شاعر چه گوید همی ✦ وزان خوب گفته چه جوید همی
جوانمردی از کارها بهتر است ✦ جوانمردی از خوی پیغامبر است

✦ صحبت با مهتران کنید ✦

سخنهای نیکو شنیدن رواست ✦ چه نیکو سخن درد دل را دواست
نکو گوی مردم چو بشتافتند ✦ ز نیکو سخن مردمی یافتند
سخن چون نکو باشد و اصل دار ✦ بود به ز صد گوهر شاهوار
رخ زشت اگرچه پر آهو بود ✦ بنیکو سخن زشت نیکو بود

✦ بسوگند خوردن دلیری مکنید ✦

کسی را که در دل سخن هست خیر ✦ بسوگند خوردن نباشد دلیر
که سوگند خوردن خطائی بدست ✦ ز فرمان پیغامبر ایزدست

بباید چشیدن بسی گرم و سرد ✦ چو خواهی که خوانندت آزاد مرد
نکو گفت دهقان موبد نژاد ✦ که گفتار من پیش سردار باد

✦ آنچه بزبان دارید بدل در همان دارید ✦

سخن چون بگویی بگو با زبان ✦ بدل در همان به که داری نهان
که گر با زبان راست آید دلت ✦ پشیمانی آرد از و حاصلت
زبان و دلت راست باید بهم ✦ میان دو داور مکن بیش و کم
ترا زوست بادل زبان کرد راست ✦ روا نیست بر وی فزونی و کاست

✦ بگفتار هر کس ایمن مباشید ✦

اگر هست ترا در دل روشنی ✦ بگفتار هر کس مدار ایمنی
اگر چند باشد زپیوند تو ✦ مثل گر زن توست و فرزند تو
سخنهای ما گرچه نیک و بدست ✦ بگفتار پیغامبر ایزدست
نکو گفت آن مرد پاکیزه دین ✦ تو از بد نگهدار خود را یقین

✦ دانش آموزید ✦

بیاموز دانش کز آموختن ✦ رهانی تن خویش از سوختن
از آموختن ننگ هرگز مدار ✦ چه آموختن فخر باشد نه عار
نگه کن که در نامهٔ آفرین ✦ چگوید سر انجامهٔ پاک دین
بیاموز هر چند بتوانیا ✦ مگر خویشتن شاه گردانیا

✦ پیش ادیبان سخن بادب گویید ✦

کسی کو ز تو بیش داند ادب ✦ کشاده مکن پیش او بسته لب
هر آنکس که تدبیر نآرد بکار ✦ بکار اندرون کار او هست زار

که چوز آشتی شان سلامت رسد ✦ ترا ز آن سلامت ملامت رسد
چنین گفت دانا چو بر زد نفس ✦ ترا با زن خویش کارست و بس

✦ با مردم بد میامیزید ✦

بد مردمان خوش مکردان منش ✦ بترس از بد مردم بدکنـــش
که هر کو بد خلق جوید نهان ✦ از و ایمنی کس نیابد بجــان
هراسان بود مرد آزاد مرد ✦ کس از بدکنش یاد نیکی نکرد
نکو گفت داننده عافیــت ✦ که بد دین بود مردم بد نیت

✦ سخن بد و بیهوده مگویید ✦

مده چون سخن زشت باشد جواب ✦ که زشتی برشتی بود ناصـــواب
تو آن کو که از اصل پاکت سرشت ✦ همان کز جوانمرد خاکت سرشت
خموشی که گوید ترا زشت گوی ✦ چو پاسخ دهی شود زشت روی
چنین خوانده ام در کتب آگهان ✦ خموشی به از پاسخ ابلهــان

✦ بی کار منشینید ✦

هر آنکو بکاری برد دست پیش ✦ مباشد بی کاری از کار خویش
که بی کاری اندیشــه بار آورد ✦ ز کشته کلت خار بـــار آورد
سپــاهی دلاور به و تیــغ زن ✦ رعیت فروتن به و کم سخــن
ز کوه ار بناخن کنی سنگ سخت ✦ بود به ز بیکاری و شور بخت

✦ از گفتهٔ خویش بر مگردید ✦

ز گفتار و کردار بد بگذران ✦ که باشد بسی عیبها اندر آن
ز بسیار کرده بگو اندکی ✦ که صد کرده گفتن نشاید یکی

ز نیکان شود مردرا حال نیك ✦ که نیکان زنند از بدان فال نیك
چنین گفت آن خواجهٔ سال خورد ✦ من از نیك مردان شدم نیك مرد

✦ از پس مردمان سخن بد مگویید ✦

کسی کش فریضه رسد ز ایزدی ✦ پس مرگ گفتن نتوان بدی
که با مردکان داوری کس نکرد ✦ چه سود و زیان از تو بر مرده مرد
حدیث کسی چون کنی تلخ و شور ✦ که از تو بنالد ز دانش بکور
خدای جهانت بگیرد بدان ✦ نمانی تو هم نیز تا جاودان

✦ نصیحت از کس باز مگیرید ✦

نصیحت زکس باز هرگز مگیر ✦ نه از مرد برنا نه از مرد پیر
مثل گر بود دشمن بد کنش ✦ وزو مر ترا بوده بس سرزنش
نصیحت کن و دل ز کین دور کن ✦ که آخر شود آکه او ز آن سخن
چنان کن که با زندگانی بود ✦ نصیحت ز تو رایگانی بود

✦ بمال جهانگیر عجب مکنید ✦

بمال جهان چون شوی بی نیاز ✦ پرهیز از کبر و کن احتراز
که برکس نماند نه عز و نه ذل ✦ گهی خار پیش آید و گاه گل
مکن ناز هرگز بمال جهان ✦ نگه کن بکردنده حال جهان
نکو گفت دستور شاه پشنگ ✦ مکن کر و فر نیستی تو پلنگ

✦ میان زن و شوهر میانجی مکنید ✦

میان زن و شوی در جنگ و خشم ✦ میانجی مکن کوی مگشای چشم
که چون جنگ و شور افتد اندر میان ✦ تو مگشای از بهر ایشان زبان

قار ارچه بازی تونک و ظریف ❋ از اول بدان دست وزخم حریف
که موبد چنین گفت با شهــریار ❋ شناسد حریف آنکه بازد قــار

❋ با دبیران لجاج مکنید ❋

مکن با دبیران ستیز و لجـــاج ❋ بخاصه که دانند درج از دواج
دبیران که دانند رسم قلـــم ❋ توانند کردن بسی بیــش و کم
قلم گرچه تیزی ندارد چو تیغ ❋ ز نوک قلم تیغ گیرد گریغ
قلم کرد بند جهان را کلیـــــد ❋ هنرها بسی در قلم آفـــرید

❋ از زبان شاعران پرهیز کنید ❋

ز شاعر بترس ار توی مرد حر ❋ زبانشان بشمشیر صلت بـــبر
که با شاعران کس نیارد ستیز ❋ کند هر کس از طبع ایشان گریز
سخنهای ایشان بصلح و بجنگ ❋ چو نقشی بود کنده در خاره سنگ
شنیدم ز داننده گوهری ❋ که جنس است از ساحری شاعری

❋ مهمان را عزیز دارید ❋

کسی گر رسد پیش تو میهمان ❋ ببند از پی خدمت او میــان
چنان کن که خشنود باشد ز تو ❋ به هر چیز پر سود باشــد ز تو
که مهمان نکو داشتن در خورست ❋ طریق بزرگان نام آورســـت
چنین گفت داننده با زبان ❋ که برداد دادن بگردد زبان

❋ بزیارت نیکان شوید ❋

ببد تا توانی تجارت مکــــــن ❋ بجز نزد نیکان زیارت مکـــن
کسی کو به نیکان زند دست خویش ❋ همه نیکی آیدش هر جای پیش

بود سفله ماند باد درشــــت ✦ گرفتن نشاید مر اورا بمشت
چنین گفت داننده هوشیــار ✦ که از سفلگان چشم نیکی مدار

✦ رضای پدر و مادر بجویید ✦

بگردان ز بی حشمی رای و روی ✦ رضـای پدر و آن مادر بجوی
که بود بر تو حق ایشــان بسی ✦ نباشد چو ایشان ترا هر کسی
اگر چه خدای جهــان آفرید ✦ ترا از عدم در وجــود آورید
یکی مادرت داد و فــرخ پدر ✦ که پروردت اندر بر و در جگر

✦ بجان کسان زنهار مخورید ✦

مخور گر ترا هست جان هوشیار ✦ بمال و بجان کسی زنهار
که زنهـار خواره بود تیره رای ✦ نکوهیده نزدیک خلق خدای
هر آنکو ببد کشت هم داستان ✦ بنیکی نزد ز و کسی داستــان
نکو گفت فرخنده شاه قبــاد ✦ که من بد نخواهم بمن بد مباد

✦ کسی را زوال دولت از آسمان میرسید ✦

کسی کش بود دولت از آسمان ✦ مدار از دل او بدل بد کسـان
که با هر که دولت بود سازگار ✦ ز بد خواه او کین کشد روزگار
مدان بهتر از دولت و بخت چیز ✦ که او میکند خوار و زشت وعزیز
چنین گفت با من یکی دولتــی ✦ که کم دولتی به ز بی نعمــتی

✦ از طبع بد پرهیز کنید ✦

از اول بدان مرد را طبع و خوی ✦ پس آنکه با وی بد و نیک گوی
که بد طبع مردم بود بی نمک ✦ رطب کرنی پیش داند خسک

کسی را که بر دل خرد پادشاست ❋ بفرمان زن کار کردن خطاست
نکو گفت داننده کرم و سرد ❋ که زن را چه کارست با کار مرد

❋ پیره زنان را بخانه مگذارید ❋

چو خواهی که بی باک باشدت دل ❋ زن پیر هرگز بخانه مهل
که از پیر زن کس نبیند فره ❋ جوان با جوان پیر با پیر به
زن پیر هر چند مستور تر ❋ ز نزد زن نیک به دورتر
چنین گفت با من یکی هوشمند ❋ که با کرک همتا مکن گوسفند

❋ بر زنان ایمن نباشید ❋

ز دست زنان چون خوری آب و نان ❋ حذر کن که کژ است رای زنان
زنان را نباشد بیک ذره باک ❋ نه ز آتش تیز و نه از تیره خاک
چو زن دل بگرداند از راستی ❋ پدید آید اندر زمان کاستی
چنین گفت مردی ززن پر ز درد ❋ که گر زن نبودی بود رسته مرد

❋ زبون زنان مشوید ❋

رخ خود زآنده زریری مکن ❋ بدست زن اندر اسیری مکن
هر آنکو اسیر زن خویش کشت ❋ همه حشمت و جاه خود در نوشت
زنان بنگرید اولا خوی و رگ ❋ زبون گیر باشند مانند سگ
کسی تا نباشد اسیر و حقیر ❋ بدست زن اندر نباشد اسیر

❋ بر مردم سفله رنج مبرید ❋

مده دل بعشوه بخون و مکر ❋ ابر مردم سفله رنجت مبر
که سفله بود بی حفاظ و سفیه ❋ نیابی خصالی من احسن فیه

بمردی کسی بسته دارد میــان ✦ که نانی نهد پیش ده کس بخوان
چنین کفت آنکو بلند اختر است ✦ که نام بزرگی بنان اندر است

✦ زیر دستانرا چوب مزنید ✦

برخ هر که شد پیش تو جای روب ✦ نشاید برو زخم کردن بچــوب
دل زیر دستان نیــــازار هیچ ✦ که آزار گیــرند بر بد پیچ
از آزار خیزد بسی کارهـــا ✦ از آزار خیزد بس آزارهـــا
چنین گفت آزاده کوهـری ✦ که کهتر نوازی بود مهــــتری

✦ نان خود خورید سخن بد مکویید ✦

چو در خوان خود نان خوری بد مکوی ✦ کسی را بعیبی که باشد مجــوی
بود نا کسی گفتن بد ز کــس ✦ نباشد پسندیده بر هیچ کــس
اگر نان خود را خـــوری نا سزا ✦ حدیث کسان نیست گفتن روا
چو کردد بد از تو بر دیگــران ✦ بد آید ترا روزی از دیگـران

✦ بتدبیر کودکان کار مکنید ✦

اگر با دل تو خرد هست یــار ✦ بتدبیر کودك مکن هیچ کار
دل آزاری از پیر و کودك بتـاب ✦ خطا هم خطا گرچه باشد صواب
یکی کودکی خرد ده تا نمــد ✦ تو کوپی که یارد بآب آفکنــد
و لیکن که برکشیــــدن ز آب ✦ بیایدش صد مرد با زور و تاب

✦ با زنان مشورت مکنید ✦

اگر تشنه باشی بفرمــان زن ✦ مخور آب و بر آتشت آب زن
هر آنکو ز نانرا مسخر شــــود ✦ ز مغز خران مغز چون خر شود

کسی را که از نفس خود شرم نیست ✢ مر ورا محابا و آزرم نیست
شنیدم ز دانای نیکو سخــــن ✢ که با بندکان جنك و بازی مکن

✢ کسی که خویشتن را نشناسد از او پرهیزید ✢

کسی کو نشاید بخو چون سرد ✢ نشاید بتو چون بشاید بخـــود
پسرگان نشاید بفرخ پدر ✢ نه بیند پدر خرمی ز آن پسر
یکی گربه شد نزد شیر ژیـــان ✢ که شایستهٔ تو منم در جهـان
نشایی مرا گفت شیر شـــکار ✢ که هستی تو میشوم فرزند خوار

✢ ابله مادر زاد را دارو مدهید ✢

کسی کابله ز مادر خویش زاد ✢ ندارد بـــداروی او سیم داد
نه کار خداوند کاریست خرد ✢ قضای نبشته نشــاید ســترد
بگفتار استاد پیشین نکـــــر ✢ که گفتست بیتی به از صد گهر
اگر مرك دارو بکردانـــدی ✢ کس اندر جهان جاودان ماندی

✢ دیوانه را و ابله را پند مدهید ✢

بعاقل دهی پند باشــدت به ✢ بدیوانه و مست و ابله مـــده
کزین هرسه کس دور باشد خرد ✢ دل بی خرد پند را نکـــرد
بوبد همی داد پندی قبــــاد ✢ چنین گفت موبد که شه باد شاد
که از پند شه یکسره آگهــم ✢ نه مست و نه دیوانه و نه ابلهم

✢ نان تنها مخورید ✢

چو ایزد دهد مر ترا نان و نام ✢ مخور تا توانی تو تنها طعــام
بده نان بمردم بخیلی بهــل ✢ که نان گر زمردم بود نیك دل

بر پادشه خاصه و عامه نیست ✣ بنزدیك ایشان همه كس یكیست
شنیدم كه آتش بود پادشـــاه ✣ بنزدیك آتش كه جوید پنــاه

✣ بی همراه براه مروید ✣

چو آری برفتن سوی راه روی ✣ از اول یكی نیك همراه جــوی
كــه همراه باشد ترا دستگیر ✣ چو كاری كه پیش آیدت ناگزیر
بود همره نیك همراز تـــــو ✣ به نیك و ببد كشته دمساز تو
چنین گفت بامن یكی اوستـاد ✣ كه همراه و همباز تو نیك باد

✣ در زمین شوره تخم مكارید ✣

زمینی كه بومش بود شوره دار ✣ در و تخم كاری نیـــــاید بكار
به تخم و بشوره زمین بنگـــرد ✣ كسی كو برین تر سخن ره برد
همه جای در دشت جای غمست ✣ كرا بخت شورست روزی كمست
چنین گفت بامن یكی هوشیــار ✣ بشوره زمین هیچ تخمی مكار

✣ از غمازان وفا مجویید ✣

بود در خور صد هزاران جفا ✣ هر آنكو ز غماز جوید وفــا
جهودی كه باشد ورا زشت روی ✣ بود بهتر از مردم غمز كـــوی
اگر دوست داری تو اندر تمیز ✣ مكن غمز و مشنو ز كس غمز نیز
نكو گفت دانای پاكیزه جان ✣ كه غماز را سر ببر یا زبــان

✣ با بندگان جنگ و بازی مكنید ✣

مكن بازی و جنگ با بندگان ✣ بپرس ار ندانی ز دانـــدگان
كه بنده فـرو مایه و دون بود ✣ نباشد چو آزاده هر چون بود

چو خواهی که نیك آیدت روزگار ✢ خرد را بدین هر سه دشمن شمار
بسا شیر مردا که در زیر خاك ✢ ز دست و ز چشم و زبان شد هلاك

✢ در خانهٔ تهمت زدکان مشوید ✢

چو خواهی که هرگز نباشی دژم ✢ منه پای در خانهٔ متهم
بدان کس که بد نام باشد مپوی ✢ که آلوده کردی تو مانند اوی
کسی کو بر دیك جوید پناه ✢ چگونه سردیك خیزد سیاه
شنیدم ز دانای کردن فراز ✢ که از خانهٔ باز گیرند باز

✢ با دزدان آشنایی مدهید ✢

بدزدان مکرد آشنایی مده ✢ بکالای ایشان گواهی مده
بدزدان بیامیختن رای نیست ✢ که کالای دزدان دلارای نیست
کسی را که دزدی بود راه کیش ✢ از و باش ترسنده چون خر ز نیش
مرا گفت این پند پیوسته مهر ✢ که چون دزد بینی بگردان تو چهر

✢ با گزاف گویان منشنید ✢

کسی کو زند لاف و گوید گزاف ✢ مکن گرد او تا توانی طواف
که از لاف زن کس نه بیند وفا ✢ بلند ست مر لاف زن را قفا
نشستن روا نیست در لاف گاه ✢ یکی لاف برتر ز سیصد گاه
چنین گفت با من یکی شهره زن ✢ که زن بهتر از مردم لاف زن

✢ به همسایهٔ پادشاه خانه مگیرید ✢

چو باشد خرد مر ترا دستگیر ✢ بهمسایهٔ میر خانه مگیر
که میر را چه باشد بتو نیك رای ✢ چو بد رای گردد نداری تو پای

کسی کو بود از مصالح گریز ✦ بود با تن خویش کردن ستیز
چنین گفت موبد که جنگ کسان ✦ تبه کرده باید بشیرین زبان

✦ خرج باندازهٔ دخل کنید ✦

چو دخلت بود کم مکن خرج بیش ✦ باندازهٔ دخل کن خرج خویش
مکن خرج ده ده چو دخلت تهیست ✦ که از نیست اندر جهان نك نیست
کس از کتخدایی نباشد دژم ✦ نباید تبه کرد خیره درم
شنیدم که گفتند در روزگار ✦ یکی نا نهاده دگر برمدار

✦ بخود نا نهاده طمع مکنید ✦

بچیزی که تو جای نهـــــــاده ✦ مکن طمع آکسر مرد آزاده
نکوهیده باشد بر خلـــق دزد ✦ بود کشتن دزد بر خلـق مزد
بدزدی مکن دست هرگز دراز ✦ اگـــر چند باشی اسیر نیــاز
مرا پند دادست مرد جــوان ✦ که کتر ز دزدان کسی را مدان

✦ از اول نهال بنشاند آنکه درخت بر کنید ✦

از اول درخت جـــوانی بکار ✦ پس آنکه کهن را همی بر نکار
یکی نا نشانده یکی بر کــنی ✦ بود بی گمـــان خویشتن دشنی
بدین حسب و این مال و این داوری ✦ یکی بیت گوید بعجب عنصری
چو بر گیری از کوه و نهی بجای ✦ سر انجــام کوه اندر آید زپای

✦ چشم و زبان و دست نکه دارید ✦

چو خواهی که شکر خوری بدو دست ✦ نکه دار چشم و زبان و دست
چو این هر سه باشد بفرمان تو ✦ بود رسته از هر بدی جان تو

مدارا بلا باز دارد ز تــو ✣ جفا و عنا باز دارد ز تــو
نکه کن چه گوید جهان دیده مرد ✣ کسی از مدارا زیانی نکبــرد

✣ باکسی ستیزه و لجاج مکنید ✣

لجوجی پسندیده و نغزنیســت ✣ لجوجی بجز کار بی مغزنیســت
مکن باکسان تا توانی لجــــاج ✣ فزونتر مکن پای خود ازدواج
لجاج ار چه واجب کند باخرد ✣ بیندیش باخود کجا در خورد
یکی پیر گفتست هنگام عــوج ✣ که سگ به گزنده ز مرد لجوج

✣ فرزندان را پیشهٔ نیکو بیاموزید ✣

بیاموز پیشه تو فـــــرزند را ✣ بجان باز خر این نکو پنـــدرا
گزیده بکن پیشهٔ از پیشهــا ✣ دلت را بری کن ز اندیشهــا
چو گویندت آنکه توانی شنیــد ✣ که آن مردرا هست پیشه پلید
چنین گفت دانا ترین منــــش ✣ که بد پیشه مردم بود بدکنش

✣ پای باندازهٔ گلیم کشید ✣

ز اندازه برتر منه پای خویش ✣ خردرا نکه دار بر جای خویش
چو بر خیزی از خوابکه بامداد ✣ بخود در نگر تاجت آید بیـــاد
چو از پایکه پای برتر نهـــی ✣ شود نام تو زشت در ابلهــی
مرا پند دادســـت مرد حکیم ✣ که پایت فزونتر مکش از گلیم

✣ جنگ کسارا بخویشتن مخرید ✣

بخود باز هرگز مخر جنگ کس ✣ بپرداز دل را ز کام وهـــوس
فریضه نباشد ز بهر کســان ✣ بخود بر کشادن کســارا زبان

ترا زندگانی خداوند داد ✣ نه از بهر نادانی و جهل داد
نکو گفت دانای پاسخ گذار ✣ که نادان بود چون خری بی فسار

✣ با اندوه کسان شاد مشوید ✣

چو بینی کسی بسته در بند غم ✣ مکش بر دل خود ز شادی رقم
بانده او شادمانه مشو ✣ که پیش آیدت آنچنان نو بنو
چو تو غم خوری در غم دیگران ✣ ندارند غم خوردن تو گران
بپیش همه کس ستوده شوی ✣ با انگشت خلقان نموده شوی

✣ بر ریخته و سوخته غم مخورید ✣

چو چیزت شود ریخته سوخته ✣ مکن دیده را باز بر دوخته
بود چیز هر که خواهی تو نیز ✣ چه سودت غم خوردن از بهر چیز
شکسته بود چیز هم زین نشان ✣ نباید درین هیچ بودت زیان
نکو گفت فرخنده مرد خرم ✣ که بیهوده دل را مکن جفت غم

✣ از بلای کسان عبرت گیرید ✣

صلاح جهان گرچه پیوند تست ✣ بلای جهان عبرت افکند تست
بلای جهان را بعبرت به بین ✣ سپاس جهان آفرین بر گزین
دل و سر تهی کن ز باد هوس ✣ نمون از یکی و یکی لقمه بس
شنیدم از آنها که دامی بدند ✣ سنان از مو زدند سک را زدند

✣ در کارها مدارا کنید ✣

مدارا بهر کار کردن نکوست ✣ چه با زشت دشمن چه با خوب دوست
چو هنگام تیزی مدارا کنی ✣ ز خاک سیه مشک سارا کنی

بود راستی بی شک از راستی ٭ ز کژی پدید آیدت کاستی
نکو داستان زد در این مرد نیک ٭ که از راستی یافتم نام نیک

٭ خرسندی پیشه گیرید ٭

بچیزی که دادت جهان کردگار ٭ دلت را بدان داد خرسند دار
زبیشی بود جان مردم فکار ٭ چه بهتر ز خورسندی ای خوب یار
زبیشی و آزست جان در گداز ٭ مبادا کسی بسته در بند آز
چو خواهی که هرگز نباشی خجل ٭ به نیک و بدی دار خرسند دل

٭ بر بلا صبر کنید ٭

بلایی که پیش آردت چرخ پیر ٭ بجز صبر کردن نباشد گزیر
بود خسته با هر غمی یار باز ٭ که بسته ست با هر نشیبی فراز
هر آنکس که تلخی صبر آزمود ٭ بیابد مراد دل خویش زود
چنین گفت گوینده چون بر شنید ٭ که صبر است بند بلا را کلید

٭ مرگ را فراموش مکنید ٭

چو منزل شناس این جهان کهن ٭ چنان دان که هر ساعت آید به بن
بسان یکی کار و آنگاه دان ٭ برو خلق را جملگی راه دان
بمنزل درنگی نباشد کسی ٭ از آن داستان یاد دارم بسی
از و بگذرد جانور نیک و بد ٭ گروهی در آید گروهی رود

٭ دنیا را بنادانی مگذرانید ٭

بنادانی اندر میمسای راه ٭ به بی دانشی زندگانی مخواه
مده عمر بر باد اگر آگهی ٭ بعمی و نادانی و ابلهی

کسی را که از جان دریغست مال ✣ بود زندگانی بر و پر وبال
اگر چه عزیز است هر جای چیز ✣ نباشد عزیزی چو جان عزیز

✣ تن را فدای دین کنید ✣

تن از بهر دین بذل کردن رواست ✣ چو دین را فروشید صد جان بهاست
بود مرد دیندار فرخنده بخت ✣ مر اورا بود دین به از تاج و تخت
چو رحلت کنی زین سرای سپنج ✣ چه کردت ملکت و مال و گنج
بدان جای ناکام جز جان پاك ✣ بکارت نیاید آیا هوشناك

✣ از برای جهان نامی نیکو برید ✣

چون داری و بخت هر دو جهان ✣ نیرزد بنام نکو در جهان
جوان نکو نام والا بـــــــود ✣ از آن نام نیکو بــالا رود
بود زشت نامی بهر جای زشت ✣ برشتی نبیند روی بهشــــت
شنیدم که نوشین روان چون بمرد ✣ ز کیتی بجز نام نیکو نـبرد

✣ کم آزاری و بردباری پیشه کنید ✣

چو روشن شود جانت از دادِ دین ✣ کم آزاری و بردباری کــزین
کم آزار مردم بود کم زیــان ✣ بود شادمانه بهر دو جهان
از آزار مردم شود آب روی ✣ بزاری بمردست از آزار جـوی
جهان دیده آزار مردم نخواست ✣ کم آزار باش و دو کیتی تراست

✣ خویشتن را براستی معروف کنید ✣

چو از راستی نام تو شد بلنــد ✣ دو پای دروغ اندر آور ببند
بجز راستی تا توانی مجـــــــوی ✣ که رسته شود مردم راست کوی

که با پاسبان پهلوان اردشیر ٭ یکی داستان زد که روباه پیر
بسوراخ اندر شدنرا شتافت ٭ برون آمدن راه جست و نیافت

٭ کارها بگزاف مکنید ٭

کزاف کنند کار دیوانکان ٭ کزافی ندیدند فرزانکان
کزافت گفتار و کار تو لاف ٭ باخر پشیمانی آرد کزاف
چنین گفت در دفتر مرد حُر ٭ برانداز جامه پس آنکه ببُر
نکو گفت دانای نیکو سخن ٭ که هرگز تو کار کزاف مکن

٭ دست بکمر هرکس مزنید ٭

ندیده کسی را که در صلح و جنگ ٭ نباید زدن در که گاه چنگ
همه کس چنان دان که از تو بهند ٭ اگر چه بزاد از تو که یا مهند
بزاد اندرون کرد نتوان غلط ٭ نه هر باز چنگ آورد سوی بط
شنیدم من از مردم پر هنر ٭ که کسرا ندیده بجویش کس

٭ بنا آزموده همراهی مکنید ٭

کسی که آزمودیش در نیک و بد ٭ به نیک و بد یار تو او سرد
نکرده کسی را کسی آزمون ٭ بود بی خرد کر کند رهنمون
چو ناری نهد پیش تو مرد هش ٭ چه دانی که شیرین بود یا ترش
بقینت شود کر ورا بشکنی ٭ شک از دل بدان آزمون بفکنی

٭ مال را فدای تن کنید ٭

ز بهر تن و جان بود سودیان ٭ کسی را که خواهد رسیدن زیان
چو جان کشت خواهد همی کاسته ٭ چه درمان بجز دادن خواسته

هر آرا که کردد خرد رهنمون ✦ بدان کرد تا کاردانی که چون
ز ناکردنی دور داری برت ✦ بدام هوس در نیاری سرت

✦ کار نا جستنی مجوئید ✦

ز نا جستنی کم شود آب روی ✦ که گوید که نا جستنی را مجوی
هر آنکو بنا جستنی دل نهد ✦ کلی بر کند نغز بر کل نهد
چیزی که از جستنش سود نیست ✦ چو آتش کز و بهره جز دود نیست
نکو گفت آن خسروی خوب روی ✦ که چیزی که آرا نیابی مجوی

✦ بکارها شتاب مکنید ✦

پسندیده هرگز نیارد شتاب ✦ شتاب آورد جان مردم بتاب
شتابنده را در جهان نام نیست ✦ بکیتی شتابنده را کام نیست
کسی کو بکاری شتاب آورد ✦ پشیمان شود زود و کیفی برد
کسی که شتابان براهی رود ✦ بر آید ز کاهی بچاهی رود

✦ بکارها سستی مکنید ✦

چو خواهی که کاری کنی ناگزیر ✦ چنان کن که باشد ترا دل پذیر
بفرجام و انجام اندر نگر ✦ بپیمای اول نکو پا و سر
چو وقت اندر آید بدو دست باز ✦ مکن کار بر خویشتن بس دراز
هر آنکس که او سستی آرد بکار ✦ نبستی فرو آیدش روزگار

✦ چو در کاری شوید بیرون آمدن را نیکو بنگرید ✦

بکاری که اندر شدن رای تست ✦ بیرون آمدن را نکه کن نخست
به بین گر توانی برون آمدن ✦ پس آنکه بکن عزم اندر شدن

ز دانا توان یافت آرام دل ✦ ز نادان نبیند کسی کام دل
چنین گفت در دفتر زردهشت ✦ که مردان دانا رود در بهشت

✦ بلا را پذیره مشوید ✦

کسی کو بود بر خرد مبتلا ✦ گریزنده باشد زدام بلا
بلا چون ببینی از و درگذر ✦ مکن در بلا خویش را خیره سر
بلا جوی مردم بود یار دیو ✦ نباشد در و فرّ کیهان خدیو
چنین داستان زد یکی شاه نو ✦ تو هرگز بلا را پذیره مشو

✦ پند حکیمان پذیرید ✦

بباید پذیرفت پند حکیم ✦ که پند حکیمان به از زر و سیم
تنت را ز پند ست بسیار سود ✦ از آن کس که گوید بباید شنود
هر آنکو پذیرندهٔ پند نیست ✦ بجز در خوار خواری و بند نیست
چنین گفت فرزانهٔ خویش بین ✦ که برگشته بسیار کردد زمین

✦ سخن ناگفتنی مگویید ✦

ز ناگفتنی هر که باشد خموش ✦ دلش از شنیدی نیاید بجوش
ز گفتار بیهوده جز رنج نیست ✦ چو خاموشی اندر جهان گنج نیست
بسا مردمانا که اندر جهان ✦ ز گفتار بیهوده دادند جان
نکو گفت دانندهٔ روزگار ✦ که گفتار بیهوده ناید بکار

✦ کار ناکردنی مکنید ✦

هر آنکو کند کار ناکردنی ✦ بود بره کیش اهرمنی
ز ناکردنی کارها دور باش ✦ خرد پادشه کن تو دستور باش

از و هر سخن را بها جان هزار ✦ چو باشد بجویان سخن خواستار
از ین کونه تاج بر ایوان اوی ✦ بیاویخته بود بفرمـان اوی
چو خورشید دادی بخـاور نوید ✦ شدی زاغ پنهان ز باز سپید
بپوشیدی از نور مهر آسمـان ✦ مزعفر یکی جامهٔ پرنیـان
جهان جوی کسری در آن زیر تاج ✦ نشستی ابر خسروی تخت عاج
بدادی برسم نیاکانــش بـار ✦ شدندی بخدمت بر شهریـار
از آن تاج فران پندهای سترك ✦ همی دانش آموخت خرد و بزرك
جهاندار یار جهانشاه شـــد ✦ بلند اختر و افسر ماه شد
نبشته چنان بد ابر تـــاج بر ✦ که ای مرد دانا بخود در نکر

✦ خویشتن شناس را از ما درود دهید ✦

کسی کو تن خویشتن را شناخت ✦ بمیدان کام اسپ اقبال تاخت
کسی که او شنـاسندهٔ خویشتن ✦ نباشد بجز دیو با اهرمـــن
کر او خویشتن را شناسنده نیست ✦ شناسنده را چشم بر کنده نیست
یکی دستان کفت مرد بــلاس ✦ که کتر کسی خویشتن را شناس

✦ چیز را بارزانیان ارزانی دارید ✦

هر آنکو بارزانیان چیز خویش ✦ دهد سودش از مایه دادند بیش
بارزانیان کردهی جان رواست ✦ برین کفته بر مردمان برکواست
چنین کفت در دفتر سندبــاد ✦ که شاهی ز پیشینیان کرد یاد
که من بستدم کنج از مردمان ✦ بارزانیان دادم از بهر جــان

✦ کار بدانندکان فرمایید ✦

هر آنکس که بیند خرد یار خویش ✦ بنزدیك دانا برد کار خویــش
بدانا سپارد زمام اکــــام ✦ که دانا بهر کار باشد تمام

و اخلاق پسندیده و همه کسان از وی شاد باشند و خداوند عز و جل از وی خشنود و راضی بود

✦ گفتار اندر خرد گوید ✦

چو دانش بود با خرد بهتر است ✦ که کانست دانش و خرد جوهر است
خرد بر نشاند ابر تخت عاج ✦ خرد بر نهد بر سر مرد تاج
خرد را بیاموز از آموزگار ✦ بر آموختن بر تو عیبی مدار
که چون بر خرد دست بر یافتی ✦ سر از راه گمراه بر تافتی
شود بر تو روشن که یزدان پاک ✦ برون آورنده است از تیره خاک
خدای جهان و جهان آفرین ✦ که بر وی سزد بی کران آفرین

✦ در آغاز این سخن گوید ✦

جهان دیده دهقان چنین کرد یاد ✦ که کسری چو تاج شاهی بر نهاد
به پیروز روزی یکی سور کرد ✦ جهان را ز اهرمنان دور کرد
بداد و دهش در جهان فاش کشت ✦ همه فرش بیدادها در نوشت
روان شد بکام دلش ماه و تیر ✦ بر و آفرین کرد برنا و پیر
خدای جهان کامگاریش داد ✦ جوانمردی و بردباریش داد
سپاس خداوند را کار بست ✦ زفزرانگان لا جرم برد دست
کسی را که ایزد بود رهنمون ✦ نگردد ورا بخت هر گونه کون
چو یک چند در پادشاهی بماند ✦ هنر را بتخت شهی بر نشاند
یکی تاج فرمود گوهر نگار ✦ بر و در و یاقوت برده بکار
یکی تاج تابانتر از مشتری ✦ همه کس مر اورا بجان مشتری
چو خورشید رخشان ز چرخ بلند ✦ چه از بهر پیشی چه از بهر پند
بر آن تاج بر بیست و سه کنگره ✦ بز پور بیارا سته یکسره
همه پند و حکمت همه بند و ناز ✦ در و کرده اندیشه های دراز
بر آن تاج بر خسرو داد گر ✦ نبشته یکی پند نامه بسزر

بسم الله الرحمن الرحیم

شکر و سپاس آفریدکار هر دو جهان را باضعاف ریک بیابان و قطرهای باران و بعدد هر برک درختان و درود برسولش خاتم الانبیا علیه السلام باد کفته آمد این کتاب بتوفیق خداوند جهان اندر شرف مردمان و لفظ حکیمان و کتاب بزرکان و وصیت دانایان و نصیحت عالمان و تجربهٔ ملوکان و کفتارش اندک و معانیش فراوان جمله از پندهای و کفتهای آن شاه عادل نوشین روان از برای مهتران و بزرکان حفظهم الله من الحدثان و رزقهم من المکارم الاحسان شریف شاعر جوان این پندهای آن شاه عادل انوشروان بن قباد خفف الله عنهم العذاب والشداد بشنید و این حکمتهای عجیب و الفاظ بدیع و غریب بدید و بر خود لازم ساخت آنرا بنظم آوردن که طبع را میل بسخن منظوم بیش باشد و چون این کتاب را تمام کرد ویرا نام راحة الانسان کرد تا هر که این کتاب را بخواند و معانیش را بداند پیوسته تنش اندر راحت بود و جانش در سعادت و بهمه مرادها برسد و از همه بلاها ایمن باشد و عادت وی ستوده بود

راحة الإنسان

ای برادر البته خودرا بخدمت آن صاحب دولت رسان اگر پیغامبر بحق است حق ترا ضایع نگذارد و اگر از ملوک باشد عزت و شرف تو بر تو باقی ماند پس عدی برهنمونی سعادت ابدی بمدینه توجه نمود و بخدمت حضرت پیغامبر علیه صلوات الله الاکبر شتافته شرف اختصاص یافت منقولست که ردای اطهر خودرا از بهر وی فرش کرده اورا بر آنجا نشاند و خود بر زمین نشست و این اعزاز و اکرام سبب افتخار هر دو سرای شد پس بمواعظ شافیه و نصایح کافیه آیینۀ دلرا از زنگار انکار مصفی و مجلی ساخت و در همان مجلس عدی مسلمان شده رایت صدق و علم اخلاص بر افراخت و در دین از روی یقین مردکامل و جوانمرد فاضل گشت و احادیث احکام عنبسه کلب معلم از او مرویست و در عداد کبار اصحاب مذکورست ✦ بیت ✦ مذکور شد بنیکی و معروف شد بفضل ✦ آن کاختیار خدمت آن بختیار کرد ✦ این بود چند کلمه از اخبار سخا و کرم حاتم طائی و مروت و فتوت خانوادۀ وی که رقم زدۀ کلک تقریر گشت و ذلک فضل الله یوتیه من یشاء ✦ ✦ ✦

فرموده بودند امیر المومنین علی را علیه السلام با جمعی از جماهیر مهاجر و مشاهیر انصار رضوان الله علیهم بقبیلهٔ طی فرستاد ایشان بموجب فرمودهٔ سید الانام علیه الصلوة و السلام بیك ناگاه بر سر آن قـوم بی رسم و راه تاختند و بتخانهٔ ایشانرا که وجههٔ آمال و قبلهٔ اقبال خود دانستندی منهدم ساختند عدی بن حاتم که بزرگ قوم بود گریخته بجانب شام رفت و اصحاب غنیمت بسیار گرفتند و دختر حاتم را اسیر کردند و دوشمشیر در کـردن صنم ایشان که فلس نام داشت حمایل بود یکی را مخدم گفتندی و دیگری را رسوب هر دورا بجهت سلطان رسالت و قهرمان میدان جلالت شهریار مطهر از شوایب جور وکین صاحب اختیار مشرف بمنصب عالی انا نبی بالصین ✜ شمشیر سیاستش سر انداز ✜ شمشیر زبانش کوهِ انداز ✜ شرعش بدوکون باز خورده ✜ هر دو بدو تیغ ضبط کرده ✜ بر داشته بمدینه آوردند و بثبوت پیوسته که دختر حاتم بمجلس شریف و محفل اشرف رسول صلوات الله علیه رفت و گفت یا رسول الله بساط زندگانی پدرم حاتم طی شد و اسپ دولت برادرم عدی را پی کردند و بهار عشرت من که بمهر پدر و رشحهٔ لطف برادر تازه بودی دی کشت آگر عنایت فرموده نامهٔ آزادی بمن ارزانی داری و مرا بآزاد نامهٔ خود بنده سازی از کرم عمیم و فیض عظیم تو بدیع و بعید نباشد حضرت سید عالم صلی الله علیه و سلم اورا آزاد ساخت و جامهٔ نو پوشیده و شتر و زر داده عنایت فرمود و بر موجب دلخواه و طبق مراد بقبیلهٔ طی باز فرستاد و حکایتی مشهور است در آنکه مشرکان بنی طی را میکشتند و دختر حاتم آزاد شده بود آنجا رسید از سخاوت جبلی که داشت سیاف را گفت که مرا هم بکش که کسان خود را کشته نمی توانم دید و در بوستان این سخن مذکور است ✜ مثنوی ✜ بزاری بشمشیر زن گفت ✜ مرا نیز با جمله ـــکـــردن بزن ✜ مروت نه بینم رهای ز بند ✜ بتنها و یاران مـن در کند ✜ القصه دختر حاتم بوطن مالوف باز آمد و از آنجا برعقب برادر بجانب شام برفت و بمبالغهٔ تمام اورا بعتبهٔ نبویه علیه روان گردانید و گفت

راهی که آمده بود باز کشت ٭ مثنوی ٭ کشت بدان قوم ثنا خوان و رفت ٭ داد زمامش بشتربان و رفت ٭ مردم از آن قصه عجب ماندند ٭ و زصدف دیده در افشاندند ٭ پیش کریمان دو جهان اندکیست ٭ نیستی و هستی ایشان یکیست ٭ هر که چو خواجو قد می داشتنت ٭ باغ بقا را بکرم کاشتنت ٭ و عدی را نیز که پسر حاتم بود از کریمان جهان داشته اند فاما سخاوت او در جنب کرم پدرش محقر نمود بواسطهٔ آن در اشتهار بدان مرتبه نرسید در جامع الحکایات آورده که پسر حاتم آب از کوزهٔ سفالین خوردی و بر فرش کهنه نشستی و لیکن پیوسته خوان کرمش نهاده بود و اسباب مهمانداری و درویش نوازی آماده شعرا را هر سال هشتاد هزار دینار صله دادی و غربا و فقرا را بقدر احتیاج ایشان نوازش فرمودی حاصل که از احسان و انعام بجان خلایق آن کرده بود که همگنان زبان بمدحت او کشاده داشتندی و اقاصی و ادانی تخم محبتش در زمین سینه کاشتندی ٭ بیت ٭ هر که باحسان علم افراشتنت ٭ تخم محبت همه جا کاشتنت ٭ روزی یکی از گستاخان بر سبیل ملامت گفت ای عدی تو مردی بزرگ زاده چرا قدم از دایرهٔ ناموس بیرون نهاده عرب ترا برین که بساط و متاع خانه بر زی درویشان نهادهٔ و بطریق ایشان باکل و شراب اشتغال می نمایی عیب می کنند چه شود که آب از اوانی مرصع خوری و فرش و بساط از حریر و استبرق ترتیب کنی عدی فرمود که من با خود حساب این تکلفات کرده ام هر سال پنجاه هزار دینار زر سرخ خرج شود و من آن دوستر دارم که این مبلغ را بدرویشان و محتاجان رسانم تا در ایام حیات بر من ثنا کنند و بعد از وفات مرا دعا کنند که از زر همین ثنای مطلوبست و همین دعای مقصود و مرغوب و بس ٭ بیت ٭ دو چیز حاصل عمرست خیر و نام نکو ٭ چو زین دو در گذری کل من علیها فان ٭ و چون نیت عدی بدین نوع مصروف بود حق سبحانه و تعالی اورا شرف اسلام روزی کرد و سبب آن بود که حضرت رسالت پناه علیه صلوات الله در ماه ربیع الاول از سال نهم که بمدینه هجرت

گستاخی مکن و تا بر این حد بساط مباسطت و جرات باز مکن اینک دیدی که از غیب چه صورت بدید آمد و شتری بدین خوبی تلف شده بارهای تو بر زمین ماند ابو البختری گفت در کرم حاتم دغدغه داشتم حالا مرا معلوم شد که او کریم بوده است اما از کیسهٔ دیگران و نان مردم میداده اما از سفرهٔ این و آن دیگر باره مردم اورا از این گفتار منع کردند و آنشب قافله سالار بغم و محنت و دیگران بناز و نعمت بپایان بردند علی الصباح که شعاع خسرو ستارکان و لمعهٔ اعظم سیارکان جهانرا لباس نورانی در پوشید و ید بیضای خورشید جلاب مشکین شب عنبرین نقابرا از روی زمانه در کشید ٭ بیت ٭ خورشید بفال نیک روزی ٭ بر زد علم جهان فروزی ٭ کاروانیان عزیمت رحیل نمودند و ابو البختری حیران فرو مانده جهت بار شتر هیچ چاره ندید عاقبت اهل قافله بر آن اتفاق کردند که بار اورا بر مراکب خود قسمت نمایند دلش را از قید غم رهانیده ابواب سهولت بر روی حالت وی بکشایند که بیک ناگاه از طرف نجد غباری پیدا گشت و شتر سواری از آن میان بیرون آمد زمام بختی کوه کوهان بدست گرفته و آن شتر چون شیر مست با جوش و خروش بود و مانند رخش رستم با هوش و تیزکوش ٭ مثنوی ٭ سر افراز و نکو رو همچو کردون ٭ دوان دایم بگرد کوه و هامون ٭ چو آتش خار خواره سر کشنده ٭ ولی چون باد در صحرا دونده ٭ چون نزدیک رسید نگاه کردند پسر حاتم بود که می آمد چون بقافله رسید بعد از رعایت شرط ادب و تحیت جاهلیت پرسید که ابو البختری کدامست اشارت بدو کردند از شتر فرو آمد و اورا در بر گرفته معانقهٔ دوستانه بجا آورد و گفت پدر خودرا امشب بخواب دیدم که مرا گفت ای پسر مرا امشب بیگاه مهمانی چند رسیدند و از من مهمانی طلبیدند چون خوردنی حاضر نبود از ابو البختری شتری قرض گرفته برای ایشان ذبح کرده ام و بار شتروی بر زمین مانده بامداد بگاه برخیز و فلان شتر نامدار را با خود بسر قبر من برو آنرا عوض شتر ابو البختری بوی ده و عذر خواهی بسیار کن پس شتر را به ابو البختری تسلیم نموده بهمان

یافتند ✦ دولت باقی ز کرم یافتند ✦ زندگی شمع ز جان دادنست ✦ زاد ره روح
زنان دادنست ✦ کوی سعادت ز کرم می برند ✦ شهد شهادت بکرم میخورند ✦
و از غرایب اخبار حاتم آنست که بعد از وفات وی جمعی از بنی اسد در آخر
روزی بسر قبر وی رسیدند و چون بیگاه بود همانجا رخت اقامت فرو گرفتند
اهل قافله را زاد و توشه تمام شده بود و اغلب از ایشان گرسنه و بینوا بودند
و قافله سالار که اورا ابو البختری گفتندی شتران همراه داشت اما سفره اش
بی توشه و خرمن زادش بی خوشه بود ✦ مثنوی ✦ زاد رهش چون کرم
مدخلان ✦ مطبخ او چون کف بیحاصلان ✦ هیچ نه و همنفسان مشتهی ✦
گرسنگان بیحد و سفره تهی ✦ دید که شد خرمن صبرش بباد ✦ روی بسوی
مرقد حاتم نهاد ✦ خواند ثنایی و تضرع نمود ✦ دیده فرو بست و زبان
بر کشود ✦ کی ز تو طی آمده طومار آز ✦ چشم طمع مانده بجود تو باز ✦
کوس سخا بر سر گردون زدی ✦ آب عطا بر رخ جیحون زدی ✦ از درت
آواز کرم خاستست ✦ این همه آوازه آکر راستست ✦ پاس فقیران مسافر
بدار ✦ کار غریبان پریشان بر آر ✦ ما دو سه دلخسته دم بسته ایم ✦ و زهمه
دل در کرمت بسته ایم ✦ چون دل ما بستهٔ انعام تست ✦ سفرهٔ ما بر کرم عام
تست ✦ ابو البختری در این باب اطناب مینمود و همراهان اورا از این نوع
مقال منع میکردند و بدین جرات و گستاخی راضی نمی شدند و او طریق ابرام
پیش گرفته و الحاح از سرحد حصر گذرانیده در طلب مهمانی مبالغه می کرد
ناگاه پیش آهنگ شتران او بختی که فربه و بسیار قوی هیکل بود از پای
در آمد ✦ مثنوی ✦ در نفس از پای در آمد چوباد ✦ لرزه کنان بر سر خاک
اوفتاد ✦ ناله بر آورد و طپیدن گرفت ✦ جان زتنش عزم رمیدن گرفت ✦
عاقبتش کار به بسمل رسید ✦ ز آنکه از و فایده ها شد بدید ✦ یک یک از
مرد و زن کاروان ✦ داد بقسمت همه را ساروان ✦ کرد همان لحظه همه
شیخ و شاب ✦ سفره پر از یخنی و خوان پر کباب ✦ رفقای ابو البختری بر
سبیل تشنیع و توبیخ گفتندی ای بی ادب نه ترا گفتیم که با آن بزرگ عرب

بطاق برسیده گفت ای گدای شوخ چشم شرم نداری که در سـوال تا این حال الحاح مینمایی و در کریه تا این غایت ابرام می افزایی این چه حرص است که سه نوبت از من تفقد ستدی و همچنان در طلب و بی نوایی میزنی و بر حالت اول خودی ٭ بیت ٭ کاسهٔ چشم حریصان پر نشد ٭ تا صدف قانع نشد پر در نشد ٭ مادرش نقاب از روی بر داشته گفت ای پسر تو شرم نمی داری که بجای حاتم می نشینی و دعوی سخاوت میکنی و حال آنکه من یك نوبت جهت امتحان بهیات گدایان بر آمده در زیر هر چهل روزنه از او چیزی طلبیدم هر نوبت مرا دید و از کرت پیشتر بیشتر چیزی بخشید و مطلقاً که برابر او نزد و مرا بالحاح و ابرام منسوب نکرد تو در چهار نوبت بتنك آمدی و مرا شوخ چشم و حریص و مبرم خواندی بر خیز که این نـه جای تست ٭ بیت ٭ این جای نه جای تست بر خیز ٭ و این کار نه کـار تست بستیز ٭ در کتاب جواهر الامارة و عناصر الوزارة مذکور است که چون حاتم وفات کرد و اورا دفن کردند قضارا قبر او در محلی واقع شـد که ممر سیل بود وقتی از اوقات باران عظیم بارید و سیل هایل بیامد و نزدیك بود که قبر حاتم ویران کردد پسرش خواست که قالب اورا بموضعی دیگر که از این آفت ایمن تواند بود نقل کند چون سر تربت او باز کردند همه اعضا و اجزای او از هم فرو ریخته بود الا دست اوکه هیچ نوع تغیری نداشت مردم از آن حال متعجب شدند و از چنان صورتی شگفت ماندند پیری صاحبدل در میان نظارکیان بود گفت ای مردم از این عجب مدارید و از سلامتی دست حاتم متعجب مشوید که او بدین دست عطای بسیار به سایلان داده بود لا جرم در حمایت خیر و کرم بسلامت ماند هر که دست کافر بت پرست بواسطهٔ دادن عطا از خلل ریختن سالم می ماند نه عجب که تن مومن خدای پرست بوسیلهٔ تصدق در راه خدا از آفت سوختن ایمن کردد چه حصول دولت جـاودانی بلکه وصول بسعادت رضای ربانی وابسته بتاسیس مبانی طاعات و عبادات و متعلق به تشیید قواعد خیرات و مبراتست ٭ مثنوی ٭ دولتیان رخ زجهان

نرود و لمعهٔ چراغی که حاتم بکرم افروخته زوایای دیار عرب را همچنان روشن دارد بعد از وقوع اختلاف در رایها قرار کار بر آن افتـاد که برادر حاتم را بجای وی بنشانند و هریک از بزرگان قبیله بدان مقدار که مقدور ایشـان باشد از مال و مایحتاج مسامحت نمایند و او خوان سخاوت بر روی کافهٔ انام از خواص و عوام بکشاید تا بدین سبب قاعدهٔ کرم در میان بنی طی ممهـد و اساس سخاوت در آن قبیله محکم و مشید بماند خبر بمادر حاتم رسید گفت هیهات هیهات از خیال باطل و فکر بلا طایل درگذرید و این بیت خوانـد ٭ بیت ٭ کوهر پاک بباید که شود قابل فیض ٭ ورنه هر سنگ سیه لعـــل بدخشان نشود ٭ اندیشهٔ که در باب برادر حاتم کــرده اید بگذارید که از او توقع حاتمیت نتوان کرد زیرا که حاتم بعد از ولادت شیر از پستان من نگرفت تا وقتی که کودک بیگانه را شیر دادم و این برادر یک پستان در دهن داشـت و دیگری در دست گرفته بود تا کودکان دیگر نبینند و از آن شیر نخورند از چنین کسی حاتمی چون آید این پسر را بصورت با حاتم مشابهتی تمام است و یعنی با او مخالفتی لاکلام ٭ نظم ٭ زمرد و کیهٔ سبز اگر چه یکرنکند ٭ ولی از ین به نگین دان برند از آن بجوال ٭ اگر چه دال چو دالست در کتابت لیک ٭ به ششصد و نود و شش کست دال از ذال ٭ و مشهور است که اکابر قبیله بسخن مادر ممتنع نشدند و برادرش را در قصر حاتم که چهل روزنــه داشت بر سریر اقتدار و مسند اختیار متعین و متمکن ساختند و حاتم روزی که درین قصر نشستی از زیر هر روزنه که آواز سایل بر آمدی نقد مقصود در دامن آرزوی وی نهادی ٭ بیت ٭ بر آن در هیچکس سایل نگشتی ٭ که در دم کام او حاصل نگشتی ٭ چون برادر حاتم بجای وی بنشسـت مادرش در لباس سایلان بزیر یک روزنه آمده در سوال گشاد و برادر حاتم ویرا چیزی بخشید پیرزن برگشت و در موازات روزنهٔ دیگر زبان خواهش بکشود دیگر بارش بعطیهٔ بنواخت نوبت سوم بر همین منوال نوالی مناسب حال بوی ارزانی داشت گرت چهارم که برابر روزنهٔ رابع آغاز سوال کرد برادر حاتم را طاقت

شنیده کفت آری عزیزی دیده ام که همای همتش سر بآشیانهٔ عنقــا فرو نیاوردی و طایر فکرش جز بذروهٔ سپهر برین پرواز نکردی ٭ بیت ٭ ز عالم دیدهٔ همت ببسته ٭ بدار الملك استغنا نشسته ٭ کفتند شرح این حال وکیفیت این مقال بطریق تفصیل نه از روی اجمال با ما بیان کن کفـت روزی از روزها چندین شتر وکوسفند ذبح کرده بودم و امرای عرب را همانی آورده در اثنای این احوال بکشت صحرا بیرون رفتم پیر خارکنی را دیدم پشتهٔ خاری فراهم آورده و بمشقت بسیار خس و خاشاك چندرا جمع کرده کفتم ای درویش چرا ؟ همانی حاتم نروی که خلق بر موایدِ مشحون بفواید او نشسته اند و بذلهای فراوان از خوان احسان او در بسته درویـــش سر بر آورد وکفت ٭ بیت ٭ هر که نان از عمل خویش خورد ٭ منت حاتم طایی نبرد ٭ من اورا از خود عالی همت تر دیدم ٭ نظم ٭ منه بر برهٔ بریان کس چشم ٭ قناعت کن بنان و ترهٔ خویش ٭ نظر در قرص ماه و سفرهٔ چرخ ٭ مکن پیشش ز نان و سفرهٔ خویش ٭ ز خورشیدی که او بر آسمانست ٭ ترا به بر زمین یکذرهٔ خویش ٭ و حاتم در سال هشتم از ولادت حضرت رسالت پناه صلی الله علیه و آله سفر آخرت پیش گرفت و عجبتر آنکه وفات شاه انوشیروان نیز که در عدل بر سلاطین سابق فایق و در میدان سبقت کوی نصفــت از پادشاهان ماضی در ربود ٭ بیت ٭ جهانرا بداد و دهش رام کرد ٭ همـــه کارها از پی نام کرد ٭ در همان سال اتفاق افتاد و این دو کس که در زمان خود بعدل وکرم سر آمد اهل عالم بودند باتفاق یکدیگر از خطهٔ فنا بسرای بقا رحلت نمودند و آوازهٔ عدالت و دبدبهٔ سخاوت در عرصهٔ عالم یادگـــار کذاشتند ٭ بیت ٭ کر نبودی جود و عدل حاتم و نوشیروان ٭ کس بنیکوی نبردی نام ایشان در جهان ٭ آورده اند که چون بساط زندکانی حاتم طی شد و اهل زمان از فواید جود و مواید احسان او بی بهره ماندند این حال بر بنی طی دشوار آمد اکابر و اعیان قبیله طرح تدبیر افکندند و با یکدیگر قرعهٔ مشاورت کردانیدن گرفتند و برای آنکه نام سخاوت از میان ایشان بیرون

و در خانه آماده نیست مادرش فرمود که ای پسر تا تو بصحرا روی و هیمه آری دیر کشد و مهمان را گرسنه داشتن از مروت دورست پس بیرون خیمه دو نیزه بود پیر زن بیرون دوید و آن نیزها را فرمود تا در هم شکست و کوسفند را ذبح کرد و فی الحال طعامی ساخته نزد من آوردند بعد از تناول طعام تفحص نمودم ایشان را از متاع دنی جز آن کوسفند و آن دو نیزه هیچ چیزی دیگر در تحت تملك نبود و از مروت و سخاوت جبلی که داشتند آنرا فدای مهمان کرده هیچ دقیقه در خدمتکاری فرو نگذاشتند ٭ بیت ٭ بذل کردن بهـــر مهمان آنچه باشد دست رس ٭ از بزرگان خوب آید و زفقیران خوبتر ٭ حاتم گوید آن پیر زال را گفتم مرا می شناسی گفت نی گفتم مرا حاتم طائی خوانند و منزل خیل و حشم من فلان سر است آگر بقبیلهٔ من آیی در حق تو و پسرت تکلیف واجب دارم و حقوق مهمانداری شما چنانچه شرط باشد بگذارم زال جواب داد که ای حاتم نام ترا شنوده ام و آوازهٔ ترا ببــــذل نعم دانسته و مرا کان آن بود که تو مردی مهذب و کامل باشی ندانستم که مهمان را در حیز خرید و فروخت می آری ما از آن جمله نیستیم که بر مهمـــانی مزد ستانیم یا نان و آش بهٔ بفروشیم سلامت شو که ما کوشهٔ این بادیه را بروضهٔ ارم برابر نمیکنیم و نان و ترهٔ خود را از مرغ و برهٔ حاتم دوستر میـــداریم ٭ بیت ٭ ما ملك فقر را بدو عالم نمیدهیم ٭ دردی ز جام فاقه بصد جم نمی دهیم ٭ چندانچه من در این باب مبالغه نمودم بجای نرسید و آمدن بقبیله قبول نکردند اسپ و سلاح و آنچه همراه داشتم بر ایشان عرض کردم بهیچ وجـــه نظر التفات بر آن نیفکندند دانستم که ایشان از من جوانمردتر و بستایش کرم و سخاوت درخورترند ٭ قطعه ٭ آنچه بدهی که عوض جویی بدان ٭ باشد این خود عادت سوداگران ٭ جود دانی چیست بذل بی عوض ٭ دور بودن از ریا و از غرض ٭ هرچه داری هر کرا بینی بده ٭ و آنچه بخشیدی بر آن منت منه ٭ و مثل این حکایت در گلستان شیخ سعدی رحمة الله علیه مذکور است مضمونش آنکه حاتم را گفتند از خود بزرگ همت تر دیدهٔ یا

الحال كلمات ايشانرا مقلوب فرمود كه لا سرف فی الخير يعنی هيچ اسرافی نيست در خير كردن مقصود آنست كه هر چند در خير اخراج كنند آن اسراف نيست بلكه اسراف آن باشد كه خرج نه در خير واقع شود ✢ ✢ قطعه ✢ اگر كسی برضای خدای عز و جل ✢ هزار بدره بخشد هنوز كم باشد ✢ وگر برای هوا نيم دانك خرج كند ✢ يقين بدان كه باسراف متهم باشد ✢ از حاتم سوال كردند كه كرم چيست گفت بذل هرچه باشد برای هر كه باشد گفتند تو از تو كريم‌تر ديده گفت آری وقتی تنها در باديه راه می رفتم و كان من از آن بود كه هم اول روز بمقصد خواهم رسيد القصه وصول من بدان منزل و نزول من بدان موضع ميسر نشد و نير اعظم ارتفاع پذيرفت هوا از تاب آفتاب چون كورهٔ آهنگران آتش بار كشت و زمين از تاثير حرارت نمودگرٔ اثر شد ✢ مثنوی ✢ شدی خون از حرارت در بدن خشك ✢ چو در ناف غزالان نافهٔ مشك ✢ صدف را در ميان بحر ذخار ✢ كهر در سينه همچو دانهٔ نار ✢ حرارت بر من غلبه كرده پناهی ميجستم و مركب از هر طرف می راندم ناگاه در پس پشتهٔ خيمهٔ كهنه ديدم زده و گوسفندی در پس خيمه بسته چون برسيدم و آواز سم مركب من بگوش اهل خيمه رسيد پير زنی بيرون آمد و استقبال نموده صدای مرحبا و اهلا بر كشيد و عنان مركب من گرفته بتضرعی تمام التماس نزول كرد اثر صدق دعوت او بر دل من ظاهر شده ملتمس را اجابت نمودم و بخانهٔ او فرود آمدم هنوز جای قرار من مقرر نشده بود كه پسر زن بيامد و به بشاشتی هرچه تمامتر مرا پرسيد و مضمون اين بيت ساعت بساعت تكرار می نمود ✢ بيت ✢ بخانه‌ای كه چنين مهمان فرود آيد ✢ همای بخت در آن آشيان فرود آيد ✢ من بديدار پسر و مادر خوش بر آمدم و از تازه رويی و خوش خويی ايشان شكفته خاطر و شادمان گشتم پير زن پسر را گفت ای جان عزيز بر سبيل استعجال اين گوسفند را بسمل ساز تا جهت مهمان طعامی مهيا سازيم و ماحضری درويشانه تربيت دهيم پسر گفت مادر نخست بروم و قدری هيزم بياورم كه طبخ بی هيمه ميسر نمی شود

خوار مکن ٭ ور نخواهد شد از تو کارش راست ٭ بدروغش امیـد وار مکن ٭ دوم آنکه بهیچ عطا منت بر سایل ننهادم بلکه خود منت دار کشته داد عذر خواهی دادم و با خود تامل نمودم که اگر مرا بر او حق انعام لازم شده اورا نیز بر من حق آکرامی ثابت است زیرا که بمن کانی نیک برده و مرا قابل آن دانسته که از من چیزی خواهد و حق آکرام از حق انعام بزرکتر است و حق او بر حق من سابق بوده پس مرا حق آکرام او بخدمت فرو نباید کرد ٭ قطعه ٭ درخت کرم هر کجا بیخ کرد ٭ کذشت از فلك شاخ بالای او ٭ کر امیدواری کز و بر خوری ٭ بمنت منه اره بر پای او ٭ و حاتم این سخن را بسی خوب فرموده است که منت عطا را باطل کرداند چه سخاوت آن است که باری از دل ریش درویشی بر دارد چون کسی بار فقر از کردن بچاره بر دارد و بار منت که هزار بار از آن کرانتر است بر کردن وی نهد هر آینه جود او سایل را هیچ فایده ندهد بلکه چنان باشد که کاهی بر دارد و کوهی بجای او باز آرد و صاحب سجة الابرار خلدت ظلال حقایقه علی مفـارق الاخیار بدین معنی اشارتی فرموده اند ٭ مثنوی ٭ بار فقر ار فکنی از یك تن ٭ بار منت منهش بر کردن ٭ کوهی از فقر اگر آید پیش ٭ کاهی از منت از آن باشد بیش ٭ چون عطا بخش خدا آمد و بس ٭ به که دانا ننهد منت کس ٭ از سخنان حاتمست که دوست کدا مدار که زیان کنی و اما کـــکـــدایی دوست دار که سودمند شوی و این مثل از آن اوست که السماح اربــاح جوانمردی همه سودست هر دولتی را که روی بدان آرند و هر سعادتی که اورا مطمح نظر دارند از جاه و مال و دولت و اقبال و ذکر جمیل و نام نیکـــو بجوانمردی حاصل آید ٭ مثنوی ٭ جوانمرد محبوب جان و دلست ٭ صفای دل و جان از آن حاصلست ٭ شراب طرب جرعة جام اوست ٭ نشان وفا نیز بر نام اوست ٭ جوانمرد اگر راست پرسی ولیست ٭ کرم پیشة شاه مردان علیست ٭ حاتم را از بسیاری کرم ملامت کردند بدین عبارت سر زنش اشارت نمودند ٭ لا خیر فی السرف یعنی هیچ خیر نیست در اسراف کردن حاتم فی

دولت دهد ٭ فیض ازل رو بکریمان نهد ٭ و حاتم با وجود صفت سخاوت از دقایق حکمت نیز بهره مند بود و فواید حکمیات او در دوانین عرب و توارخ ایشان مثبت است از جمله آنکه اولاد خودرا وصیت میفرمود که نیکوکاری و احسان را وسیلهٔ انجاح مرادات و ذریعهٔ حصول مقاصد و مرامات سازید که مطالب جوانمردان بی سعی و جهد ایشان بر مقتضی ارادت محصل کردد ٭ ٭ بیت ٭ در کرم بکشای رسد زغیب مرادت ٭ مراد خلق بر آری بر آورند مرادت ٭ و دیکر فرموده که دست از دنی بر دارید پیش از آنکه دنی دست از شما بدارد برای دفن کنج رنج مکشید بلکه ببذل کنج رنج را علاج کنید ٭ ٭ بیت ٭ چرا باید کشیدن از جهان رنج ٭ نهادن از برای دیگران کنج ٭ دیکر کفته اکر میخواهید که عزیز باشید زررا خوار دارید که هر که زر در نظر او خوار است همه کس اورا عزیز و مکرم دارند و هــر که زررا عزیز دارد مجموع اورا خوار و بیقدار شمارند ٭ قطعه ٭ مال از بهر آن بکار آیدکــه زبهر تنت سپر کردد ٭ هر که تن را فدای مال کند ٭ مال و تن هــر دو بی سپر کردد ٭ هر کریمی که خوار دارد زر ٭ هر زمانی عزیز تر کردد ٭ ٭ حکایت ٭ یکی از حاتم پرسید که آسایش دنی که دارد کفت آنکس که در دنی از او آسایش دارند باز سوال کردند که در جهان راحــت بی رنج که دارد جواب داد آنکس که رنج درویش براحت مبدل سازد ٭ رباعی ٭ در حشمت اکر خسرو اکر دارایی ٭ بی راحت خلق تا دمی تغایی ٭ ور با همه عیبها کریم آسایی ٭ عیبت هنرست و زشت زیبایی ٭ حاتم را کفتند در میان عرب مالدارتر از تو بسیار اند و در اطراف و جوانب جهان کریمان و جوانمردان بیحد و شمارند چرا از میان همه قرعهٔ شهرت بنام تو بر آمده و به صفت جود و کرم نزد عرب و عجم مشهور شدهٔ جواب داد که من دو کار کردم که دیکران از او غافل بودند یا پریشان روشن بود و از آن تغافل می نمودند یکی آنکه هیچ سایل را انتظار ندادم و بی وعدهٔ امروز و فردا مقصودی که داشت در کارش نهادم ٭ قطعه ٭ چون عزیزی ز تو سوال کند ٭ زینهارش بمنع

عطای خویش را بینم که چونست ✢ و در کتاب بوستان مثل این حکایتی آورده است ✢ مثنوی ✢ زبنگاه حاتم یکی پیر مرد ✢ طلب ده درم سنگ فائید کرد ✢ زر اوی چنین یاد دارم خبر ✢ که پیشش فرستاد تنگی شکر ✢ زن از خیمه گفت این چه تدبیر بود ✢ همان ده درم حاجت پیر بود ✢ شنید این سخن نام بردار طی ✢ بخندید و گفت دلارام جی ✢ گر او در خور حاجت خویش خواست ✢ جوانمردی حاتم طی کجاست ✢ حکایت ✢ در کتاب زلال الصفا فی سیرة المصطفی صلی الله علیه و آله آورده اند که حاتم قدوهٔ عظما و زبدهٔ کرما وطراز خامهٔ سخا و عنوان نامهٔ عطا بود روزی تنها و پیاده در صحرا می رفت جمعی اعراب بوی رسیدند و از قبیلهٔ اعادی خود اسیری گرفته و بند کرده همراه می بردند آن اسیر حاتم را بشناخت و آغاز استغاثه کرده طرح استعانتی افکند و گفت ✢ قطعه ✢ ای کریمی که از سخا و کرم ✢ باغ امید تازه می سازی ✢ چه شود شکر چنانچه عادت تست ✢ این رهی بلطف بنوازی ✢ می شوم من خلاص اگر توبجود ✢ نظری جانب من اندازی ✢ اتفاقا حاتم هیچ چیز با خود نداشت از روی انفعال گفت ای درویش نیک نکردی که نام نیک مرا بباد ننگ بر دادی و در محلی که مرا مفلس یافتی زبان سوال کشادی حقا که در این وقت بهر چه می داشتم طریق مسامحت و مساعدت فرو نمی گذاشتم ✢ بیت ✢ بدستی که خالی بود از درم ✢ محالست با خلق کردن کرم ✢ پس حاتم هر چند کرد خود بر آمد بر یمین و یسار جز یسار و یمین ندید و در خود قوت آن نیافت عاقبت بند از دست و پای او بر داشت و بر دست و پای او نهاد و شرط اشفاق بجای آورده رقم اطلاق بر جریدهٔ حال وی کشید و خود را مقید ساخته اورا آزاد کردانید و همچنان در آن قید و زنجیر می بود تا وکلای وی برسیدند و اورا بمبلغی کثیر از آن جماعت باز خریدند و بدین لطف وکرم در میان طوایف امم مذکور و مشهور گشت ✢ بیت ✢ حاتم طائی بکرم گشت فاش ✢ گر کرمت هست درم کوم باش ✢ در چمن دهر بقولی درست ✢ همچو کرم هیچ نهالی نست ✢ شاخ کرم میوهٔ

و احسان نام نیکوکاری بر صفحهٔ روزکار مثبت و مرقوم کردانید ٭ قطعه ٭
برین رواق زبرجد نوشته اند بزر ٭ که مخزن زر و کنج درم نخواهد ماند ٭
توانکرا دل درویش خود بدست آور ٭ که جز نکویی اهل کرم نخواهد ماند ٭
٭ حکایت ٭ روزی یکی از بادیه نشینان در غایت صغر جثه و نحافت بدن
بنزدیک حاتم آمد انبانی در دست و کفت ای حاتم انبان مرا پر آرد کــن
و عیال مرا از کرسنکی بازرهان حاتم کفت من دانستم که چه می خواهی اما
تو ندانستی از چه میخواهی پس خازن خود را فرمود که انبان این اعرابی را
بجای آرد سفید پر زر سرخ کن خازن فرمانرا بجای آورد و انبان را از زر
خالص پر ساخته پیش اعرابی نهاد بیچاره خواست که بر دارد از غایت ضعف
و نحافت و نهایت عجز نتوانست کفت ٭ بیت ٭ ای عطا بخشی که تا دست
کرم بکشاده ٭ فقر و فاقه رو بصحرای عدم آورده اند ٭ چــون زر و سیم
جهانرا نیست بر دست قرار ٭ کان سیم و زر ز خیرت خاک بر سر کــرده
اند ٭ من مردی بغایت خردم و عطای تو بسیار بزرکست عطایاک لایحملها
الا مطایاک عطای تو مکر چارپای تو بر دارد حاتم بخندید و بفرمود تا شتر سرخ
موی بوی دادند جامهٔ قیمتی در او پوشانید اعرابی سوار شد و انبــان زر در
پیش کرفته میراند و میکفت سوالی اسیرانه کردم و نوالی امیرانه یافتم خواهشی
کردم فراخور حال و کار خویش و عطائی بمن رسید از اندازه و مقدار من
بیش ٭ بیت ٭ قطرهٔ می خواستم بحری بدید آمد مرا ٭ یک خرف کــردم
هوس صد عقد کوهر یافتم ٭ یکی از مقربان حاتم زبان اعتراض کشـــاده
بعرض رسانید که مطلوب این سایل از شما انبان آرد بود و بس مبلغی زر
چرا بدو باید داد بزرکان کفته اند نوال هرکس فراخور سوال او باید و اکر
زیادت بود حوصلهٔ همت او بر نتابد ٭ بیت ٭ در خور حوصلهٔ پشه نبــاشد
هرکز ٭ لقمهٔ کان جهت پیل مهیا کردد ٭ حاتم کفت او فرا خور قیمت خود
خواست و من مناسب همت خود دادم ٭ مثنوی ٭ اکر اندر خور خود خواست
سایل ٭ مرا آخر کجا شد جود شامل ٭ نه بینم آنکه سایل بس زبونست

۱۸۹

خود بر بادپایان جهان پیمای و تکاوران آتش نعل آهن خای سوار شده بتماشای صحرا بیرون رفت ناگاه گذر ایشان بر دشتی هموار و صحرائی شایستهٔ مضمار افتاد و چون یکی از تماشاهای اعراب تاختن اسپان و تماشای ایشان بود اسپانرا در تاختن بحسب مراتب سبقت نامها نهاده بودند چون مجلی و مصلی و مانند آن و بسبقت مراکب مفاخرت تمام داشتند در این صحرا حاتمرا نیز هوای اسپ تازی بدید آمد و اسپان تازی را در میدان مسابقت افکنند غلامان او مرکب تیز رفتار را که توسن سبک سیر کردون بکرد ایشان نرسیدی و زردهٔ خورشید از غایت مهر چون سایهٔ دنبال ایشان دویدی ؛ بیت ؛ زنعلها شان روی زمین گرفته هلال ؛ زکوشها شان روی هوا گرفته سنان ؛ بجولان در آوردند و در این محل بر کنار مضمار ایشان درویشی ایستاده بود جامهٔ خلقان پوشیده و از دست ساقی دوران شربت زهر آمیز محنت نوشیده ؛ ؛ مثنوی ؛ پریشان هیأتی آشفته حالی ؛ تنش از ناله بر منوال نالی ؛ ضعیفی تنگدستی بینوایی ؛ فقیری درمند مبتلائی ؛ حاتمرا در اثنای مسابقت اسپان تازی و ملاعبت ره نوردان جحازی نظر بر آن درویش افتاد و ترک تماشا داده مرکب بسوی او راند وگفت ای درویش وقوف تو در میان این همه گرد و غبار چیست و دیدهٔ انتظار که بر اطراف میدان و جوانب مضمار موقوف گردانیده برای کیست درویش حاتمرا نشناخته جواب داد که مردی فرومانده و محتاجم و مقید زندان فاقه و احتیاج شنیدم که حاتم طائی در این میدان اسپ می تازد و چوکان تماشا کوی عشرت می بازد میخواهم که غبار سم اسپ حاتم که مردی صاحب دولتست بر سر من نشیند شاید که از ذل ادبار و نکبت و غل بدبختی و شدت باز رهم ؛ بیت ؛ چشم تراست خاصیت کیمیا که آن ؛ بر خاک اگر فتد شود اجزای خاک زر ؛ حاتم پیاده شد و اسپی که سوار بود با زین و لجام پر زر و زیور آراسته بوی داد و هرجامه که در بر داشت بدو پوشید و از مرکبان و غلامان هر چه همراهٔ وی بود بوی بخشید و عذر خواهی نموده پیاده و برهنه رو بسوی خانه نهاده باز رفت و بدین بذل

و دزدی میگذرد و در این ولا سلطان یمن مرا طلبیده و وعدهٔ مال و متاع فراوان کرد و بشرط آنکه حاتم را پیدا کرده بقتل آرم و سر اورا بتحفه نزد ملك برم و من بضرورت وجه معاش این صورت را قبول کرده بدین ولایت آمده ام نه حاتم می شناسم و نه راه بمنزل او می برم از درویش نوازی و غریب پروری تو عجب نباشد که حاتم را بمن نمائی و در کشتن او شرط همراهی و مدد کاری بجای آوری تا من از عهدهٔ عهد خویش بیرون آمـده بـاشـم و بدولت معاونت تو از مواعید شاه یمن بهره مند کردم جوان که این سخنان استماع نمود ٭ بیت ٭ بخندید و گفتا که من حاتم ٭ سر اینك جدا کن بتیغ از تنم ٭ ای مهمان بر خیز و پیش از آنکه متعلقان من خبردار شوند سر من بر دار و ببر تا مقصود شاه محصل و مراد تو میسر گردد ٭ بیت ٭ چو حاتم بآزادگی سر نهاد ٭ جوان را بر آمد خروش از نهاد ٭ فی الحـال پیش حاتم در زمین افتاد و بوسه بر دست و پای وی میداد و می گفت ٭ مثنوی ٭ که گر من کلی بر وجودت زنم ٭ نه مردم که در کیش مردان زنم ٭ دو چشمش بیوسید و در بر گرفت ٭ و زآنجا طریق یمن بر گرفت ٭ حاتم اسباب راه از زاد و راحله تمهید نموده اورا گسیل کرد و عیار پیشه بملك یمن آمده صورت حال بعرض ملك رسانید ملك از روی کرم طبعی منصف شد و از راه آزادی و جوانمردی معترف گشت که کرمی در این مرتبه حد هیچ آفریده نیست و سخاوتی بدین مثابه مقدور هیچ آدمی نه ٭ بیت ٭ هست جوانمرد درم صد هزار ٭ کار چو با جان فتد آنجاست کار ٭ حکایت ٭ آورده اند که در موسم بهار و زمان شکفتن انوار و ازهار که فراش قدرت آلهی بساط تلون حتی اذا اخذت الارض زخرفها گسترده بود و نو رسیدگان عالم غیب را از پردهٔ ابداع بنظاره گاه فانظروا الی آثار رحمة الله آورده و زبان ذکر خلوت نشینان حجرهٔ خالدا بدین ترانه از خانه بیرون کشیده تماشای صحرا تقاضا می کرد ٭ بیت ٭ بیا کز ابر نوروزی چمن آبی دیگر دارد ٭ زشمع لاله بزم بوستان تابی دیگر دارد ٭ حاتم را آرزوی گشت بدید آمد و با جمعی از غلامان

ابنای زمان یك بخش از هزار بخش آن امید توان داشت ساعت بساعت بذل آن جوان را بدل تحسین می کرد و بزبان ثنا و آفرین می گفت ❊ بیت ❊ تبارك الله از این مردمی و خوش خویی ❊ گذشته زهمه نیکوان بنیکویی ❊ میزبان لحظه بلحظه تکلف دیگر می نمود و مطعومات گوناگون و مشروبات رنگ برنگ ترتیب می کرد ❊ بیت ❊ هرنفسی بر سر خوانش نکر ❊ خوردنی خوبتر از خوبتر ❊ بدین منوال تا شب تیره بپایان رسید و صبح روشن روی از افق مشرق طلوع کرد مهمان با دیدۀ گریان وداع میزبان را میان در بست و بزبان نیاز مضمون این بیت جگر سوز دلگداز ادا می کرد ❊ بیت ❊ دلم میسوزد از درد جدایی ❊ چه بودی کر نبودی آشنایی ❊ جوان مبالغۀ که زیاده از آن نشاید مهمان را استدعای اقامت میفرمود و مرد عیار بانواع اعتذار متمسك شده اجابت نمی نمود ❊ بیت ❊ نیارم شد البته اینجا مقیم ❊ که در پیش دارم مهمی عظیم ❊ جوان گفت ترا تشریف محرمیت ارزانی دار و مهمی که هست با من در میان آر مهمان چون کرم و خوشخویی و جوانمردی و دلجویی میزبان را مشاهده نمود باخود تامل کرد که این مهم کلی که مرا در پیش است بی اعانت چنین یاری و بی دستیاری از این گونه مدد کاری که بصفت مروت و کارسازی و همت فتوت و غریب نوازی موصوف و موسوم است سر انجام نخواهد یافت هیچ به از این نیست که پرده از روی کار بر داشته راز خود با او باز نمایم و این آزاد مردرا باخود یار ساخته روی باتمام آن مهم آورم ❊ مثنوی ❊ دامن یاری کرت افتد بدست ❊ فارغ و آزاد توانی نشست ❊ کار تو از یار مکمل شود ❊ مشکلت از همنفسان حل شود ❊ پس اول این جوان را بسبب اخفای آن مهم سوکند داد و بعد از تاکید بی نهایت آن سررا با وی در میان نهاد و گفت شنیده ام که در این نواحی حاتم نام کسی هست که در جوانمردی رکنی مدار علیه و در احسان و مردم نوازی بزرگی مشار الیه است و پادشاه یمن از او دغدغۀ در دل و خدشۀ در خاطر دارد و من مردی پریشان روزکار و آشفته حالم و معیشت من از عیاری

این حال ٭ بیت ٭ در ذکر حاتم کس باز کرد ٭ دیگر ره ثنا کفتن آغاز کرد ٭ ملك از آن برنجید و آتش غضبش و عرق حسدش درحرکت آمده با خود اندیشه کرد که هیچکونه زبان اهل زمان از ذکر حاتم خاموش نیست و صفت نیکوکاری و مهمانداری او بر دل مردم فراموش نی همان بهتر که بدستیاری ملاح فکر کشتی عمر او در کرداب فنا افکنم و بمددکاری استاد اندیشه رقم نام اورا از لوح زندکانی محوکنم ٭ بیت ٭ که تا هست حاتم در ایام من ٭ بنیکی نخواهد شدن نام من ٭ و در پای تخت او عیار پیشهٔ بود که برای یکدینار صد دینار خون ناحقرا میان بستی و بامید اندك فایدهٔ بسیار کسارا باتش بیداد بسوختی ٭ بیت ٭ چو چشم نازنینان بود خونریز ٭ چو زلف خوبرویان فتنه انکیز ٭ پادشاه یمن اورا طلب کرد و بمواعید پادشاهـــانه مستظهر ساخته بر آن آورد که خودرا بقبیلهٔ بنی طی رساند و بهر حیله که تواند و بهر شعبدهٔ که داند حاتم را نا بود کرداند آنکس متعهد قتل حاتم و متعرض افنای وی شده متوجه قبیلهٔ بنی طی کشت و بدان سر منزل رسیده با جوانی خوش خوی نیکو روی که سیمای بزرکی از جبین او تابان و فرفر خنـــدکی در ناصیهٔ او درخشان بود ملاقات کرد جوان از روی مهربانی و بشیریــن زبانی اورا پرسش کرم نموده پرسید که از کجا می آیی و بکجا می روی عیار پیشه جواب داد که از یمن می آیم و بجانب شام می روم جوان التماس نمود که یك امشب بقدم کرم وثاق مرا مشرف ساز تا ما حضری که بی شایبهٔ تکلـــف مهیا باشد بنظر شریف در آورم و بدین تحشم که ارزانی فرمایی و کلبهٔ مرا بنور حضور بیارایی بغایت منت دارم ٭ مصرع ٭ زدر درآ و شبستان مـــا منورکن ٭ عیارپیشه بدین تلطف و ملایمت دل بسته آن جوان شده روی بمنزل وی نهاد ٭ بیت ٭ بشیرین زبانی و لطف و خوشی ٭ توانی که پیلی بموی کشی ٭ القصه آنشب مراسم ضیافت بر وجهی بتقدیم افتـــاد که بر خاطر مهمان خطور نکرده بود و پیرامن ضمیر او نکشته که هرکز عشر عشیر از آثار مروت و اطوار انسانیت از هیچ فردی توقع توان کرد و بهیچکس از

بد ظلمت تیره از پیش و پس ۞ بسوی رمه ره نمی یافت کس ۞ بنوعی دکر
رو و راهم نبود ۞ جز او بر درباركاهم نبود ۞ مروت ندیدم زآیین خویش ۞
که مهمان بخسبد دل از فاقه ریش ۞ مرا نام باید در اقلیم فاش ۞ دکر
مرکب ناموّر کو مباش ۞ پس اسپان بسیار و تبرکات بیشمار جهت سلطان
روم فرستاد و رسول را نیز از تحفها یاری کرد و بخوبتر وجهی کسیل کرد
و چون عظیم الروم از فحوای این حال خبر یافت شرط انصاف پیش آورد
و آیین مروت و قاعدهٔ فتوت بر حاتم را مسلم داشت این حکایت از بوستان
شیخ مصلح الدین سعدی رحمة الله علیه نقل افتاد و حکایتی دیکر هم در
بوستان آورده که معاصر حاتم در شهر یمن پادشاهی بود صفت کرم و سخاوت
بر او غالب و خصلت احسان و مروت بر او مستولی همواره موايد احسان او
برای خاص و عام مهیا بودی و شربت انعامش در کام مرام محتاجان
و درماندکان مهنا ۞ بیت ۞ چو دست جود و بخشش برکشادی ۞ زعالم
رسم خواهش بر فتادی ۞ میخواست که جز نام کرم او بزبانها مذکور نشود و جز
صیت جود و سخای او در افواه خلق نیفتد و بدین سبب هرکس در پیش
وی صفت حاتم کردی آتش غضبش اشتعال نموده بایذای آنکس اشتغال
فرمودی و کفتی حاتم مرد صحرا نشین است از جملهٔ رعیت ولایت من اورا نه
رتبهٔ مملکت داریست و نه منصب فرمان روایی نه قوت جهانکیری دارد و نه
بازوی کشور کشایی ۞ بیت ۞ نه اورا خزانست و نی تخت و تاج ۞ نه باجش
کسی میدهد نی خراج ۞ پیداست که از دست او چه کرم آید و به اسپ
و کوسفند و شتری چند که دارد چه مقدار کرم نماید من آنچه در سالی حاصل
حاتم باشد در روزی بسایل می دهم و صد برابر خوان او در یك چاشت
پیش مهمان می نهم ۞ مصرع ۞ تفاوت نکر که کجا تا کجاست ۞ القصه
ملك یمن روزی چشنی عظیم ساخته بود و طرح مجلس خاص بخواص
و عوام انداخته همه روز چون آفتاب بزر افشانی مشغول بود و درویشان
و حاجتمندان را باسعاف حاجات و انجاح مرادات نوازش می نمود در اثنای

خرامی با باد طریق همراهی سپرده ✦ مثنوی ✦ چو اشك عاشقان كلكون
و خوش رو ✦ جهان پیماتر از شبدیز خسرو ✦ بوقت حمله برق آسا جهنده ✦
بگاه پویه چون صرصر دونده ✦ سلطان روم وزیر خود را گفت كه خــبر
سخاوت حاتم در عرب و عجم فاش شده و صیت جوانمردیش از شرق تا غرب
فرو گرفته و من شنیده ام كه بدین صفت اسپی دارد و بدین لطافت مركبی
میخواهم كه نقد اورا بر محك اعتبار بیازمایم و صورت دعوی اورا در محكمهٔ
معنی امتحان نمایم و كس بطلب آن مركب بقبیلت فرستم ✦ مثنوی ✦ من از
حاتم آن اسپ تازی نژاد ✦ بخواهم كر او مكرمت كرد و داد ✦ بدانم كه در
وی شكوه بیست ✦ و كر رد كند بانك طبل تهیست ✦ پس ایلچی با تحــف
و هدایا كه لایق حاتم بود فرستاد و به اندك زمانی ایلچی ملك روم بقبیلت
رسیده در حوالی منازل حاتم نزول كرد و قضارا مقارن رسیدن ایلچی باران
و برف رسیدن گرفت و رعد و برق و صاعقه و امثال آن بدید آمد حاتم
مهمان را دلداری داده بمنزل شایسته آورد و فی الحال بفرمود تا اسپی بكشتند
و طعامی مهیا كرده نزد مهمان آورد بعد از فراغت طعام اسباب استراحت
آماده ساخته از خیمه بیرون رفت و آن شب از هیچ نوع سخنی نكذشت علی
الصباح كه بعذر خواهی مهمان آمد ایلچی منشور سلطان روم با هــدایا كه
فرستاده بود بحاتم نمود چون حاتم بر مضمون آن فرمان اطلاع یافت بغایت
اندیشه مند و متفكر شد و ایلچی بر اثر ملالت كه بر جبین حاتم بود مشاهده
فرمود گفت ای جوانمرد آگر در دادن اسپ مضایقه داری از جانب ما نیز
چندان مبالغه نیست حاتم جواب داد كه مرا از این جنس اسپ آگر هزار باشد
و كمتر كسی از اهل روزگار از من طلبد بهیچ وجه مضایقهٔ در حیز تصور
من نیاید حضوصا كه سلطان عظیم الشانی مرا بطلب یك اسپ معزز ساخته
و بجهت این حزین رسولی بزرگوار ارسال نموده اندیشهٔ من از تحیر است
و تفكر من از تحسر كه چرا زودتر خبر نیافتم تا آن اسپ تلف نشدی ✦
مثنوی ✦ من آن باد رفتار دلدل شتاب ✦ زبهر شما دوش كردم كباب ✦ كه

چو دشمن كرم بیند و لطف و جود ✦ نیاید از و هیچ بد در وجود ✦ و همچنانکه پادشاه را بخاطر مبارک رسیده بود نایرهٔ خلاف سپهسالار بدان مکرمت بیشمار منطفی شد و بیخ کینه از صمیم سینهٔ او بدان نوازش بسیار بکلی منقطع کشت و چون بندکان صافی نیت بخلوص طویت کمر خدمتکاری و جانسپاری بر میان فرمان پردازی بسته بقیة العمر از منهج اطاعت روی بر نتافت ✦ بیت ✦ زآن نوازشکری که یافت از و ✦ روی امید بر نتافت از و ✦ و از اینجا معلوم می شود که غنچهٔ سخاوت از ثمرهٔ شجاعت پیشترست و در شجاعت ارتکاب مخاطرات ضروریست و نجات از آن امری مشکوک فیه می تواند بود و ببرکت سخاوت خلاصی از مهالک و مخاوف متحقق است و هیچ خردمند در آن شبهه ندارد ✦ رباعی ✦ با هر که سخاوت کنی آن تو شود ✦ اندر همه وقت مدح خوان تو شود ✦ با دشمن خویش اکر کرم پیشه کنی ✦ شک نیست که یار مهربان تو شود ✦ چون عدی حکایت بپایان رسانید حاتم اورا در کنار کرفته بوسه بر سر و روی او داده فرمود انت احب اولادی الیّ تو بهترین فرزندانی و دوسترین ایشانی نزدیک من ✦ بیت ✦ نبرد آن پدری کاین چنین خلف دارد ✦ که از صفات نکو بر خلف شرف دارد ✦ و بعد از آن نظر تربیت شامل حال وی میداشت و چون عدی بعلو همت و کرم جبلی آراسته بود و بالآخرة شرف ملازمت حضرت رسالت پناه صلی الله علیه و آله در یافت و خلعت اسلام پوشید و در عدد صحابهٔ کرام معدود کشت و شمهٔ از آن ذکر کرده خواهد شد القصه چندانچه حاتم بزرکتر می شد صیت سخاوت و آوازهٔ جوانمردی او بیشتر می کشت تا ولایت شام فرو کرفت و بمملکت روم رسید و در آن وقت سلطان روم هیرقل بود که عرب اورا اعظم الروم می کفتند چون آوازهٔ کرم حاتم شنید متفحص اخبار و متجسس احوال وی کشت و بسمع پادشاه روم رسانیدند که اورا مرکبی است بادپای و اسپی جهان پیمای چون تیر خدنک دور دو و چون عمر کرانمایه زود رو و بکرم روی و آهن خایی با آتش دم مشابهت زده و از تیز کامی و خوش

و در سرکسانی که تا این ساعت قلادهٔ طاعت در کردن فرمان داشته اند و در سلک بندکان درکاه منتظم خیال سرکشی و سودای نا فرمانی جای کیرد پیش از حدوث این واقعه و قبل از وقوع این حادثه اشتغال بتدارك در تلاقی او از لوازم است ✣ بیت ✣ علاج واقعه پیش از وقوع باید کـــرد ✣ دریغ سود ندارد چو رفت کار از دست ✣ پس با خواص دولت و ثقات مملکت خویش مشورت فرمود و رای همکنان در آن باب بر آن مقرر شد که اورا بند باید کرد ملك ایشانرا بر حسن تدبیر و خوبی رای تحسین فرمود آفرینها کرد بتصویب کلام ایشان اهتزازی تمام نمود و روز دیکر آن امیر را طلب کرده بموضعی شریفتر از معهود اورا اجلاس فرمود و بلفظ کهربار خود ذکر محامد و سیر ستودهٔ او علی رؤس الخلایق بمبالغهٔ هرچه کاملتر اظهار کــــرد و از نفایس خزاین و نقود و دفاین خویش اورا باضعاف استحقاق و منزلــــت او تخصیص داد میران نیکو رای که صلاح و صواب در بند کردن او دیده بودند در محل فرصت عرضه داشتند که سبب تخلف از مقر عزیمت همایون چه بود شاه تبسم نموده کفت من رای شمارا خلاف نکردم و از تدبیر شما انحــــراف نورزیدم الا آنکه خواستم که اورا بمحکم تر بندی مقید سازم و همه اعضــا و اجزای اورا بقید درکشم بعد از تامل هیچ قیدی قوی تر از قید احسان ندیدم و محل قید شایسته تر از دل او مشاهده نکردم چون محل هر قیـدی عضوی معین است و بندی که بر یکجزو افتد بدید بود که چه عمل کند پس خواستم که قیدی بر دلش نهم که دل سلطانست و اعضا و جوارح خـــدم و حشم وی اند و چون اصل بقیدی مقید کردد اعضا که اتباع اند همه نیز بستهٔ او شوند و دیکر بند آهنی بر عضوی که نهند بسوهان سوده کردد و بند کرم و احسان که بر دل نهادند بهیچ چیز سوده نشود و در امثال آمده است که الانسان عبید الاحسان وحشی را بدام توان کرفت و آدمی را باحسان و انعام ✣ مثنوی ✣ بخش ای پسر کآدمی زاده صید ✣ باحسان توان کرد وحشی بقید ✣ عدورا بالطاف کردن بَبند ✣ که نتوان بریدن بتیغ آن کند ✣

کنم ✦ مثنوی ✦ مرا میل رزمست و عزم شکار ✦ کند و کان کرده ام اختیار ✦
کند افکنم کورکیرم بدشت ✦ بخواهم لب کشت و آبتین کشت ✦ کان در
کشم و زنهیب خدنک ✦ دل دشمنان خون کنم روز جنک ✦ حاتم روی بعدی
کرد که ای پسر تو چه میکوبی و مکنون ضمیر و مراد خاطر تو چیست عدی
جواب داد که یا وجه العرب همتی ان اعتق رقیقاً او اسرق حراً تمامی همت
من مقصور بر آزاد کردن بندکان و بنده ساختن آزادانست همــــواره آن
خواهم که بنده را بخرم و آزاد کنم و بآزادی کرم ورزم و اورا بنده سازم حاتم
کفت از برادرت بوی شجاعت شنودم و از تو رایحهٔ سخاوت استشام میکنم
عدی کفت بر خاطر مبارک شما پوشیده نیست که هر کرا سخاوت هســـت
بشجاعت احتیاج نیست چه سرکردنکشان را بوسیلهٔ احسان برخط فرمان
می توان کشید و کردن سرکشانرا برابطهٔ نیکوکاری در طوق اطاعـــت
و هواداری می توان آورد ✦ باحسان ساز دلها را مقید ✦ کز احسان دوست
کردد دشمن بد ✦ پی آرامش دلهای اضداد ✦ سخاوت از شجـــاعــت بهتر
افتاد ✦ و من در این باب حکایتی شنیده ام و بجهت تقویت این سخن نقلی
دیده آکر تشریف اجازت ارزانی داری و همت عالی بر کاری بسمع شریف
رسانم حاتم دستوری داد عدی کفت چنین استماع کرده ام که یکی از سلاطین را
سپهسالاری بود بمتانت رای و نفاذ عزم موصوف و بلشکر کشی و دشمن کشی
در آن مملکت مشهور و معروف مقرب ملک و عمدهٔ ممالک بودی و پادشاه از
تدبیر و صوابدید او عدول ننودی ✦ بیت ✦ از و تازه زهر کلشن خسروی ✦
بازوی او پشت لشکر قوی ✦ وقتی صاحب غرضان بسمع ملک رسانیدند که
سپهسالار شما از جادهٔ اطاعت انحراف خواهد ورزید و سبیل عناد و عصیان
و طریق تمرد و طغیان مسلوک خواهد داشت پادشاه اندیشه کرد که آکر او
عنان عزیمت بطرف انعطاف دهد بسیاری از عیان لشکر و سران سپاه در
موافقت او آمده مخالفت ما پیش کیرند و آوازهٔ یاغی شدن و باغی کشتن او و همی
عظیم در ارکان ملک بدید آید و فتوری هرچه تمامتر بقواعد سلطنه راه یابد

تا متعلقان او علیحده برای هر یك شتری نحر کرده بخیمهٔ او فرستادند و خود روی بسته جامهای کهنه پوشیده بشکل کدایان بر در وثاق هر یك آمده گوشت شتر طلبید نابغه دم شتر بوی داد و پشر بی از جگر و سپرز پارهٔ بجهت وی فرستاد و از آنجا که کرم ذاتی حاتم بود پاره از گوشت ران و قدری از کوهان پیش سایل نهاد و ماویه آنها بر داشته بخانه آورد و باورجیانرا فرمود تا مجموعرا طبخ کردند روز دیگر که مهمانان بمجلس آمده اشعار خود بمحل عرض رسانیدند ماویه مناسب اشعار ایشان سخنان گفت و بفرمود تا خوان بکستردند و هر چه هر یك برسم صدقه داده بودند همانرا بعینه پخته پیش ایشان نهادند نابغه ویثر بی بسبب بخل و رزالت بانفعال تمام از مجلس برخاسته رخت رحیل بر راحله بستند و حاتم بجهت کرم و علو همت بر صدر قبول نشسته قرعهٔ اختیار بنام وی افتاد پس بطالع سعد و فال نیك ماویه را با وی عقد بستند و صیت شرف و آوازهٔ بزرگی حاتم بدین سبب در میان عرب مضاعف شد ٭ بیت ٭ چون بدین عقد مبارك کشت حاتم سرفراز ٭ صیت جاهش از یمن بکرفت تا حد حجاز ٭ و حاتمرا از ماویه دو پسر آمد بزرگترا مالك نام کرد و خردتر را عدی و چون بزرك شدند پیوسته ملازمت پدر کردندی و در صف خدمت برسم غلامان بایستادندی روزی حاتم ایشانرا نزد خود خواند و گفت ای فرزندان هیچ سری در عالم بی سودای و هیچ طبی بی تمانای نیست میخواهم که آنچه آرزوی دل و مطلوب خاطر هر یك از شماست با من در میان نهید و ملتمس و مدعا و مقصود و متمنای خودرا از من پوشیده و پنهان ندارید تا بدان بر کلیات احوال و مجملات امانی و آمال شما استدلال کنم مالك زمین ادب بوسید و بعد از مراسم دعا گفت ای پدر بزرکوار همکی همت من بر آن مصروفست که مرا مال بسیار و متاع بی شمار باشد و نقود و اقمشه و خزاین و دفاین بر امثال و اقران بلکه بر مجموع عیان زمان متفوق و مستولی باشم و غلامان کاری و اسلحهٔ کارزاری معین و مرتب ساخته پیوسته برسم شکار سوار شوم یا در میدان مبارزت با جمی کارزار

روشنش را جلا داده ۞ مثنوی ۞ بدیدن همایون بپالا بلند ۞ به ابروکمان
وبکیسو کند ۞ چو سروی که پیدا کنند در چمن ۞ ز کیسو بنفشه زعارض
سمن ۞ و این ماویه با وجود حسن بی نهایت بخوبی سیرت و پاکی سریرت
آراسته بود و جمال صورت را بکمال معنی جمع کرده ۞ بیت ۞ صورتت می بینم
و حیران معنی میشوم ۞ تا چه معنی لطیفی تو که اینت صورتست ۞ پدر ماویه
اختیار عقد بدست داده بود و زمام امر نکاح در کسب رضای او نهاده تا
هرکس را لایق کار و موافق روزگار خود شناسد با او عقد مواصلت بسته
سر فراغت بر بالین راحت نهد و چون این نکته در نواحی بلاد یمن شایع
و ظاهر شده بود آوازهٔ کمال و جمال و حسب و نسب ماویه بحد اشتهار رسیده
هرکس از بزرگزادگان عرب خود را بر ماویه جلوه دادندی و وسایط و وسایل
بر انگیخته پیغامهای رغبت انگیز فرستادندی و ماویه نقد حال یك یك بر محك
امتحان میزد و در عیار هرکس تصور قصور مینمود و رقم رد بر صفحهٔ حال
او می کشید القصه حاتم را نیز دغدغهٔ نکاح ماویه عنان هوس گرفته خیال
توجه بدیار وی در سر افتاد و اسباب سفر مهیا کرده متوجه قبیلهٔ وی گشت
و در آن وقت نابغه دبیانی که از مشاهیر عرب بود با یکی از اکابر یثرب
بهمین تمنا روی بمنزل ماویه نهاده بودند قضارا در اثنای راه بحاتم رسیدند
و برافقت و موافقت یکدیگر نزد ماویه آمدند و هر یك مدعا و متمنای خود را
با محرمان وی در میان آوردند ۞ بیت ۞ همه بضاعت خود عرضه میدهند
آنجا ۞ قبول حضرت او تا کدام خواهد بود ۞ ماویه بر لحوای احوال مهمانان
مطلع گشته پیغام فرستاد که حالا از راه رسیده اید و تعب سفر و کربت غربت
کشیده امشب در وثاق که بجهت هر یك متعین شعری در بیان حسب و نسب
و فضایل و شمایل خود انشا کرده مفاخر و مناقب ابا و اجداد در آن مذکور
سازید و علی الصباح بموقف اعلام من رسانید تا آنچه بعد از اطلاع برقوت
طبع و لطافت ذهن و احوال و احساب و انساب هر یك مرا روی نماید شما را
بر آن صاحب وقوف کردانم ایشان بمنازل مقرر فرود آمدند و ماویه فرمود

در صفحات احوال او مطالعه میفرمودند ÷ مثنوی ÷ چو دیدندی اهل نظر سوی او ÷ شدندی بصد دل دعاگوی او ÷ یکی گفتی این گوهر دل‌افروز ÷ جهانگیر خواهد شد آخر چو روز ÷ یکی گفت این ماه نو زسپهر ÷ بزودی شود بدر کامل زمهر ÷ القصه چون حاتم بحد بلوغ رسید و نهال قامتش در چمن اقبال بالا کشید همه اوصاف حمیده لازم ذات او بود مگر احسان که متعدی تغیر می شد و مجموع خصال ستوده مر طبع اورا خاص بود مگر کرم که عالم و شامل می نمود بحر کف کوهر بارش در افاضت ایادی سحاب فیاض را خجل می ساخت و کرم عمیمش در تعمیم احسان آفتاب نوربخش را منفعل می گردانید ÷ مثنوی ÷ بجود و کرم بحر زخار بود ÷ کفش رشک ابر کهربار بود ÷ بخشش تهی کرد گنجینها ÷ بر افروخت از مهر خود سینها ÷ زبان زمان جز بمدحش جاری نبودی و کوش روزگار جز صدای دعای او از صغار و کبار نشنودی باران فیضش غبار فقر و فاقه از صحیفهٔ آفاق فرو می نشاند و انعام عامش فرو ماند کارا از مذلت احتیاج خلاصی می داد ÷ بیت ÷ باحسانش فقیران شاد گشتند ÷ زخواری سوال آزاد گشتند ÷ چون حاتم بجود و کرم در میان قبایل مذکور و بنام نیکو در احیای عرب معروف و مشهور شد اشراف هر قبیله را سودای این حال از سویدای دل سر بر زد و اعیان هر دودمانرا غنچهٔ این آرزو در چمن سینه شکفته شد که اورا در سلک مواصلت با خود انتظام دهند و گوهر صدف شرف خود را بآن جوهر کان احسان در عقد ازدواج کشند و حاتم از آنجا که اقتضای علوهمت او بود نظر التفات بر هیچ یک از آکفا و اقران نمی افکند و عنان قصد بجانب کسی که بزرگتر از او در قبایل اعراب یمن نتواند بود انعطاف میداد تا بآخر حال این فال بنام ماویه تمیمیه بر آمد و در تحفهٔ ملکی آورده اند که ماویه بنت عفزر بزرگزادهٔ عرب بود با نسب عالی و حسب از شایبهٔ نقص خالی جمال تمام و حسن لا کلام نقاش صنع ربانی بقلم لقدخلقنا الانسان فی احسن تقویم چهره اش کشاده و دست قدرت یزدانی بصیقل و صورکم فاحسن صورکم آیینهٔ روی

و اورا پسری بود یشجب نام و یشجب بزبان سریانی خونریز باشد از او پسری بزاد زید نام نهادند و بعد از آنکه بزرگ شد پیوسته بسی اشتغال نمودی یعنی اسیر گرفتی و غارت کردی و بدین سبب اورا سبا لقب کردند و سبارا سه پسر بود کهلان و مر و حمیر و کهلانرا خدای فرزندی داد و اورا ادد نام نهاد و ادد بلند آوازرا گویند و اورا پسری بود جلهم نام همواره سفر کردی و منازل و مراحل طی فرمودی اورا طی لقب دادند و پدر قبیلهٔ شد از اعراب یمن و در نسبت بوی طایی گویند و حاتم از فرزندان اوست و بدوازده واسطه بدو میرسد و از بنی طی کسی پادشاهی نکرده است اما در میان ایشان مردم نامدار بزرگ بوده اند و پدران حاتمرا همیشه منصب بزرگی قبیله و ریاست اولاد طی مسلم بوده پدر حاتم که عبد الله بن سعد حشرج است با بنی لخم وصلت کرد و در بنی لخم پادشاهان بوده اند چنانچه در تواریخ مثبت است و حاتم از طرف مادر علاقهٔ ملک دارد و در وقتی که متولد شد آثار کرم ازوی بظهور پیوست چنانچه از مادر حاتم نقل کرده اند که چون حاتم بزاد هر چند پستان در دهن وی نهادم قبول نکرد و چندانچه شیر بر دهان وی چکانیدم دهان باز نکشاد تا وقتی که کودکی بیگانه را آورده بر کار گرفته سیر شیر کردم پس از آن حاتم پستارا فرا گرفت و شیر بیاشامید و از اینجا معلوم میشود که هر کس را از ازل چیزی داده اند و همراه او بعالم کون و فساد فرستاده و در این معنی گفته اند ✦ بیت ✦ از ازل عشق رخت نامزد من شده بود ✦ باخود آوردم از آنجا نه بخود برستم ✦ و آثار بزرگی بر صفحهٔ جبههٔ او لامع و ظاهر بود ✦ مثنوی ✦ بلی در چن غنچه تازه روی ✦ زاول هویدا کند رنگ و بوی ✦ هم از اول صبح کیتی فروز ✦ نمایان بود روشنایی روز ✦ و حاتم در کودکی بی اقران و اکفاء خود طعام نخوردی و هرگز تنها بر خوان ننشستی و سایلانرا بدست خود بی معاونت غیری چیزی دادی و در اسعاف مراد محتاجان بدان مقدار که مقدور بودی سعی نمودی اهل بصارت سیمای بزرگی در بشرهٔ او مشاهده می نمودند و ارباب بصیرت دلایل بزرگواری

و العجم ٭ قطعه ٭ خسرو لشکر شکن شاهنشه کشورستان ٭ شهریار شهریاران
پادشاه مشرقین ٭ سایهٔ حق نور مطلق خسرو صاحب قران ٭ شاه ابو الغازی
معز ملك دین سلطان حسین ٭ آنکه گویند انس و جان اندر دعای
حضرتش ٭ خلد الله تعالی ظله فی الخافقین ٭ بزیور رقم ذاتی و حلیهٔ سخاوت
جبلی مزین و محلی و بشرف جود و سماحت و کثرت بذل و علوهمت مشرف
و معلی است بحکم انما یعرف ذوی الفضل ذووه پیوسته عنان رغبت بصوب
استماع احوال اهل کرم و مروت و حکایات اهل سخا و فتوت و تفحص احوال
و تفتیش اخبار ایشان معطوف میدارد و از جملهٔ شواهد این مقال آنکه
در این ولا فرمان همایون شرف نفاذ یافته که کمینهٔ بی بضاعت حسین الکاشفی
عفی عنه آنچه از قصص و آثار حاتم طایی که نفحات کرم و مروتش در ریاض
السنه و افواه فایح است و لمعات خورشید بذل و سخاوتش چون روز روشن
بر همه عالمیان واضح و لایح در کتابی دیده یا از عزیزی شنیده باشد بعبارت
فارسی در قید کتابت آرد تا بر کاهی احوال او و وقوفی تام و اطلاعی تمام حاصل
آید بر قاعدهٔ المامور معذور ثبت این سطور اتفاق افتاد و از نسب و حسب
و اخبار و آثار حاتمی آنچه در تواریخ معتبر و کتب موثوق بها بنظر آمده بود شمهٔ
باز نمود و امیدوارست که مقبول نظر کیمیا اثر آن حضرت گردد تا کمینه بقبول این
تحفهٔ محقر که ان الهدایا علی مقدار مهدیها معزز و سر افراز شود ٭ بیت ٭
نقد روان نثار کردیم گرچه نیست ٭ در خورد حضرت تو نثار حقیرما ٭ راویان
بحر الدرایه و مخبران صادق الروایه و دانندگان انساب و شناسندگان قبایل
اعراب متفق اند بر آنکه عرب از نسل قحطانست یا از صلب عدنان اما
اعراب دیار یمن همه اولاد قحطانند و از بلاد یمن صنعا و حضرموت و عدن
و طغار و غیر آن عمارت کرده و بدید آوردهٔ اوست و قحطان پسر هود
پیغمبرست علیه السلام که اورا بسریانی عابد گفتندی و او بسه واسطه بنوح
پیغمبر علیه السلام میرسد و قحطان پسری داشت یعرب نام اول کسی که
بزبان عربی سخن گفت او بود و در بلاد یمن نشستی اورا ابو الیمن گفتندی

شج نفسه فاولائك هم المفلحون ٭ در کرم افزای در روز شمار ٭ مرد جوانمرد شود رستکار ٭ بزرکان جود را بنهالی تشبیه کرده اند که میوهٔ آن نیکامی دنیا و خوب فرجامی عقبی است ٭ بیت ٭ نهالیست احسان که چون بر دهد ٭ ٭ بجای ثمر در و کوهر دهد ٭ و در اخبار نیز آمده که السخاء شجرة فی الجنة جوانمردی درختیست از چمن جنت رسته و سخاوت نهالیست از جویبار کوثر نشو و نما یافته سر در هوای بهشت بر افراشته است و شاخها بدینجا فرو کذاشته هر که طبیعت او بجود و سخا مایل بود دست در شاخی از شاخهای آن درخت زده باشد و آن شاخ اورا بجذب عنایت از حضیض دنأت بـذروهٔ قبول و عزت کشد و بخرم ترین بقعه و نزه ترین روضه از ریاض بهشت فرود آورد و در مثنوی حضرت مولوی از این معنی مذکور کرده ٭ مثنوی ٭ این سخا شاخیست از شاخ بهشت ٭ و ای اوکز کف چنین شاخی بهشت ٭ عروة الوثقی است این جود و سخا ٭ بر کشد از خاک جانرا بر سما ٭ می برد شاخ سخا ای خوب کیش ٭ مر ترا بالاکشان با اصل خویش ٭ وجود بی جود در حکم عدمست و مرد جواد اکرچه فانی شود مذکور عالم ٭ بیت ٭ باقی بذکر خیر بود نام آدمی ٭ نام نکوست حاصل ایام آدمی ٭ و از هیچ صفتی ستوده و خصلتی پسندیده نام نیکو بر صفحهٔ روزکار و ذکر جمیل بر اوراق جراید لیل و نهار چنان باقی نمی ماند که از شیمهٔ احسان و جوانمردی و سمت کرم و نیکوکاری و دلیل بر این قوم آنست که چون از وفات حاتم طایی در این تاریخ که سنه احدی و تسعین و ثمانیه هجریه است نهصد و سی و شش سال کذشته و چمن نیکامی وی به پیرایش ثنا و تحسین پیراسته ٭ بیت ٭ نماند حاتم طایی و لیک تا به ابد ٭ بماند نام بلندش بنیکویی مشهور ٭ و چون ذات ملکی ملکات حضرت با نصرت پادشاه اسلام ظل الملک العلام علی الانام فرمان فرمای زمین و زمان مظهر انوار امن و امان مهر سپهر ابهت و جهانبانی کوهر یکتای دریای عظمت و سلطان نشانی صاعد مصاعد خلافت و شهریاری عارج معارج کرامت و کامکاری سلطان اعظم اکرم مولی ملوک العرب

بنام خدایی که بخشنده اوست ۞ بر آرندهٔ کار هر بنده اوست ۞ کریمی که دل داد و جان آفرید ۞ ز جودش وجود جهان آفرید ۞ بر افراخت در ساحت احترام ۞ ۞ لوای محمد علیه السلام ۞ اما بعد از مضمون کلام سعادت انجام ملک علام حیث قال لن تنالوا البر حتی تنفقوا مما تحبون و از فحوای حدیث صحیح سید عالم صلی الله علیه و سلم السخی قریب من الله قریب من الجنة قریب من الناس بعید من النار چنان معلوم میشود که سر دفتر مکارم اخلاق و شیم صفت سخا و کرم است هیچ افسری بر هامهٔ همت ارجمند شریفتر نیست و هیچ خلعتی بر قد قدر بلند از سخاوت لطیفتر نی ۞ مثنوی ۞ تجربه کردم ز هر اندیشهٔ ۞ نیست نکوتر ز سخا پیشهٔ ۞ دولت باقی ز کرم کردنست ۞ گنج یقین ترک درم کردنست ۞ فایدهٔ هیچ نوع از فضایل که آدمی با کتساب آن سر افرازی نماید زیاده از فایدهٔ سخا نیست زیرا که زمرهٔ عابدان شب خیز و فرقهٔ زاهدان با پرهیز که روز و شب تحمل بار عبادت مینمایند و صیام روز با قیام شب میفرمایند مقصود ایشان رستگاری آن جهان و رسیدن بدولت این جهانی است و آن مراد بواسطهٔ کرم و سخا بحصول می پیوندد و من یوق

عامر الحنفى ✦ العجاردة اصحاب عبد الكريم بجرد ✦ الخارمية اصحاب شعيب بن خارم ✦ الثعالبية اصحاب ثعلبة بن عامر ✦ الجرودية اصحاب عبيد الله بن جرود ✦ الصفرية اصحاب زياد بن الاصفر ✦ الاباضية اصحاب عبد الله بن اباض ✦ الحفصية اصحاب حفص بن المقدام ✦ البيهسية اصحاب ابى بيهس بن هيصم ✦ اليزيدية اصحاب يزيد بن انيسة ✦ الشمراخية اصحاب عبد الله شمراخ ✦ الفضلية اصحاب فضل بن عبد الله ✦ الضحاكية اصحاب ضحاك بن قيس ✦ البدعية اصحاب يحيى بن اصرم ✦ و بر خويشتن تقطيع بهشت گواهى دهند ✦ اين گروه خوارج و مذهب ايشان در اصل يكيست و هر يكى از اين قوم كه ياد كرديم قضيه و خروج عظيم بوده است و جروديانرا تهمت كنند گروهى از عوام بدانچه ايشانرا عمل اضيع كنند و گويند از خشم على ميكنيم اما اين سخنرا اصلى نيست و در بيان اين مذهب سخنان بسيار در اكثر كتب واقع شده آنچه بجمل آن كه بصحت پيوسته بود مرقوم شد و اگر بتفصيل خواهند از كتاب احسن الكبار طلب نمايند ✦

حادثهٔ مومنی حکم کند چرا کافر شود نه ایزد تعالی خصومتی را که میان زن
و شوی افتد حکم فرمود قوله عز و جل فابعثوا حکماً من اهله و حکماً من
اهلها و نه در قیمت صیدی که در حرم کشته شود بحکم دو عدل فرمود قال
عز من قایل یحکم به ذوی عدل منکم و بعد از آن من بحکم حکمین رضا ندادم
و شما مرا بستم بدان آوردید و آنچه ایشان کردند معلوم کشت که غدر و تلبیس
بود اکر من خود بدین رضا دادمی چرا کافر کشتمی و ماند این جتهــــا آورد
تا هزار و پانصد مرد برجعت باز آمدند و توبه کردند و دیکران بدان اعتقاد بد
خویش اصرار نمودند و بنهروان لشکرکاه ساختند و اعتقاد کردند که بنده بکاه
کبیره و صغیره کافر شود و هر مسلمانی را که یافتندی زن و مرد و خورد و بزرك
بکشتندی و علی رضی الله عنه احتمال می کرد و هر روز ایشان را پنــــد
می داد و سود نمی داشت تا روزی اورا خبر دادند که دو تن با دو زن و دو خر
بدیشان برکذشتند ایشان را بکرفتند و از مذهب ایشان پرسیدند یکی کفت او
ترساست و این زن اوست اورا و زن اورا بکذاشتند تا برفت وتعرض نکردند
و آن دیکرا کفت مسلمانم بکشتند و زن اورا نیز بکشتند و فرزند که آن زن
داشت در شکم هم هلاك کردند چون آن خبر بامیر المومنین علی رضی الله
عنه رسید کفت در این کار نیز نشاید توقف کردن بر نشست و روی بحرب
ایشان نهاد ایشان را بخدای تعالی خواند و بدین و شریعت چنانکه شرطست
اجابت نکردند بلکه تمرد زیادت نمودند و بحرب ابتدا کردند تا آن جنك کرده
شد و ایشان را بکشتند و صاحب الثدیه که پیغامبر صلوات الله علیه علی را
کفته بود نشان او نیافتند پس از آنکه بسیار بجستند و آن قصه معروفست
و این مذهب از آنکاه باز در میان خلق پیدا آمد و ایشان علی را و هر کس
که پس از او بوده است منکرند و بهمه روزکارها طایفهٔ از ایشان بوده انــد
در میان ایشان فصحا و خطبا و مبارزان عظیم خاسته اند چون نافع ازرق
و قطری بن الجحاة التیمی و ضحاك بن قیس و ماند ایشان و ایشان پازده
فرقت باشند ✳ الازرقیة اصحاب نافع بن ازرق ✳ النجدات اصحاب نجدة بن

ایستادند و آن مذهب آن روز بدید آمد و آن چند تن که این سخن ابتدا کرده بودند قاعدهٔ این مذهب بنهادند و خلق را بدین مذهب دعوت می کردند و علامت و شعار میان ایشان این بود لاحکم الا الله تا قوی کشتند و سه چهار هزار تن در این بیعت جمله شدند و علی را خبر دادند و علی آن قوم را که مقدم تر بودند بخواند و نصیحت کرد و پند داد هیچ فایده نداشت و بقول او کار نکردند آن قوم کفتند تا ما در لشکر می باشیم مارا مقصودی حاصل نیاید صواب آنست که ما جدا شویم تا کاری توانیم کردن پس از لشکر علی جدا شدند و بنهروان جمع کشتند و فساد و غارت بر دست کرفتند و علی رضی الله عنه صبر و احتمال می کرد تا از حد بکذشت علی رضی الله عنه بر خاست و بنزدیک ایشان رفت و چند تن از معروفان و متکلمان ایشان را بخواند و کفت پشت من بشما قوی بود و یاران من بودید بچه حجت این عصیان آوردید ایشان کفتند ما یاران تو بودیم تا تو مسلمان بودی چو کافر کشتی ما از تو برکشتیم و اکر بکناه اعتراف آری و توبه کنی و مسلمان شوی ما همچنان متابع تو باشیم و اکر نه با تو حرب کنیم یا ترا بکشیم یا همه کشته شویم علی رضی الله عنه کفت این چه کناه کردم کفتند تو بحکم مخلوقان رضا دادی و از حکم خدای روی کردانیدی و خدای تعالی میکوید و من لم یحکم بما انزل الله فاولئك هم الکافرون علی رضی الله عنه کفت آن روز حکمین من شما را کفتم که زرق و غدر است که ایشان میکنند شما فرمان من نکردید و باکراه مرا و یاران مرا از حرب باز داشتید اکنون از این جهت با من چه میکویید ایشان کفتند بلی ما نیز آن روز کافر بودیم و خطا کردیم چنانکه تو کردی اکنون توبه کردیم و دیکر باره مسلمان شدیم تو نیز بکفتار خویش مقر آی و دیکر باره مسلمان شو علی رضی الله عنه کفت سبحان الله من پیش از همه خلق روی زمین ایمان آورده ام و بپیغامبر خدای تعالی هجرت کرده ام و در پیش او مبارزارا افکنده ام تا امروز بوقت پیری خویشتن بکفر کواهی دهم و مسلمان شوم دیکر باره و همه رنج خویش ضایع کنم و اکر کسی دیکر ترا در

در بزرگی علی سخنی نیست اما مردمان شام اورا نمی خواهند و معاویه خود شایستهٔ این کار نیست چنانکه می اندیشم هیچ کس بدین شغل از تو سزاوارتر نیست که از صحابه ترا حق هجرت است بو موسی تن بدین حدیث در داد و عمرو عاص را کفت چون مرا حکم کرده اند خویشتن را چگونه اختیار کنم عمرو کفت تو خویشتن را اختیار مکن تو مرد خویش را یعنی علی را از کار بیرون بر تا من ترا بکار در آرم که مصلحت در این است بو موسی کفت سخت صواب آید بر این قرار دادند تا روز وعده فراز آمد و بسیار خلق از هر دو طرف جمع شدند و بو موسی در آمد و عمرو عاص از پس او می رفت تا بنشست و خلق چشم نهاده بودند تا چه بدیدار آید بو موسی بر خاست و خطبه کرد و خدای تعالی و رسول علیه السلام را بستود آنکاه کفت شما این حکم در کردن ما دو تن کردید و ما مدت دو ماه این کار پیش و پس نکرستیم و تدبیر کردیم پس صواب چنان می بینیم که علی را از این شغل آریم چنانکه انکشتری از انکشت و انکشتری خویش از دست راست کرد و در دست چپ کرد پس عمرو بر خاست و خطبه کرد وکفت چنانکه بو موسی علی را از شغل بیرون آورد من معاویه را در این شغل آوردم و بو موسی چنان طمع میداشت که عمرو عاص چنانکه وعده کرده است بو موسی را مسمی کند بدان چون نکرد بو موسی تنک دل کشت و بانک کرد یا غدار یا طرار دروغ کفتی و غدر کردی و مثل تو چنانست که ایزد تعالی در قرآن کفت قوله عز وجل مثله کمثل الکلب ان تحمل علیه یلهث عمرو بن العاص کفت دروغ کوی و طرار تویی و مثل تو چنانست که ایزد تعالی در قرآن کفت قوله عز و جل کمثل الحمار یحمل اسفاراً و کفت وکوی در میان قوم افتاد و با یکدیکر غدر کردند و از یکدیکر باز پراکندند وکروهی بجان و مان خویش باز رفتند و در آن باز رفتن کروهی از یاران علی جمله شدند وکفتند علی بر این حکم حکمین چرا رضا داد و از حکم خدای چرا اعراض کرد بدین که او کرد کافر کشت مارا با او حرب باید کرد تا دیکر باره مسلمان شود و از این کناه توبه کند یا اورا بکشیم بر این سخن

باز خوان علی کس فرستاد بمالک تا دست از حرب بدارد کفت کار بیــک
ساعت در آمده است صبر باید کرد تا این کار یک رو کردد یاران علی رضی
الله عنه بر علی شمشیرها کشیدند و کفتند اکر اورا از حرب باز نداری ما
را بکشیم علی بنزدیک مالک اشتر کس فرستاد و کفت اکر این حرب از برای
من میکنی مکن نباید که تا بمن رسی مرا کشته باشند آنجا رنج تو ضایع کردد
مالک چون این سخن بشنود غمناك شد و دست از حرب بداشت و آنجا آمد
که علی بود و آن جماعت را ملامت کرد ایشان شمشیرها بکشیدند و روی
بدو نهادند تا علی در میان رفت و آن فتنه را بنشاند آنکاه کس فرستادند
بلشکرکاه معاویه از این که کرده از بر داشتن مصحفها غرض چه بوده است
کفتند چندین هزار مسلمانان کشته می شود دو حکم باید کرد از هـــر
دو لشکر تا در این باب آنچه ایشان کنند رضا دهند هر چند امیر المومنین
علی کفت این همه غدر است و تلبیس فایده نداشت و یاران او فرمان نکردند
و کفتند چنان باید کرد که ایشان می کویند و بر این جمله قرار دادند و از آن
جانب عمرو عاص را اختیار کردند علی کفت من عبد الله عباس را بفرستم از
جانب خویش همه قوم علی کفتند البته ما رضا ندهیم از آنچه پسر عم تست
بیکانۀ باید فرستاد بو موسی اشعری را نامزد کردند و باتفاق خویش بی رضای
علی رضی الله عنه خاست اکرنه آن رای را امضا نکردی بدست ایشان در
مانده بود و می کفت لا رأی لمن لا یطاع و بو موسی اشعری مردی بود سلیم دل
و عمرو عاص از جملۀ دهاۀ جهان بود هم بنخستین مجلس بو موسی را بفریفت
اولا اورا بر خویشتن مقدم کرد برفتن ونشستن تا هر چه کوید ابتـــدا
بو موسی کوید آنکاه عمرو عاص چنانکه خواهد کوید و بو موسی این عشوه
بخرید و پیش از عمرو عاص می رفت و زیر دست او می نشست و مـــدت
دراز بر این بکذشت و عمرو عاص کار بر مراد خویش یافته بود و مراد
خویش در دل بو موسی اشعری ترتیب می کرد تا روزی اورا کفت یا ابا موسی
من تدبیری کرده ام و چیزی اندیشیده در مصلحت مسلمانان و آن آنست که

و مذهب ایشان آنست که دوازده امام معصوم اند و هر یکی را معجزهٔ و کرامتی است و هر یکی در حیوة خویش با شیعهٔ خود ظاهر بوده اند و فتاوی و جوابهای ایشان پیداست و هر یك بوقت وفات خویش مر آن دیگر را معین کرده است که امام او خواهد بود پس از وی تا بحسن عسکری برسید و او امامت پس از خویشتن بپسر خویش حوالت کرد و گفت اوست مهدی و قایم الزمان و ولادت او بسامره بود سنه خمس و خمسین و مایتی و آنجا سردابی است میگویند این کودك در آنجا رفت و ناپیدا شد و مردمان بدان سردابه روند بزیارت و از تاریخ ولادت او تا این غایت که این کتاب تصنیف کرده آمد دویست و سی سال قمری باشد و الله اعلم بالحقیقة و الصواب ✣ مذهب خوارج ✣ ابتدای مذهب خوارج و پیدا آمدن مقالت از که حرب صفین بود که میان امیر المومنین علی رضی الله عنه و معاویه بود و مدت آن حرب دراز کشید و سبب دراز کشیدن حرب آن بود که بحرب ایشان هرگز ابتدا نکردند و چون ایشان از حرب باز کشتند او نیز یاران را از حرب ایشان باز داشتی و الا آن کار آنچنان دراز نکشیدی تا یك روز جنك سخت شد و یك روز مالك بن الاشتر النخعی پیش جنك در آمد و کار ساخت که در آن ساعت یك رویه کند معاویه مر عمرو بن العاص را گفت بنزدیك تو هیچ حیلت هست گفت بنزدیك من یك حیلت مانده است و بس و آن حیلت آن است که بفرمای تا در لشکر هر چه مصحف قرآنست جمع کنند و مصحفها بر سر نیزها کنند و بانك بر آرند که میان ما و شما حکم کتاب خدای تعالی است و بدانچه از کتاب خدای تعالی بیرون آید ما رضا دهیم و همچنان کردند و یاران علی رضی الله عنه بدین سبب از حرب باز ایستادند هر چند علی گفت آن زرق و حیلت است سخن او نشنودند و گفتند مردمانی که با ما بکتاب خدای تعالی کار میکنند ما با ایشان بهیچ حال حرب نکنیم و تکلیف کردند امیر المومنین علی را تا یاران را از حرب باز داشت در این میان مالك بن الاشتر و یاران او حرب سخت می کردند یاران علی گفتند مالك را از حرب

عمر	كورها	مادران	نام كشندكان
ثلاث و ستين	بالقرى بكوفه	فاطمه بنت اسد	عبد الرحمن بن ملجم
سبع و اربعين	بالمدينة	فاطمه بنت الرسول	جعدة بنت الاشعث ابن قيس
سبع و خمسين	بكربلا	شهر بانو بنت يزدجرد	شمر وسنان لعنهما الله
سبع و عشرين	بالمدينة	ام عبد الله بنت عبد الله بن الحسين	هشام
ستين	بالمدينة	قريبه بنت الهشم بن محمد بن ابى بكر	ابراهيم بن وليد
خمس و ستين	بالمدينة	حميدة البربرية	منصور
ست و خمسين	بمقابر قريش	ام البنين	هرون الرشيد
خمس و خمسين	بطوس	خيزران	مامون
خمس و عشرين	بمقابر قريش	سمانة	ام الفضل بنت مامون
اثنين و اربعين	بسرمن رأى	حديثة	المستعين
ثمان و عشرين	بسرمن رأى	حكيمة	المتوكل

نامها	كنيتها	لقبها	مولد	وفات
على	ابو الحسن	مرتضى	بمكة بعد عام الفيل بثلاثين سنة	سنة اربعين
الحسن بن على	ابو محمد	الزكى	بالمدينة سنة ثانية من الهجرة	بالمدينة سنة تسع و اربعين
الحسين بن على	ابو عبد الله	السهيل	بالمدينة فى السنة الرابعة من الهجرة	فى سنة احدى و ستين
على بن الحسين	ابو ابراهيم	زين العابدين	بالمدينة سنة ثمان و ثلاثين	بالمدينة سنة عشر و ماية
محمد بن على	ابو جعفر	الباقر	بالطيبة سنه تسع و خمسين	بالمدينة سنه تسع عشر و ماية
جعفر بن محمد	ابو عبد الله	الصادق	بالمدينة سنة ثلاث و ثمانين	سنة ثمان و اربعين و ماية
موسى بن جعفر	ابو ابراهيم	الكاظم	سنة ثمان و ماية	سنة اربع و ستين و ماية
على بن موسى	ابو الحسن	الرضا	بالمدينة سنة ثمان و اربعين و ماية	بطوس سنة ثلاث و مايتين
محمد بن على	ابو جعفر	التقى	بالمدينة سنة خمس و تسعين و ماية	سنة عشر و مايتين
على بن محمد	ابو الحسن	النقى	بالمدينة سنة اثنى عشر و مايتين	سنة اربع و خمسين و مايتين
الحسن بن على العسكرى	ابو محمد	الزكى	سنة اثنين و ثلاثين و مايتين	سنة ستين و مايتين
محمد الحسن	ابو القاسم	المهدى	بسرمن رأى سنة خمس و خمسين و مايتين	

و اهل مذهب خویش را مومن خوانند از آنچه مومن آن بود که بظاهر و باطن ایمان دارد باز آنکه بظاهر ایمان دارد و باطن خلاف آن باشد مسلم گویند بحکم آنکه از شمشیر سلامت یافته است اما مومن نباشد و بدین آیت حجت کنند قالت الاعراب آمنا قل لم تؤمنوا و لیکن قولوا اسلمنا و لما یدخل الایمان فی قلوبکم و بد از ایزد تعالی بینند و بقای امام دوازدهم و درازی غیبت او روا بینند بحکم نصی که از امام پیشین بر بوده است و در این باب مر سید مرتضی را کتابی دیده ام بشرح تمام که آنرا المقنع فی الغیبة نام کرده است و اکنون زایچهٔ دو گروه آمد بشرح اسامی و ایام و احوال دوازده امام بر مذهب ایشان بر دو صفحه تا نگرنده واقف گردد

بیش از ایشان نیست و بعراق و مازندران سخت بسیار اند و بخراسان نیز
و اعتقاد ایشان همانست که پیش از این در مذهب شیعه یاد کرده آمده است
و هر روز پنجاه و یک رکعت نماز کنند فریضه همانست که معروف است
و دیگر تطوع و سجدهٔ شکرپس هر نماز واجب دارند و سورتها که در او آیت
سجده است نخوانند تا دو نوع سجده جمع نشود و سجدهٔ نماز و سجدهٔ تلاوت
و قربان پیش از نماز عید کنند بروز اضحی و فقاع را همچو می حرام دارند
و خبر روایت کنند از پیغامبر صلوات الله علیه انه نهی نبیذ الحقة و الحقة
الشعیر و کوشت خرگوش را حرام دارند و نکاح بی کواه روا بینند اما
طلاق کویند بی کواه عدل بر نیفتد و بظاهر این آیت اجتماع کنند فانکحوهن
بمعروف و فارقوهن بمعروف و اشهدوا ذوی عدل منکم کویند ایزد تعالـی
اشهاد بر طلاق شرط کرد نه بر نکاح و سه طلاق که بر جمله دهند کویند
هیچ بر نیفتد قوله تعالی الطلاق مرتان یعنی دفعتان و در نماز جنازه تکبیر
پنج کنند بحکم آنکه کویند آن نماز نیست دعائی است و بی طهارت نماز
جنازه روا دارند و امامت پس از پیغامبر صلوات الله علیه امیر المومنین
علی را کویند و اورا از همه پیغامبران که از پیش بوده اند فاضلتر کویند وپس
از او فرزندان اورا کویند امام پس امام بترتیب تا دوازده امام مستغرق شود
و نامهای ایشان بترتیب کفته اند بشرح احوال ایشان اما امیر المومنین جز
علی را رضی الله عنه نخوانند و دیگرا را امام خوانند و ابو بکر و عمر و عثمان را
رضی الله عنهم ظالم و باغی و طاغی کویند و هر چه ایشان کرده اند آن را باطل
کویند و فدک میراث فاطمه را رضی الله عنها روا بینند و دانند و بدین آیت
حجت کنند و ورث سلیمن داود و دو رجعت حق بینند و کویند هیچ امتی بی
رجعت نبوده است چنانکه عزیر و اصحاب کهف را بود و مانند ایشان را و بدین
آیت استدلال کنند قوله تعالی الم تر الی الذین خرجوا من دیارهم و هم الوف
حذر الموت فقال لهم الله موتوا ثم احیاهم و دعا کردن اصحاب خویـش را
از واجبات دانند و دعای بد کردن بر مخالفان و ضدان خویش و همچنـین

باشد و کویند درخت طوبی که کویند درختیست در بهشت هیچ جای نباشد که شاخ آن درخت آنجا نرسد و کویند تاویل این چیز آفتابست که هر روز همه عالم را بکیرد و بهر سرای جای نباشد که از او شاخی فرو نیاید و مانند این تاویلها ساخته اند قرآن و شریعت و نماز و روزه و حج و ایمان را و اکر هر یك را شرح دهیم کتاب دراز کردد این قدر که یاد کردیم نمودار بسنده باشد و بنای مذهب ایشان بر هفت کانه است و بهفت پیغامبر مقرند بظاهر هر چند بباطن همه را منکرند و امام هفت کویند و آنکه هنوز بیرون نیامده است و منتظرست ولی الزمان خوانند و روز عید ماه رمضان از هر سری درمی و دانکی بستانند یعنی هفت دانك و ایشان را بهر شهری کسی است که خلق را بدین مذهب دعوت کند آنکس را صاحب جریده خوانند و از دست وی بهر شهری داعیان باشند و آنکس را که دین بر او عرضه کنند مستجیب خوانند و دو تن بودند معروف در روزکار ما که ایشان بمحل صاحب جریده رسیده بودند یکی ناصر خسرو که بیکان مقام داشت و آن خلق را از راه ببرد و آن طریقت او آنجا بر خاست و دیکر حسن صباح که باصفهان می نشست و از آنجا بری آمد و متواری کشت و خلقی مردم را از خراسان و عراق بی راه کرد و بدین مذهب خواند و یکی بود بغزنین که او را محمد ادیب خواندندی و داعی مصریان بود و خلقی بی حد را از شهر و روستا بی راه کرده است و این قدر بدان نبشته آمد تا اکر کسی از این جنس سخنی شنود بداند که سخن ایشانست و بدان التفات نکند و زرق ایشان نخرد و کفتیم که ایشان دو کروه اند ✦ الناصریة ✦ اصحاب ناصر خسرو و او ملعونـــی عظیم بوده است و صاحب تصانیف و کتاب وجه الدین و کتاب دلیل المتحیرین او تصنیف کرده است در کفر و الحاد و بسیار کس از اهل طبرستان از راه برفته اند و آن مذهب بکرفته ✦ الصباحیة ✦ اصحاب حسن صباح و او مردی تازی زبان بود و اصل او از مصر بوده است و مدعی عظیم ✦ الفرقة الخامسة من الشیعة ✦ الامامیة اثناعشریة ✦ ایشان یك فرقه اند و از شیعه هیچ کروه

سخن گفت و بباطن در او چیزها بود چون کوه که در او جواهر باشد وبلد الامین اساس است یعنی علی که تاویل شریعت از او ظاهر شد و مردمان از بلا ایمن شدند و همچنین چهار جوی بهشت را همین تاویل کردند غرض ایشان همه ابطال شریعت است که لعنتها بر ایشان باد وگویند پیغامبر علیه السلام پدر مومنان است و علی مادر که پیغامبر با علی از روی علم و معرفت فراز آمد تا از هر دو علم باطن متولد شد وگویند اول چیزی که موجود آمد عالم عقل بود پس عالم نفس پدید آمد آنگاه این همه مخلوقات بوجود آمدند و آدمی بنفس جزوی زنده است چون بمیرد آن جزو بکل خویش باز رود اگر کسی پرسد ایشانرا که عالم عقل از چه چیز پیدا آمد گویند بامر پدید آمد چون بپرسی بامر که پدید آمد گویند ما ندانیم و هم مارا طاقت آن نیست که حقرا و صانعرا بتوانیم در یافت نه گوییم که هست و نه گوییم که نیست بلکه محققان توحید چنین گویند که اعتماد بر آن است یعنی نیست تعالی الله عمّا یقولون علوّاً کبیراً بدین طریق مسلمانانرا از دین بیرون بردند بعد از آنکه سخن همه از آیت و خبر رسول گویند و چون نکاح کنی معجزهٔ مه را منکرند وگویند آنچه پیغامبررا صلوات الله علیه پیش رفته است از سه چیز بود جد و فتح و خیال و جبرئیل و میکائیل و اسرافیل بنزدیک ایشان اینست وگویند پیغامبر صلوات الله علیه این شرایع از بهر ابلهان و نادانایان پیدا آورد تا ایشانرا همیشه مشغول و زیر و زبر دارد و بهیچ فضول نپردازند و الا از این شریعتها هیچ نیست و هر یکی را از احکام شریعت تاویلی نهاده اند و باطنی چون بتحقیق نگری همه در ابطال شریعت کوشیده اند لعنهم الله چنانکه گویند در معنی این خبر که پیغامبر صلوات الله علیه گفت القبر روضة من ریاض الجنة او حفرة من حفر النیران گویند معنی این گور تن آدمی است که گور شخص اوست و نفس اندروست اگر این کس باطنی باشد و خویشتن را بگذارد احکام شریعت رنجه ندارد تن او روضهٔ بهشت باشد پس اگر باطن و تاویل شریعت نداند بطاعت و عبادت رنج کشد تن او از کندهٔ دوزخ

بود اورا بو ميمون قداح خواندند و ديگر آنرا عيسى جهار لختان و ديگر آنرا فلان دندانى و هر سه كافر و ملحد بودند و با يكديگر دوستى داشتند و بوقت طعام و شراب با هم بو دندى بوميمون قداح روزى گفت مرا قهر مى آيد از دين محمد و لشكر ندارم كه با ايشان حرب كنم و نعمت هم ندارم اما در مكر و حيل چندان دست دارم كه اگر كسى مرا معاونت كند من دين محمدرا زير و زبر كنم عيسى جهارلختان گفت من نعمت بسيار دارم در اين صرف كنم وهيچ دريغ ندارم در اين قرار دادند بو ميمون قداح پسرى داشت كه سخت نيكو روى بود و معروف بجمال چنانكه با آن پسر فساد كردندى بو ميمون قداح دعوى طبيبى و رستگارى داشتى اين پسر خويشرا موى نهاد چنانكه علويانرا و عيسى جهار لختان مالى بداد تا از جهت اين كودك اسباب و سازهاى تجمل ساختند وخبر در افكندند كه علوى است و ايشان خدمتكاران او اند و اورا بجملى عظيم بمصر آوردند و پيش او نشستندى و تعظيم وحرمت با او سخن گفتندى وهر كسى را بدو راه ندادندى تا كار او بالا گرفت آنكه اين مذهب بيرون آوردند وگفتند شريعت را ظاهريست و باطن ظاهر اينست كه مسلمانان بدان تعلق كردند و مى ورزند وهر يك را باطنى است كه آن باطن رسول صلوات الله عليه دانست وجز با على بكس نكفت و على بافرزندان و شيعه و خاصكان خويش گفت و آنكه آن باطنرا دانست از رنج طاعت وعبادت بر آسود وپيغامبر صلوات الله عليه را ناطق گويند وعلى را رضى الله عنه اساس خوانند و ميان ايشان مواضعات است و القاب چنانكه عقل را سابق خوانند و اول خوانند گويند اول او بوجود آمد و نفس را ثالى خوانند و ثانى هم خوانند يعنى آنكه گويند نفس از عقل بديدار آمد و همه چيزها را در جهان نفس بديدار آورد و تفسير اين آيت و التين و الزيتون و طور سين گويند تين عقل است كه همه مغز است و نفس زيتون است كه همه لطافت است با كافت آميخته چنانكه زيتون با دانه و طورسين ناطق است يعنى محمد صلوات الله عليه كه بظاهر چون كوه درشت بود و با خلق بشمشير

❊ الكربية ❊ اصحاب ابى كرب الضرير ❊ الا سحاقية ❊ اصحاب اسحاق بن عمر ❊ الحرية ❊ اصحاب عبد الله بن حرب ❊ الفرقة الثالثة من الشيعة ❊ ❊ الغالية ❊ باز پس‌ترين قومى از شيعه اين گروهى اند كه كافر محض باشند و ايشان از آن گروهند كه يكى از ايشان نزديك على آمد وگفت يا على الاعلى السلام عليك على كرم الله وجهه فرمود تا اورا بسوختند پس گفت بهلك اثنان محب مفرط و مبغض مفترى و ايشان نه فرقه اند ❊ الكاملية ❊ اصحاب ابى كامل ❊ السبائية ❊ اصحاب عبد الله بن سبا ❊ المنصورية ❊ اصحاب ابو منصور العجلى ❊ الغرابية ❊ ايشان گويند على بن ابى طالب بزاغ ماند ❊ البرتعية ❊ اصحاب برتع بن يونس ❊ اليعقوبية ❊ ايشان اصحاب محمد بن يعقوب گويند على هر گاه در ميان ابر بدنيا آيد ❊ الا سماعيليــــة ❊ ايشان اصحاب اسماعيل بن على اند ❊ الازدرية ❊ ايشان گويند كه اين على كه پدر حسن و حسين است على نيست او مرديست كه اورا على الازدرى خوانند و آن على كه امامست اورا فرزند نباشد كه صانع است خاكشان بدهان از سيد على ابو طالب رحمة الله عليه شنودم كه بدان وقت كه من بكوفه بودم پيرى بود علوى كه اين مذهب داشت و ظاهر كرد و خودرا مى نوشت فلان الازدرى همو گفت كه من بكوفه بودم كه اين علوى فرمان يافت وبحكم آنكه علوى بود معروف و معتبر اورا پهلوى مشهد امير المومنين على كرم الله وجهه دفن كردند آن شب از گور اوكند بر خاست چنانكه اهل مشهد بنفير آمدند مردمان و فرزندان آن علوى آن شب كور او باز كردند وبيست آرش فرو بردند و اورا ديگر باز دفن كردند ديگر روز كند از آنچه بود زيادت كشت و اهل مشهد بنفير آمدند و خروج كردند تا شب ديگر فرزندان دزديده اورا از آنجا بر داشتند و آنجا كه خواستند بردند اعتقاد او در احوال او تاثير كرد كه پس از مرك بدان صفت رسوا شد نعوذ بالله من الخذلان ❊ الفرقة الرابعة مــن الشيعة ❊ اصل مذهب ايشان بظاهر تشييع و دوستدارى امير المومنين على است كرم الله وجهه و بباطن كفر محض است و از مصر خاسته است مردى

که در نماز بگوید از نماز بیرون آید و گویند این لفظ از قرآن نیست و غسل یوم الجمعه فریضه دانند و پس امام قرآن نخواند و بیشتر مذاهب ایشان در عبادت با بعضی از مذهب شافعی رحمة الله علیه برابرست و بوقت قیـــام و رکوع دست بر دارند و در بر خاستن رکعت دوم نشستی حقیقت بنشینند و اجتهاد و قیاس روا نه بینند البته و در اصول مذهب ایشان بامعتزله برابرند در نفی رؤیت و تشبیه و خلق قرآن و حدوث صفات فعل و استطاعت الا در یک چیز و آن اهل کبیره است در دوزخ که معتزله گویند چون صاحب کبیره توبه ناکرده از دنیا نقل کند او در دوزخ و عذاب مخلد ماند ایشان گویند ماند بلکه شاید که ایزد تعالی بر او رحمت کند و از دوزخ بیرون آرد بفضل و رحمت خویش اینست اصول مذهب شیعت و ایشان پنج فرقه اند یکی از ایشان اصحاب زید بن علی اند آنکه خروج کرد بروزگار بنو امیـه و اورا بگرفتند و بکشتند و پسرش یحیی بن زید بکریخت بخراسان و اورا هم بگرفتند و بفرمان نصر بن سیار بکوزکانان بکشتند و کور او بازغویه است و بنـاء مذهب ایشان آنست که پس از علی و حسن و حسین رضی الله عنهم هـر علوی که معصوم باشد شاید که امامت طلب کند باید که از فرزندان عـلی باشد و پارسا و معصوم و ایشان پنج فرقه اند ❊ المغیریة ❊ اصحاب کبیرة التولی لقب او اثیر بود و نام المغیرة بن سعید ❊ الجارودیة ❊ اصحاب ابی زیـــاد ❊ الذکیریة ❊ اصحاب ذکـــیر بن صفوان ❊ الخشبیة ❊ اصحاب صرحات الطبری و وقت خروج سلاح ایشان از چوب بود ❊ الخلفیة ❊ اصحاب خلف بن عبد الصمد ❊ الفرقة الثانیة من الشیعة ❊ الکیسانیة ❊ اصحاب کیسان مولی علی بن ابی طالب کرم الله وجهه بود و مذهب ایشان آنست که امامت پس از حسن و حسین بمحمد بن علی باز کشت آنکه ابن الحنیفه اش خواندند از آنچه مادر او حنیفه نام او بود و کویند او زنده است که هرکز نمیرد و در شعب رضوی است پنهان تا وقت بیرون آمدن بیرون آید و جهان را بگیرد و بعدل آبادان کند و ایشان چهار فرقه اند ❊ المختاریة ❊ اصحاب مختار بن عبید الثقفی

و هر که اهل بهشت است دوزخ نبیند و هر که در دوزخ باشد البته از آنجا بیرون نیاید بلکه تا ابد در دوزخ باشد و سعادت و شقاوت ازلی نکویند بلکه در افعال بنده بسته گویند و در یاران پیغامبر صلوات الله علیه وقیعت نکنند اما گروهی از ایشان بتفضل علی کرم الله وجهه بر دیگران بکویند و ایشان هفت فرقه اند ♦ الحسنیة ♦ اصحاب حسن بصری ♦ الهذیلیة ♦ اصحاب ابو الهذیل علاف ♦ النظامیة ♦ اصحاب النظام ♦ المعمریة ♦ اصحاب معمر ابن عفان السلمی ♦ النصریة ♦ اصحاب نصر ابن المعمر ♦ الجاحظیة اصحاب عمر ابن بحر الجاحظ ♦ العکبیة اصحاب ابو القاسم العکبی البلخی ♦ مذهب الشیعة بنای مذهب ایشان بر آنست که پس از پیغامبر صلوات الله علیه علی را کرم الله وجهه در امامت حق بینند پس فرزندان اورا و دیگران را ظالم خوانند و باغی و امامت او بنص گویند و نص بدین گونه گویند یکی آنکه نص علی آنکه پیغامبر صلوات الله علیه روز غدیر خم گفت اذا انا کنت مولاه فعلی مـــولاه و دیگر نص حق که پیغامبر گفت صلوات الله علیه و اقصاکم علی و انت منی بمنزلة هارون من موسی الا انه لا نبی بعدی و اورا بر همگنان تفضل نهنــد و روزگار را از امام معصوم خالی نبینند و بدوستان اهل بیت تولا کنند و از دشمنان ایشان تبرا کنند و تقیه روا بینند و تقیه آن باشد که از بیم خلـــق بظاهر بخلاف مذهب خویش کاری کنند یا سخنی گویند و بر موزه مسح روا نبینند بلکه بر پشت پای مسح کشند بظاهر آیت وامسحوا برؤسکم و ارجلکم و نکاح صیغه روا بینند و در نماز دست بر دست نهند بلکه فروگــذارند و سجدۀ نماز بر خاک یا آنچه از خاک روید روا نبینند و در هر نماز قنـــوت خوانند و در رکعت دوم پس از آنکه از قرآن خواندن فارغ شوند دست بر دارند و بگویند لا اله الا الله الحلیم الکریم لا اله الا الله العلی العظــــیم سبحان الله رب السموات السبع و الارضین وما فیهن وما بینهن وهو السمیع العلیم وسلام علی المرسلین و الحمد لله رب العالمین و در بانگ نماز حی علی خیر العمل دو بار زیادت کنند و در جامۀ ابریشمین نماز روا نبینند ولفظ آمین هر

⁕ اصحاب الرأى ⁕ اصحاب امام ابو حنیفه نعمان بن ثابت بن المرزبان الکوفی الفارسی رضی الله عنه و او مسائل فقه استنباط کرد و کتب فقه تصنیف کرد و اورا شاکردان خاستند چون ابو یوسف القاضی و محمد بن الحسین الشیبانی و زفر و بو مطیع بلخی رحمهم الله و ایمان بمذهب او اقرار است بزبـان و تصدیق بدل و کاستن و فزون در ایمان روا ندارند و قیاس و اجتهاد و استحسان روا بینند و فقهای خراسان که از اصحاب ابو حنیفه اند در اصول مذهب سنت و جماعت دارند اما بعضی از فقهای عراق در اصول مذهب معتزله دارند و در فروع مذهب او ⁕ المعتزلة ⁕ قاعدهٔ مذهب ایشان بر آنست که ایزد تعالی را قدیم کویند بذات خویش نه بصفات و فرق نهند میان صفات ذات و صفات فعل کویند صفات ذات چون علم است و قدرت که نتوان کفت که وقتی عالم بود و وقتی نبود و وقتی قادر بود و وقتی نبود این صفت ذاتست اورا و اوصاف را و هر آنچه ماند اینست قدیم کویند و صفات فعل را چون آفریدن و سخن کفتن و ماند این کویند قدیم نیست محدث است از بهر آنکه شاید کفت که با موسی سخن کفت و با فرعون نکفت و وقتی کفت و وقتی نکفت و بدین سبب قرآن را مخلوق کویند و دیدار حق تعالی را منکرند و کویند ایزد تعالی نه بر آن صفت است که اورا بحواس در توان یافت و چشم سر توان دید لا تدرکه الابصار وهو یدرک الابصار و عذاب کوررا منکرنـد و سوال منکر و نکیر را و کویند این سوال کسی را است که اورا حاجت باشد تا بداند که اعتقاد این کس چیست او خود عالم السر و الخفیات است اورا بسوال نیاید و بهشت و دوزخ کویند هنوز نیافرید آن روز آفرید که کفتست یوم تبدل الارض غیر الارض و کویند ایزد تعالی معصیت قضا نکند و زنا و کفر و بهتان نیافریند بلکه این فعل بندکانست که استحقاق عقوبت بفعـل ایشان باشد و استطاعت قبل الفعل کویند و بنده را بکبیره کویند از حد ایمان بیرون آمد لیکن کافر نشد فاسق کشت و این را درجة بین المنزلین کویند اکر توبه کند باز مومن شود و اکر توبه ناکرده بمیرد در دوزخ جاودان بماند

ازل رفته است و این است قول ایزد تعالی نحن قسمنا بینهم و قول رسول صلوات الله علیه که السعید من سعد فی بطن امه و الشقی من شقی فی بطن امه و بلوح و قلم و عرش وکرسی چنانکه ایزد تعالی گفته است مقرند وگویند قلم بهرچه بود رفته است و در آن هیچ کمال و نقصان نخواهد بود و قضا دو است یکی مبرم ویکی معلق و نماز بجماعت حق بینند و در اوصاف ایزد تعالی از تشبیه و تعطیل دور باشند و در اصحاب پیغامبر وقیعت نکنند و خلافت رسول الله را مر ابو بکر صدیق را رضی الله عنه گویند و اورا بر اصحاب فرق نهند و پس از او عمر ابن الخطاب را رضی الله عنه و پس از او عثمان بن عفان را رضی الله عنه و پس از او علی بن ابی طالب را کرم الله وجهه ومهر ایشان در دل یکسان دارند اینست اصول مذهب سنت و جماعت ✥ اصحاب حدیث ✥ و ایشان پنج فرقه اند ✥ الداودیة ✥ اصحاب داود بن علی الاصفهانی و ایشان را اصحاب ظواهر گویند از آنچه بظاهر آیت و اخبار کار کنند و قیاس را منکر باشند ✥ الشعفویة ✥ اصحاب امام عبد الله بن محمد بن ادریس الشافعی المطلبی رضی الله عنه باشند و مذهب او در اصول دین وتوحید همین است که یاد کرده آمد و اختلافی که هست میان وی و اصحاب رأی در فروعست الا در یك چیز و آن حدیث ایمان است که درستی ایمان را بمذهب او سه شرط است الاقرار باللسان و التصدیق بالجنان و العمل بالارکان و چون چنین باشد بیفزاید بطاعت و بکاهد بمعصیت و بصحت اجتهاد و قیاس بگویند ✥ المالکیة ✥ اصحاب مالک بن انس بن مالک باشند و امام عراق بود و صاحب کتاب موطا و مغاربه و حدود یمن بیشتر مذهب او دارند و تعلق بحدیث پیغامبر صلوات الله علیه کنند وکوشت خر اهلی خورند ولواطه با عیال حلال دارند ✥ الحنبلیة ✥ اصحاب امام احمد حنبل اند و بعضی از ایشان مشبهند و او پیر بود که شافعی در رسید او خدمت شافعی کرد وعنان اسپ شافعی گرفته بود و می گفت اقتدوا هذا الشاب المهتدی ✥ الاشعریة ✥ اصحاب علی بن اسماعیل الاشعری اند و او از فرزندان بوموسی الاشعری بود وگروهی از او بجهت فرق بگویند

مذاهب الصوفیة ✦ النوریة ✦ الجلولیة ✦ مذاهب المرجیة ایشان شش فرقه اند ✦ الزامیة ✦ المعتلابیة ✦ التومنیة ✦ الصالحیة ✦ الصفریة ✦ الحجریة ✦ جملهٔ این مقالات بر این تفصیل هفتاد و سه فرقه اند و درست گشت آنچه پیغامبر صلوات الله علیه و سلم گفت و چون اصل این هفتاد و سه بدید آوردیم اکنون در طریق هر یک باستقصا سخن گوییم ✦ باب چهارم ✦ در بیان این مذهبهای اسلامی و پیدا کردن مقالت هر یکی و شرح القاب ایشان باستقصا و بتوفیق ایزد تعالی سخن گوییم در ادیان و مذاهب هم بر این ترتیب که یاد کردیم تا هفتاد و سه را بشرح تمام مستغرق کردانیم و امید داریم که ما از آن گروهٔ رستگاران باشیم نه از جملهٔ هالکان بفضل الله تعالی ✦ مذاهب السنة و الجماعة ✦ گوییم که واسطهٔ اهل اسلام اصحاب سنت و جماعت اند هر چند هیچ گروه نیابی از اهل اسلام که مذهبی دارد و اورا بپرسی بگوید مذهب سنت و جماعت این است که من دارم اما قاعدهٔ این مذهب بر آنست که ایزد تعالی بهمه صفات او قدیم گویند و قرآنرا غیر مخلوق و بهشت و دوزخ را آفریده گویند و اکنون هست و دیدار خدای تعالی را اهل بهشت را بچشم سر حقیقت گویند و عذاب گور و سوال منکر و نکیررا حق گویند و بندگانرا بگناه کبیره کافر نگویند هر چند توبه ناکرده میرند ایشانرا در دوزخ بقدر گناه عقوبت کنند آنگاه بشفاعت پیغامبر صلوات الله علیه بهشت رسند و معراج پیغامبر صلوات الله علیه تا بقاب قوسین گویند و دیدار او ملکوت آسمانرا حق بینند و بقضا و قدر گه نیکی و بدی بارادت او بینند لیکن فعل بنده با آن باستحقاق ثواب وعقاب باطل نگردد و گویند نیکی و بدی بارادت ایزد تعالی است و بنده را در فعل اختیار و ایزد تعالی بر وفق اختیار هر یکی چنانکه بعلم قدیم می دانست حالة العقل خالق آن فعل و اینست معنی آنکه القسدر خیره و شره من الله و توفیق و خذلان بندگان در ازل گویند چنانکه ارادت بود و بدست بندگان جز طاعت و جهد چیزی نیست آنکس را که مخذول است از ازل بخذلان او قلم رفته است و آنکس که مقبول است قلم بقبول او در

الله علیه در باب من کفت و فرمود چنانکه عمر خطاب رضی الله عنه کفت
بخ بخ خنک ترا یا ابا الحسن که امروز مولای مائی و مولای هر مومن و مومنه
این بود شرح خبر که یاد کرده شد و الله اعلم بالصواب و ناچار شرح ایـــن
هفتاد وسه فرقهٔ اسلامی پیدا باید کرد تا برأی العین دیده شود از آنچه پیغامبر
صلوات الله علیه هرگز دروغ نگفت و قول او جز راست نباشد ✢ فصل ✢
اصول مذهب فرق اسلامی هشت بیش نیست ✢ مذهب سنت وجـــماعت ✢
مذهب معتزله ✢ مذهب شیعه ✢ مذهب خوارج ✢ مذهب مجبره ✢ مذهب
مشبه وکرامی ✢ مذهب صوفیه ✢ مذهب مرجیه ✢ اینست اصول ادیان
و مذاهب و لیکن بفرق بسیار شوند چنانکه شرح آن بجایکاهٔ خویش گفته
آید ان شاء الله تعالی مذهب سنت وجماعت بدو فرقه شوند اصحاب حدیث
پنج فرقه اند ✢ الداودیة ✢ الشفعویة ✢ المالکیة ✢ الحنبلیة ✢ العشریة ✢ اصحاب
الرأی یک فرقه شوند ✢ الحنفیة ✢ معتزله هفت فرقه شوند ✢ الحسینیة ✢
الهذیلیة ✢ النظامیة ✢ المعمریة ✢ النصریة ✢ الجاحظیة ✢ العکبیة ✢ شیعه پنج
فرقه شوند الفرقة الاولی پنج فرقه اند ✢ الائیریة ✢ الجارودیة ✢ الخشبیة ✢
الذکریة ✢ الحلفیة ✢ الفرقة الثانیة ✢ الکیسانیة ✢ الکربیة ✢ المختاریة ✢
الاسحاقیة ✢ الحربیة ✢ الفرقة الثالثه من الشیعة ✢ الغالیة نه فرقه شوند ✢
الکاملیة ✢ السبـــایة ✢ المنصوریة ✢ الغرابیة ✢ البرتعیة ✢ الیعقـــوبیة ✢
الاسماعیلیة ✢ الازدریة ✢ الفرقة الرابعة من الشیعة دو فرقه شوند ✢ الصباحیة ✢
الناصریة ✢ الفرقة الخامسة من الشیعة ✢ الامامیة الاثناعشریة یک فرقه اند ✢
مذاهب الخوارج یازده فرقه اند ✢ الازارقة ✢ النجدات ✢ النجاردة ✢ البدعیة ✢
الخارمیة ✢ الثعالبة ✢ الخدوریة ✢ الصفریة ✢ الاباضیة ✢ الخفصیة ✢ الیزیدیة ✢
التنهشیة ✢ الشمراخیة ✢ الفضلیة ✢ الضحاکیة ✢ مذاهب المجبرة ✢ ایشان شش
فرقه اند ✢ الجهمیة ✢ الافطحیة ✢ النجاریة ✢ الصرادیة ✢ الصفـــاتیة ✢
النواصیة ✢ مذاهب المشبهة ایشان ده فرقه اند ✢ الکلابیة ✢ الکرامیة ✢
الهشامیة ✢ الشیبانیة ✢ المعتزلة ✢ الرازیة ✢ المقابلیة ✢ المهتالیة ✢ المبیضیة ✢

صلوات الله علیه بودیم و بمنزلی بر سر غدیری فرو آمدیم که آنرا غدیر خم خواندندی پیغامبر صلوات الله علیه ناگاه بکرمگاه بیرون آمد و فرمود تا بانك کردند الصلوة جامعة چنان عادت داشتی هر گاه که خواستی تا یاران جمع شوند و وحی گذارد یا تدبیری کند بانك فرمودی کردن الصلوة جامعة یاران جمله شدند و پیغامبر صلوات الله علیه بر بالای شد و گویند از جامهای شتر منبری ساختند تا پیغامبر صلوات الله علیه بر آنجا ایستاد و دست من بگرفت پس گفت خدای تعالی خلقرا بیافرید از درختان پراکنده و مرا و علی را از یك درخت آفرید و من اصل درختم و علی فرع آن درخت و حسن و حسین میوهٔ آن درختند و شیعهٔ ما شاخ و برك آن درخت هر که دست در شاخی زند از آن شاخها نجات یابد و هر که از آن تخلاف کرد هلاك شد پس گفت نه من بشما و بهمه مسلمانان اولیترم از نفس ایشان بدیشان گفتند آری پس گفت هر که را من مولا ام علی نیز مولای آنکس است آنکه دعا کرد و گفت یارب دوستار باش آنکس را که بموالات او بگوید و دشمن باش کسی را که او را دشمن دارد پس گفت قوم موسی صلوات الرحمن علیه پس از او هفتاد و یك فرقه شدند هفتاد فرقه از ایشان هالکند و یك فرقه برستند چنانکه ایزد تعالی در شان ایشان آیت فرستاد و گفت و من قوم موسی امة یهدون بالحق و به یعدلون و قوم عیسی صلوات الرحمن علیه بعد از او هفتاد و دو فرقه هلاك شدند و یك فرقه برستند چنانکه ایزد تعالی در شان ایشان آیت فرستاد و جعلنا فی قلوب الذین اتبعوه رأفة و رحمة و امت من پس از من هفتاد و سه فرقه شوند هفتاد و دو هالکان باشند و یك فرقه از رستکاران چنانکه ایزد تعالی در شان وصفت ایشان آیت فرستاد الذین یتبعون الرسول الامی آنگاه گفت من می روم و دو چیز در میان شما می گذارم کتاب ایزد تعالی یعنی قرآن دوم عترت و فرزندان و اهل بیت من دست در این هر دو زنید که این هر دو از یکدیگر جدا نشوند تا آنکه که روز قیامت بر آب حوض کوثر هر دو بنزدیك من آیند قوم همه برخاستند و مرا تهنیت کردند بدانچه پیغامبر صلوات

كنا مع رسول الله صلى الله عليه و سلم فى سفر وقد نزلنا على غدير يقال له غدير خم اذ خرج رسول الله صلى الله عليه و سلم فامر ان ينادى فى القوم الصلوة جامعة فاجتمع اصحاب رسول الله صلى الله عليه و سلم و صعد على ربوة من الارض و اخذنى بيدى و قال ان الله تعالى خلق الخلق من اشجار شتى وخلقنى وعلياً من شجرة واحدة و انا اصلها وعلى فرعها و الحسن و الحسين اثمارها واشياعنا اغصانها و اوراقها فمن تعلق ببعض منهما نجاء ومن خلف عنهم تردى ثم قال الست اولى بكم و بالمؤمنين من انفسهم قالوا اللهم نعم قال اذا انا كنت مولاه فعلى مولاه اللهم وال من والاه وعاد من عاداه و انصر من نصره و اخذل من خذله و ادر الحق ثم قال اختلف قوم موسى بعده على احدى و سبعين فرقة هلكت منها سبعون فرقة و نجت واحدة منهم و هم ما قال الله تعالى فيهم ومن قوم موسى امة يهدون بالحق وبه يعدلون فهم الفرقة الناجية واختلف قوم عيسى بعده على اثنتين و سبعين فرقة هلكت منها احدى و سبعون فرقة و نجت واحدة منهم وهم ما قال الله فيهم وجعلنا فى قلوب الذين اتبعوا رأفة و رحمة فهم الفرقة الناجية و ستختلف بعدى امتى على ثلاث و سبعين فرقة يهلك اثنان و سبعون و تنجوا فرقة واحدة وهم ما قال الله تعالى فيهم الذين يتبعون الرسول الامى الا انى تارك فيكم الثقلين ان تمسكتم بهما لن تضلوا ابداً كتاب الله جل ممدود من السماء و عترتى اى اهل بيتى و انهما لن يتفرقا حتى يردا على الحوض فقام القوم كلهم يهنونى بما ذكر رسول الله صلى الله عليه و سلم حتى قال عمر بن الخطاب رضى الله عنه بخ بخ يا اباالحسن اصبحت مولاى كل مسلم و مسلمة ؞ اين خبر از رسول الله صلى الله عليه و سلم بچند طريق آمده است وليكن برين كونه مرا سماع بود كه باسناد آوردم و لفظ روايت كردم و از همه طريقها اين مستوفى تر و نيكوتر است و از بهر تبرك آنرا بتازى روايت كردم اكنون تفسير او بشرح پارسى بكويم تا معلوم كردد جعفر صادق رضى الله عنه باسناد از پدران خود روايت كرد از امير المومنين على ابن ابى طالب كرم الله وجهه كه اوكفت ما در سفرى با رسول

بوده اند و قرامطه و زنادقه و اباحتیان را در نفی صانع کله یکی است لعنهم الله و قرامطه را بمردی باز خوانند که اورا احمد بن قرمط خواندندی و زنادقه را بزنک و او مردی بود از فارس که چون نام معرب کردند بجای کاف قاف بنهادند و هر که بر مذهب او بود زندیق خوانند و همچنین خرم دینان آن گروه اند که تن آسانی وخرمی اختیار کرده اند و از هر مذهبی آن گرفته اند که ایشانرا خوشتر آید و اباحتیان را مقالت همین است جز آنکه اباحتیان بی حمیت تر از دیگر کفارند که عیال خویش از یکدیکر باز ندارند ومعطله همین طبقه اند که اندر این معانی بتعطیل و نفی کفتند ✦ السوفسطائیه ✦ اصحاب منطق و فلاسفه درکتب خویش آورده اند که کروهی اند ایشان را سوفسطائی خوانند و مذهب ایشان آن است که هیچ چیز را که می بینیم اصلی نیست و در آنچه در بیداری بینیم همانست که در خواب بینیم و باز چنان شنودم که این سخنی است که اصحاب منطق وضع کرده اند و هیچ کس بهیچ روزکار این مذهب نداشته است و این بود مقالت آن قوم که پیش از اسلام بودند و مذهبهای مخالف داشته اند و آکنون بمذهب اسلام می آییم وشرح آن دهیم ✹

✦ باب سوم در بیان آن خبر که پیغامبر کفت صلی الله علیه و سلم امت من پس از من بهفتاد و سه فرقه شوند و وجه و اسناد آن خبر و شرح و معنی آن هفتاد و سه فرقه بصورت بکویم ✦

اخبرنا القاضی الامام ابو الفتح عبد الرحیم بن عبد الله قال اخبرنا الشیخ ابو الفضل عبد الصمد محمد العاصمی قال حدثنا ابو عبد الله الحسین بن محمد الکوفی بمکه حرسها الله قال ابو الحسین الدینوری قال حدثنا هارون بن یزید عن موسی بن جعفر بن محمد الصادق رضی الله عنهم عن ابیه عن جده عن الحسین بن علی رضوان الله علیهم عن علی بن ابی طالب کرم الله وجهه قال

نخورند و حرام دارند بر خویشتن و آنچه خورند نباتی باشد نه حیوانی و در امانت و راستی دستی عظیم دارند و برهمن زاهد ایشان باشد ٭ مذهب تناسخ ٭ این گروه گویند این جانها یکی است و تناسخ بچهار گونه است نسخ و مسخ و فسخ و رسخ هر جانی که از تن آدمی بیرون شود و در تن آدمی دیگر شود آنرا نسخ گویند و هر جانی که از تن آدمی بیرون شود و در تن جانوران شود آنرا مسخ گویند و هر جان که از تن آدمی بیرون شود و در حشرات زمین و گزندگان شود آنرا فسخ گویند و آنچه در درختان و نباتها شود آنرا رسخ گویند در جمله عالم را نامتناهی گویند و عقوبت ارواح بقدر گناه گویند که باشد اگر مردی ستمکار بود که بمیرد گویند جان او در تن ستوری شود یا در موشی یا در ددی و اگر نیکو سیرت بود جان او در تن مرد پارسا یا ملکی شود و زشترین همه مذهبها اینست ٭ مذهب صابیان ٭ بعضی از فلاسفه از شهر یونان که ایشان را صابیون خوانده اند ایشان این مذهب داشته اند و صابی در لغت آن بود که از کیشی بکیشی در شود لکن این طبقه را صابی خوانده اند و سرور ایشان ادانی و اغادیمون و هرمس و سولن که جد افلاطون بوده است از سوی مادر و هم بر این جمله آورده است ابو الحسن نویزی در کتاب اختصارات و هر روز سه بار نماز کرده اند نماز بامداد و پیشین و شبانگاه و کواکب ثابته را نماز تطوع کنند هر روزی آن ستاره را که آن روزرا بدو باز خوانند چنانکه شنبه زحل راست کانوا و روزهٔ ایشان هر سالی سی روز است تمام لیکن پراکنده از اول ماه ادار هشت روز پیوسته هفت روز و شش روز دیگر پراکنده و در ایام روزه گوشت نخورند و هر ماه چهار قربان کنند بنام ستارکان از خروس و خون آن خروس در کور کنند و پر و استخوانش بسوزند گوشت شتر و دراج و کبوتر نخورند و ماهی نخورند و عقوبت بر گاه ارواح روا بینند چنانکه پیش از این از آن مذهب فلاسفه یاد کردیم ٭ مذهب قرامطه و زنادقه ٭ در همه روزگارها مردمانی بوده اند که از کاهلی بی دینی اختیار کرده اند و همه را منکر

دختر هر کجا رفتی با خویشتن بردی پس چون روزگاری بر آن بگذشت و او درگذشت این کار بت پرستیدن در جهان پیدا آمد و هندوان گویند که این صورتها که در بهارها و هیکلها کرده اند از جهت تقرب کردنست بفریشتکان و ستارکان که بدان صورتها کرده اند و تعبد می کنند و بقول ایشان خانهٔ مکه بزحل منسوبست و نوبهار بلخ بقمر و همچنین هفت هیکل را نام برند منسوب بهفت ستاره و بت پرست را گویند آنکه بخدمت بتان مشغول باشد و بت پرست بروزگار پیشین در عرب بود امروز بجمد الله جز دین اسلام چیزی دیگر نیست و پیغامبر علیه السلام گفت لا تجمع فی جزیرة العرب دینان لا جرم عرب از همه نجاسها پاک کشته اند ببرکت قرابتی و هم زبانی پیغامبر علیه السلام اما بهندوستان بت پرستان بیشتراند و مذهب و فرقت ایشان اینجا یاد کنیم * مذاهب هندوان * هیچ کروه را آن دها و زیرکی نیست از مخالفان که هندوان راست زیرا که علوم طب و نجوم و حساب چنانکه ایشان دانند هرکس نداند بلکه از علوم خاصهٔ طب و شناختن عقاقیر و انواع ادویه و زهر و پازهر و علم نجوم و معرفت طوالع و احکام از هندوستان بخراسان رسیده است و عراق و دیگر مواضع و علم فهم و فراست ایشان را مخصوص است و بدان درجه که دشمن را بوهم می افکنند و هلاک می کنند و درین باب حکایتها و اخبارها خوانده ام لیکن در ایراد آن فایده نیست خاصه این کتاب را حال زیرکی و دانش ایشان بر این جملت است و ابلهی ایشان در کار دین و شریعت بدان اندازه است که کروهی بت پرستند و از بهر بت خویشتن را بکشند و در آتش اندازند و بنبوت آدم علیه السلام مقرند و بعضی بنبوت ابراهیم علیه السلام و بعضی صانع را منکراند و دهری مذهب اند و بعضی ستارکان پرستند و بعضی آنچه بچشم ایشان خوب نماید آنرا تعبد کنند و بعضی مذهب تناسخ دارند و گویند جان از تن بنی دیگر شود و بو زید حکیم گفت بت بزفان ایشان نام قاقلیط است و گوشت را حرام دارند بر خویشتن خاصه گوشت گاو و بیشتر ایشان می

و بر این مذهب مناظره میکرد مامون بفرمود متکلمان و فقهای اسلام را جمع
آوردند از جهت مناظرهٔ او و آن مرد چون در سخن آمد کفت عاملی بینم بر
خیر و شر و نور و ظلمت و نیک و بد و هر آینه هر یك را از این اضداد باید که
صانع دیگر باشد چه خرد واجب نکند که یك صانع نیکی کند و همو بدی
کند و مانند این بجتها کفتن کرفت از اهل مجلس بانك بر خاست یا امیر
المومنین با چنین کس مناظره جز بشمشیر نباید کرد پس مامون یك زمان خاموش
بود آنکاه از او پرسید که مذهب چیست جواب داد که مذهب آنست که
صانع دو است یکی صانع خیر و یکی صانع شر و هر یکی را فعل و صنع او
پیداست آنکه خیر کند شر نکند و آنکه شر کند خیر نکند مامون کفت هر
دو بافعال خود قادرند یا عاجز جواب داد که هر دو بافعال خویش قادرند
و صانع هر کز عاجز نباشد مامون کفت هیچ عاجزی بدیشان راه یابد کفت نه
و چکونه معبود عاجز بود مامون کفت الله اکبر صانع خیر خواهد که همه باو
باشد و صانع شر نباشد یا صانع شر خواهد که صانع خیر نباشد بخواست
و مراد ایشان باشد یا نی کفت نباشد و یکی را بر دیگری دست نیست مامون
کفت پس عجز هر یکی از این دو ظاهر کشت و عاجزی خدایرا نشاید آن ثنوی
متحیر ماند آنکاه فرمود تا اورا بکشتند و همکنان بر مامون ثنا کفتند ✢ مذهب
بت پرستان ✢ هر چند پیش از این حدیث بت پرستان کفته آمده است
و بعضی از نامهای بتان که میان عرب مشهور بودند یاد کرده شد خواستیم
که در مقالت ایشان بابی مفرد ثابت کنیم از آنچه کروهی نیستند احمق تر از
آن کروه که بدست خویش چیزی تراشند و صورت کنند آنکاه آنرا بخدای
کیرند و بپرستند و نیز طبقات ایشان سخت بسیارند از هندوان و عرب و غیر
ایشان و ابتدای بت پرستیدن را سبب کویند که هوشنك بود که دختری داشت
و بر صورت آن دختر خویش عاشق بود و آن دختر بمرد بفرمود تا صورت
اورا در هیکل نکاشتند و هر روز بدیدار آن رفتی تا اورا حاجت آمد بسفری
رفتن و از آن صورت صبر نتوانست کردن بفرمود تا بتی کردند بصورت آن

شرائع او آورده است و سه کتاب آورد که آنرا زند و بازند و اویستا خواندند و در آن کتابها الفاظیست نامفهوم لیکن گروهی از ایشان آنرا تفسیر و تأویل نهاده اند ✠ مذهب مزدک ✠ مردی بیرون آمد بروزگار قباد بن فیروزان از شهر نسا اورا مزدک نام و دعوی پیغامبری کرد و طریقهای زردشت را بعضی بگردانید و اموال و فروج بر خلق مباح کرد و خلق بدو بگرویدند و مذهب او آن بود که این مال و نعمت در اصل همه خلق را بوده است و اکنون همچنانست تا نوشروان با او مناظره کرد و اورا بحجت مالید و بکشت ✠ مذهب مانی ✠ این مردی بود استاد در صناعت صورت گری و بروزگار شاپور بن اردشیر بیرون آمد در میان مغان و پیغامبری دعوی کرد و برهان او صناعت قلم و صورت گری بود گویند بر پارهٔ حریر سپید خطی فروکشید چنانکه آن یکتار حریر بیرون کشیدند و آن خط نا بدید گشت و کتابی کرد بانواع تصاویر که آنرا ارژنگ مانی خواندند و در خزاین غزنین هست و طریق او همان طریق زردشت بوده است و مذهب ثنوی داشت چنانکه پیش از این یاد کردیم ✠ مذهب ثنوی ✠ ایشان همان گویند که زردشت گفته است که صانع دو است یکی نور که صانع خیراست و یکی ظلمت که صانع شراست و هر چه در عالم هست از راحت و روشنایی و طاعت و خیر بصانع خیر باز پذیرد و هر چه از شر و فتنه و بیاری و تاریکی است بصانع شر لیکن هر دو صانع را قدیم گویند و عشر از مال خویش دادن واجب دانند و یک ساله جامه دارند و یک روزه قوت باقی بر خویشتن حرام دانند و هفت یک از عمر خویش روزه دارند و چهار نماز کنند و برسالت آدم علیه السلام گروند و برسالت شیث پس برسالت نوح علیهم السلام پس برسالت مردی که اورا بدوه نام بود بهندوستان و رسالت زردشت بپارس بود و مانی را خاتم النبیین گویند و بدوه اعجاب عظیم دارند و مرصابیان را همین مذهب بوده است ✠ حکایت ✠ بروزگار مامون چنان بود که دستوری داده بود تا پیش او همه مذهبها را مناظره کردندی تا مردی متکلم بیامد که این مذهب ثنوی داشت

کرسی و جاتلیق کم از بطریق باشد و مقام در مسلمانی بودش در دار الخلافة بغداد و او زیر دست بطریق انطاکیه بود و مطران زیر دست جاتلیق باشد و مقام او بخراسان و از دست او بهر کشوری اسقف باشد و شماس شاکرد قسیس باشد و قیصر را عظیم الروم و طاغیة الروم وکلب الروم خوانند و باید که اورا دوازده بطریق بود یعنی دوازده سپهسلار در حکم هر یکی ده هزار مرد و پیوسته از ایشان شش تن پیش قیصر باشند و شش در مملکت میکردند طرنکار از دست بطریق باشد و اورا فسطیار نیز کویند و هزار مرد فرمان بر دارش باشد و قومس کم از او باشد و اورا دویست مرد فرمان بردار و عسطریج کم از او باشد و اورا چهل مرد در فرمان و زاوج کم از او باشد و اورا ده مرد فرمان بر دار باشد ✦ مذهب مغان ✦ در اخبار می آید که پیغامبر علیه السلام فرمود سنوا فی المجوس سنة اهل الکتاب غیر ناکحی نسائهم و لا آکلی ذبائحهم مغان در میان سنتهای اهل کتاب نکاح دارید الا دو چیز یکی آنکه از ایشان زن نخواهید و دیکر از کشتۀ ایشان مخورید و مذهب ایشان آنست که کویند همه چیزها از خدایست و همه شرها از شیطانست و ایزد تعالی را یزدان خوانند و شیطانرا اهرمن و کویند یزدان قدیمست و اهرمن محدث و ابتدای مردم از کیومرث کویند و کویند صانع چون بینا بود در آن بینایی خویش تفکر کرد از تفکر او اهرمن بدید آمد تعالی الله عن ذلک علواً کبیراً و آتش را عزیز و بزرک دارند و اورا خدمت کنند و آب را نیازارند یعنی بهیچ چیز پلید نکنند و جز مخوردن بکار نبرند و شادی کردن و می خوردن بطاعت دارند و هر روز سه بار آفتاب را سجده کنند بر آن روی که آفتاب باشد و بوقت طعام خوردن سخن نکویند و زمزمه بوقت طعام خوردن واجب دارند و از مردکان احتراز کنند و خویش را نکاح روا دارند چون مادر و خواهر و دختر و لوطی را سنکسار کنند و مردکان را بکور نهند بلکه بهوا دهند در دخمه و آتش پرست را هربذ خوانند ✦ مذهب زردشت ✦ مغان کویند مارا پیغامبری بوده است زردشت نام که این

رهبان باشد و خدای تعالی فرمود اتخذوا احبارهم و رهبانهم الآیة ✦ توریة الثمانین ✦ آن توریه ایست که ملکی از ملکان جهودان هشتاد تن را از احبار و رهبان کرد کرد و از ایشان در خواست تا توریه را ترجمه کردند و هر یك را بدین کار جای جداگانه بساخت چون آن ترجمه تمام شد هر هشتاد با یکدیکر راست آمد و هیچ تفاوت نبود آنرا توریة الثمانین نام کردند و بزرك دارند و سوکند عظیم بدان خورند ✦ مذهب ترسایان ✦ ایشان صانع را جوهر کویند و سه اقانیم است و آن سه اقانیم را بدین تفصیل کویند ابا ابرا روحا قدسا و سه کروه اند یعقوبی نسطوری ملکائی ✦ الیعقوبیة ✦ ایشان منسوبند بمردی که اورا یعقوب نام بود و شارح مذهب او مردی از اسقفان نام او متی ابن التیم الیعقوبی و مذهب ایشان آنست که کویند صانع قدیمست از یك روی و محدث است از یك روی در صفت لاهوت است یعنی خدای و صفت ناسوت یعنی آدمی تعالی الله عن ذلك علوا کبیرا ✦ النسطوریة ✦ ایشان منسوبند بمردی که اورا نسطورس نام بود کویند پسر از پدر موجود آمد نه بر سبیل تناسل و توالد بر سبیل نور از آفتاب چنانکه هرکز آفتاب بی نور نباشد و بعضی کویند مسیح نبذه بود که فرود آمد در نفس او ملکوت ایزد تعالی و قوت او پس او آله و هم آدمی است هم ماسح و هم ممسوح و از این روی مسیح خوانند ✦ الملکائیة ✦ ایشان منسوب اند بملکا و بیشتر ترسایان بر مذهب ملکائی اند و کویند مسیح یك جوهریست پاك و در کوش مریم شد و از پهلوی راست او بیرون آمد و با او هیچ ممازحت نکرد و کویند روح در مریم چنان رفت که آب رود در ناودان و هر که خویش را از طعامهای دنیا صافی کرداند خدایرا جل جلاله بیند ✦ هیکل ✦ عبادت کاه ایشان خوانند و در او صورت پیغامبران نکاشته باشند و صورت عیسی علیه السلام ✦ ترتیب ایشان در دین و حرب ✦ محتشم ترین ایشان بطریق باشند و ایشانرا همیشه چهار بطریق باشد یکی بقسطنطنیه نشیند و دوم برومیه و سه ام باسکندریه و چهارم بانطاکیه این چهار جای را کراسی خوانند جمع

وكفو نيست و از همگنان بی نيازست و بر هر آدمی واجب داشتندی يـاد
كردن ايزد تعالی بغايت تبجيل و تعظيم و طهارت آب روا ديدندی بوقت
حاجت چون از او ضرری بمردم نرسيدی و كسب و كار بر تن درستان فريضه
داشتندی و هر كه در وی فساد عمادتی ديدندی اورا عقوبت كردندی
و كشاورزی بر اهل آن واجب داشتندی و حرمت تمام ايشان را بجای
آوردندی و آموختن علم و حكمت از فرائض داشتندی و هيچ جانور را
نكشتندی الا آنرا كه خلق را از او مخاطره و رنج بودی و سلاطين را بزرگ
داشتندی و عشر و خمس بدادندی و مذهب ايشان در ارواح كه روح
كلست و روح جزو و اين روح جزو است كه در تن آدمی آيد تا مهذب گردد
پس بيرون رود و بكل خويش باز شود و آنكه نامهذب بيرون شود در اثير
بماند و بكل باز نتواند رسيدن ✦ مذهب جهودان متفق اند بر آن كه صانع
يكی است اما گروهی مشبه اند و تشبيه بكويند و گروهی تشبيه نكوينـد
و بنبوت موسی و هارون و پيغامبرانی كه پيش از ايشان بود عليهم السلام
بكروند و پيغامبرانی كه بر ملت موسی و هارون آمدند بكروند چون يوشع
و مانند او و عيسی و محمد مصطفی عليهما السلام منكر اند و بتوريه و زبور
و نوزده كتاب خدای جل جلاله بكروند ✦ السامرية ✦ ايشان جز بتوريه
و سه پيغامبران نكروند موسی و هارون و يوشع بن نون عليهم الســلام ✦
العنانية ✦ مردی بوده است از آل داود عليه السلام اورا عنانی زاهد گفتندی
و بعضی اورا اعانی گفتندی و گروهی از جهودان را بدو باز خواند
✦ الراعية ✦ اين گروه منسوب اند بيكی از ايشان كه از ميان ايشان بيرون
آمد و دعويهای عظيم كرد ✦ رأس الخالوت ✦ اين نام رئيس جهودان باشد
و به اندكی نسبت كه بفرزندان داود عليه السلام داشته باشد و علامت او
بنزديك ايشان آن باشد كه دراز دست باشد چنانكه سر انگشت دست از
سر زانوی بگذرد چون دست دراز كند ✦ حبر ✦ نام دانشمندان ايشان
باشد ✦ راهب ✦ صومعه دار بود و جمع ايشان احبار و رهبان و قسيس هم

و پیغامبر علیه السلام اورا بستود ابو قیس صرمة بن ابی انس از بنی النجار بود از بت پرستیدن بیزار شد و خانهٔ خویش را مسجدی ساخت و گفت من خدای ابراهیم را پرستم چون پیغامبر علیه السلام بیرون آمد بدو بگروید و در اسلام درجهٔ بلند یافت رضی الله عنه خالد بن سنان از بنی عبس بن بعیث بود و پیش از پیغامبر علیه السلام بدین اسلام بگروید و پیغامبر علیه السلام هنوز از مادر نزاده بود که بدو بگروید و کشته شد و دخترش پیغامبر علیه السلام را بدید و بدو بگروید نابغة بن ابی صلب الثقفی از بت پرستی بیزار شد و گفت پیغامبری بیرون خواهد آمد و وقت بیرون آمدن او نزدیکست و سحبان پنداشت که آن پیغامبر او باشد چون رسول ما صلی الله علیه و سلم بیرون آمد دعوی نبوت وی ظاهر کشت اورا حسد آمد و نگروید و بی دین مرد و اشعار او پیش پیغامبر علیه السلام بخواندند فرمود هذا الرجل امن لسانه و کفر قلبه عمر بن نفیل و عامر بن الضرب العدوانی الحکیم و عمرو بن یزید الکلبی هر سه در آرزوی آن بودند که مدت عمر ایشان چندان کشیدی که پیغامبر علیه السلام را در یافتندی و بدو ایمان آورده بودندی لیکن هر سه گذشته شدند و بعضی از عرب کاهنان بودند چون سطیح و شق و اخبار ایشان معروف است و بعضی جهود بودند چنانکه اهل خیبر و بعضی ترسا بودند چنانکه بنی غسان و بنی ثعلب و بعضی مغان بودند چنانکه بنی تیم و بنی عبس و چون از یاد کرد این مذاهب فارغ شدیم مذاهب فلاسفه را شرح دهیم ان شاء الله عز و جل ✦ مذهب الفلاسفة ✦ ارسطاطالیس از معلم خویش افلاطون چنان روایت کرد که شاگرد سقراط بوده است و سقراط چنین گفت که مذهب متقدمان و امامان فلاسفه که حکیمان روزگار بودند چون اغادیمون و هرمس و فیثغرس و جز ایشان چنان بودند که گفتند که حق تعالی یکی ازلیست تمامست ناقص نیست سبب الاسبابست و علة العلل اوست خیر محض است فاعل موجودات حقیقی است مفید کلست مرکب نیست مصور نیست موضوع نیست و اورا ضد و ند

ولا تذرن وداً ولا سواعاً ولا يغوث و يعوق و نسراً و جای دیکر فرمود افرأیتم اللات و العزی و مناة الثلاثة الاخری و چون ایزد تعالی نام بعضی از این بتان یاد کرده است ما نام بتان هر کروهی آنچه مشهور بوده است یاد کنیم تا خواننده را معلوم کردد سواع بنی هذیل را بوده است ود بنی کلب را بوده است یغوث همدان را بوده است نسر بنی کلاع را بوده است بزمین حمیر یعوق مذحج و یمن را بوده است و حد او رمة الجندل لات ثقیف را بوده است بزمین طایف عزی قریش و کنانه را بوده است منات اوس و خزرج و غسان را بوده است هبل در کعبه نهادندی و بزرکترین بتان بود اساف و نایله هر دو بصفا و مروه نهاده بودندی سعد ملکان کنانه را بود و بیرون این بتان سخت بسیار بودند و بهر کروهی مخصوص چنانکه یاد کردیم و بعضی از عرب مذهب تعطیل داشتند و دهری بودند چنانکه ایزد تعالی در قرآن از قول ایشان حکایت کرد قوله تعالی وما هی الا حیوتنا الدنیا نموت و نحیا و ما یهلکنا الا الدهر و شاعر ایشان کفت در انکار حشر و روز قیامت ٭ یخبرنا الرسول فان سنجی ٭ و کیف حیوة اعظام و هام ٭ و بعضی از ایشان فریشتکان را می پرستیدند و کفتندی ایشان دختران ایزد تعالی اند قوله تعالی عما یقولون علواً کبیراً و ایزد تعالی از قول ایشان حکایت کرد و یجعلون لله البنات سبحانه و بعضی بقیامت مقر بوده اند چنانکه شاعر ایشان کفت ٭ أبنی زودنی اذا فارقتنی ٭ فی القبر راحلةً برحل قاتر ٭ للبعث ارکبها اذا قیل اظعنوا ٭ مستو ثقین معاً لحشر الحاشر ٭ و بعضی از ایشان بر دین مسلمانی بوده اند و در اخبار می آید که مردی که نام او تبع بن کلیکرب الحمیری خوانده اند پیش از پیغامبر علیه السلام بدو کروید و شعری کفت در این معنی و آن شعر اینست ٭ شهدت علی احمد انه رسول الله باری القسم ٭ فلو مد عمری الی عمره لکنت وزیراً له و ابن عم ٭ و از جملۀ این قوم قیس بن ساعده الایادی بوده است حکیم عرب پیغامبر علیه السلام کفت من اورا یاد دارم و ببازار عکاظ دیدم بر شتری سرخ و خلق را پند می داد و آن قصه درازست

مکان و زمان از او خالی نیست و بر او محیط نیست و هیچ نادانی بر او متوجه نیست ✦ سؤال ✦ آن معبود متکلم هست یا نه ✦ جواب ✦ لم یزل متکلم بوده است و هست و باشد و او بود که با ابراهیم سخن گفت والسلام ✦ سؤال ✦ اگر سخن گفتن معبود بعلم باشد و سخن گفتن علما بعلم پس چه فرق بود میان سخن او و سخن دیگر علما ✦ جواب ✦ سخن گفتن علما اگرچه بعلم باشد محدث باشد از آنچه باول ندانستند پس بیاموختند تا بگفتند باز ایزد تعالی متکلم ازلی است و جهل را بدو راه نیست پس میان این دو نوع کلام تفاوت بزرگ بود و فرق بسیار و نام کتب هند که در توحید کرده است ابو ریحان در این کتاب آورده است کیتا بهارت باسدیو سانک ارجن دراین پنج کتاب سخن همه براین جمله رانده اند که یاد کردیم و بعضی از هندوان نام ایزد تعالی انسقر گفته اند و معنیش آن است که او بی نیاز است و جواد ✦ الزنوج ✦ با آنکه زنگیان در میان آدمیان چون سباع اند و جز بنشاط و شادی کردن بهیچ چیز راه نبردند هم بصانع مقر بودند و نام ایزد تعالی بلغت ایشان فلکوی حلوی است غرض از یاد کردن این لغتها آن بود تا مقرر گردد که تا خلافی که میان خلق بوده است و هست بیشتر از خلق بصانع مقر بودند و بلغت خویش حق تعالی را بنامی مخصوص یاد کرده اند و بوقت شدتها دست بدان نام زده اند و اما این بزرگترین دلیلی است بر هستی صانع و این باب را چنانکه گفتیم بپایان رسانیده ایم بعون الله و منه ✦ باب دوم ✦ در بیان مذاهبها که پیش از اسلام داشته اند ✦ مذاهب العرب ابتدا کنیم ابو عیسی وراق در کتاب خویش آورده است که گروهی از عرب بصانع و قیامت مقر بوده اند و لیکن برسولان صلوات الله علیهم نگرویدند و پسر زهیر بن ابی سلمی احتجاج کرده است یوخر و یوضع فی کتاب فیوخر لیوم حساب او یجعل فینقم فی الدنیا و بعضی از ایشان بتان پرستیدند و جز بت را صانع ندانستند و بعضی آن بتان را در خانهٔ کعبه داشتند و هر یکی را نامی نهاده اند و خدای تعالی نام بعضی از بتان در قرآن مجید یاد فرمود قوله تعالی

آلهی بین و شکر باری جل و عز بکوی و بکوی که سپاس و منت بر حقیقت تراست ترا شناسم و حاجت بتو رفع کنم و اجابت از تو چشم دارم ای که اولیت را ابتدا نیست و ملک ترا زوال نیست خلق آفریدی و از نیست هست کردی ای قوئی که هرکز ضعیف نکردی ای قادری که هرکز عاجز نشوی ای حکیمی که جهل را نزدیک تو راه نیست ای عطا بخشی که هرکز بخیلی نکنی ترا تجربت و کیفیت نی و خاطر خلق از دانستن و در یافتن بزرکی و عظمت تو عاجز و ما از کذارد شکر مواهب و منایع تو قاصر ✢ الروم و القبطیة و الحبشیة ✢ لغت ایشان سریانیست که بیشتر ایشان ترسا انسد و سریانی بتازی نزدیکست و نام ایزد تعالی بلغت ایشان اینست لاها رب اقدشا یعنی الله و رب و قدوس اما بلغت عبری که جهودان دارند نام ایزد تعالی بدین لفظها یاد کنند ایلوهیم آذونای اهیّا شداهیّا و اول توریت اینست بریشیت بارا ایلوهیم و شک نیست که بصانع مقراند هرچند که در مقالت جهودان و ترسایان اختلافهاست چنانکه بجایکاه خویش کفته آید ان شاء الله تعالی ✢ الترک ✢ ترکان ایزد تعالی را تنکری خوانند و بیر تنکری یعنی یکی خدای و کوک تنکری یعنی خدای آسمان و نیز شنودم که الغ بایات خوانند یعنی بزرکترین همه بزرکان ✢ الهند ✢ مقدسی کوید که هندوان ایزد تعالی را سرشتیا و ایت مها دیو خوانند و ابو ریحان منجم در کتاب خویش که آرا ارأ الهند نام کرده است و طریقت و مذاهب هندوان در همه معانی بیاورد و در باب دوم از این کتاب این فصل در توحید یاد کردست که حکایت کردم کفت کتابی است هندوان را که آرا باتنجل خوانند بر طریق سوال و جواب در او سخن رانده بدین کونه ✢ سوال ✢ کدامست آن معبود که همه کان بتوفیق او راه یابند بعبادت او ✢ جواب ✢ آنکه همه امیدها بدوست و همه بیها ازوست دور است از وهم و فکرت بریست از اضداد و اشکال ✢ سوال ✢ بیرون از این صفتها که یاد کردی هیچ صفت دیکر هست اورا ✢ جواب ✢ بلی بزرکی بحقیقت و قدرت تمام اوراست و هیچ

الحكمة خوانده اند ایزد تعالی را خیر اول گفته اند و واهب العقل نیز گفته اند یعنی بخشنده خرد و باری گفته اند یعنی پیدا آرندهٔ مخلوقات و ابو الحسن عامی را کتابی است که آنرا ابد علی الابد نام نهاده است و در اینجا یاد کند که جالینوس را حکیم و فیلسوف نخوانده اند زیرا که او گفت من در اوصاف خیر اول بشکم اورا گفتند کسی که در اوصاف صانع خویش بشک باشد اورا استحقاق اسم حکیمی و فیلسوفی نباشد تو ماده و معالجت بیماران میکنی از این جهت طبیب خواندند و ابو الخیر خمّار در کتاب خویش آورده است که افلاطون کتابی ساخته است و آنرا استیطکین نام نهاده و در کتاب می گوید که آفریدکار را اگر خیر اول می گویم بحکم آنکه خیرات را او بدید آورد و معطی بحقیقت اوست از حق دور نباشیم بعد از آنکه هر شارا که بر او کنیم اگر چه بزرگ بود آن نه سزاوار بزرگی او باشد از آنچه ما طاقت بر قدرت آن ندرایم که شای او بسزای او بگذاریم اورا بحواس در ذوان یافت و عقل را بذات او احاطت نیست از او بدید آمد آنچه آمد و بر اوست نگاه داشت آنچه آفرید اول اورا ابتدا و میانه و انتها نیست و اورا ماند و همتا نیست رأۀ افلاطون و شاگردان او در توحید ایزد تعالی این است و امّا ارسطاطالیس باسکندر نامه نوشت در آن وقت که اسکندر بحرب دارا بن دارا رفته بود و نسخت آن نامه در تاریخ مقدسی خوانده ام معنیش اینست یا اسکندر بگوی دارا را که با لشکر و سلاح و عدت خویش مفاخرت مکن که من با تو بخواهم کوشید با لشکری که عدد ایشان اندکست لیکن قوت ایشان بسیارست از آنکه لشکر من جویان نصرت اند از آفریدکاری که یکیست و اورا اول و آخر نیست و ماند و همتا نیست و ملک اورا زوال نیست قادریست که اورا عجز نیست و پادشاهیست که اورا عزل نیست زنده ایست که اورا مرگ نیست از او نصرت خواهم و بدین لشکر که صفت کرده شد با تو بکوشم و چون خبر فتح بارسطاطالیس رسید نامهٔ دیگر نوشت و در آن یاد کرد یا اسکندر این نصرت و ظفر که یافتی از خویشتن مبین بلکه از تأیید

اما این دو نام بایزد تعالی مخصوص است عز من قائل قل ادعوا الله او ادعوا
الرحمن ایاً ما تدعوا فله الاسماء الحسنی مقصود از این سخنها آنست که نام
الله در عرب مشهور و معروف بوده است و جز ایزد تعالی را بدان نــام
نخوانده اند و در اشعار جاهلی بکفته اند و ابتداء نامها بروزکار جاهلیت
بسمک اللهم نبشته اند چنانکه ما در اسلام بسم الله الرحمن الرحیم می نویسیم
و در اخبار آمده است که پیغامبر علیه السلام چون این آیت بیامد قــال
ارکبوا فیها بسم الله مجریها و مرسیها بفرمود تا بر سر نامهــا بسم الله می
نویسند چون این آیت آمد قل ادعوا الله او ادعوا الرحمن بفرمــود تا بسم
الله الرحمن الرحیم نوشتن کرفتند و باز چون این آیت آمد انه من سلیمـان
و انه بسم الله الرحمن الرحیم براین بماند ✤ العجم والفرس ✤ پارسیـان ایزد
تعالی را هرمزد و ایزد و یزدان خوانده اند و بهستی صانع مقر بوده انــد
و آن کروه از ایشان آتش پرستیده اند و مذهب ایشان در آتش پرستی همان
بوده است که مذهب بت پرستان عرب دربت چنانکه خدای تعالی از قول
ایشان حکایت کرد ما نعبدهم الا لیقربونا الی الله زلفی ما نه پرستیدیم بتازا
الا از بهر آنکه تا مارا به ایزد تعالی نزدیک کرداند و آتش پرستازرا همین
اعتقاد بوده است و هر که در عجم ملک روزکار شده است و اورا کارهای
بزرک بر آمده در او چیزی دیده اند که آرا فرایزدی خوانده اند و یزدفره
خوانده اند و در تاریخ مقدسی آورده است که در فارس آتش کاهیست که
آرا قدیم تر دارند و در آنجا کابیست که زردشت بیرون آورده است بسه باب
زند و بازند و اوستا و ابتدای آن کتاب این لفظهاست فیکمـان هی
روسنخیزهی بهستی هرمزد و افشاسپندان معنی این لفظها آن اســـت بی
کان باش بروز رستخیز و بی کان باش بهستی ایزد تعالی و فریشتکان او
✤ الفارسیة الدریة ✤ مرایزد تعالی را بپارسی خدای و بارخدای و خـداوند
خوانند و خدایی کویند یعنی او بخودی خویش است و کسی اورا نیاورده
است و مصنوع نیست ✤ الفلاسفة ✤ حکما و فلاسفه که ایشان را اساطین

و اسناد آن خبر و شرح و معنی آن ✦ باب چهارم ✦ در بیان مذهبهای اسلام و پیدا کردن مقالت هر یکی و شرح القاب ایشان باستقصا ✦ باب پنجم ✦ در پیدا کردن حکایات و نوادر کروهی که بیرون آمدند و دعویهای محال کردند کروهی دعوی خدایی و کروهی دعوی پیغامبری و در این ابواب آنچه کفتیم و بنوشتیم از خویشتن نکفتیم بلکه از آموخته و خوانده کفتیم چه آنچه پیش استادان و امامان خواندیم و چه آنچه بتلقف یاد کرفتیم و چه آنچه از کتب معروفان التقاط کردیم و بیشتر از نام استادان و نام آن کتب یاد کردیم و سخن را بدان حوالت کردیم تا نکرنده در این کتاب چیزی که اورا خوش نیاید بما حوالت نکند بعد از آنکه کفته اند ✦ و عین الرضا عن کل عیب کلیله ✦ و لکن عین السخط تبدی المساویا ✦ چشم رضا بپوشد هر عیب را که دید ✦ چشم حسد بدید کند عیب نا بدید ✦ باب اول ✦ در پیدا کردن آنکه در همه روزکارها و بهمه اقلیمها بیشتر خلق بصانع مقر بوده اند ✦ ابتدا کنیم سخن در این باب از قول ایزد تعالی که در محکم کتاب خویش کوید ولین سألتم من خلق السموات و الارض لیقولن الله اکر بپرسی از ایشان که آسمان و زمین که آفریده است بکو الله آفرید که قولها بر این جملت است در تفسیر و نزدیک من آنست که نامیست مخصوص به ایزد تعالی و اشتقاق از لغت کفتن تحقیق نیست و نامهای ایزد تعالی از دو کونه است بعضی از اسامی مشترک است چنانکه اکر مخلوق را بدان نام خواند روا باشد چنانکه حکیم علیم و ماند این و بعضی خاص است یعنی نشاید هیچ مخلوق را بدان نام خواندن چنانکه خالق و باری و مصور که یعنی این نامهای ایزد تعالی را مخصوص است که آفریننده و روزی دهنده و صورت کننده اوست و بدین اسامی هیچ مخلوق را نشاید خواندن و بعضی آن است که خاص است بلفظ و آن لفظ رحمن و لفظ الله که هم بایزد تعالی مخصوص است و در عرب هیچ مخلوق را رحمن نخوانده اند الا کروه از بنی حنیفه که مسیلمه کذاب را رحمن الیمامة خواندندی و قصهٔ او بجایکاه خویش کفته آید ان شاء الله تعالی

آنچه در شتایش ایشان تصنیف کرده اند از اشعار نیکو که آن باقی مانده است و بر زبانها روان گشته و ایشان از دنیا بیرون شده اند و نام ایشان بدین سبب در میان خلق زنده مانده است و ابراهیم علیه السلام از جملهٔ حاجات که از ایزد تعالی خواست یکی این بود تا ذکر او در میان خلق باقی کرداند قوله عز و جل و اجعل لی لسان صدق فی الاخرین و اللسان الصدق هو الثنا الحسن ایزد تعالی دعای او مستجاب گردانید و حکم کرد تا هر روزی در پنج نماز اورا یاد کنند کما صلیت و بارکت علی ابراهیم و علی آل ابراهیم انک حمید مجید آمدیم بمقصود در مجلس پادشاهی سخن رفت در شرح ادیان و مذاهب جاهلی و اسلامی و در معنی خبری که پیغامبر علیه السلام فرموده است که امت من پس از من هفتاد و سه فرقه شوند و همه در آتش روند الا یک گروه این هفتاد و سه گروه کدامند و لقب و مقالت هر یکی چیست و هر یکی را چه باز خوانند تا مذهب گروه ضلال بخوانند و کم راهی ایشان بدانند تا گروهٔ سنی قدر نعمت ایزد تعالی شناسد که ایشان را توفیق و عصمت خویش از چنان ضلالتها نگاه داشت شکر آن نعمت بقدر وسع بگویند چنین که الحمد لله الذی هدانا الهدا و ما کنا لنهتدی لولا ان هدانا الله و دیگر آنکه حجت خصم دانسته باشد و بر عثرات و فضائح مذهبها واقف گشته باشد تا آسان ترین و جهی خصمارا توانند ملزم کردن و نیز خوبی آنکه پیدا آید که در مقابلهٔ آن زشتی بیند و داند که اختیار او سخت نیکو بوده است و با قانون عقل درست و راست پس بصیرت و یقین او در مذهب بر جادهٔ خود بدین سبب زیادت گردد و این کتاب را بیان الادیان نام نهادیم و فهرست ابواب اینجا پیدا کردیم تا جوینده را آسان بود و الله الموفق و صلی الله علی محمد و آله ✦ باب اول ✦ در پیدا کردن آنکه در همه روزگارها بهمه اقلیمها بیشتر خلق بصانع عز و جل مقر بوده اند و مقرند ✦ باب دوم ✦ در بیان مذهبها که پیش از اسلام داشته اند ✦ باب سوم ✦ در بیان این خبر که پیغامبر علیه السلام گفت امت من پس از من بهفتاد و سه فرقه شوند و وجه

✦ بسم الله الرحمن الرحیم ✦

سپاس داریم که شکر کذاریم خدایرا جل جلاله و عم نواله بر آنچه مارا بذات خویش شناسا کردانید و راه معرفت و شناخت خویش بر دلهای ما پیدا کرد تا بدانستیم اورا موصوف بصفات کمال که بزرگی او بی منتهاست و اولی و آخری او بی ابتدا و انتهاست چونی و چکونکی و کجایی بر او نا رواست خالق آب و آتش و خاك و هواست و آفریدکار خلا و ملاست ساکن و جنبان نیست و برکزیننده و فرستندهٔ پیغامبرانست خاصه بهترین خلق محمد صلى الله علیه و سلم که مصطفا و مجتبا و معلاست آنکه خلق را بحق راه نمود و همه داد و راستی فرمود و امت خویش را طریق حق و مسلمانی در آموخت و شمع در همه دلها بیفروخت فصلی الله علیه و على آله و سلم تسلیما چنین کوید مولف كتاب امیر سید اجل امام عالم ابو المعالی محمد بن عبید الله بن على ابن الحسن بن الحسین بن جعفر بن عبید الله بن الحسین بن على بن ابی طالب رضی الله عنهم و تغمدهم برحمته که پس از انقیاد و طاعت ایزد تعالی و رسول او صلى الله علیه و سلم و کذارد فرائض و شریعت هیچ چیز نیست در عالم واجبتر از طاعت اولو الامر که حق تعالی اورا از میان خلق برکزیده باشد و بر بندکان خود مستولی کردانیده تا خلق خدایرا بر داد و راستی نکاه دارند و دست اقویا از ضعفا کوتاه کنند و دلیل بر درستی این معنی آنست که حق تعالی در مصحف مجید و شریف طاعت او با طاعت خویش و رسول علیه السلام یاد فرموده است قوله عز و جل اطیعوا الله و اطیعوا الرسول و اولی الامر منکم ✦ آغاز كتاب ✦ باید دانست که ملوك کذشته را از عهد پدر ما آدم علیه السلام تا امروز بسیار هدایا و تحف و طرف آورده اند که همه فانی کشته است و هرکز از آن یاد نکرده اند و نکنند الا آنچه از جهت ایشان تصنیف کرده اند از کتب علم و حکمت یا

اسامی اهل بدعت از هفتاد و دو گروه که هالکند اصناف قدریان دوازده گروه ✦ ثنوی ✦ معتزلی ✦ کلسانیه ✦ شیطانیه ✦ شریکیه ✦ وهمیه ✦ روندیه ✦ متبریه ✦ ناکثیه ✦ قاسطیه ✦ نظامیه ✦ احدیه ✦ اصناف جبریان دوازده گروه ✦ مضطریه ✦ افعالیه ✦ معبدیه ✦ عرفیه ✦ نجاریه ✦ منانیه ✦ کسیلیه ✦ سابقیه ✦ حبیه ✦ خوفیه ✦ فکریه ✦ خشنیه ✦ اصناف جهمیان دوازده گروه ✦ معطلیه ✦ مریسیه ✦ ملتزمیه ✦ واردیه ✦ زنادقیه ✦ حرفیه ✦ مخلوقیه ✦ فانیه ✦ غیریه ✦ قبریه ✦ لفظیه ✦ واقفیه ✦ اصناف مرجیان دوازده گروه ✦ تارکیه ✦ سبائیه ✦ ناحیه ✦ ساکیه ✦ بهیسیه ✦ علیه ✦ هرقوضیه ✦ بهشمیه ✦ خشویه ✦ اشعریه ✦ بدعیه ✦ عباسیه ✦ متناسخیه ✦ راجعیه ✦ لعنیه ✦ مرتضیه ✦ مبهیه ✦ اصناف جارودیان دوازده گروه ✦ ازرقیه ✦ باطنیه ✦ ثعلبیه ✦ حازمیه ✦ خلفیه ✦ کوزنیه ✦ شراخیه ✦ اخسنیه ✦ حکمیه ✦ معتزلیه ✦ میمونیه ✦ کنزیه ✦ این بود اسامی اهل بدعت که همه هالکند و اهل لعنت و باقی اهل سنت و جماعت اند و مستحق رحمت ✦

كتاب بيان الأديان

آن روح فزای دل من ✦ جامی بمن آورد که بستان و بنــــوش ✦ گفتم نخورم گفت برای دل من ✦ مردم بر آن رباعی گریه ها کردند و فغانها بر آوردند و بعد از غسل و تکفین و تجهیز بر او نماز گذاردند و اورا هم در آن باغ دفن کردند در شهور سنه ست عشر و ثمانمایه ✦

نیشابوری از شعراء خوش گویست و قصاید او مشهورست گویند ویرا ضعف طالعی بوده است و در آن باب از او حکایات غریبه آرند از آن جمله اینست که روزی باجمعی یاران و شاگردان بلب آبی رفته بود که جامها بشویند بعد از آنکه یاران بجامه شوئی فارغ شدند در صحرا جامها بر آفتاب انداختند و مولانا دستاری نیکو داشت که اول بار بود که آنرا شسته بود و بر صحرا تنگ ساخته ناگاه گردبادی پیدا شد و بهیچ جامه تعرض نکرد و دستار مولانارا در هم پیچید و بهوا بالا برد بمثابه که از نظر یاران غائب شد و هرچند در آن حوالی و نواحی بگشتند از آن دستار نشانی نیافتند و در آن محل مولانا این رباعی را بر بدیهه گفت در شکایت از فلک ؉ رباعی ؉ فریاد از دست فلک بی سر و بن ؉ کاندر بر من نه نو گذارد نه کهن ؉ با این همه هیچ نمی یارم گفت ؉ کز این بترم کند که گوید که مکن ؉ مولانا در آخر عمر در قریهٔ اسغریش از اعمال نیشابور منزوی شد و از آمیزش خلق کناره کرده بعد از آن چندگاه جمعی یاران عزیمت زیارت او کرده از شهر بآن دیه رفتند و بدر باغ او آمدند در بسته بود هر چند در زدند و فریاد کردند کسی جواب نداد یکی بدیوار بالا رفت و از درون در باغ را بگشاد و یاران بباغ در آمدند و بدرخانهٔ او رفتند دیدند که آنرا نیز فرو بسته در بسیار زدند و فریاد کردند کسی در نگشاد و یکی بحیلهٔ بسیار بالای بام رفت و از راه زینهٔ پایهٔ بام بخانه در آمد دید که مولانا بر سجادهٔ خود سجده کرده زمانی ایستاده و مولانا سر بر نداشت دوید و برای یاران در بگشاد و یاران بر سر او آمدند و ملاحظه گردند دیدند که مولانا سر بسجده نهاده و جان داده بسیار گریستند و کسی بشهر دوانیدند تا مردمانرا از آن حال خبردار گردانیدند و خلق شهر بتمام بان دیه آمدند تا بر او نماز گذارند و یاران چون خواستند که اورا بخوابانند در کف دست راست او کاغذپاره دیدند که در آن وقت جان دادن این رباعی گفته بوده است ؉ رباعی ؉ دی شب ز سر صدق و صفای دل من ؉ در میکده

و ماهر در فنون شعر بوده است چنانچه بزرکان ویرا خلاق المعانی کفته اند
کویند که در آن وقت که یکی از لشکر خان ویرا زخم کاردی زده بود این
رباعی بر بدیهه بکفت و بخون خود بر دیوار خانه نوشت که ٭ دل خون شد
و شرط جانکذاری اینست ٭ در حضرت او کینه بازی اینست ٭ با این
همه هیچ نمی یارم کفت ٭ شاید که مکر بنده نوازی اینست ٭ راقم این رساله
و قایل این مقاله از والد خود علیه الرحمة چنین شنیده ام که این رباعی از
حضرت شیخ فرید الدین عطارست که در وقت قتل عام نیشابور که یکی از
لشکریان هلاکو خان شیخ را شهید کرد و در آن وقت شیخ بر این وجه
کرد که ٭ در راه تو رسم سر فرازی اینست ٭ عشاق ترا کینه بازی
اینست ٭ با این همه از لطف تو نومید نیم ٭ شاید که ترا بنده نوازی اینست ٭
چون هلاکو خان در نیشابور آغاز قتل عام کرد یکی از مغول تاتار دست
شیخ عطار کرفته بود و می برد که اورا در مقتل عام سر از تن بر دارد
و شیخ را در آن حال وقت خوش کشته بود و سرّ توحید غلبه کرده روی
در قاتل کرد و کفت باین که تاج و نمدی بر سر نهی و تیغ هندی بر کـمـر
بندی و از جانب ترکستان بمکر و دستان بر آیی پنداری ترا نمی شناسم پس
در آن محل که آن لشکری تیغ از نیام بر کشید و شیخ را بر سرپا نشانید
شیخ بدیهه این رباعی کفت ٭ دلدار به تیغ دست برد ای دل هین ٭ بربند
میان و بر سرپای نشین ٭ و آنکه بزبان حال می کو که بنوش ٭ جام از
کف یار و شربت بازپسین ٭ پهلوان محمود پوربای از بجردان و مقربـان
روزکار بوده چون بدر مرك رسید و بر بستر مرض بغلطید اصحـاب کرد او
در آمدند و وقتی که محتضر باشد بو الفضولی کفت ای مخدوم وقـت رفتن
است دلت را چه می باید و خاطر ترا بچه می کشاید تا در خدمت جان
فشانیم و بایست ترا بتو رسانیم پهلوان در آن حالت بر بدیهه این قطعـه
کفت ٭ چه پرسی چه می باید وقت مرك ٭ بجز وصل جانان نمی بایدم ٭
جدایی مبادا مرا از خدا ٭ دیکر هر چه پیش آیدم شایدم ٭ مولانا لطف الله

پای در زنجیر و کف بر لب مکر دیوانه بود ☩ سلمان و سایر حاضران در تعجب شدند سلمان گفت از کجائی گفت از بخارا گفت ناصر بخاری نباشی گفت بلی ناصرم سلمان بر خاست و اورا در بر گرفت و پهلوی خود نشاند پس بخانه برد و تا ناصر در بغداد بود سلمان بخدمت وی قیام نمود ☩ خواجه علی بن شهاب ترشیزی شاعری فاضل بوده و میان او و شیخ آذری که حمزه نام اوست مناظره و مشاعره واقع شده روزی در مجلس که بسی فضلا و شعرا جمع بودند آذری که حمزه نام اوست اورا مخاطب ساخته این رباعی بربدیهه گفت ☩ سر دفتر ارباب هنر خواجه علیست ☩ ای آنکه ترا لطف طبیعت ازلیست ☩ تو خواه مرا پسند و خواهی مپسند ☩ داند همه کس که حمزه استاد علیست ☩ خواجه علی شهاب از روی بدیهه بی توقف جواب او گفت که ☩ ای حمزه بدان که عرش حق جای علیست ☩ بر دوش رسول از شرف پای علیست ☩ استاد علیست در جنگ ولی ☩ صد حمزه بفضل و علم لالای علیست ☩ مولانا حسن شاه بدیهه گوی که در این فن بی نظیر زمان بود روزی از خیابان هرات بشهر می آمد و میرزا منوچهر جوانی صاحب جمال خوش طبع از اولاد امیر تیمور از شهر بخیابان می رفت بر روی پل روان دروازهٔ ملک بهم رسیدند میرزا که مولانای حسن شاهرا دید فی الحال چشم پوشید و گفت چشم نخواهم کشاد الا وقتی که بیتی بر بدیهه گفته باشی مولانا فی الفور گفت ☩ بیت ☩ از آن چشم پوشید شاه از کدا ☩ که پوشیدنی چشم داریم ما ☩ میرزا بخندید و چشم بکشاد و اورا خلعتی گرانمایه داد ☩

☩ فصل هشتم در بدیهه که عرفاء شعرا در وقت وفات گفته اند ☩

چون اکای قاآن در شهر اصفهان قتل عام کرد خواجه کمال الدین اسماعیل آنجا بدرجهٔ شهادت رسید و وی عالم و فاضل و قادر بر سخن

شرع قصاص ٭ بخون کربه آکر تیغ برکشد شاید ٭ قاصد فخرالملك چون این قطعه کذرانید و جواب را علی الفور طلبید امامی قلم بر داشت و بدیهه جواب اورا بر ظهر رقعه این قطعه نوشت و فی الحال باز فرستاد که ٭ آیا لطیف سوالی که در مشام خرد ٭ ز بوی نکهت خلقت نسیم جان آید ٭ بکربه نیست قصاصی که صاحب ملت ٭ چنین قصاص بشرع مبین نفرماید ٭ نه کم زکربهٔ بیدست کربهٔ صیاد ٭ که مرغ بیند بر شاخ و پنجه بکشاید ٭ اکر ساعد و بازوی خود سری دارد ٭ بخون کربه همان که دست نآلاید ٭ بقای قری و عمر کبوتر ار خواهد ٭ قرارگاهٔ قفس را بلند فرماید ٭ سلمان ساوجی و سراج قری قزوینی در مجلس بعضی حکام که جمی از افاضل و اکابر حاضر بودند با یکدیکر مناظره و مشاعره کردند و میر مجلس حکم کرد که هر دو بر مصراع مشهور که ٭ ای باد صبا این همه آوردهٔ تست ٭ طبع آزمایی کنند و بر بدیهه دو رباعی بکویند اول سلمان بدیهه کفت ٭ ای آب روان سرو بر آوردهٔ تست ٭ ای سرو چمان چن سراپردهٔ تست ٭ ای غنچه عروس باغ در پردهٔ تست ٭ ای باد صبا این همه آوردهٔ تست ٭ بعد از او سراج قری بی تأمل کفت ٭ ای ابرهار خار پروردهٔ تست ٭ ای خار درون غنچه خون کردهٔ تست ٭ کل سرخوش و لاله مست و نرکس مخمور ٭ ای باد صبا این همه آوردهٔ تست ٭ ناصر بخاری شاعری فاضل و درویش مشرب بود و عمر در سیاحت کذرانیده و این بیت مشهور از اوست که ٭ درویش را که ملك قناعت مسلم است ٭ درویش نام دارد و سلطان عالم است ٭ و این مطلع قصیده ایست که در او ابیات نیکو درج کرده کویند که وقتی که بسفر حج میرفت ببغداد رسید و بر کنار دجله سلمانرا با جمی از فضلا و شعرا نشسته دید و پیش ایشان رفت و سلام کرد اتفقا فصل بهار بود و آب دجله طغیان عظیم داشت سلمان کفت چه کسی کفت مردی شاعرم کفت بدیهه میتوانی کفت ناصر کفت تواند بود سلمان بر بدیهه این مصراع کفت که ٭ دجله را امسال رفتار عجب مستانه بود ٭ ناصر علی الفور کفت ٭

عنبر و کافور بهم ساخته هر دو ✦ جانا دل مجنون مرا چند بر آری ✦ زنجیر کشان تا بسر طاق دو ابرو ✦ چون صدر الشریعة قوت طبع او دید اورا بر همه شاکردان مقدم نشاند بعد از آن اورا بشناخت و بخانه برد و کما ینبغی بحال او پرداخت و او چند کاه در حوزۀ درس ایستاده بود و استفادۀ علوم نمود ✦ روزی برف عظیم می آمد و باد سرد عنیف می جست در چنین وقتی رشید را ذوق صحبت ادیب صابر شد چه بیکدیکر رابطۀ محبت داشتند و میان مباسطتی و مطاربتی می بود و ادیب صابر دانشمند متبحر بوده و در فنون شعر مهارت تمام داشته و در زمان سلطان سنجر نشو و نما یافته و در اصل از بخاراست اما در خراسان کسب فضایل کرده و انوری اورا در شعر می پسندید و خاقانی شعر اورا معتقد بود و بخلاف او رشید را منکر در ین برف و سرما رشید بدر خانۀ ادیب رسید حلقه بر در زد کنیزکی به پس در آمد و کفت کیست کفت رشید است و ادیب را میخواهد کفت خواجه‌ام در خانه نیست رشید این بیت بر بدیهه کفت ✦ آنکس که برون رود در ین روز ✦ غرزن تر از و دیکر کس نیست ✦ ادیب سر از دریچۀ بالا خانه که بر پشت دالان ساخته بود بیرون کرد و در جوابش بر بدیهه کفت ✦ من خود بحرم سرای خویشم ✦ پیداست که بر برون در کیست ✦ امامی هروی عالم بوده است بعلوم نقلی و عقلی و از اقران شیخ مصلح الدین سعدی است و بحد همکر شعر اورا بر شعر شیخ سعدی ترجیح کرده چنانچه در این رباعی کفته ✦ ما کرچه بنطق طوطئ خوش نفسیم ✦ بر شکر کفتهاء سعدی مکسیم ✦ در شیوۀ شاعری باجماع امم ✦ هرکز من و سعدی بامامی نرسیم ✦ فخر الملك از اکابر و افاضل زمان بود و قطعۀ کفت و بدست قاصدی بطریق استفتا نزد امام فرستاد و قاصدرا وصیت کرد که باید که از پا ننشینی تا جواب نکیری و آن قطعه اینست ✦ سر افاضل دوران امام ملت و دین ✦ پناه اهل شریعت در ین چه فرماید ✦ که کربه سر ده قری و کبوتر را ✦ بشب ز تن بنعدی و ظلم برباید ✦ خدایکان کبوتر زروی

گفت ۞ مانند سنان کیو در جنگ پشن ۞ چون عنصری از فردوسی این مصراع شنید بر سبیل تعجب در یاران نگریست بعد از آن فردوسی را گفت از این مصراع چنان معلوم میشود که ترا بر تاریخ ملوک عجم اطلاع تمام است و این بدیهه را بسمع سلطان رسانید و فردوسی را بمجلس او برد چون سلطان بر فضایل و کمالات او وقوف یافت و قوت طبع اورا در سخن معلوم کرد بنظم شاهنامه حکم فرمود و او در آن نظم داد سخنوری داد ۞ شمس طبس ماضی عالم و فاضل و خوش طبع بوده است و چون آوازهٔ علم و فضل و شعر طبع صدرالشریعة شنید از خراسان علی حده بعزم صحبت او بخارا رفت و از کرد راه بمدرسهٔ او در آمد و سلام کرد و در حوزهٔ درس او بنشست وقتی که او بر شاکردان قصیدهٔ میخواند که آنرا شب تمام کرده بود و هر یک از شاکردان بقوت طبع خود در آن سخن میگفتند و دخلی می کردند و از آن قصیده است این چهار بیت که ۞ بر خیز که صبح است و شرابست من و تو ۞ آواز خروس سحری خاسته ز هر سو ۞ بر خیز که برخاست پیاله بیکی پای ۞ بنشین که نشسته است صراحی بدو زانو ۞ می نوش از آن پیش که معشوقه شب را ۞ باصبح بگیرند و ببرند دو کیسو ۞ و از شیشه مینا می رنگین خور و بکفن ۞ سنگی تو بر ین شیشه کردنده مینو ۞ در این اثنا صدر الشریعة در او نگریست اورا نیک متوجه دید گفت ای مرد غریب در شعر هیچ وقوفی داری گفت موزونی از نا موزون فرق میتوانم کرد گفت این شعر چون شعریست گفت کلام موزونست طلبهٔ درس در او افتادند چرا به از این صفت نکردی گفت اگر من بدیهه به از این بکویم شما چه می کویید گفتند ترا در شعر مسلم داریم و الا ترا بیازاریم او کاغذ و دوات وقلم طلبید و بی تأمل آن قصیده را پنجاه و دویست بیت جواب گفت در مدت یک دو ساعت نجومی و از آن قصیده است این چهار بیت ۞ از روی تو چون کرد صبا طره بیک سو ۞ فریاد بر آورد شبی غالیه کیسو ۞ از شرم خط غالیه بوی تو فتادست ۞ در وادی غم با جگر سوختهٔ آهو ۞ ای زلف شب آسا و رخ روز نمایت ۞ چون

و اورا خلعت خاص و صلهٔ كلی دادند و نشان امضا كرده بآبروی تمام بسبزوار باز فرستادند +

+ فصل هفتم در بدیهه گفتن شعرا با یكدیگر +

فردوسی طوسی بی نظیر زمان خود بود و شاهنامه بر فضل و كمال او دلیلی واضع و برهانی لائح است نام وی حسن بن اسحاق شرف شاه است و از دهقان زاده‌های طوس بوده و در مبادی حال بامر زراعت شغل میكرفته گویند عمید والی طوس چارباغی در غایت خوبی ساخته بود و آنرا فردوس نام نهاده و پدر او اسحاق بن شرف شاه بتربیت آن باغ مقرر بود و وی باین نسبت و مناسبت فردوسی تخلص كرده عامل طوس بروی ظلمی كرد و وی بغزنین رفت از برای داد خواهی و آنجا بوسیلهٔ عنصری بمجلس سلطان محمود غازی رسید و شعر گذرانید و سلطان اورا بنواخت و بنظم شاهنامه مشغول ساخت روز اول كه بغزنین رسید بر در بارگاه سلطان سیری میكرد و وسیلهٔ می جست كه خودرا بنظر سلطان رساند ناگاه جمعی دید از كسی پرسید كه اینها چه مردم اند كه اینجا جمع شده اند گفت شعراء پای تخت سلطانند و این مرد ملك الشعرا عنصری است با دو شاكرد خود فرخی و عسجدی كه هر دو فاضل و قادر بر سخنند پیش رفت و سلام كرد عنصری جواب داد و گفت چه كسی كه غریب می نمایی گفت مردی شاعرم و از جانب طوس آمده ام عنصری گفت بیا و بنشین تا باهم بدیهه گوییم و طبع آزمایی كنیم فردوسی بیامد و پهلوی عسجدی بنشست عنصری گفت ما چار شاعریم رباعی می گوییم بمشاركت كه هر شاعری یك مصراع گوید پس عنصری آغاز مصراع كرد و مصراع اول را چنین گفت + چون طلعت تو ماه نباشد روشن + دوم را فرخی گفت + چون قامت تو سرو نخیزد زچمن + سوم را عسجدی گفت + مژگانت همی گذر كند زجوشن + چهارم فردوسی

باشد تا بتربیت او چنانچه باید و شاید قیام نماید که عجب قابلیتی دارد و اگر تربیت یابد نادرهٔ زمان و نجوبهٔ دوران می شود و لیکن تا ساده رو است بامانت نزد تو خواهد بود بعد از آنکه محاسن پیدا کند اورا نزد من آر پس ده هـزار دینار صلهٔ آن قطعه بوی داد و اورا بتحصیل علوم اشتغال نمود و متداولات بورزید و کسب فضایل بسیار کرد و درفنون شعر ماهر شد و برای آل مظفر قصاید غرا بگفت و رعایتها کلی یافت + سید شرف الدین رضا سبزواری از سادات عریضی بوده که بصحت نسب مقررند و در شعر طبع بلند داشته و پدران او در عهد سربدالان سبزوار وزارت کرده اند و زمــان میرزا شاهرخ پیشوای و کلانتری مردم سبزوار تعلق بوی داشت و از او پیـش خواجه پیر احمد خوانی که چهل سال وزیر باستقلال میرزا شاهرخ بود جمعی حاسدان سعایتی کردند خواجه کس فرستاد تا سیدرا بند کران بر پای نهاده از سبزوار بهرات آوردند و کسی پروای مهم او نکرد و مدتی آن بند بر پای او بماند و در آن وقت در هرات پیری بود هفتاد سال از عمر او گذشته در کال برودت و خنکی که اورا میروس صدر میگفتند و عادت او آن بود که هنوز آفتاب در حوت بود که کلاهٔ نوروزی نمد سفید بر سر می نهاد و در آن سن بآن برودت که او داشت آن کلاهٔ نوروزی بر سر او عظیم خنک نمود و آن کلاهٔ نوروزی او در هرات بخنکی و برودت ضرب المثـل بود روزی خواجه پیر احمد بفرمود تا سید را بآن بند گران بر سر دیوان آوردند و اتفقا در آن مجمع میروس صدر کلاهٔ نوروزی بر سر نهاده حاضر بود خواجه رو بسید کرد و گفت شنیده ام که شعررا نیک می گویی و بدیهـه روان داری اکنون حسب حال خود و حسب حال میروس و کلاهٔ نوروزی او بر بدیهه بگوی سید فی الحال این رباعی بگفت که + ای آصف جم مرتبه کیوان قدر + مانند هلال حلقهٔ تو در گوش بدر + بسیار خنک شدست در شهر هرات + زنجیر من و کلاهٔ نوروزی صدر + خواجه را از آن رباعی بسیار خوش آمد بفرمود تا بند از پای او کشـادند

یافتهٔ خواجه نور الدین منشی که وزیر باستقلال سلطان جلال الدین محمد خوارزمشاه است و خواجهٔ بغایت فاضل و دانا بوده است اما بادمان شرب مبتلا بود و چون نوبت اول شاهفور بدر خانهٔ او آمد باز نیافت همچنین پنج بار پیاپی آمد و ملاقات میسر نشد آخر خواجه را خبر کردند که شاهفور نیشابوری مردی فاضل و شاعر و مشهور خراسان و عراقست و پنج بار شد که بدر خانهٔ تو می آید و باز نمی یابد مناسب آنست که التفات فرموده اورا بخوانی و در مجلس خود بنشانی خواجه کسی بوی فرستاد که اول مناسب حال ما بدیههٔ بگوی تا قوت طبع تو از شعر تو معلوم کنم پس ما بتو صحبت داریم شاهفور بر بدیهه این رباعی گفت و نوشت و پیش خواجه نور الدین فرستاد ٭ که ٭ این فضل تو و این باده پرستی باهم ٭ ماند بلندی است و پستی باهم ٭ حال تو بچشم ماه رویان ماند ٭ کآنجاست مدام نور و مستی باهم ٭ خواجه نور الدین این رباعی بسیار خوش آمد و اورا پیش خود خواند و بتربیت او متوجه شد ٭ جلال عضد از افاضل شعرا است و از سادات یزد است و پدرش در زمان دولت محمد بن مظفر مقدم سادات ولایت خود بوده روزی بمکتب خانه در آمد سید زاده دید با روی چون ماه و دو کیسوی سیاه که خط می نوشت از معلم پرسید که این جوان چه کسی است گفت پسر عضد یزدی است و در این سن بسی فضایل کسب کرده و انواع شعررا بغایت نیك میگوید و اصناف خط را بسیار خوب می نویسد محمد بن مظفر گفت چیزی بر بدیهه بگوی و بنویس تا شعر و خط ترا ملاحظه و مشاهده کنم و بر بدیهه این قطعه بگفت و بنوشت و بدستش داد که ٭ چار چیز است که در سنك آگر جمع شود ٭ لعل و یاقوت شود سنك بدان خارایی ٭ پاك طینت و اصل گوهر و استعداد ٭ تربیت کردن مهر از فلك مینایی ٭ بامن این هرسه صفت هست چه در می باید ٭ تربیت از تو که خورشید جهان آرایی ٭ محمد بن مظفر از لطف شعر و حسن خط او متحیر شد و پدرش سید عضدرا طلبید و گفت می خواهم که فرزند تو پیش من

؋ شش ؋ درحد نهاوند بیك زخم بمردم ؋ بكذاشتم آن خدمت دیرینه بفرزند ؋ اورا بخدا و بخداوند سپردم ؋ خواجه شمس الدین محمد دیوان كه بعد از نظام الملك باستعداد و قابلیت او وزیركم بوده است و بغایت كرم پیشه و عالی همت بوده و رسالهٔ شمسیه در منطق بنام اوست روزی در دیوان وزارت بر مسند حكومت نشسته بود یكی از فضلاء شعرا رقعهٔ بدست وی داد كه در آن رباعی كفته بود در مدح او و آن رباعی اینست ؋ دریا چو محیطست و كف خواجه نقط ؋ پیوسته بكرد نقطه میكردد خط ؋ پروردهٔ تو كه و مـه دون و وسط ؋ دولت ندهد خدای كس را بغلط ؋ خواجه قلم بر داشت و بی تأمل در جواب او این رباعی بر بدیهه بكفت و بر ظهر آن رقعهٔ شاعر نوشت و مهر كرد و بدست وی داد كه ؋ سیصد برهٔ سفید چون بیضهٔ بط ؋ كازرا از سیاهی نبود هیچ نقط ؋ از كلهٔ خاص ما نه از جای غلط ؋ چوبان بدهد بدست دارندهٔ خط ؋ خواجه شمس الدین محمدرا در قراباغ تبریز چارم ماه شعبان سنه ثلث و ثمانین و ستمایه بحكم ارغون خان بقتل رسانیدند و مجد همكر كه فاضل و دانشمند و بی نظیر وقت خود و ملك الشعراء عراق و فارس بود و معاصر شیخ مصلح الدین شیرازی و ندیم مجلس سعد بن زنكی كه شیخ كلستان بنام او نوشته در مرثیهٔ خواجه شمس الدین محمد رباعی بر بدیهه كفت و شیخ سعدی آنرا شنید و بكریست و مجدرا بر آن شعر تحسین و تعریف كرده و آن اینست كه ؋ در مأتم شمس الدین از شفق خون می چكید ؋ مه چهره بكند و زهره كیسو ببرید ؋ شب جامه سیاه كرد در مأتم صبح ؋ بزد نفس سرد و كریبان بدرید ؋ شعراء متأخرین اتفاق دادند كه هیچ شاعر از متقدمین و متأخرین زمن در مرثیهٔ اكابر این رباعی نكفته است الا امیر شاهی سبزواری كه در فوت میرزا بایسنغر این رباعی كفته و الحق كوهر قیمتی سفتـــه و آن اینست ؋ در مأتم تو دهر بسی شیون كرد ؋ لاله همه خون دیده در دامن كرد ؋ كل جیب قبای ارغوانی بدرید ؋ قری نمدی سیاه در كردن كرد ؋ شاهفور نیشابوری شاعری فاضل بود شاكرد ظهیر فاریابی است و تربیت

و ده هزار دینار از خزانه نقد بوی داد ✦ امیرشاه سبزواری که نام وی اق ملک بن ملک جمال الدین است و در اصل از عیان پیروز کوه بوده و تربیت کردهٔ میرزا بایسنغر بن میرزا شاهرخ است روزی در مجلس میرزا بایسنغر بزرگ زادهٔ ناقابل بر او مقدم نشست میرزا این تقدم را از او ناخوش آمد روی بمیر شاهی کرد و گفت در باب تقدم این نا اهل و تأخر خود بدیههٔ بگوی میر شاهی فی الحال این قطعه بگفت قطعه ✦ شاها مدار چرخ فلک در هزار سال ✦ چون من یکانه نتابد بصد هنر ✦ کر زبردست هر خس و ناکس نشسته ام ✦ اینجا لطیفه ایست بدانم من این قدر ✦ بحر است مجلس تو و در بحر بی خلاف ✦ گوهر بزیر باشد و خاشاک بر زبر ✦

✦ فصل ششم در بدیهه گفتن وزرا و بدیههٔ شعرا پیش ایشان ✦

بزرگان گفته اند هرگز وزیری با استحقاق نظام الملک ماضی وکیل سلطان جلال الدین ملکشاه سلجوقی بر مسند وزارت نه نشسته است در آخرکار اهل سعایت مزاج سلطان را بر او متغیر ساختند و ترکان خاتون که حرم بزرگ سلطان بود بتربیت ابو الغنایم تاج الملک فارسی مشغول شد و سلطان اورا باسترضای خاطر ترکان خاتون بجای نظام الملک نصب کرد و منصب خطیر وزارت و نیابت بوی ارزانی داشت و یک سال و چهار ماه ابو الغنایم بی استحقاق وزارت کرد و خواجه نظام الملک در آن مدت مصادرها داد و در پورش بغداد جمعی از ملاحده در حدود نهاوند خواجه را کارد زدند و بآن زخم بدرجهٔ شهادت رسید و در وقت نقل از عالم قطعهٔ بدیهه بگفت و بنزد سلطان فرستاد و در دل سلطان اثر عظیم کریست و بسیار کریست و از کردهٔ خود اظهار ندامت کرد و آن قطعه اینست ✦ چل سال باقبال تو ای شاه جوان بخت ✦ ژنگ ستم از آینهٔ دهر ستردم ✦ طغرای نیکو نامی و توقیع سعادت ✦ نزد ملک العرش بالطاف تو بردم ✦ چون شد ز قضا مدت عمرم نود و

آمد اسپ را بوی بخشید و صد هزار درم صلهٔ این رباعی بوی داد ✤ مولانا بویرندق بخاری مردی خوش طبع و ندیم پیشه بوده است و تربیت کردهٔ میرزا بایقرا بن عمر شیخ بن تیمور خانست و با خواجه عصمت بخاری مناظره و مشاعره کرده است و گویند این بیت اوست که ✤ در بخارا خواجه عصمت شهرتی دارد تمام ✤ در خراسان خواجه عصمت نیست بی عصمت است ✤ گویند روزی برای میرزا بایقرا قصیدهٔ غرا گذرانید و میرزا پروانه چی را به ترکی گفت بشیوز التون صله بوی دهید یعنی پانصد دینار پروانه چی رفت و دویست دینار آورد تسلیم وی کرد او در مجلس این قطعه بر بدیهه بگفت و بر میرزا بخواند که ✤ شاه دشمن گداز و دوست نواز ✤ آن جهانگیر که جهان دارست ✤ بشیوز التون مرا نمود انعام ✤ لطف آن شه به بنده بسیارست ✤ یا مگر غلط شنیدستم ✤ یا که پروانه چی غلط کارست ✤ یا مگر در عبارت ترکی ✤ بشیوز التون دویست دینارست ✤ سیصد از جمله غائبست از آن ✤ در میانه دو صد بدیدارست ✤ میرزا بخندید و بفرمود تا هزار دینار و سیصد دیگر آوردند و در مجلس هزار و پانصد دینار نقد تسلیم او کردند ✤ خواجه منصور قرائقای طوسی مردی خوش و غزل گوی بوده است و این غزل مشهور از آن او بوده است ✤ که ای چشم خوشت بلای مردم ✤ در دیده توی بجای مردم ✤ مردم تو بچشم در نیاری ✤ چیزی دیگری ورای مردم ✤ وی ملازم میرزا علاء الدوله پسر میرزا شاهرخ میرزا بوده است و با قاضی عبد الوهاب طوسی که قاضی بی دیانت بوده است نقاری و غباری در خاطر می داشته است و میرزا بر معادات ایشان مطلع بود روزی قاضی بمجلس میرزا در آمد میرزا بر سبیل تعرض گفت ای قاضی بمال یتیمان چه معامله می کنی گفت ای میرزا من بیچاره در برهنگی جامه ام و در سرما آفتاب میرزا روی بخواجه منصور کرد که در این سخن که قاضی گفت بدیههٔ بگوی خواجه علی الفور این قطعه گفت ✤ قاضیا جامهٔ یتیمانی ✤ خون شان می خوری مگر شبشی ✤ گفتهٔ آفتاب شرع منم ✤ آفتابی ولی یتیم کشی ✤ میرزا را این قطعه بغایت پسندیده افتاد

نخاست ٭ بغیر از کان وربنالد رواست ٭ که در عهد سلطان صاحب قران ٭ نکردست کس زور چنین بر کان ٭ شی سلمان در مجلس سلطان اویس بود که پسر رشید امیر شیخ حسن و دلشاد خاتونست و وی بغایت صاحب جمال و خوش طبع و فاضل مسعد و کرم پیشه و عالی همت بوده است چون مجلس منقضی شد سلمان خواست که بمبزل خود رود شب تاریک بود سلطان فراش را فرمود تا شمعی بزرک با لگن زرین از مجلس همراه او برد و در منزل او کذاشت تا صباح ببرد چون سلمان بامداد بملازمت سلطان آمد فراش از سلمان لگن زرین طلبید سلمان بر بدیهه این دو بیت بکفت ٭ من و شمعیم دو دلسوختهٔ خانهٔ سیاه ٭ که شب او کرید و من از غم مردن سوزم ٭ شمع خود سوخت شب دوش بزاری و امروز ٭ کر لگن را طلبد شاه ز من سوزم ٭ سلطان بخندید و آن لگن بوی بخشید ٭ پسر شاه شجاع در شیراز جوانی بود فرزانه و بی مثال و یکانه در حسن و جمال منوچهر نام روزی برسم کوی بازی بر اسپی سوار شده بود که آرا بسی هزار دینار زر سرخ بها کرده بودند و جهان ملکه زوجهٔ شاه شجاع که مادر شاه منوچهر بود و بسیار فاضله و کامله بود در فنون شعر و غیر آن با شاه سواره ایستاده بود و هر دو تماشای چوکان بازی فرزند می کردند و شاه زاده درعین اسب تازی و چوکان بازی بود که ناکاه پای اسپ خطا شد و شاهزاده بیفتاد و روی او مجروح و خون آلوده شد و عالم بر چشم شاه و جهان ملکه و سایر ناظران از رعیت و سپاه تاریک و سیاه کشت و غضب بر شاه مستولی شده حکم کرد آن اسپ را بکشند امرا و مقربان حاضر بودند ملول و مضطرب شدند زیرا که آن اسپی بود نادر و بی نظیر در صورت و رفتار هیچکس در آن زمان مثل آن اسپی ندیده بود و نشنیده آخر بیچاره شدند و جهان ملکه اشارت کردند که بدیهه بکوی و آن اسپ را حمایتی بکن و از کشتن برهان فی الفور آن رباعی بکفت ٭ شاها تو ادب کن فلک بد خور را ٭ کو چشم رسانید رخ نیکورا ٭ کر کوی غلط رفت چوکانش زن ٭ ور اسپ خطا کرد بمن بخش اورا ٭ شاه را آن رباعی خوش

پیدا شود سرای نهفت ÷ ریشهای سیاه روز امید ÷ باشد اندر پناهٔ ریش سفید ÷
باز ریش سفید را ز گاه ÷ بخشد ایزد بریشهای سیاه ÷ مردکی سرخ ریش
حاضر بود ÷ دست در ریش زد چون این بشنود ÷ گفت ماخود درین شماره
ایم ÷ در دوکیتی بهیچ کاره ایم ÷ بنده آن سرخ ریش مظلومست ÷ که ز انعام
شاه محرومست ÷ قزل ارسلان را از آن ابیات خوش آمد و اورا صلهٔ تمام
انعام کرد ÷ امیر شیخ حسن بعد از سلطان ابو سعید خدابنده در بغداد
و اذربایجان پادشاه شد و دلشاد خاتون زوجهٔ او بغایت فاضله و عاقله و کریمه
و جمیله بود و سلمان ساوجی در مدح امیر شیخ حسن و دلشاد خاتون قصاید
بسیار دارد و تربیت کردهٔ ایشانست و سبب تربیت امیر شیخ حسن مر سلمان را
آن بود که چون سلمان آوازهٔ بذل و کرم ایشان شنید از شهر ساوه
ببغداد رفت اتفاقا از کرد راه در صحرا بملازمت امیر شیخ حسن برسید وقتی که
با مقربان خود برسم شکار بیرون آمده بود و در آن صحرا کان بر دست داشت
و تیری می انداخت و سعادت نام غلامی بغایت صاحب جمال پیاده در
رکاب او بود که منظور بود و از پی تیر امیر می دوید و باز بوی میرساند
سلمان پیش آمد و سلام کرد جمعی که اورا می شناختند پیش امیر صفت او
کردند و او نیز غائبانه صفت او شنیده بود و شعر او دیده متوجه او شد و گفت
ای سلمان آوازهٔ تو بسیار شنیده ام آکنون بر همین قدم که ایستاده‌ای در باب
تیر اندازی من و دویدن سعادت از پی تیر بیتی چند بر بدیهه بگو سلمان
کاغذ و دوات و قلم از جیب خود بدر آورد همچنان ایستاده این ابیات بدیهه
بگفت و بنوشت و بدست امیر داد و او چون قوت طبع سلمان دید بتربیت او
پرداخت و درجهٔ اورا بلند ساخت ÷ ابیات ÷ چو در بار چاچی کان رفت شاه ÷
تو گفتی که در برج قوس است ماه ÷ دو زاغ کمان باعقاب سپهر ÷ بدیدم بیك
کوشه آورده سر ÷ نهادند سر بر سر دوش شاه ÷ ندانم چه گفتند در گوش
شاه ÷ چو از شصت بگشاد خسرو کره ÷ بر آمد ز هر گوشه آواز زه ÷ شها
تیر در بند تدبیرتست ÷ سعادت دوان در پی تیرتست ÷ بعهدت ز کس نالهٔ بر

چهار درج گوهر بخشید ؞ ازرق حکیم کامل و شاعری فاضل بوده است در اصل از مرو است و در دوران سلطان شاه سلجوقی که افضل سلجوقست تربیت تمام یافت روزی سلطان نرد می باخت و هر چند سه شش میخواست سه یک می آمد از این صورت متغیر شد ازرق حاضر بود سلطان اورا فرمود که در این باب چیزی بدیهه بگوی این رباعی گفت ؞ رباعی ؞ چون شاه دو شش میخواست سه یک روی نهاد ؞ تا ظن نبری که کعبتین داد نداد ؞ شش چون نکریست حشمت حضرت شاه ؞ از هیبت شاه روی بر خاک نهاد ؞ سلطان اورا بر این رباعی صلهٔ وافر داد ؞ رکن صاین شاعری فاضل بوده است و از قاضی زادگان سمنانست و در زمان دولت طغای تیمور خان تربیت یافته و در خدمت او منصب امامت داشته روزی از او تقصیری در خدمت بوجود آمده بود خان اورا بند فرمود و چند ماه در بند بماند وقت فرصت نگاه میداشت و با بندگران سرراه بر خان گرفت و نیازی عرض کرد خان گفت بدیههٔ مناسب حال بگوی تا ترا بخشم او علی الفور این رباعی بگفت ؞ در حضرت شاه چون قوی شد رایم ؞ گفتم که رکابرا ززر فرمایم ؞ آهن چو شنید این حدیث از دهنم ؞ درتاب فتاد و حلقه زد بر پایم ؞ خان بفرمود تا بند از پای او بر داشتند و پیش او بردند و خان اورا خلعت خاص داد و بسر منصبش فرستاد ؞ ظهیر فاریابی لقب و نامش ظهیر الدین طاهر بن محمد فاریابی است و فاضل و عالم بوده و در شعر شاگرد رشید سمرقندیست که حکایت مهر و وفا نظم کردهٔ اوست و لیکن در شعر از استاد خود و بلکه از بسیار استادان در پیش است و وی درعهد دولت قزل ارسلان تربیت یافت و برای او قصاید غرا گفت و این بیت بغایت مشهور است از یک قصیدهٔ او که ؞ بیت ؞ نه کرسی فلک نهد اندیشه زیر پای ؞ تا بوسه بر رکاب قزل ارسلان دهد ؞ ریش ظهیر بغایت سرخ و رنگین بوده است روزی قزل ارسلان اورا گفت برای ریش سرخ خود چیزی بر بدیهه بگوی که خاتمهٔ آن متضمن حسن طلبی باشد ظهیر این ابیات علی الفور بگفت که ؞ واعطی بر فراز منبر گفت ؞ که چو

و سالها در ملازمت پسر اتسز ایل ارسلان بود و بعد از او زمان دولت پسر ایل ارسلان سلطان شاهرا نیز در یافت چون سلطان شاه ولی عهد پدر شد آرزوی صحبت رشید داشت بفرمود تا اورا بر تخت روان نهاده پیش او بردند و وی چنان معمرشده بود که پشت او خمیده بود و پایهای او قوت رفتار نداشت چون سلطان شاه با او ملاقات کرد از روی امتحان و طبع آزمای اورا گفت ای رشید مرا نصیحتی کن بیک رباعی که در آن هم ذکر صفت جد و پدرم باشد و هم ذکر صفت من رشید پیش او بر بدیهه در آن سن رباعی گفت ٭ جدت ورق زمانه از تظلم بشست ٭ عدل پدرت شکستگی کرد درست ٭ این بر تو قبای سلطنت آمد جست ٭ هان تا چه کنی که نوبت دولت تست ٭ برین رباعی اورا چهل هزار درم بخشید ٭ چون سلطان سنجر بممالک ما وراء النهر عزیمت کرد همه خانان اتفاق نموده در صحرای نسف هجوم کردند و در آن محاربه شکست بر سلطان افتاد و چون بر لب جیحون فرود آمد بغایت ملول و محزون بود فرید کاتب که از شاگردان انوری است شاعر و فاضل بود و در آن لشکر همراه سلطان بود پیش سلطان بر پای ایستاده بود سلطان گفت ای فرید هیچ دیدی که مرا چگونه چشمی رسید در این حال که پیش آمده بدیهه بگوی که بار دلم سبک شود فرید این رباعی گفت ٭ شاها ز سنان تو جهانی شد راست ٭ تیغ تو چهل سال زاعدا کین خواست ٭ گر چشم بدی رسید آن هم از قضاست ٭ کانکس که بیک حال بماندست خداست ٭ سلطانرا این رباعی موجب جمعیت خاطر تمام شد و باو صلۀ لایق داد ٭ شبی در مرو برف عظیم می بارید و مهستی که جمیلۀ خوش طبع بوده است و معشوقۀ سلطان سنجر پیش او بود بعد از آنکه سلطان یک خواب کرده بود بیدار شد و از مهستی پرسید که هوا چه حال دارد او بر بدیهه این رباعی گفت ٭ رباعی ٭ شاها فلک اسپ سعادت زین کرد ٭ و از جملۀ خسروان ترا تحسین کرد ٭ تا در حرکت سمند زرین نعلت ٭ بر کل نهد پای زمین سیمین کرد ٭ سلطان اورا بر این رباعی تحسین کرد و

این قلعه افکندند انوری در حضور سلطان این رباعی گفت ٭ ای شاه همه ملك
جهان حسب تراست ٭ و زدولت و اقبال جهان کسب تراست ٭ امروز بیك
حمله هزاراسپ بگیر ٭ فردا خوارزم و هزار اسپ تراست ٭ این رباعی را بر
تیر بستند و در قلعه انداختند و مردم آنرا پیش اتسز بردند چون رباعی را
بخواند رشید را گفت فی الفور بدیهة بگوی تا بر تیر بسته بلشکر سنجر اندازند
در پیش اتسز این رباعی بگفت ٭ ای شه که بجامت می صفاست نه درد ٭
اعدای ترا از غصه خون باید خورد ٭ گر خصم تو ای شاه بود رستم کرد ٭
یك خر از هزار اسپ نتواند برد ٭ پس اتسز فرمود آنرا بر تیر بستند و در
لشکر سلطان انداختند مردم آنرا پیش سلطان بردند و سلطان دانست که
از نظم رشید است کینهٔ او بر کینه افزود و قسم یاد کرد که چون رشید
بدست او افتد ویرا بهفت پاره پاره کند و این خبر برشید رسید و عظیم بترسید بعد
از آن سلطان بفرمود تا لشکر بیکبار حمله آوردند و جنگ سخت در پیوستند
و کار بر اهل قلعه تنك شد و اتسز تاب مقاومت نداشت شباشب از قلعه
بگریخت و در آن شب رشید را فرصت آن نشد که همراهٔ اتسز بیرون رود
و در زاویهٔ متواری شد و سلطان فرمود که رشید را پیدا کنند بعد از
تفحص بلیغ اورا در کوشهٔ یافتند و خبر بسلطان آوردند حکم کرد اورا بر
سر اوردوی بازار برند و بهفت پاره کنند او زاری کرد که اول پیش خواجه
منتخب الدین بدیع کاتب برید که منشئ دیوان و ندیم مجلس سلطان است
که دو کله عرض داشته کنم بعد از آن حکم سلطان بر من برانید اورا نزد
خواجه بردند گفت من شنیده ام که سلطان حکم فرمود که مرا بهفت پاره
کنند و حال آنکه من مرغکی حقیرم مرا بهفت پاره کردن خالی از تشویش
نیست آگر سلطان عنایت کرده بفرمایند تا مرا بدو پاره کنند لطفی باشد
خواجه بخندید و سخن اورا بعرض سلطان رسانید سلطان تبسم نمود و فرمود
که او از آن حقیر تر است که بدو پاره نیز نتوان کرد بگذارید تا هر کجا
خواهد رود و اورا گذاشتند و باز بملازمت اتسز رفت و عمر دراز یافت

کفت در صفت ماهٔ نو بدیههٔ بکوی و این رباعی کفت ✦ ای ماه کان شهریاری کوی ✦ در کوش سپهر کوشواری کوی ✦ نعل زده از زر عیاری کوی ✦ یا ابروی آن طرفه نکاری کوی ✦ سلطان را این رباعی از او پسند افتاد و مرتبهٔ اورا بلند کرده برسالت بقیصر روم فرستاد کویند از آن سفر چهل قطار شتر و متاع نفیس باصفهان آورد و خاقانی معتقد شعر او بود و منکر شعر رشید واطواط که نام او محمد بن عبد الملك است و در انواع فضایل ذو فنون بوده است و در اصل از بلخ است اما در خوارزم ساکن بوده و ظهور وی در دولت اتسز بن سلطان محمد خوارزمشاه بوده و تربیت از او یافته و او بغایت حقیر جثه و تیز زبان بوده است و از این جهت اورا واطواط کفته و اتسز در اصل از غلام زادهٔ سلطان جلال الدین ملک شاه بود و سلطان حکومت خوارزم را بعد از فوت پدرش سلطان محمد بوی تفویض نمود و وی هر سالی بمرو یکبار می آمد و ملازمت سلطان می کرد و باز میکشت و اکثر اوقات باکفار تتار جهاد کرد و از ایشان مردم بسیار کشت و مال و منال خطیر بدست آورد و بغایت قوت و مکنت و شوکت حاصل کرد و چون سلطان جلال الدین وفات یافت و سلطان سنجر پسرش ولی عهد پدر کشت اتسز سر بر او فرو نیاورد و کردن از رقبهٔ طاعتش بر تافت و لشکر سلطان سنجر از مرو فوج فوج کریزان کریزان روی بخوارزم نهادند و ترك ملازمت خدمت سلطان سنجر داد و در این محل رشید واطواط قصیدهٔ در مدح اتسز بکفت که مطلعش اینست ✦ بیت ✦ اتسز غازی بتخت ملك برآمد ✦ دولت سلجوق و آل او بسر آمد ✦ این مطلع بسمع سلطان سنجر رسید و کینهٔ رشید در دل کرفت و لشکر عظیم از مرو بر داشته بدفع اتسز روی بخوارزم نهاد و حکیم انوری در ملازمت او بود و در آن محل اتسز در قلعهٔ هزاراسپ که حصنی بود بغایت حصین اقامت داشت و رشید با او بود سلطان سنجر آنرا میدانست پس اتسز حصاری شد و سلطان بفرمود تا آغاز محاربه کردند و در اثنای حرب سلطان سنجر انوریرا فرمود که بدیههٔ بکوی تا بر تیر بندند و در

و لب نكشاد و هیچ احدیرا از مقربان و ندیمان نزد خود راه نداد و امرا و وزرا و سایر ملازمان به تنگ آمدند و رجوع با ابو القاسم حسن بن احمد عنصری کردند که ملک الشعراء پای تخت محمود بود و در فنون شعر و شاعری مهارت تمام داشت پس اورا گفتند اگر تو به بدیهۀ و لطیفۀ سلطانرا از این قبض بیرون می آری و این بار را از خاطر نازکش بر داری ما ترا صد هزار درم نقد خدمت کنیم عنصری بعد از آنکه سه روز این صورت گذشته بود بحوالیٔ حرم سرای بگذشت و خود را از دور بسلطان نمود سلطان اورا طلبید و گفت ای عنصری هیچ خبر داری که در مستی بر دست ما چه خطایی رفته است اکنون در این باب شعری گوی عنصری زمین خدمت ببوسید و بر بدیهه این رباعی بگفت که + امروز که زلف یار در کاستن است + چه جای بغم نشستن و خاستن است + هنگام نشاط و وقت می خواستن است + که آراستن سرو ز پیراستن است + سلطان را این رباعی بغایت خوش آمد و بفرمود تا درجی پر از جواهر قیمتی بر آوردند و سه بار دهان اورا پر در و گوهر کردند و امرا نیز صد هزار درم بر آن افزودند و سلطان با آیاز و سایر مقربان و ندیمان ببزم عیش و طرب نشستند و چهل شبانروز سرود سازندکان و نوا نوازندکان و خوانندکان بر این رباعی بودند و باین بدیهه قدر و منزلت عنصری عظیم بیفزود و این قصه بتفصیل در کتاب محمود و آیاز بسلک نظم در آمد من اراد الوقوف علیها فلیرجع الیها + معزی از فضلاء شعراست و در اصل از نسا بوده و در مبادیٔ حال بسپاهیگری شغل می نمود و آخرکار بملازمت سلطان جلال الدین ملکشاه که از دودمان سلجوق بود شتافت و در ملازمت او منصب ملک الشعرایی یافت و سبب این منصب به بدیهۀ بود که از او واقع شد و او چنانست که شام عید رمضانی سلطان بر بام قصر بود با مقربان و ندیمان و بهلال جستن شغف تمام داشت و مردم حدید النظر هر چند می جستند نمی یافتند ناکاه نظر سلطان بر او افتاد و بغایت مسرور شده بدیکران نمود معزی در این محل حاضر بود سلطان

قصیدهٔ گفته است که + چیست مهر و سپهر با قدرش + اخگری در میان خاکستر + مولانا برهم برآمد و منفعل شد و گفت خاقانی این معنی را ازمن برده است ملك حسین گفت این سخن چون راست آید و حال آنکه خاقانی بعمرها پیش از تو وفات یافته مولانا گفت ای ملك معانی را که در ازل از مبداء فیاض متوجه روح من بوده است خاقانی از او در راه دزدیده و بنام خود کرده ملك بخندید و بر آن قصیده مولانا را صلهٔ لایق داد + چون امیر تیمور ولایت فارس را مسخر کرد بشیراز آمد و شاه منصور را بکشت و حافظ شیراز را طلبید و او همیشه منزوی بود و بفقر و فاقه میگذرانید سید زین العابدین کابدی که نزد امیر تیمور قرابتی تمام داشت و مرید حافظ بود حافظ را بملازمت امیر تیمور آورد امیر دید که اثر فقر و ریاضت از او ظاهر است گفت ای حافظ من بضرب شمشیر تمام روی زمین را خراب کردم تا سمرقند و بخارا معمور کنم و تو آنرا بیك خال هندوی بخشی و میگوی که + اگر آن ترك شیرازی بدست آرد دل ما را + بخال هندویش بخشم سمرقند و بخارا را + حافظ گفت از این بخشندگیهاست که بدین فقر و فاقه افتاده ام امیر تیمور بخندید و برای حافظ وظیفهٔ لایق تعیین کرد + مولانا لطفی شاعر که تربیت کردهٔ میرزا بایسنغر بوده روزی قصیدهٔ ردیف باغ مولانا مظفر هروی را جواب نیکو گفت و بعرض میرزا رسانید فرمود که قصیدهٔ ردیف سرای او را نیز جواب گو بگفت اول بینم که از باغ او چه بر خورم بعد از آن قدم در سرای او نهم میرزا بخندید و اورا صلهٔ وافر داد +

+ فصل پنجم در بدیهه گفتن شعر بحضور سلاطین +

شبی سلطان محمود غزنوی در مستی زلف آیاز را که بوی علاقهٔ محبت داشت ببرید و صباح که هشیار شد از کرده بغایت پشیمان گشته بماتم زلف او سیاه پوشیده بساط عیش و نشاط در نوردید سه شبانروز باهیچکس سخن نگفت

وآویلاه که صد دینارم بسوخت خلیفه تبسم کرد وگفت کلمهٔ دوم آنکه چون روغن در ریش مالی بزیر ریش مرسان که گریبان را چرب کند گفتم دریغ و هزار دریغ که دویست دینارم ضایع شد خلیفه باز تبسم کرد وگفت کلمهٔ سوم پیش آنکه بیان کند گفتم ای خلیفهٔ روزگار بعزت پرورد گار که حکمت سیوم را ذخیره نگاه دار و صد دینار باقی را بمن ده که آن مرا ده هزار بار نافعتر از حکمت شنیدن خلیفه بخندید و بفرمود تا پانصد دینار زر سرخ آوردند و بمن تسلیم کردند ٭ ابو مقاتل ضریر از فصحاء عربست قصیدهٔ غرا در مدح هادی خلیفه بگفت و عرض کرد و مطلعش اینست ٭ لا تقل بشری و لیکن بشریان ٭ غرة الهادی و یوم المهرجان ٭ هادی را خوش نیامد و بر او اعتراض کرد که ای ضریر ابتداء قصیده بلفظ لاکرده که کلمهٔ نفی است و این مبارک و میمون نیست ابومقاتل گفت هیچ کله در عالم افضل و اشرف از کلمهٔ توحید نیست که لا اله الا الله است و ابتدا بحرف لاست هادی را جواب او خوش آمد وصلهٔ وافر داد ٭ حکیم خاقانی ازبرای خاقان کبیر منوچهر که پادشاه ممالک شروان بود بیتی فرستاد و چیزی طلبید و بیت اینست ٭ وشق ده که در برم کیرم ٭ یا وشاق ده که در برش کیرم ٭ وشق پوستین است و وشاق غلام ساده روی که ملازم خاص باشد خاقان در قهر شد که او در این بیت مرا دون همتی بیرون آورده که گفته این ده یا آن ده چرا از من هر دو نطلبید خبری بخاقانی بردند مکسی را یک بال بکند و نزد او فرستاد که من با وشاقی گفته ام این مکس یک نقطهٔ دیگر پهلوی نقطهٔ با نهاد و آرا یا ساخته خاقان بخندید و وشاق با وشاقی برای او فرستاد ٭ مولانا مظفر هروی در زمان ملکان هرات قصیده گوی زبردست بوده و در اشعار تتبع خاقانی می کرد و در مدح ملک معز الدین حسین قصاید غرا گفته روزی قصیده بر ملک می خواند چون بدین بیت رسید که ٭ زیرقدر قدر او نه قبهٔ خضرا وخور ٭ توده چند از زمادست و درخشان اخگری ٭ ملک بوی تعرض کرد و گفت این معنی را خاقانی در

طلبید وگفت طالع وقت بگیر و حکم کن که من از این خانهٔ چادر که مشرق و مغرب و شمال و جنوب کشاده است از کدام در بیرون خواهم رفت و اگر خلاف حکم تو ظاهر شود ترا بقتل رسانم حکیم حیران بماند و از بدخوی او بترسید و چون از امثال امرچاره نداشت اسطرلاب برداشت و ارتفاع گرفت و ملاحظهٔ تمام و احتیاط بلیغ بجا آورد بعد از آن چیزی نوشت و در هم پیچید و در زیر چاربالش او نهاد محمود فی الحال میتین را طلبید و بفرمود تا ضلعی را که میان مشرق و شمال بود بشکافتند و از آن شکاف بیرون رفت پس کاغذ حکیم طلبید و سرگشاد و بخواند نوشته بود که سلطان از هیچ در بیرون نرود بلکه دیوار بشکافد و از فرجه‌ای که میان مشرق و شمال باشد بیرون رود محمود از آن حکم انگشت تحیر بدندان گرفت و بغایت اورا معتقد شد و هم در آن مجلس صد هزار درم بوی داد و اسب خاص و خلعت خاصه از فرق تا قدمش پوشانید و قدرو منزلت اورا بدرجهٔ اعلی رسانید +

* باب نهم در لطایف شعرا و بدیهه گفتن ایشان در محلها و ذکر بعضی از عجایب صنایع شعری وغرایب بدایع فکری ایشان مشتمل برنه فصل است *

+ فصل اول در لطایف شعرا نسبت بسلاطین +

ثعلبی شاعر از شعراء پای تخت منصور خلیفه بوده گفت روزی قصیدهٔ غرا گفتم و بامید صلهٔ کلی پیش خلیفه بردم و بر او خواندم و درجهٔ قبول یافت بعد از آن گفت ای ثعلبی کدام دوستر داری آنکه ترا سیصد دینار زر سرخ دهم یا سه کلمه از علم حکمت بتو آموزم که هر یکی بصد دینار زر سرخ ارزد من بنابر خوش آمد او گفتم حکمت باقی به از نعمت فانی گفت کلمهٔ اول آنکه چون جامهٔ تو کهنه گردد موزهٔ نو مپوش که بد نماید گفتم آه

بلخی که سرآمد منجمان زمان بود انگشتری پادشاه بـلـخ در حرم سرای او کم
شد و پادشاه بغـایت ملول کشت و آنرا بفال بد گرفت و ابو معشر را طلبید
وگفت ای استاد اگر این انگشتری پیدا نشود اکثر اهل حرم را بقتل میرسانم
وغضب عظیم می رانم در این باب ارتفاعی میگیر و در طالع وقت نظری عمیق
کن و نیک متوجه این امر شو ابو معشر بعد از آنکه طالع وقت گرفته بود
و ملاحظهٔ انظار کواکـب سیاره کرده گفت این انگشتری را حق سبحانه
فرا گرفته است پادشاه و ارکان دولت حضار مجلس از آن سخن حیرت کردند
و بعضی از جهال بر او خندیدند و بعد از تفحص بلیغ آنرا در میان کلام الله
یافتند که پادشاه وقت تلاوت قرآن در میان مصحف گذاشته بوده است پادشاه
ابو معشر را خلعت خاصه داد و برای او ده هزار دینار فرستاد ✦ نزد خسرو
پرویز منجمی بود در کمال مهارت و بصارت روزی نزد خسرو آمد وگفت ای
خسرو قاطعی بطالع من رسیده است و من از آن بسیار هراسانم وگستاخی
بخاطرم آمد پرویز گفت ترا در حضرت ما درجهٔ قربت است بگو آنچه بخاطرت
رسیده گفت میخواهم که ده روز در قصر خاص خسرو باشم و شبها آنجا خواب
کنم که مأمن سعادت و اقبال و مسکن آمالی و امان است تا آن قاطع از
درجهٔ طالع من بگذرد پرویز رخصت داد و او ده شبانروز در آن قصر بود
و شبها نزدیک فراش پرویز خواب کرد تا نه روز گذشت و شب دهم در آمد
اتفاقا جمعی از دشمنان پرویز خوابگاه او را معلوم کرده بودند نقبی زدند
آنچنانکه سر بر میان قصر بر کرد در پهلوی جامهٔ خواب منجم و دشمنان
گمان بردند که آن پرویز است سرش را از تن جدا کردند و در آن محل پرویز
در حرم سرای خاص بود و از آن صورت خبر نداشت چون صباح بقصر
در آمد و آن حال مشاهده کرد از علم و دانش منجم حیران بماند و بر فوت
او حسرت بسیار خورد و گفت چون او فدای ما شد اورا بدخمهٔ خاص
ما برید پس اورا بردند و در مقبرهٔ خاص کسری دفن کردند ✦
سلطان محمود غزنوی روزی در خانهٔ چادر نشسته بود حکیم ابو ریحان را

* فصل ششم از باب هشتم *

+ در احکام عجیبهٔ منجمان +

منجمی را بردار کردند کسی در آن محل از او پرسید که این صورت را در طالع خود دیده بودی گفت رفعتی می دیدم لیکن ندانستم که بر این موضع خواهد بود + آفتابهٔ نقره در منزل پادشاهی کم شد منجمی را آوردند که بعلم طالع مسئلهٔ نیک دانا بود و آن علم شریفست در فن نجوم آن منجم اسطرلاب گرفت و طالع وقت پیدا کرد ونظرات کواکب را در آن وقت ملاحظه نمود و بعد از تحقیق بلیغ گفت این آفتابهٔ نقره هم خودش دزدیده حاضران بخندیدند و گفتند این چه سخن است که تو میکوئی گفت در حرم سرا هیچ فضه نامی هست و فضه در لغت عرب نقره را گویند گفتند آری خادمهٔ هست که فضه نام دارد او گفت الفضةُ اخذت الفضةَ آن فضه نام ابریق فضه را دزدیده بعد از تفحص حال چنان بود که گفته بود پادشاه آن ابریق را از آن جاریه گرفته بمنجم داد و آن جاریه را جزای لایق در کار نهاد + در زمان ابو معشر

داده و یکی از امنای فضلا و کبرای علما گفته است که هیچ تألیفی و تصنیفی در صحت تقسیم و حسن اتساق و معانی دقیق و عبارات رسیخ مثل این تصنیف نیافتادست القصه بطولها فضائل تربت بلخ و شمائل اهالی اورا حد و نهایت پدید نیست جعلنا الله الشاکرین بلقائه الذاکرین لآلائه و الصابرین علی بلائه الراجبین بقضائه انه غفور رحیم شیخ الاسلام صفی الدین رحمه الله میفرماید که شیخ المشایخ یحیی بن معاذ رازی قدس روحه در حق بلخ و اهالی وی نظمی فرموده است *

* رحلنا غدوة من اهل بلخ * علی بلخ و من فیها السلام *
* اقمنا ما اقمنا فی السرور * وزیف انهم قوم کرام *
* اذا رمت المقام بارض قوم * ففی بلخ یطیب لک المقام *

نشست نزدیک نمازگاه و نیزه در زمین خست و فرمود که بالای آن زر خواهم که اهل این شهر بدهند تا خان و مان و زن و فرزند ایشانرا امان دهم اهل شهر عاجز شدند روز دیگر آن ظالم روی بشهر نهاد و چون اهل آن شهر آن حالت مشاهده کردند جمله بحضرت عزت عزت الهته رجوع کردند و ایاک نعبد و ایاک نستعین خواندند و نفیر و فریاد بیکبار بر آمد چون آن ظالم بر در شهر رسید قولنجش گرفت و در حال هلاک شد دیگر کثرت علما و فقها و قلت خراج و دفع ظلمه دیگر وضع این شهر در موضعی اتفاق افتاده که از جانب شمال هوائی خوش بارد الهبوب می وزد و از دیگر جانب کوههای ماوراء النهر و نسیم صبا آن ناحیت چون نافهٔ مشک خوش بوی بمشام جان سواکن این بقعه میرسد و مر این شهررا چهار دروازه بود و از هر دروازه که در آمده شدی بازاری بود آراسته بالوان نعمت و جملهٔ کویها را مداخل بسوی بازار بود و هر که خواهد که شمائل و فضائل و مآثر و مفاخر این شهر مستوفی مطالعه کند کتاب مناقب بلخ را در نظر آرد که ملک الاسلام ابو یزید بلخی رحمه الله جمع کرده است و ترتیب

ببرکت روحانیت این پاکان که در این تربت مدفونند آن بلیت از ایشان دفع شدی تا وقت ترک طرخان ملک سبحانه و تعالی اهل اسلام را قوت داد تا بر دست قتیبه کشته شد دیگر ظالم کردن طلحه و بمفاجاة مردن و آمدن یعقوب لیث و عمرو لیث و غیر آن از ظلمه که قصد کردند حق سبحانه و تعالی بزودترین وقت ایشانرا هلاک کردانید تا ظن بیشتر مردمان بر آن قرار گرفت که اندفاع و انقطاع این مساعی شنیعه را موجبی هست گفتند که طلسمی کرده اند در این شهر از تاریخ سنه سبعین و خمسمایه نکاه داشتم زیادت از بیست کس از ولات این شهر در مدت چهل سال هلاک شدند بسبب ظلم و فساد و شیخ الاسلام واعظ می گوید که از تاریخ سنه سبعین و خمسمایه نکاه داشتم و شمار کردم زیادت از بیست و شش کس از والیان این شهر تا چهل سال از امرا و ملوک تایب و صالح و مستبذ و مستعل فاسق را دیدم که هلاک شدند از ظلمه و عوانان و ارانل و عمال حق تعالی همه را مستاصل کردانید شیخ الاسلام میگوید که در عهد نزدیک شنودم از ثقات روات که گفتند ظالمی بود ستود بک نام بالشکر بسیار بر در شهر

و آلت و استعداد بیشتر نداشتندی هیزم کشی کردندی و سقائی کردندی و قوت حاصل کردندی دیگر آنکه فقرا و مساکین هیچ روی ضائع و جائع نماندندی از جهت آنکه اهل این شهر را اکر از دشمنی خوفی بودی بسه موضع ملاذ و مأمن ساختندی اکر این خوف از لشکر بودی بکوه تحصن کردندی و اهل لشکر جانب جیحونرا محافظت کردندی و اکر العیاذ بالله قحطی ظاهر کشتی از جانب طخارستان و کوهستان و از دیار ما وراء النهر انواع نعمتها آوردندی و اگر هوای شهر عفن کشتی و متغیر شدی بقصبات و قرای بارد الهبوب رفتندی دیگر آنکه جملهٔ ملوک و سلاطین در ایام جاهلیت و زمان اسلام در این بقعه متوطن بودندی و دار الملک این شهررا داشتندی و اهالی این شهر همه صحیح البدن بودندی و فصیح و جواد و سخی و داهی و فاضل و با جرأت و محب علما و فقها و مشایخ و کبرا بودندی و رقت فهم و زیرکی و حذاقت در همه صناعتها و راستی طبع و سرعت ادراک کلام موهوم در ایشان مرکب بودی دیگر آنکه پادشاهان نامدار این بقعه را کورهٔ مبارکه گفتندی دیگر آنکه و العیاذ بالله اکر بلائی نازل کشتی

در حضیض و فضای ویست بدین الوان نعم که ذکر کرده شد و آنچه در کوههای ویست از منافع بی آنکه آنخور باشد صد هزار درخت با بر و گیاههای خوش که کوی کلبهٔ عطار است و در یك جانب کشتهای مشحون بر روی جیحون از الوان نعم واصل میکشت و جمله طبقات مردم از سپاهی و اهل حرف و غیر آن بی زحمت و رنج روزگار میکذرانیدند و پادشاهان وظائف وضع لشکر که مستحفظ ثغر بودند هر سال بتمام میرسانیدند و بر هیچ آفریده ظلم و ستم روا نمی داشتند دیکر کشاورزان این ولایت دخلهای بسیار بر می داشتند و بنرخ نیکو بملاحان میفروختند دیکر اصحاب حرف بسبب آنکه خلق بسیار بود و همه بیکدیکر محتاج کسب میکردند دیکر بازرکانان از اطراف میرسیدند و متاع بسیار می آوردند و بیع و شرای بسیار واقع میشد و سود بسیار می کردند دیکر همه خلق بعمارت مشغول بودند و عمارتهای عالی و محکم می کردند همچو مساجد و مدارس و رباط و غیر آن می افراشتند کسانی که در آن باب بصارت داشتندی مرافق و منافع آن زیادت از معهود بایشان واصل می کشت و ضایعان که عدت

داشته باشد بگیرد و زود قوی شود و در زمین وی ذوات السموم کم اتفاق افتد همچو مار و افاعی مصر و سجستان و عقارب نصیبین و جرارات اهواز و بعوضات سواحل و دیگر آنچه بدین شهر منسوبست صحت هواست که از بیماری جذام و وبا مبراست دیگر بزرگی شهر و انبوهی خلق و اجتماع و انتفاع و وسعت عیش این همه دلیلست بر خصب نعمت و رفاهیت مردم دیگر کثرت روستاهای معمور و انهار مشهور و بسیاری نزل که از جانب طخارستان و درهٔ بامیان مستفاد می شود بی نهایت است در بیشتر قرای وی مسجد آدینه و بازار بود و مفتی و مدرس و قاضی عدل و میوهای خوب در جمیع نواحی و مواضع که بر اطراف ویست دیگر آنکه این بقعه مختص بوده بوادی عظیم عمیق که بجیحون مشهور و معروف است و از یک جانب کوهای بلند است که باطراف و حواشی آن شهر محیط است و نیز در حوالی آن شهر قلاع و حصون بسیار بوده دیگر وفور نزهت از بسیاری آب و درختان و نقش و زخارف بنیان و کشتزارها و خضروات دلفریب که نور بصررا می افزود از حدود و هم از بیرون بود دیگر موافق معاش خلق آنچه

وی معدن نقره و زر خالص صافی است بعضی از کوه و بعضی از آب از یک جانب بدخشان است که مشهور جهان است و آنچه در کوههای بلخ است از نحاس و کبریت و اسرب و نمک و هیزم بیحد و احصاست دیگر آنکه آبادانی این شهر بدان بود که حق تعالی بی دست برد هیچ مخلوقی آبی لطیف و سازوار بر روی زمین هموار لطیف روان کرده است نه چنانکه در دیگر بلاد خراسان و غیر آن است که بتکلیف بسیار و زحمت بی شمار کاریزها کنند و صناعتهای بسیار کنند و در بعضی جایها رنجهای صعب تا آب بر روی زمین روان شود و مخرج و منبع این زمین از چشمهای خوش و سنگهای پاکیزه بیرون می آید تا آنکه به بفضای صحرای زمین بلخ میرسد و دیگر آنست که آنچه در اوصاف آب گفته اند حکما در ین آب موجود است اول آنکه شدید الجاری است و منبعش دور و مجری آب بر جای پاک است و با کبریت و زاک و ملح مختلط نیست و از جای عفن نیست و دیگر دلیل بر پاکی این خاک آنست که هر درختی و نباتی که بنشانی قبول کند و زود بر دهد مثلا اگر شاخ و نهال سیب بی آنکه بیخ و ریشه

شد در زمان معاویه و از لیث سعید منقول است که فتح بلخ بر دست حجاج بن یوسف بوده در سنه احدی و تسعین و مایه این هم دلیل شهرت این شهر است دیگر آنکه وضع این شهر در میان دو ثغراست و دربنداست و او سرحدی و ثغری برزک بوده است از یک جانب ثغر و دربند دیار هندست و از یک جانب سرحد ترکستان است و جابل میان هند و بلخ است و بلاد ترک دو وادی عظیم است و همانا سیحون و جیحون است دیگر آنکه این شهر مجتمع الخلایق و مجمع القوافل بوده چنانکه در هیچ شهری کسی نشان نداده مکر که در مکه بوقت موسم حج دیگر هر سال بر تعاقب و تواتر از هندستان کاروان میرسد و از عقاقیر لطیف و از عطریات مثل عود و کافور و غیر آن و از حلویات خوش کوار مثل شکر و قایند و انواع امتعهٔ نفیسه که در حد و احصا متداخل نکردد و کنیزکان ماه روی و غلامان سیم اندام که از جانب ترکستان بازرکانان می آوردند و سومهای نقرهٔ طفغاجی و ابریشم فرغانی و سنک پارهای قیمتی و جواهر بسیار چنانکه از شرح و بسط مستغنی است دیگر آنکه این زمین پر از منافع است و در جوار

و در ترکیب عربی و استعارات و دقایق و غوامض
ید بیضا نمودند و جملهٔ علوم نیکو دانستندی اما نوع دیگر
که بدین شهر مخصوص است آنست که نسبت بکلی بلاد
عتیق است و دیگر صیت و شهرت وی باطراف و اکناف
جهان رسیده است از جانب ترکستان بتمامت اطراف او
و از جانب هند الی اقصی البلاد مشهور است اما در
روم جمله کتب تواریخ آن بلاد و تواتر بازرگانان بذکر
آن ناطق است و عنایت ملوک اسلام و خلفای عهد که
بدین شهر مخصوص است بشرح و تفصیل احتیاجی
ندارد اما در عجم در ایام جاهلیت کعبه و معبد مغان
بوده است و از ابن شونب منقولست که ابلیس را خانهٔ
در خراسانست که آنرا نوبهار بلخ می خوانند و هر سال
احرام گیرد و حج آن خانه بگذارد از این قبیل کعبهٔ
مغان و معبد عجم بوده است و هم از ابن شونب
روایت میکنند که چون سال شمسی نو گشتی از طخارستان
و هندستان و ترکستان و از بلاد عراق و شام و شامات
اکابر و اشراف آن بلاد بدین شهر آمدندی و هفت
روز عید کردندی بموضع نو بهار چون دور دولت
سلطان عالم رسالت رسید فتح بلخ بدست سعید بن عثمان

از مذاهب بد و بدعت نبوده است و اهالی بلخ با آنکه حکیم و دمساز و کریم و بردبار بوده اند در مذهب بغایت صلابت و مهابت بوده اند نعمت چهارم آنکه در کل حوادث توکل و اعتماد بر خالق خویش درست داشته اند و در هیچ مهمی بغیر حق رجوع روا نداشته اند و زمام اختیار و عنان مراد بدست قضا و قدر باز گذاشته اند لاجرم در جمیع احوال حق سبحانه و تعالی بفضل شامل خود کفایت مهمات ظاهر کرده است نعمت پنجم دوستی غربا و تیمار حال ایشان را بمثابتی مرعی داشته اند که در اطراف جهان بدان مثل زندی نعمت ششم رفق و احسان و اعانت فقرا و ضعفا و دوستی اهل صلاح و تربیت علما و اخلاق حمیده و افعال پسندیده از عادت ستوده ایشان بوده و خواص و عوام ایشان اغلب فقیه و متدین بودند و برای عوام مسایل پارسی درس گفتندی تا فایده عام باشد نعمت هفتم آنکه متواضع و حلیم و جواد و کریم بودند و هرگز در هیچ وقت در دست ظالمی و جابری نماندند که چون رجوع کردندی حق سبحانه و تعالی مهم ایشانرا کفایت گردانید نعمت هشتم آنکه در سخن و عبارت شرین

و بوقت اسلام آبادان شد در زمان اسد بن عبد الله القشیری رحمه الله و لهذا المعنی که بیشتر کویها نسبت بعرب داشته اول کوی که از دروازهٔ نوبهار می در آیند دار حرب بن غزوان السعید است و مسجد حرب بوی معروف است و امروز آن کوی دوک تراشان میکوینـد و دوم کوی دار مهلب بن راشد است که آنرا کوی چك نویسان میکویند و سیم دار الفراوجه چهارم دار الفرات پنجم دار سکری ششم دار مقاتل بن سلیمان و امروز آن کوی را کوی نوند میکویند و هفتم دار عبد العزیز مقری و هشتم دار مقاتل مقری نهم دار مهلب دهم دار ابی فاطمه یازدهم دار الاجتهاد است و این جمله دلیلست که در اسلام بنا کرده اند و دوم نعمت آن است که خالص مر اهل اسلام را بوده است و از ملل مختلفه که در دیگر بلاد بوده است از یهودی و نصرانی و مجوسی و اهل ذمه و غیر آن این شهر پاك بوده است و جز از ملت حنفی هیچ ملت دیگر نداشته اند و هین سعادت و مبارکی مر این بقعه را بسنده است که کسی در وی بت پرست نبوده و مالك الملوك را شرك نیاورده است سیم نعمت آنست که جز از مذهب سنت و جماعت

میمون الرماح و عبد الله الرماح و ابو مطیع و از زهاد چهار کس بودند ابو سفیان کثیر زیاد صاحب الجیش و ابراهیم بن ادهم و وسم بن جمیل و یعقوب قاری و از اهل لغت و نحو اخفش سعید بن مسعده الجاسع و از معبران مخضع معبر و هیثم معبر و زید بن نعیم المعبر از اطبا بختیار بن ماسویه و از وزرای بزرک برامکه و از ملوک و امرا آل سامان و الله اعلم *

* الفصل الثانی فی شمائلها المخصوصة المحسوسة بها *

شیخ الاسلام واعظ میکوید که ذکر نعم بلخ بر اهل بلخ واجبست و آن نعمتها که بدین شهر مخصوص است ظاهر و لایح است و از شرح و اطناب مستغنی است زیرا که نعمتها بر دو نوع است نعمت دین و نعمت دنیا اما اول نعمت دنی که بدین شهر مخصوص است آنست که بنای وی در عهد اسلام بوده است و اهالی وی بر اسلام ثابت و راسخ بوده اند و روا باشد که این بقعه را قبة الاسلام از این معنی کفته باشد چنانکه در دیباچهٔ کتاب کفته شد که شهر بلخ تا عهد اسلام خراب بود

میکنند که چون عمارت و زراعت و رونق و آبادانی
شهر نظام گرفت بجای رسید که یک کز زمین شهر را
بهزار درم میخریدند از مساجد آبادان در آن وقت هزار
و هشتصد و چهل و هشت بوده و مدارس آبادان چهار
صد بوده است و یکهزار و دویست مفتی مصیب
بوده اند و نهصد دبیرستان معتبر و پانصد ادیب ماهر
و پانصد حمام آبادان و چهارصد کنبد یخدان و سیصد
حوض سبیلی و شیخ الاسلام صفی الدین می فرماید که
در کتاب ضحاک و غیر آن چنان دیدم که روزگاری
گذشت بر مردم بلخ که در آن روزگار یک رسن را بصد
درم و زیادت میخریدند و شیخ الاسلام می فرماید که
ما از اهل بلخ بهفده کس مباهات و مفاخرت می کردیم
بدین سبب که این بزرگانرا در زمان ایشان بر روی
بساط نظیر و شبیه نبود چهار کس از آن جمع در علم
تفسیر و علم قرآت مشهور و معروف بودند اول ایشان
عطار مسیر الخراسانی و دوم ضحاک بن مزاحم و سیم
مقاتل بن حیان و چهارم مقاتل بن سلیمان و چهار
کس از قضات در علم و عدل و امانت و دیانت مذکور
و موسوم بودند اول ایشان متوکل بن حمران و عمر بن

عامل با آن پیراهن بدار الخلافة رسید و قصهٔ حال بخلیفه رفع کرد خلیفه خراج آن سال را بخشید و آن پیراهن را باز فرستاد و گفت این خاتون مارا جوانمردی و سخاوت تعلیم کرده است و مارا شرم می آید که پیراهن او بستانم چون آن پیرایه را باز آوردند خاتون داود گفت من این پیرایه را ببذل مسلمانان و ساکنان بلخ کرده‌ام نستانم و در عمارت مسجد جامع و جوی شهر صرف کردند و تبریز و آستین زیادت ماند و بعد از آن یعقوب لیث سنجری والی شد و امثال وی بر تعاقب و از آن معنی اسامی این ولایت را ذکر کرده شد تا اهل اعتبار عبرت گیرند و بدانند که همچنان است که متنبی فرموده‌است * شعر *

* چیست دنیا و خلق و استظهار *
* خاکدانی پر از سگ و مردار *
* این مر آنرا همیزند خجلـــت *
* و آن مر این همیزند منقـــار *
* آخر الامر جمله نیست شوند *
* و ز همه باز ماند این مردار *

و از شیخ الاسلام صفی الدین و ابو هارون کاتب روایت

بطلحه فرستادید اجابت نکرد و من شما را بسوی حق دعوت میکنم فی الحال جملهٔ خلق روی بسوی مسجد جمعه نهادند و بدعا مشغول شدند در همان شب طلحه بمفاجاة بمرد و نوحه کران نوحه می کردند و میکفتند که ای باز کشته عصام بعد از آن عباس بن هاشم والی شد در سنه تسع عشر و مایتین و ولایت چهارده سال بوی بود بعد از آن پسر وی داود بن عباس متولی شد در ذی القعده سنه ثلاث و ثلاثین و مایتین و داود قرب بیست سال به بنای نوشاد مشغول بود و بعد از آن وفات یافت و بسپس کوی عبد العلی دفن کردند و امروز تربت وی ظاهر است و وی اجابت دعا و دفع ظلمه را نشانه است و چنین کویند که در سنه خمس و اربعین و مایتین در مسجد آدینه افزود بعضی از اصحاب تواریخ نقل کرده اند که از دار الخلافة بیش از وجوب خراج طلب کردند خاتون داود رحمة الله علیها پیراهای خود بدست عامل بدار الخلافة فرستاد و چنین کویند که آن پیرایه پیراهن او بود مرصع بدر ولآلی و کفت این پیراهن بجهت آن فرستاده شد که تا از رعایا بیش از ادرار غله خراج نطلبند و چون

الله چه کتاب است فرمود که نامهای اهل بهشت است از اهل بلخ کفتم مرا بنمای بنمود اول مکتوب بسم الله الرحمن الرحیم بود و آنگاه پیش از همه نامها نام فضل بن یحیی بود ائمهٔ بلخ جمله اتفاق کردند که بسبب آنست که چون نهر شهر بلخ را فتح کرد و ضعفا و کسانی که قوت آب آوردن نداشتند و از این جهت در تشویش می بودند آسایش یافتند و مصداق این معنی حدیث مصطفوی را ساختند در معنی ساقی کری کردن و همه را سیراب کردن بعد از آن موسی بن عمران والی شد و قریهٔ طیبه را عمارت کرد که نماز پنجاه نوبت است و در بازک نماز کفتن فرمود که اشهد ان علیاً رسول الله کویند مسلمانان بر یکبار نفیر بر آوردند و بر وی خروج کردند تا بر دست بخاری کشته شد در سنه اثنین و مایتین بعد از آن طلحه بن طاهر والی شد و بغرنین و کابل رفت و بوقت باز کشتن فیلان آورد بکوشک عبد العلی نزول کرد و لشکر بخانهای مردم فرود آورد مومنان بخدمت عصام بن یوسف و حاتم اصم رحمهما الله رفتند و از آن زحمت استعانت کردند سخن ایشان را اجابت نکرد و هیچ جواب نگفت عصام یوسف کفت مرا سه نوبت

که معروف بود بکاشان از آنجا بهندوستان فرستاد در سنه خمس و سبعین و مایه چون ایام دولت برامکه بوده علما و کبرای بلخ در وقت هارون الرشید باقالیم جهان منتشر شدند فضل یحیی که از آل برامکه بود علمای بلخ را از ائمه و کبرا طلب کرد بر در دروازهٔ نو بهار و گفت اصل برامکه از اختاجیان بلخست و جد من بدین مشهورست که نو بهار را او بنا کرده است و نو بهار کعبهٔ مغان بوده است و معبد جای ایشان و امروز مرا از آن عــــار می آید پس مرا بکاری دلالت کنید که رافع و نافی این عار باشد ائمه اتفاق کردند که در میان شهر جوی فتح می باید کرد که مزید رفعت کردد و نام نیکی باقی مانــد همچنان کرد در شهور سنه ثمان و سبعین و شیخ الاسلام رحمه الله من فرماید که از شهود عدول سماع کردم که اسد بن عبد الله وقتی که شهر بلخ را عمارت می کرد پنجاه مشک چنانکه معهود ولایت بلخ است از بــرای سقایها و آبراها که در میان شهر بوده وقف فرموده است و از شادان بن فضل الحافظ رحمة الله علیه منقولست که کفته است که حضرت رسالت علیه الصلوة و السلام را بخواب دیدم در دست مبارک او کتابی بود کفتم یا رسول

ابن عبد الله در بلخ وفات یافت در کنبدی که در جوار مقاتل مقبریست دفن کردند و سید امام ناصر الدین شهید ابو القاسم سمرقندی رحمة الله علیه در تاریخ خود آورده است که امروز آن موضع کوی آهنگران میکونند امروز از آن کوی و از آن کنبد اثری پیدا نیست و بعد از وی جعفر بن اشعث بر خراسان والی شد و بقندز ساکن شد و مسجد آدینه آن موضع بنا کرد و جعفر آبادرا بنا کرد و آنگاه از آنجا نقل فرمود و بشهر بلخ در آمد و عبد العزیز مقبری سرایی بنا کرده بود پیش مسجد آدینه آن سرای را و آنچه بدان منسوب بود بوی بخشید و وی در آنجا قصری بنا کرد و زندان فرمود تا بر کندند در همان جوار و آنجا مدرسهٔ بنا فرمود و امروز آنرا مدرسهٔ زندان میخوانند بعد از وی خزاعی در وقت خلافت عباسیان از آن سه دروازهٔ آهنین که بر دروازهٔ نو بهار بود یکی بر کندند بر در سرای خود نهاد و یکی دروازهٔ دیگر بشهر خلم فرستاد شیخ الاسلام رحمه الله میگوید که در وقت خردی دروازهٔ سیم را بر دروازهٔ نو بهار میدیدم و من در آن زمان ده ساله بودم بعد از آن سید اجل شرف الزمان در ایام نصرخان

و جمیعت در بروقان بود نامهٔ بخلیفهٔ عهد بنوشت و بقاصد روان کرد که بروقان عرصه و فسحتی ندارد و خلق تنك آمده اند اکر امیر المومنین اشارت فرماید که شهر قدیم بلخ را عمارت کنند تا وسعتی در منازل و قری در بواطن اهالی پیدا شود حاکمند چون قاصد و مکتوب بدار الخلافة رسید مثال بر آن جمله توقیع یافت که چنان باید کرد که شهر معمور شود و بر کسی زحمتی لاحق نشود روز آدینه مثال خلیفه را علی ملاء الناس بر خواندند و فرمان رسانیدند که اهالی مملکت و هر که از شهر قدیم است بوطن اصلی نقل کند اهل دیوان و اصحاب حرف جمله بشهر تحویل کردند در سنه ثمان عشر و مایه و اسد بن عبد الله مسجد عتیق را بنا فرمود پیش از مسجد جامع بهفت سال و امروز مسجد عتیق خراب است اما موضع معین است و مسجد جامع و بنای او بمشورت و صوابدید متوکل بن حمران و مقاتل حیان و مقاتل سلیمان بود و درسنه اربع و عشرین و مایه دروازهٔ نو بهار را بسه موضع دروازها نصب کردند از بعد یکدیکر همه از آهن وکاتب در آن روزکار مهلب بن راشد بود در کوی چك نویسان و اسد

منازل و متابعان اورا خراب كرد و وى اشكمش را حصار كرد برلفظ قتيبه سوگند رفت كه هيچ طعام نخورد تا آنكاه كه بخون ترك و متابعان او جوى خون بكند و بدان خون آسيا كردان بكند و از آرد آن آسيا طعام بسازد اهل مملكت آسيابى ساختند و جوى كندند آنكاه فرمود تا كردن شش هزار كس از اصحاب ترك به تيغ بگذرانيدند آنكاه آن خونهارا بسوى آسيا روان ساختند و بدان آرد طعام ساختند و روز دوم و سيم همچنين كردند تا بترك رسيدند اورا بگرفتند و گردنش بزدند و جملهٔ اولاد و اجناد او كشتند و از متابعان او هيچ كس را زنده نگذاشتند و چون قتيبه از قتال ترك ترخان باز كشت بروقانرا دار الملك ساخت و مسجد جامع در بروقان بنا فرمود و اول در آن موضع نماز گذارد و اقامت جمعه كرد در ذو الحجه سنه ست و تسعين بفرغانه شهيد شد و شانزده غزو كرد تا بحدود چين همه ملت احمدى ظاهر كرد و تربت قتيبه در فرغانه است بموضعى كه آنرا كلنج خوانند بعد از وى مدتى اسد بن عبد الله القشيرى بر خراسان والى شد و در روزگار هشام بن عبد الملك شهر بلخ خراب بود و عمارت

کوشکی بود و در حوالی کوشک آب بسیار جمع شده بود ترک آنجا حصار کرد و در لشکر اسلام عطای ابن ابی سایب که عطا منسوب و معروف بوی است حاضر بود قتیبه را گفت که این اکبر توکل بر کوشک و آب کرده است مارا چه بوده که توکل بر خدای عز و جل نمیکنیم و در زمان تازیانه بر مرکب زد و از آن آب بسلامت بگذشت و در قلعه بگرفت و بر کند ترک چون آن حال مشاهده کرد فرود آمد بگرفتندش و بنزدیک قتیبه بردند اسلام قبول کرد و بعد از آن قتیبه بسوی بخارا عنان بگردانید در ایام زمستان و چون به بخارا نزول کرد ترک ارتداد آورد این خبر بسمع قتیبه رسید دیگر بار لشکر کشید و از راه جغانیان بجانب او روانه شد و جغانیان بردست او فتح شد و متوکل ابن حمران را بر آن بلاد قاضی و حاکم کردانید و اهل ترمذ نیز اسلام آوردند قتیبه از ایشان مدد خواست تا ترکرا قهر کند و بلخ را بگیرد و اهل ترمذ اجابت کردند و کمر طاعت و مطاوعت بر میان بستند و از جیحون گذشتند و ترک را بگرفتند دیگر باره اسلام آورد بعد از آن باز مرتد کشت و بسوی خلم و سمنجان رفت و از آنجا باشکهش در آمد وقتیبه

و پدر من از پدر یزید بهتر است و من نیز بهتر از ویم معاویه کفت راست میکویی که پدر تو از پدر او بهترست و مادر تو از مادر او بهترست از آن سبب که مادر تو از قریش است و مادر او از قبیلهٔ بنی کلب است بعد از آن کار حرب خراسانرا تفویض کرد بر دست سعید بن عثمان اهل بلخ اسلام قبول کردند در زمان معاویه و از لیث بن سعید المقبری رحمه الله منقولست که فتح بخارا در سنه تسعین بود و بعد از آن فتح قرای بلخ و فتح بلخ در زمان عبد الملك مروان بوده است و بعضی از اهل تواریخ کویند که بلاد خراسان تا بمرو رود صلح کردند در عهد خلافت امیر المومنین عثمان رضی الله عنه بردست عبد الله عامر بعد از آن باقی بلاد بردست سعید بن عثمان فتح شد و بعد ذلك قتیبه بن مسلم رحمه الله در زمان خلافت حجاج بنواحی بلخ رسید بقصبهٔ بلوریان در سنه سبع و ثمانین بر دهقان آن موضع اسلام عرضه کرد دهقان کفت تا ترک ترخان که والی بلخ است اسلام نیارد من اسلام نیارم پس با وی صلح کردند بچیزی از زر و نقره و اول مسجد در بلوریان بناکرد و بعد از آن بسوی بهار دره رفت بنزدیك دره

ابن عبد الله كه از صلحای امراء است رحمة الله وقتی كه شهر بلخ را عمارت كرد و از قصبهٔ بروقان ببلخ نقل كرد نام این شهر مبارك را غرا كفت و از اهل تواریخ چنین رسیده است كه اول كسی كه از جیحون كذشت از ائمهٔ اسلام در زمان خلافت امیر المومنین عمر رضی الله عنه احنف بن قیس بوده است چون بلب جیحون رسیده است غسل كرد و نماز شكر كذارد و چنین كویند كه اول فتح بلخ بر دست سعید بن عثمان رضی الله عنهما بوده و عبد الملك نعیر میكوید من از آنهایم كه اول جوی بلخ را قطع كردم با سعید بن عثمان رضی الله عنهما و قثم بن عباس و مهلب ابن ابی صفرة رضی الله عنهما در آن لشكر بودند و آن در زمان معاویه بود و آن قصهٔ مشهورست كه مردمان می كفتند كه یزید علیه ما یستحق دولت امارت نیابد و بعز ایالت مشرف نشود تا بدندان سنان نیزه را نخاید یعنی تا آن وقت كه سعید ابن عثمان بود ملك ویرا مسلم نشود و معاویه از این حدیث از سعید بن عثمان سوال كرد كه مردمان چه میكویند در شغل امارت فرمود كه با وجود من امارت به یزید نرسد كه مادر من از مادر یزید بهتر است

بلخ بامی و بامی نام ملک ایست و بعضی گویند بامی نام دختر کشتاسب است و چنین حکایت کنند که در جاهلیت نام بلخ معشوقه بوده است از غایت نزهت و خوشی و معموری و آراستگی او و بعضی از مشایخ و علمای کوفه بلخ را مرجاباد می گفتند جمله بسبب آنکه ابو حنیفه رحمه الله مرجی میگفتند و اهالی او غفر الله لهم جمله حنفی مذهب بودند و اهل خراسان چون بطلب علم بسوی عراق هجرت کردندی بخدمت بعضی علما دیگر رفتندی مگر اهل بلخ که همیشه ایشان بحضرت ابوحنیفه تحصیل کردندی و علما و فضلای عصر بلخ را دار الفقاهة گفتندی و سید امام اجل عالم شهید ابو القاسم سمرقندی در کتاب تاریخ بلخ آورده است که بلخ در اول وضع برخ بوده است و برخ نصیب و بهره باشد و بامی منسوب بود ببام و معنی بام مکان مرتفع باشد یعنی مملکت و پادشاهی بلخ رفیع ترین انصباء ملک است و در آثار آمده است که ملائکه که در کرد عرش عظیم اند کلام ایشان بفارسی دری است و حسن بصری رحمه الله میگوید که اهل بهشت زبان پارسی است و نصیر بن شمیل میگوید که پارسی دری زبان اهل بلخنست و اسد

صابر و کشتاسب هر دو در میدان آسوده اند و از مساجد مشهوره مسجد مقبریست و چنین گویند که در آن مسجد تربت پیغامبریست و موکل بن حمران در مسجد عبد العزیز مقبری نشستی و گفتی در این مسجد خاک پیغامبری است و من تبرک بجوار وی میکنم و از ابو مطیع نقل کرده اند که وی گفته است آن تربت در زیر منارهٔ ماست و کثیر بن زیاد رحمه الله میگفته است در مسجد دوست کرانیسی بدشتک مرقد پیغامبریست و من در بعض اوقات نور میدیدم که از آن زاویه ساطع می شد یعنی از زیر مناره و شعبان بن عنیسه رحمه الله می فرمود که در بلخ مقام کردن دوستر دارم که مجاوری مکه علما چنین گفته اند که آن در زمان آن بزرک بود از برای آن معنی که در زمان وی بلخ ثغر اسلام بود و موضع جهاد و محاربات با کفار بهتر باشد از مجاورت در مکه و ابو اسحاق مستملی رحمه الله باسناد درست نقل کرده است که اهل ایمان شهر بلخ را شهر خون می خوانند و روا بود که چنین باشد که در این عهد نزدیک زیادت از بیست نوبت بهمین سنت خراب شد از برای آن معنی که معبر و ممر لشکرست و بعضی گویند بلخ را

آن دیه باتست تربت پیغامبری است و همچنین منقولست که مشهد ابو نعامه بن عدوی در دیه باتست دفن بها سنة تسع و ثمانین و از افاضل مشاهد مشهوره و مواضع مذکوره معموره است و از آن مواضع یکی کورستان میدانست که سر تل میخوانندش و این تل وشتاسب است و در کتب فارسیان کشتاسب بکاف نویسند و از عمر بن هارون روایت کرده اند که فرموده است که بطالب علم از بلخ بیرون آمدم و در کشتی نشستم و بجانب بصره می رفتم تا رسیدم بموضعی که در آنجا جزیرۀ بود و جمعی آنجا وطن داشتند مردی از آن جمع از من پرسید که از کدام شهر می آیی گفتم از شهر بلخ گفت میدان را می دانی گفتم نی مادرم در این سفر همراه بود گفت بلی میدانم آن مرد گفت حق تعالی را پیغامبری است مدفون بین التلین و از مقاتل بن سلیمان منقولست که بدست مبارک خود بدان دو تل اشارت کرد که آنجا تربت ایوب است علیه السلام و از حسن بصری رحمه الله چنین روایت کرده اند که گفته است که ایوب صابر در شهریست که نام این شهر بلخ است در موضعی که آنرا میدان میخوانند آسوده است و چنین گویند که ایوب

است از انس بن مالك رضی الله عنه از حضرت رسالت صلی الله علیه و آله و سلم انه قال ان فی خراسان مدینة یقال لها بلخ و لها اربعة ابواب و حوالیها انهار و اشجار و علی كل باب منها سبعون الف ملك یحفظونها الی یوم القیامة معنی چنین باشد که بخراسان شهریست که نام وی بلخ است و مر ویرا چهار دروازه است و بر حوالی آن شهر انهار روانست و درختان بی شمار و بر هر دروازه هفتاد هزار فرشته است که مر این شهررا محافظت میكنند تا روز قیامت و از رسول صلی الله علیه و آله و سلم مروی است که بر تل کشتاسب ایوب صابر صلوات الله علیه آسوده است و بهر دروازه هفتاد هزار فرشته است که استغفار و تكبیر و تحمید و تهلیل میکویند و ثواب آنرا باهل بلخ می بخشند و حماد میگوید بر ابوبکر حسیس میكذشتم مرا کفت یا خراسانی بیا تا ترا مژده دهم بخدمت او شتافتم فرمود که ایوب صابر علیه السلام از اهل شهر بلخ است و از حماد چنین منقولست که در شهر بلخ پیغامبری مدفون است و بسبب مرقد او بلاها از آن شهر مدفوع است و از متوكل بن حمران چنین روایت کردند که در دیهی از دیهای بلخ که نام

این شهر بركت كن روا بود كه امیر المومنین علی علیه السلام از این معنی كفته باشد كه علم و علمای بلخ بدین درجه رسد و چنان بود كه امیر المومنین بیان كرد و از ابو یوسف القاضی رحمه الله منقولست كه لیس ما وراء الجسر افقه من ابی مطیع البلخی معنی چنین باشد كه ابو یوسف رحمه الله فرمود از آن طرف پل هیچ كس از ابو مطیع بلخی فقیه‌تر نیست یعنی چون از دجله كذشتی در عراق و خراسان و ما وراء النهر الی اقصی الاقالیم از او عالم متقن و متبحرتر یافته نشود و هم از ابو یوسف بپرسیدند دیكر كدام شهر كفت علمای مرو و یحیی اكثم القاضی میكوید كه در هیچ شهر این علما و فضلا دیده نشد كه در بلخ و باسانید منقولست از عبد الله عمر رضی الله عنهما كه مهتر صلی الله علیه و آله و سلم فرمود كه یظهر بخراسان ببلخ تل یقال لها تل وشتاسب علیها قبر نبی یحشر معه من هذه الامـة سبعون الف شهید معنی چنان است كه در این زمین خراسان در شهر بلخ تلی است كه تل وشتاسب خوانند و بر آن روضهٔ پیغامبری است كه در روز محشر از این امت با وی هفتاد هزار شهید جمع شوند و همچنین مسند

و خمسین و مایه در میان شهر جوئی بیرون آورد و در
ذو القعده سنه ثلاث و ثلاثین و مایتین داود عباس
والی ولایت بلخ شد و مدت بیست سال به بنای نوشاد
مشغول بود چون وفات یافت بسپس کوی عبد الله
علی دفن کردند و امروز تربت وی ظاهرست اجابت
دعا و دفع ظلمه را نشانه و در سنه خمس و اربعین
و مایتین در مسجد آدینه افزود و در وقتی که به بنای
نوشاد مشغول بود بجای او در شهر خاتون داود را
بگذاشت تا بر شهر و رعایا تخصیص کند جامهٔ از خزانه
بیرون آورد مرصع بجواهر نفیسه و بخدمت خلیفه
فرستاد چون صورت بر خلیفه رفع کردند خلیفه گفت
این خاتون ما را جوانمردی تعلیم کرده است آن پیراهن را
در عمارت مسجد آدینه و جوی شهر صرف کرد
و هر دو عمارت تمام شد و تیریز و آستین زیاده ماند
شیخ الاسلام صفی الدین رحمه الله ذکر کرده است که
در آن وقت آبادانی شهر بمقامی رسیده بود که مقدار
یک کز زمین را بهزار درم میخریدند و ابو هارون
کاتب میگوید که عدد تمام مساجد در آن وقت هزار
و هشت صد و چهل و هشت بوده است و مدارس

آبادان چهارصد بوده است و هزار و دویست مفتی مصیب بوده اند و نهصد دبیرستان معتبر و پانصد و بیست ادیب ماهر و پانصد حمام آبادان و چهارصد کنبد یخدان و سیصد حوض سبیلی و یک هزار و دویست سردابه در نفس شهر و کشتاسب اهل مملکت را فرمود تا جملهٔ مردمان را جمع کردند و مدت ده سال بعمارت شهر بلخ مشغول بودند و در شهر و ولایت زنان را نصب کردند تا میان یکدیگر حکم می کردند و ولایت می داشتند و بارهٔ شهر را میان مردمان قسمت کردند بجهت عمارت چون کشتاسب بنای شهر بلخ نهاد اول خشتی که وضع کردند بشکست و بدو نیمه شد ملک از آن اندوه‌گین شد و اثر حزن در جبین او ظاهر شد علما و حکما چون آن حال مشاهده کردند گفتند ملک را بدین غمناک نباید شد که بدو نیمه شدن خشت دلیل است بر آنکه هر غریبی که در این شهر در آید آب و زمین و هوای این شهر او را موافق باشد شیخ الاسلام و اعظ میگوید که روایت مختلف شد در بنای بلخ چاره نیست از آنکه در میان روایات توفیقی کرده شود و هر روایتی را حکیمی گفته اند تا روایات متناقص نگردد و روا بود

که جمله روایات صحیح و درست باشد از برای آنکه از متوکل بن حمران القاضی رحمه الله منقولست که شهر بلخ بیست و سه نوبت خراب کشته است و فرموده است که اگر این بار خراب شود پیش تا قیامت مرمت نپذیرد روا بود که بعد از هر خرابی عمارتی و بنائی بوده باشد بر تعاقب چنانکه روایت کرده شد مقاتل بن سلیمان می فرماید که چنانستی که رأی العین مطالعه می کنی که ترکان مسجد جامع بلخ را خراب میکنندی و جمله خشتهارا از هم جدا می گردانیدندی اما اصح آنست که از امیر المومنین علی بن ابی طالب علیه السلام روایت کرده شد که مثل علم و علمای بلخ چون مثل انار و دانهای انار است و در عهد وی در بلخ علما نبودند روا بود که او بنابر آن معنی گفته باشد که ابراهیم صلوات الرحمن علیه در حق بلخ دعا گفته است بدان استدلال کرده باشد که هر آینه باجابت مقرون کشته باشد که منقولست با اسانید درست که خلیل الله صلوات علیه بشهر بلخ رسیده بوده است و هو ما قال رسول الله صلی الله علیه و آله و سلم مرّ ابراهیم خلیل الله صلوات الرحمن علیه ببلخ حتی سار بالاسبریس و هی میدان مدینتها

فقال للملك الذي كان معه و هو الملك الموكل بالارض و اسمه صلصائيل و فى رواية اخرى صرصربائيل ما هذه البقعة فقال يا خليل الله انزل فانها بقعة مباركة يكون فيها قبر نبى فنزل ابراهيم عليه السلام من جناحيه وقت صلوة الفجر و صلى ركعتين فلما سلم التفت الى بلخ و قال اللهم اغرز و فى رواية اغرز انهارها و اثارها و اشجارها و بارك عليها و اكثر فقهاها معنى چنين باشد كه سيد عالم عليه السلام ميفرمايد كه ابراهيم خليل صلوات الله عليه بر شهر بلخ ميكذشت بموضعى رسيد كه آنرا اسپريس ميخوانند و ميدان آن شهر است با فرشته كه با او بود و آن فرشته موكل زمين بود و نام آن فرشته صلصائيل است و در بعضى روايات صرصربائيل كفت اين چه جاى است فرشته كفت يا خليل الله فرود آى كه اين بقعه مبارك است و در وى پيغامبرى مدفونست ابراهيم عليه السلام از پر آن فرشته فرود آمد در وقت نماز بامداد و دو ركعت نماز بكذارد و چون سلام نماز كفت بسوى بلخ التفات نمود و بدعا مشغول شد و چنين كفت بار خدايا جويهاى اين شهر را پر آب دار و درختان ويرا با ميوهاى پر بار دار و بر فقها و علماى

کشت و در بلوریان مسجد آدینه بنا کرد و در سنه ست
و تسعین بفرغانه شهادت یافت و تربت او در فرغانه
است در کلنج و در آن ایام بیش شهر خراب بود چون
خلافت بهشام بن عبد الملک رسید اسد بن عبد الله
القشیری را بخراسان والی ساخت و در آن عصر بدومانرا
بلخ میخواندند خلیفه باسد بن عبد الله خطاب
کرد تا شهر بلخ را عمارت کنند در سنه ثمان عشر
و مایه و مسجد جامع او بنا کرده است در سنه اربع
وعشرین و مایه در دروازهٔ نوبهار در آهنین بوده
است و در ایام نصر خان همچنان بر قرار بوده است
شرف الزمان در سنه خمس و سبعین و خمسایه در
آهنین را از در دروازهٔ نوبهار بر داشته است و بقندز
فرستاده است و نو بهار بنا کردهٔ برامکه است و برامک
اختاجیان بوده است و فضل بن یحیی که از آل برامک
است علمای بلخ را بر در دروازهٔ نوبهار طلب کرده
است و فرموده که جد من بدین مشهورست که نوبهار
که قبلهٔ مغان است بنا کردهٔ اوست مرا کاری فرمایید که
از آن عار بیرون آیم علما و زهاد بلخ جمله اتفاق کردند
که در میان شهر جویی بیرون آرد در سنه ثمان

خاك نخاك رفت و در ميدان دفن كردند و اين كورستان در ميدان است كه اورا سرتل ميخوانند و معروفست و بروايت حسن بصرى رحمه الله تربت ايوب صابر صلوات الله عليه در همين ميدانست و زبان بهشتيان فارسى درى است و ايوب شهيد ميگويد كه پارسى درى زبان اهل بلخست و در زمان سابق مدت هزار سال پيوسته معمور بوده است و باز خراب كشته و هامون شده چنانكه هيچ اثرى از عمارت نمانده بود و در ايام شاهى قباد بن اردشير باز آبادان كرده اند و آبادانى بقرار اصل رسانيده و در وقت نوشين روان چنان آبادان بود كه خلق بآب جيحون متصل نشسته بوده اند از طخارستان و هندوستان و تركستان و از بلاد عراق و شام و شامات اكابر و اشراف آن بلاد بدين شهر آمدندى و هر روز در وى عيد كردندى بموضع كه آنرا نوبهار ميخوانند و از ليث بن سعيد منقولست كه شيخ بلخ بوده است كه حجاج بن يوسف در سنه احدى و تسعين بوده است و قتيبه در زمان حجاج به بلخ رسيد بقصبهٔ بلوريان در سنه تسع و ثمانين و مسجد در بلوريان بنا كرد و ترك را كه امير بلخ بود در آنجا

رسید ملك تعالی و تقدس پیغامبری بوی فرستاد نام او
ایوب علیه السلام و کفت برو شهر بلخ را بنا کن کشتاسب
در حال عنان بکردانید بسوی بلخ و بی توقف روی
باین مهم آورد و بالشکر هیچ جا مقام نکرد تا بدین زمین
رسیدند و فرمان پیغامبر حق جل جلاله را قیام نمودند
و بقتال و کارزار کفار بایستاد تا منهزم کردشان و شهر
ترمذرا بنا کرد و لشکری نصب کرد تا آن موضع را محافظه
کنند و نام ترمذ در قدیم آواره بوده و الله اعلم روا
بود که آب راهه کفته باشند بکثرت استعمال چنین متغیر
کشته باشد زیرا که آن شهر همیشه ممر و معبر بوده است
و کشتاسب از آب بکذشت و بلخ را بنا کرد و جاماس
حکیم اختیار بنا کرد و بر حکیمی جویی اختیار کردند
و بامر امیری حکیمی بود هر یکی دیهی بنا کردند
جاماس کفت که این شهر را بر بنای سال بنیاد نهاده
شد سالی دوازده ماه است و ماهی سی روز این شهر
بر این وضع است و انبوهی این شهر بمثابتی رسید که
یك كز مساحت بصد درم میخریدند از بلاد هند و سند
و چین و ماچین بار در وی کشادند و باقی عمر
کشتاسب از ین شهر بجای دیکر نرفت و هم در ین

هابیل و لولا قبره فی میدان یقال لها میدان کشتاسب لاتاهم العذاب و قبلا و لیکن یدفع الله البلاء من تلک المدینة بذلک القبر معنی چنین باشد که در ناحیت مشرق شهریست که آنرا بلخ من خوانند و وی شهر جباران و متکبران است و وی دوم شهرهای دنیاست و پیش از وی شهری نبوده است مگر شهر آدم علیه السلام که آنرا بنا کرده است در زمین هند و نام آن شهر اوقست و شهر بلخ بنا کردۀ قابیل است کشندۀ هابیل و مرقد و مشهد هابیل در موضعی است که آنرا میدان کشتاسب میخوانند که اگرنه شرف و بزرگی این تربت پاکستی صاعقۀ عذاب دیرست که نازل کشتی و لیکن خدای تعالی عذاب را از آن شهر ببرکۀ آن روضۀ برزک دفع میکرداند ابو اسحاق مستملی رحمه الله می فرماید که روا بود که آن تجبر و تکبر در زمان جاهلیت بوده باشد و در بعضی روایات چنان منقولست که بانی این شهر تبع بوده است که عالم تبع او بوده و قومی کویند که ملکۀ از قوم عاد بنا کرده است و بامیان بنا کردۀ عادست و بعضی کفته اند که ملک فارس را کشتاسب بنا کرده است و چنین نقل کنند که چون کشتاسب بمرو رود

رساند در آن روز که تبدل الارض غیر الارض و ایشان از هول و فزع قیامت رسته باشند و بی باکان ایشانرا به نیکان ایشان بخشند و از آن دو شهر یکی بمشرقست و دیگر بمغربست اما آنکه بمغربست شهر اطرانیس است و آنکه بمشرقست شهر بلخ است و بهمین اسناد آمده است از امیر المومنین علی علیه السلام فقال جاء رجل الی علی فقال علی من این هذا الرجل فقال من خراسان قال من ایها قال من بلخها قال علی علیه السلام سقیا لبلخها انها مکثرة بالعلم کاکتناز الرمان بحبها معنی چنین باشد که مردی بحضرت امیر المومنین علی علیه السلام در آمد پرسید مر اورا که از کجا می آیی گفت از خراسان گفت از کدام شهر گفت از شهر بلخ حضرت امیر المومنین فرمود خوش و خرم باد بآب و گیاه آن شهر که بعلم و علما چنان آکنده است که انار بدانهای او و بهمین اسناد روایت کرده می شود از عبد الله عمر رضی الله عنهما انه قال بالمشرق مدینة یقال لها بلخ و هی مدینة الجبارین و المتکبرین و هی ثانیة مدائن الدنیا لم یکن قبلها مدینة الا مدینة بناها آدم علیه السلام بارض الهند یقال لها اوق و الثانیة مدینة بلخ بناها قابیل قاتل

الفصل الاول فی فضائلها المنصوصة

روایت می کند شیخ الاسلام صفی الدین رحمه الله مسلسل با ابو ذر غفاری رضی الله عنه از مهتر عالم صلی الله علیه و آله و سلم انه قال مدینتان تحملان علی اجنحة جبرئیل علیه السلام ترفعان الی بیت المقدس فیعفی عن مسیئهم بمحسنهم مدینة بالمشرق و مدینة بالمغرب فاما ما کان بالمغرب فاطرانیس و اما ما کان بالمشرق فبلخ معنی آنست که دو شهرند که جبرئیل بر پر مبارک خویش آن شهرهارا با اهالی وی برد چنانکه مهد و عماری عروسان را بناز و آسایش برند این دو شهر را به بیت المقدس

شد در شهور سنه ستین و اربعمایه خوارزم شاه محمد بن سلطان تکش بخارا را گرفت و باز ربض فرمود و فصیل زدن و هر دورا نو کردند در شهور سنه ست عشر و ستمایه باز لشکر تاتار آمد و شهر بگرفت و باز ویران شد *

مالی عظیم ببایستی و حشرهای بسیار تا بروزکار امیر اسماعیل سامانی رحمه الله که او خلق را رها کرد تا آن دیوار خراب شد و کفت تامن زنده باشم بارهٔ ولایت بخارا من باشم و آنچه پذیرفت تمام کرد و پیوسته بتن خویش حرب می کرد و نکذاشت که بولایت بخارا دشمنان ظفر یابند * ذکر ربض بخارا * و مردمان شهر بخارا از احمد بن خالد که امیر بخارا بود از امیر خراسان محمد بـن عبد الله بن طلحه الطاهرین خواست کردند که شهر مارا ربضی می باید تا شب دروازها بر بندیم و از دزدان و راه زنان در امان باشیم پس او فرمود تا ربضی بنا کردند بغایت نیکو و استوار و برجها ساختند و دروازها نهادند و این بتاریخ دویست و سی و پنج بود که تمام شد و این ربض بهر وقت که لشکری قصد بخارا کردی عمارت تازه کردندی و ارسلان خان بروزکار خویش بفرمود تا در پیش آن ربض قدیم ربض دیکر بنا کنند چنانکه هر دو متصل و محکم شد و آن نیز خراب شد و در شهور سنه ستین و خمسمایه خاقان عادل عالم رکن الدنیا و الدین مسعود قلج طمغاج خان نور الله مضجعه بفرمود تا بیرون آن ربض قدیم شهر بخارا را ربضی زنند و باز ویران

کافران ترک رنجست که بهر وقت ناگاه می آیند و دیها غارت میکنند و اکنون بتازکی آمده اند و دیه سامدون را غارت کرده اند و مسلمانان را اسیر کرده برده اند ابو العباس طوسی گفت هیچ تدبیری دارید تا بفرمایم یزید بن غورک ملک سغد آنجا بود گفت بقای امیر خراسان باد بروزکار پیشین در جاهلیت ترکان ولایت سغد را غارت می کرده اند بسغد زنی پادشاه بوده است او سغد را باره بر آورده است و ولایت سغد را از ترکان امان یافته ابو العباس طوسی بفرمود مر مهتدی بن حماد بن عمرو الذهلی را که امیر بخارا بود از جانب او تا بخارا را بارهٔ زند چنانکه همه روستاهای بخارا اندرون باره بود بشکل سمرقند تا دست ترکان بولایت بخارا نرسد این مهتدی بن حماد بفرمود تا این دیوار بزنند و دروازها نهند و بهر نیمهٔ میلی یکی برج استوار بر آرند و سعد بن خلف البخاری رحمة الله علیه که قاضئ بخارا بود این شغل را قیام نمود تا بروزکار محمد بن منصور بن هلجد بن ورق تمام شد در سال دویست و پانزده و هر امیری که بودی بعد از آن عمارت می فرمود و نگاه می داشت و مؤنت و خرجی عظیم بر مردمان بخارا بود و هر سالی

شده و بعضی ضیاع بآب غرق شده سلطان خراج از
آن موضع بر داشته است و آنرا که آب برده خراج آنرا
وضع کرده است و بعضی بدست علویان و فقها افتاده
است سلطان خراج آنرا نیز وضع کرده است و بعضی
ضیاع سلطان شده و خراج از دیوان پاک شده است
چون بیکند و بسیار روستاهای دیگر و خراج کرمینه
از عمل بخارا بیرون رفته است * ذکر دیوار که مردمان
آنرا دیوار کنپرك میگویند * احمد بن محمد نصر گوید که
این فصل محمد بن جعفر نرشخی بدین ترتیب نیاورده
است و لیکن بعضی از این در اثنای سخن رانده است
و ابو الحسن نیشابوری در خزاین العلوم به ترتیب آورده
است که چون خلافت بامیر المومنین مهدی رسید
یعنی پدر هارون الرشید و هیچکس از خلفای عباس از
وی پارساتر نبود پس امیریِ جملهٔ خراسان ابو العباس
ابن الفضل بن سلیمان طوسی را داد در سال صد
و شست و شش و او بیامد تا بمرو و آنجا بنشست پس
وجوه و مهتران و بزرگان بنزدیك او رفتند و مهتران
سغد نیز جمله بمرو رفتند بسلام امیر خراسان او از
حال ولایت ایشان پرسید اهل بخارا گفتند که مارا از

عظیم بود و بدیهٔ وردانه نشستی و با طغشاده بخارا
خداة منازعت كردی قتیبه را با وی حربهای بسیار
افتاد و آخر وردان خداة بمرد و قتیبه ملك بخارا را
بطغشاده داد و این قصه در فتح بیکند و بخارا گفته
شود و رود سیم را خرقانة العلیا خوانند و رود چهارم را
خرقان رود خوانند پنجم را عاوختفر خوانند رودی
بغایت بزرکست و ششم را سامجن خوانند و هفتم را
بیکان رود خوانند ششم را فراوز العلیا خوانند و ایــن
رود روستاهای بسیار دارد و نهم را فراوز السفلی خوانند
و نیز کام دیمون خوانند دهم را اروان خوانند و یازدهم
را کیفر خوانند دوازدهم را رود زر خوانند و این رود
در رود شهر است و هر رودیکه یاد کردیم روستاهای
بسیار دارد و آب بسیار دارد چنین آورده اند كه
همه رودهارا مردمان کنده اند مگر رود عاوختفر را که
آب خود کنده است بی زحمت خلق آن موضع * ذكر
خراج بخارا و نواحی آن * بروزگار آل سامان و امرای
سامان یکی بار هزار و هزار و صد و شست و هشت هزار
و پانصد و شست و شش درم و پنج دانك و نیم بوده
است با خراج کرمینه و از بعد آن بهر طرف خراج کم

بماند رایکان باشد بسبب ظلم و بی شفقتی بر رعیـــت * ذکر رودهای بخارا و نواحی او * اول رود کرمنیه است و آن رود عظیم است دوم رود شاپورکام است و عامهٔ بخارا شافرکام خوانند و آورده اند اندر حکایت که یکی از فرزندان کسری از آل ساسان از پدر خویش خشم گرفت و بدین ولایت آمد و نام او شاپور بود و پور بزبان پارسی پسر باشد چو ببخارا رسید بخارخداة اورا نیکو داشت و این شاپور شکار دوست بود یک روز بشکار رفـــت و بدان جانب افتاد و در آن تاریخ آنجا هیچ دیــه نبود و آبادانی نبود مرغزاری بود و جـــایگاهٔ شکار اورا خوش آمد آن جایگاه از بخارخداة بمقاطعه گرفت تـا آن جایگاه آبادان کند بخارخداة آن موضع را با او داد این شاپور رود عظیم بر کند و بنام خود کرد یعنی شاپورکام و بر آن رود روستاها نهاد وکاخ بنا کرد و آن حوالی را روستاهای آبویه خوانند و دیهٔ وردانه بنــا کرد و کاخ ساخت و جای نشست خویش کرد و آنجا ملکی عظیم شد و از پس وی بفرزندان وی مـــیراث ماند آن روستاها و بدان روزگار که قتیبه بن مسلم ببخارا آمد از فرزندان شاپور وردان خداة بود و او پادشاهی

بر آن موضع دو سه كوشك مانده است آنرا كوشك
مغان می خوانند و آنجا مغان باشیده اند و آتشخانهای
مغان در این ولایت بسیار بوده است و بر در ایــن
كوشكهای مغان بوستانهای خوش و خرم بوده است
و ضیاع ایشان بغایت عزیز محمد بن جعفر چنین تقریر
كرده است كه ما بروزكار امیر حمید چنین شنیدیم ضیاع
كوشك مغان را قیمت بدان سبب است كه پادشاهان
ببخارا مقام كرده اند و غلامان و نزدیكان پادشاه رغبت
نمودند بخریدن آن ضیاعها تا قیمت هر جفتی از ایــن
ضیاع بچهار هزار درم شد چون این سخن بامیر رسید
بگفت چنانست كه او دانسته است پیش از این كه
پادشاهان ببخارا مقام كردندی قیمت این ضیاع بیشتر
بودی و اگر كسی خواستی كه یك جفت كاو زمین خرد در
سالی نتوانستی و اگر بیافتی هر جفتی بدوازده هزار درم
سنك نقره بایستی خریدن و اكنون نرخ ارزان شــده
است كه هر جفت زمین بچهار هزار درم سنك نقره می
باید كه مردمانرا سیم كمتر مانده است احمد بن محمـد
نصر گوید كه بروزكار ما این ضیاع كوشك مغان چنانست
كه برایكان میدهند و كسی نی خواهد و آنچه بخرنــد

از آن فرمود تا آن سرایرا مدرسهٔ فقها ساختند و آن کرمابه که بر در سرای بود و دیهای دیگر بر آن مدرسه وقف کردند و سرای خاص خودرا بدر سعد آباد فرمود تا بنا کردند * ذکر آل کشکثه * محمد بن جعفر النرشخی اندر کتاب آورده است که قتیبه بن مسلم ببخارا در آمد و بخارارا بگرفت اهل بخارارا فرمود تا یکی نیمه از خانها و ضیاع خویش عرب را دادند قومی بودند در بخارا ایشان را کشکثان گفتندی و ایشان مردمانی بودند با حرمت و قدر و منزلت و در میان اهل بخارا ایشانرا شرف زیاده بوده بودی و ایشان از دهقانان نبودند غربا بودند اصیل و بازرگان بودند و توانگر بودند پس قتیبه الحاح کرد در قسمت خانها و اسباب ایشان خانها و اسباب خویش جمله گذاشتند بعرب و از بیرون شهر هفتصد کوشک بنا کردند و آنروزینه شهر همین قدر بود که شهرستانست و هر کسی کرد بر کرد کوشک خویش خانهای چاکران و اتباع خویش بنا کردند و هر کسی بر در کوشک خود بوستانی و صحرائی ساختند و بدان کوشکها بیرون آمدند و آن کوشکها امروز ویران شده است و بیشتر شهر شده

نتوانستندی کریختن چون ملك شمس الملك از دنیا برفت
برادر او خضر خان بملك بنشست و این شمساباد را
عمارتهای زیادت فرمود و بغایت با نزهت و چون او
نیز از دنیا برفت پسر او احمد خان پادشاه شد این
شمساباد را تیمار نکرد تا خراب شد چون ملك شاه از
خراسان بیامد و به بخارا رسید خرابی بسیار کرد و چون
بسمرقند رفت احمد خان را بکرفت و بخراسان برد
و باز بما وراء النهر فرستاد و شمساباد تمام ویران شده بود
و خویشتن را سرایی بجویبار فرمود بنا کردند و اندر
آن بوستان و آب روان و آنچه تکلف بود بجای آورد
و مدت سی سال آن سرای دار الملك بخارا بود چون
ارسلان خان بملك بنشست هروقت که ببخارا بودی
در این سرای بودی بعد از آن چنان صواب دید که
فرمود تا آن سرایرا بر داشتند و بحصار بردند و آن
موضع خراب بماند و از بعد چند سال ارسلان خان
بمحلت دروازچه اندر کوی بولیث سرایی فرمود بنا
کردن و اندر وی کرمابۀ خاص فرمود ساختن و یکی
کرمابۀ دیکر بر در سرای چنانکه مثل آن کرمابه نبود
و سالهای بسیار آن سرای دار الملك بخارا بود و بعد

بن نوح كوشكی ساخت بغایت نیكو چنانكه بوی مثل زدندی از نیكویی و سال بر سیصد و پنجاه و شش بود و آن ضیاع كارك علویان مملكهٔ سلطانی بود تا بروزگار نصرخان بن طمغاج خان وی این ضیاع اهل علم را داد از آنكه بشهر نزدیك بود تا فقها را كشاورزی آسانتر بود و عوض وی آن ضیاع دورتر بكرفت و جوی موالیان و كارك علویان معمور بود تا آخر عهد سامانیان چون ملك از سامانیان برفت آن سرایها خراب شد و به بخارا دار الملك معین نبود مگر حصار تا بروزگار ملك شمس الدین نصر بن ابراهیم طمغاج خان كه او شمس آباد بنا كرد

* ذكر بنای شمس آباد * ملك شمس الدین بدروازهٔ ابراهیم ضیاعهای بسیار خرید و بوستانها ساخت بغایت نیكو و مالهای بسیار و خزینهای اندر آن عمارتها خرج كرد و آنرا شمس آباد نام نهاد و پیوستهٔ شمس آباد چراگاهی ساخت از جهت ستوران خاصه و آنرا غورق نام كرد و آنرا دیوارهای استوار ساخت بمقدار یك میل و اندروی كاخی و كبوترخانه‌ای ساخت و اندر آن غورق جانوران وحشی داشتی چون گوزنان و آهوان و روباهان و خوكان و همه آموخته بودند و دیوارهای بلند بر وی بود كه

موالیان خویش دل مشغول بودی تا روزی امیر اسماعیل از حصار بخارا بجوی موالیان نظاره میکرد سماء الکبیر مولای پدر او پیش او ایستاده بود اورا بغایت دوست داشتی و نیکو داشتی امیر اسماعیل گفت هرگز بود که خدای تعالی سببی سازد تا این ضیاع را از بهر شما بخرم و مرا زندگانی دهد تا بینم که این ضیاع شما را شده است از آنکه این ضیاع از همه ضیاع بخارا بقیمت تر است و خوشتر و خوشهواتر خدای تعالی روزی کرد تا جمله بخرید و بر موالیان داد تا جوی موالیان نام شد و عامهٔ مردم جوی مولیان گویند و پیوستهٔ حصار بخارا صحرائیست که آنرا دشتک خوانند و جمله نیستانها بوده است امیر اسماعیل رحمه الله آن موضع را هم بخرید از حسن بن طالوت بده هزار درم و هم سال اول ده هزار درم از بهای نی بحاصل آمد امیر اسماعیل آن موضع را وقف کرد بر مسجد جامع و از بعد امیر اسماعیل از فرزندان او و هر که امیر شد خویشتن را بجوی موالیان بوستانها و کوشکها ساختند بسبب خوشی و خرمی و نزهت او * بدروازهٔ نو موضعیست که آنرا کارک علویان خوانند بر در شهر و آنجا امیر منصور

و استادان نادر العصر و معماران چنان طرح کشیده
اند و صاحب دولتی گفته * بیت *
* آب حیوان بچمن آمد و باشیون رفت *
* نالها کرد که می باید از ین کلشن رفت *
و دیگر از در ریکستان تا دشتک بتمام خانهای موزون
منقش عالی سنگین و مهمانخانهای مصور و چهار باغهای
خوش و سرحوضهای نیکو و درختهای کج خرگاهی
بوده بنوعی که ذرۀ آفتاب از جانب شرقی و غربی
بنشست کاۀ سرحوض نمی افتاده و در این چهار باغها
میوهای الوان فراوان از ناشپاتی وبادام و فندق و کیلاس
و عناب و هر میوه که در بهشت عنبر سرشت هست در
آنجا بغایت نیکو و لطیف بوده است * ذکر جوی مولیان
وصفت او * در قدیم این ضیاع جوی مولیان از آن ملک
طغشاده بوده است و وی هر کسی از فرزندان و دامادان
خودرا حصه داده است و امیر اسماعیل سامانی رحمة الله
علیه این ضیاع را بخرید از حسن بن محمد بن طالوت که
سرهنك المستعین بن المستعصم بود و امیر اسماعیل بجوی
مولیان سرایها و بوستانها ساخت و بیشتر بر مولیان
وقف کرد و هنوز وقف است و پیوسته اورا از جهت

بود بهتر از آن بحاصل کردند آنگاه امیر رشید بسرای بنشست سال تمام نشده بود که چون شب سوری شد چنانکه عادت قدیمست آتشی عظیم افروختند پارۀ آتش بجست و سقف سرای در گرفت و دیگر باره جملۀ سرای بسوخت و امیر رشید هم در شب بجوی موالیان رفت وزیررا فرمود تا هم در آن شب خزینه و دفینه همه را بیرون برد و بدست معتمدان بجوی موالیان فرستاد چون روز شد معلوم کردند که هیچ غایب نشده بود جز یکی بنکان زرین وزیر وی از خالص مال خود بنکان فرمود که وزن او هفتصد مثقال وبخزینه فرستاد و از آنکه باز این موضع ریکستان بماند و خراب شد و دیگر سرای پادشاهان بجوی موالیان بوده است که بهتر از مقام نفیس بهشت آیین جوی موالیان در بخارا جای و منزلی نبوده است چرا که همۀ جای او سراها و باغها و چمنها و بوستانها و آبهای روان علی الدوام در مرغزارهای او در هم پیچیده از میان هم دیگر جویها میگذشته اند و بهزار جانب بطرف مرغزارها و بگلزارها میرفته اند و هرکس که تماشای آبهای روان میکرد در حیرت میشد که از کجا می آید و بکجا می رود

هر عاملی را علیحده دیوانی بودی اندر سرای خویش بر در سرای سلطان چون دیوان وزیر و دیوان مستوفی و دیوان عمید الملك و دیوان صاحب شرط و دیوان صاحب مؤید و دیوان شرف و دیوان مملكهٔ خاص و دیوان محتسب و دیوان اوقاف و دیوان قضا بدین ترتیب دیوانها فرمود بنا نهادند و بروزگار امیر رشید عبد الملك بن نوح بن نصر بن منصور اسماعیل وزیر وی احمد بن الحسن العتبی رحمه الله که مؤلف کتاب یمینی است که کورخانهٔ او بمحلهٔ دروازهٔ منصور در جوار کرمابهٔ خانست در مقابلهٔ مدرسه مسجدی بنا کرد بغایت نیکو چنانکه آن موضع از آن مسجد کمال گرفت چون امیر رشید از ستور بیفتاد و بمرد در شب غلامان بسرا اندر آمدند و بغارت مشغول شدند خاصکان و کنیزان منازعت کردند و سرایرا آتش زدند تا همه بسوخت و در وی هرچه ظرایف بود از زرینه و سیمینه همه ناچیز شد و چنان شد که از آن بناها اثری نماند و چون امیر رشید منصور بن نوح بملك بنشست اندر ماه شوال سال بسیصد و پنجاه بجوی مولیان فرمود تا آن سرایهارا دیگر باره عمارت کردند و هرچه هلاك و ضایع شده

بگرفتند و شهاب وزیر را بکشتند و حصار ویران کردند و همچنان ویران بماند چون در شهور سنه ستین و خمسمایه خواستند شهر بخارا را ربض زنند و کدوادهٔ ربض از خشت پخته می بایست کدوادهٔ حصار را و برجهای او که از خشت پخته بود باز کردند و بربض شهر بخارا خرج کردند و آن بیکبارکی ویران شد و از آن کاخ هیچ عمارتی دیگر و نشانی نماند در شهور سنه اربع و ستمایه خوارزمشاه محمد بن سلطان تکین بخارا را بگرفت وباز حصار آبادان کرد و ختایان مقهور شدند باز در شهور سنه ست عشر و ستمایه لشکر تاتار بیامد و امیر ایشان جنکیز خان بود و بر در قلعه دوازده روز جنگ کردند و قلعه را بگرفتند و ویران کردند * ذکر منزلهای پادشاهان که ببخارا بوده است * از در غربی حصار بخارا تا بدروازهٔ معبد که ریکستان خوانند و این ریکستان سرایهای پادشاهان بوده است از قدیم باز در در جاهلیت و در روزگار آل سامان امیر سعید بن نصر بن احمد بن اسماعیل السامانی بریکستان سرایی فرمود و سرایی ساختند بغایت نیکو و مال بسیار در وی خرج کرد و بر در سرای خویش سرای عمال فرمود بنا کردند چنانکه

در و این حصار جای باشش پادشاهان و امیران و سرهنکان بوده است و زندان و دیوانهای پادشاهی و کاخ جای نشست پادشاهان بوده است از قدیم باز و سرای حرم و خزینه در وی بوده است و بروزگار مترجم این حصار ویران شد و سالی چند بر آمد ارسلان خان آبادان فرمود کردن و جای نشست خود آنجا ساخت و امیر بزرکی را بر این حصار کتوال ساخته بود تا بشرایط نکاه میداشت و این حصار را در چشم خلق حرمتی عظیم بود و چون خوارزمشاه ببخارا رسید در شهور سنه اربع و ثلاثین و خمسمایه امیر زنکی علی خلیفه بود و بفرمان سلطان سنجر والی بخارا بود اورا بکرفت و بکشت و حصار را ویران کرد و دو سال زیادت ویران بماند و چون در شهور سنه ست و ثلاثین و خمسمایه الپتکین از جانب کور خان والی بخارا شد هم در این سال بفرمود تا حصار را آبادان کردند و جای باشش خود آنجا ساخت و حصار نیکوتر از آن شد که بود و در ماه رمضان سنه ثمان و ثلاثین و خمسمایه حشم غز به بخارا رسید عین الدوله و قراجه بیک و شهاب وزیر محصور کشتند و جنکی و رنجی عظیم شد و حشم غز حصار

کردند آن درّرا نیز ویران کردند و احمد بن محمد بن نصر آورده است و جعفر و ابو الحسن نیشابوری گفته اند که چون بندون بخار خداة این کاخرا بنا کرد ویران شد باز بنا کرد وباز ویران شد چند بار بنا میکرد وباز ویران میشد حکما را جمع کردند و تدبیری خواستند بر آن اتفاق افتاد که این کاخرا بر شکل بنات النعش که بر آسمانست بنا کنند بهفت ستون سنگین بر آن صورت ویران نشد و عجب دیگر آن است که از آنگاه باز که این کاخ را بنا کردند هیچ پادشاهی از این کاخ دروی بهزیمت نشده است الا که ظفر ویرا بود و عجب دیگر آن است که تا این کاخرا بنا کرده اند هیچ پادشاهی در وی نمرده است نی در کفر و نی در اسلام و چون پادشاه را اجل نزدیک شده است سببی پدید آمده است که از آن کاخ بیرون آمده است و بجای دیگر وفات یافته است از وقت بنای این کاخ تا ویران شدن وی همچنین بوده است و این حصار را دو در است یکی شرقی و دیگر غربی در شرقی را در غوریان خوانند و در غربی را در ریکستان خوانند و بروزکار مترجم در علف فروشان خوانده اند و در میان حصار راهی بوده است از این در تا بدان

کرد و بیشتر آنجا می بود و میان وی و آفراسیاب بد
گوئی کردند و آفراسیاب اورا بکشت و هم در این
حصار بدان موضع که از در شرقی اندر آئی اندرون
در کاه فروشان و آنرا دروازهٔ غوریان خوانند آنجا
دفن کردند و مغان بخارا بدین سبب آنجایرا عزیز
دارند و هر سالی هر مردی یکی خروس آنجا بدو
بکشند پیش از بر آمدن آفتاب روز نوروز و مردمان
بخارارا در کشتن سیاوش نوحهاست چنانکه در همه
ولایتها معروفست و مطربان آنرا سرود ساخته اند
و میگویند و قوالان آنرا گریستن مغان خوانند و از این
سخن زیادت از سه هزار سال است پس این حصار را
بدین روایت وی بنا کرده است و بعضی گفته اند
آفراسیاب بنا کرده است و این حصار ویران کشت و سالها
ویران بماند چون بندون بخار خداة ملك نشست که
شوی آن خاتون بود که یاد کردیم و پدر طغشاده کسی
فرستاد و این حصار را آبادان کرد و آن کاخ که بود وی
آباد کرد و نام خویش بر آهن نوشته بر در کاخ محکم کرد
و تا بروزگار مترجم آن آهن نوشته بر آن در کاخ بود
و لیکن احمد بن محمد نصر گوید چون حصار را ویران

علیه و سلم کفت یا جبرئیل نام این شهرها بکوی جبرئیل علیه السلام کفت یکی از این شهرهارا بتازی قاسمیه خوانند و بپارسی یشکرد دوم را بتازی سمران خوانند و بپارسی سمرقند سیوم را بتازی فاخره خوانند و بپارسی بخارا رسول صلی الله علیه و سلم کفت یا جبرئیل چرا فاخره خوانند کفت از بهر آنکه بخارا روز قیامت بر همه شهرها فخر کند به بسیاری شهید رسول صلی الله علیه و سلم فرمود اللهم بارك فی فاخرة وطهر قلوبهم بالتقوی وزاك اعمالهم و اجعلهم رحیماً فی امتی از بهر این معنی است که برحم دلی بخاریان از مشرق تا مغرب کواهی میدهند و به اعتقاد و پاکی ایشان * ذکر بنای ارك بخارا * از عجایب آن احمد بن محمد بن نصر کوید که ابو الحسن نیشابوری در خزاین العلوم آورده است که سبب بنای قهندز بخارا یعنی بخارا آن بود که سیاوش بن کیکاوس از پدر خویش بکریخت و از جیحون بکذشت و نزدیك افراسیاب آمد افراسیاب اورا بنواخت و دختر خویشرا بزنی بوی داد و کفته اند جملهٔ ملك خویش بوی داد سیاوش خواست که از وی اثری ماند در این ولایت از بهر آنکه این ولایت اورا عاریتی بود پس وی این حصار بخارا بنا

وبجای دیگر بتازی نبشته است مدینة الصفریه یعنی
شارستان روبین و بجای دیگر بتازی مدینة التجار یعنی
شهر بازرکانان و نام بخارا از آن همه معروف ترست و هیچ
شهری از خراسان چندین نام نیست وبحدیثی نام بخارا
فاخره آمده است و خواجه امام زاهد واعظ محمد بن
علی النوحابادی حدیثی روایت کرده است از سلمان
فارسی رضی الله عنه که او کفت که رسول صلی الله
علیه وسلم فرمود که جبرئیل کفت صلواة الله علیه که
بزمین مشرق بقعه ایست که آنرا خراسان کویند سه شهر
از این خراسان روز قیامت آراسته بیارند بیاقـــــوت
و مرجان و نوری از ایشان بر می آید و کرد برکرد این
شهرها فرشتکان بسیار باشند تسبیح و تحمید و تکبیر می
آرند این شهرهارا بر عرصات آرند بعز و نــاز چـون
عروسی که بخانهٔ شویش برند و هر شهریرا از ایـن
شهرها هفتاد هزار علم بود و زیر هر علی هفتاد هـزار
شهید بود و بشفــاعت هر شهیدی هفتاد هزار موحد
پارسی کوی نجات یابند و بهر طرفی از این شهرها از
راست و چپ از پیش و از پس ده روزه راه بود که
همه شهید باشند روز قیامت حضرت رسول صلی اللـه

ببخارا نام او ماخ این بازار وی فرمود ساختن و درودکران و نقاشان را فرمود سال تا سال بتان تراشیدندی و بدین بازار بروز معین حاضر کردندی و فروختندی و مردمان خریدندی و هر چه کاه آن کم شدی یا شکستی یا کهنه شدی چون روز بازار شدی دیگری خریدندی و آن کهنه را بینداختندی و آنجا که امروز مسجد ماخست صحرایی بوده است بر لب رود و درختان بسیار چنانکه در سایهٔ درختان بازار بودی و آن پادشاه بدین بازار آمدی و بر تخت نشستی بدین موضع که امروز مسجد ماخست تا مردمان رغبت کردندی بخریدن بت و هر کس خویشتن را بتی خریدی و بخانه بردی باز این موضع آتشخانه شد و روز بازار چون مردم جمع شدندی همه باتشخانه اندر آمدندی و آتش پرستندی و آن آتشخانه تا بوقت اسلام برجای بود چون مسلمانان قوت گرفتند آن مسجد را بر آن موضع بنا کردند و امروز از مسجدهای معتبر بخاراست * ذکر اسامی بخارا * احمد بن محمد نصر گوید که نامهای بخارا بسیار است و در کتاب خویش بنجکت آورده است و باز جای دیگر دیدم بومسکت آورده است

جامها بردندی تا بشام و مصر و در شهرهای روم و هیچ
شهر خراسان نبافتندی و عجب آن بود که اهل این
صناعت بخراسان رفتند بعضی و آنچه آلت این شغل
بود بساختند و آن جامه بافتند بر آن آب و رونق نیامد
و هیچ پادشاه و امیر و رئیس و صاحب منصب نبودی
که ویرا از این جامه نبودی و ازوی سرخ و سفید
و سبز بودی و امروز زندینچی از آن جامه معروف تر
است بهمهٔ ولایتها * ذکر بازار ماخ * به بخارا بازاری بوده
است که آنرا بازار ماخ روز خوانده اند سالی دوبار هر
باری یک روز بازار کردندی و هر باری که بازار بودی
بتان فروختندی به هر یک روز زیادت از پنجاه هزار درم
بازرکانی شدی و محمد بن جعفر اندر کتاب آورده است
که این بازار بر روزکار ما بوده است و من بغایت عجب
داشتی که اینرا از بهر چه کرده اند پرسیدم از پیران
و مشایخ بخارا که سبب این چه بوده است کفتند اهل
بخارا در قدیم بت پرست بوده اند و این بازار مرسوم
شده بود از آن تاریخ باز در وی بت فروختندی حالا
نیز همچنان مانده است و ابو الحسن نیشابوری در کتاب
خزاین العلوم آورده است که در قدیم پادشاهی بوده

جیحون تا فرب یك فرسنك است و چون آب خیزد نیم كردد و كاه باشد كه تا فرب آب جیحون رسد و فرب مسجد جامع بزرك دارد و دیوارهای و سقف او از خشت پخته كرده اند چنانكه در وی هیچ چوب نیست و در وی امیری بوده كه ویرا هیچ حادثه ببخارا نبایستی آمدن و قاضی بود كه با بیداد شداد حكمها راندی و عدد دیهای بخارا بسیار است این چند كه معروف تر و قدیم تر بود یاد كردیم * ذكر بیت الطراز كه ببخارا بوده است و هنوز بر جایست * و بخارارا كارگاهی بوده است میان حصار و شهرستان نزدیك مسجد جامع و در او بساط و شادروانها بافتندی و یزدیها و بالشها و مصلیهای و بردیهای فندق از جهت خلیفه بافتندی كه بیكی شادروان خراج بخارا خرج شدی و از بغداد هر سالی عاملی علیحده بیامدی و آنچه خراج بخارا بودی از این جامه عوض بردی باز چنان شد كه این كارگاه معطل ماند و آن مردمان كه این صناعت میكردند پراكنده شدند و اندر شهر بخارا استادان بودندی كه معین بودند مراین شغلرا و از ولایتها بازرگانان بیامدندی چنانكه مردم زندینجی می بردندی از آن

و عمارتهای نیك كردند خاقان خویشتن را سرائی فرمود با تكلف عظیم و آب حرامكام آنجا رود و پیوستهٔ بیكند نیستانهاست و آبگیرهای عظیم و آنرا باركین فراخ خوانند و قراكول نیز خوانند و از مردمان معتبر شنیدم كه مقدار بیست فرسنك است و در كتاب مسالك و ممالك آورده است كه آنرا بحیرهٔ سامجن خوانند و فضل آب بخارا هم آنجا جمع آید و اندر آنجا جانوران آبی باشند و در جملهٔ خراسان آن مقدار مرغ و ماهی بحاصل نیاید كه آنجا بحاصل آید و ارسلان خان فرمود تا جوی علیحده كند بیكندرا چنانكه آب بعین عمارتهای او رسد كه آب حرامكام كاهی رسیدی و كاهی نرسیدی و بیكند بر بالای كوه است و لیكن كوه بلند نیست و خاقان بفرمود تا جوی در كوه كندند سنك بغایت رسته پدید آمد چنانكه هیچ درز نبود و اندر این كار بتحیر شدند و بخرواره‌های روغن و سركه خرج شد تا سنك نرم‌تر كردد مقدار یك فرسنك بیش نتوانستند كندن وخلق بسیار هلاك شد بعد از رنج بسیار و مال بسیار كه خرج شد بكذاشتند و قصهٔ فتح بجایكاهٔ او كفته شود انشاء الله تعالی ٭ فرب از جملهٔ شهرهاست و نواحی علیحده دارد و از لب

اند که از کجائی کفته است که از بیکند نکفته است که از بخارا و او مسجد جامع بزرك دارد و بناهای عالی تا بتاریخ سال دویست و چهل بر در وی رباطهای بسیار بوده است و محمد بن جعفر در کتاب آورده است که بیکند را زیادت از هزار رباط بوده است بعدد دیهای بخارا و سبب آن بوده است که این بیکند جای معظم نیك است اهل هر دیهی آنجا رباطی بنا کرده اند و جماعتی را نشانده و نفقهٔ ایشان از دیه فرستاده و زمستان که وقت غلبهٔ کافران میشد از هر دیهی آنجا مردم بسیار جمع آمده غزو کرده اند و هر قومی برباط خویش فرود آمده است و اهل بیکند جمله بازرکان بوده اند و بازرکانی چین و دریا کردندی و بغایت توانکر بوده اند و قتیبه بن مسلم بسیار رنج دید بکرفتن او که بغایت استوار بود و اورا شهرستان رویین خوانده اند و قدیم تر از شهر بخارا است و هر پادشاهی که در این ولایت بوده است مقام آنجا ساخته است و از فرب تا بیکند بیابانیست دوازده فرسنك و ریك دارد آن بیابان و ارسلان خان محمد بن سلیمان بروزکار خویش بیکندرا عمارت فرمود و مردمان در وی کرد آمدند

و باز ویران شد باز بنیات بن طغشاده بخارخداة در اسلام عمارت کرد و جای نشست خویش آنجا ساخت تا هم در آن کشته شد و امیر اسماعیل سامانی رحمه الله مردمان آن دیه را بخواند وگفت من بیست هزار درم و چوب بدهم و ساختگی آن بکنم و بعضی عمارت برجایست شما این کاخ را مسجد جامع سازید آن مردمان دیه نخواستند و گفتند که مسجد جامع در دیهٔ ما راست نیاید و روا نباشد و این کاخ تا بروزگار امیر احمد بن نوح بن نصر بن احمد بن اسماعیل السامانی بر جا بود وی چوبهای آن کاخ را بشهر آورد و سرایی که اورا بود بر در حصار بخارا بعمارت مشغول شد و این دیه را هر پانزده روزی بازار است و چون بازار آخرین سال باشد بیست روز بازار کنند و بیست ویکم روز نوروز کنند و آنرا نوروز کشاورزان گویند و کشاورزان بخارا از آن حساب را نگاه دارند و بر آن اعتبار کنند و نوروز مغان بعد از آن پنج روز باشد وبیکندرا از جملهٔ شهرها گفته اند و اهل بیکند بدان رضا نداده اند که کسی بیکندرا دیه خواند و اگر کسی از اهل بیکند ببغداد رفته است و اورا پرسیده

دیهٔ رامش آتشخانه‌ای نهاد و مغان چنین گویند که آن آتشخانه قدیم تر از آتشخانهای بخاراست و کینخسرو بعد دو سال آفراسیاب را بگرفت و بکشت و کور آفراسیاب در در شهر بخاراست بدروازهٔ معبد بر آن تل بـزرک که پیوسته است بتل خواجه امام ابو حفص کبیر رحمه الله و اهل بخارا را بر کشتن سیاوش سرودهـای عجب است و مطربان آن سرودهارا کین سیاوش گویند و محمد بن جعفر گوید که از این تاریخ سه هزار سال است و الله اعلم + ورخشه + از جملهٔ دیهای بزرکست مثل بخارا بوده است و قدیم تر است از شهر بخارا در بعضی نسخه بجای ورخشه رجفندون نوشته اند و جای پادشاهان بوده است و حصاری استوار داشته است آنچنان که پادشاهان بارها حصار کرده اند و ربضی بوده است اورا مثـل ربض شهر بخارا و رجفندون و ورخشــه را دوازده جویبار است و وی اندرون بارهٔ بخاراست و در او کاخی بوده است آبادان چنانکه مثل زندندی به نکویی او و اورا بخارخداة بنا کرده است زیادت از هـزار سالست از بر آوردن آن کاخ و این کاخ ویران و معطل شده بود سالهای بسیار باز خنک خداة آبادان کــرد

و جعفریان و دو دانك بر درویشان بخارا و دو دانك بر ورثهٔ خویش ✣ رامتین ✣ کندزی بزرك دارد و دیهی استوار است و از شهر بخارا قدیم‌تر است و در بعضی کتب بخارا آن دیه را خوانده اند و از قدیم باز مقام پادشاهانست و بعد از آنکه بخارا شهر شده است پادشاهان زمستان بدین دیه باشیده اند و در اسلام همچنین بوده است و ابو مسلم رحمه الله چون اینجار رسید بدین دیه باشیده مقام کرده است و آفراسیاب بنا کرده است این دیه را و آفراسیاب هر کاهی که بدین ولایت آمده جز بدین دیه بجای دیکر نباشیده است و اندر کتب پارسیان چنانست که وی دو هزار سال زندکانی یافته است و وی مردی جادو بوده است و از فرزندان نوح ملك بوده است و وی داماد خویش را بکشت که سیاوش نام داشت و سیاوش را پسری بود کیخسرو نام وی بطلب خون پدر بدین ولایت آمد با لشکری عظیم آفراسیاب این دیه رامتین را حصار کرده دو سال کیخسرو بکرد حصار با لشکر خویش بنشست و در مقابلهٔ وی دیهی بنا کرد و آن دیه را رامش نام کرد و رامش برای خوشی او نام کردند و هنوز این دیه آبادانست و در

اول بدین دیه پدید آمده است و از آن کرباس بهمه ولایتها برند چون عراق و فارس و کرمان و هندوستان وغیر آن و همه بزرگان و پادشاهان از او جامه سازند و بقیمت دیبا بخرند عمرها الله * وردانه * دیهـــی بزرگست و کندز و حصاری بزرگ دارد و استوار و از قدیم باز جای پادشاهان بوده است و در وی جــای نشست پادشاه حالا نیست و قدیم‌تر از شهر بخاراست و اورا شاهپور ملك بنا کرده است و سرحد ترکستانست و آنجا هر هفته یك روز بازار بوده است و بازرگانی بسیار میشده و آنچه از آنجا خیزد هم زندنیچی بوده نیکو * افشنه * شارستانی بزرگ دارد و حصاری استوار و نواحی بوی منسوب باشد و هر هفته یك روز بازار باشد و ضیاع و بیابان این دیه وقف است بر طلبهٔ علم و قتیبه بــن مسلم آنجا مسجد جامع بنا کرده است و محمد بن واسع نیز مسجدی بنا کرده است و دعا در وی مستجابست و مردمان از شهر آنجا روند و تبرك کنند * برکد * دیهی قدیم و بزرگست و کندزی عظیم دارد و این دیه را برکد علویان خوانند بدان سبب که امیر اسماعیل سامانی این دیه را خرید و وقف کرد ده دانك بر علویان

از ولایتهای دور آمدند و بازرکانی و سودا کردندی
وآنچه از آنجا خاستی بیشتر حلوای مغزین بــودی از
دوشاب کرده و آنچه از آنجا خاستی بیشتر قنطاری
بودی و چوبها و ماهی شور و ماهی تازه و پوستــین
کوسفندی و از بره و بسیار بازرکانی شدی و اما امروز
بروزکار ما هر آدینه بازار باشد که از شهر و نــواحی
بازرکانان آنجا روند و آنچه از آن دیه خیزد که امروز
بازرکانان بولایتها برند روی باشد و کرباس و محمد بــن
جعفر آورده است که این دیه را امیر اسماعیل سامانی
رحمه الله جملهٔ ضیاعات و عقارات او بخریــد و آن
جمله را وقف کرد بر رباطی که کرده بود بدروازهٔ سمرقند
در درون شهر بخارا و امروز آن رباط نمانده اســــت
و آن وقف نیز نمانده است و این شرغ واسکجکــت
خوشترین دیهای بخارا بوده است حماها الله تعــالی *
زندنه * کندزی بزرک دارد و بازار بسیار و مسجد جامع
هر آدینه آنجا نماز کذارند و بازار کنند و آنچــه ازوی
خیزد زندنیجی کویند که کرباس باشد یعنی از دیه زندنه
هم نیکو باشد و هم بسیار بود و از آن کرباس به بسیار
دیهای بخارا بافند و آنرا هم زندنیجی کویند از بهر آنکه

ببخارا امیر شد نام او طغرل بیك بود و کولارتکین لقب
شده بود وی چوبهای آن مسجد را بخرید از ورثهٔ
خوان سالار و آن مسجد را ویران کرد و چوبهارا بشهر
بخارا آورد و مدرسهٔ بنا کرد بنزدیك چوبهٔ بقالان و آن
چوبهارا آنجا خرج کرد و مال بی حد در آنجا
بکار برد و آن مدرسه را مدرسهٔ کولارتکین خوانند
و خاك این امیر در آن مدرسه بود ٭ و شرغ با سکجکت
روباروبست و در میان هر دو هیچ باغ و زمین خالی
نیست الا رود عظیم است که آنرا رود سامجن خوانند
و امروز رود شرغ میخوانند و بعضی مردم حرام کام
خوانند و پلی عظیم بوده است بدین رود میان هر دو
دیه و بدین شرغ هیچ وقت مسجد جامع نبوده است
و بروزکار ارسلان خان محمد بن سلیمان بفرمان او آن
پل را از خشت پخته ساختند بغایت محکم و مسجد
جامع بنا کردند از خالص مال او و بجانب اسکجکت
رباطی فرمود ساختن بجهت غریبان و این دیه را
کندزی بزرکست و از بزرکی با شهر مقابله توان کرد
و محمد جعفر یاد کرده است که ایشان را در قدیم
بازاری بوده است در میان زمستان هر سالی ده روز

قسمت بر خانها کردندی پس از این دیه خزینه باز گرفتند دو سه سال و بسلطان باز کشتند و از وی یاری خواستند و ورثهٔ سهل بن احمد قباله بیرون آوردند بروزگار اسماعیل سامانی وی قباله دید درست و لیکن خصومت دراز شده بود و خواجکان شهر میانجی شدند اهل دیه و ورثهٔ داعونی بصد و هفتاد هزار درم صلح کردند این اهل دیه مرین دیه را بخریدند تا آن خزینه از ایشان بر خاست و آن مال بدادند و بدین دیه هرگز مسجد جامع نبوده است تا بروزگار ملك شمس الدین نصر بن ابراهیم بن طمغاج خان خواجهٔ بوده است از اهل این دیه که اورا خوان سالار خواندندی مردی محتشم بود و با خیل انبوه و از جملهٔ عمال سلطان بود وی مسجد جامع بنا کرد از خالص مال خود بغایت نیکو و مالی عظیم خرج کرد و نماز آدینه گذارد احمد بن محمد نصر گوید که مرا خطیب شرغ خبر داد که یکی نماز آدینه بیش نگذاردند اندر آن مسجد جامع و بعد از آن ائمهٔ بخارا رها نکردند و روا نداشتند تا آنجا نماز جمعه گذارند و آن مسجد آدینه معطل ماند تا بروزگار که قدر خان جبرئیل بن عمر بن طغرل خان

بازار ده هزار کس بیش حاضر بودی و از بازرکانان و اصحاب حوائج چنانکه از فرغانه و چاج و جایهای دیکر بیامدند و با منفعت بسیار باز کشتندی و بدین سبب اهل این دیه توانکر بوده اند و سبب توانکری ایشان کشاورزی نبوده است و بر شاهراهٔ سمرقند است تا بخارا هفت فرسنك است اسکجکت کندزی بزرك دارد و در وی مردمان توانکر بوده اند و سبب توانکری ایشان کشاورزی نبوده است از بهر آنکه ضیاع آن دیه ویران و آبادان بهزار جفت نرسیده است و مردمان او هم بازرکان بوده اند و از آنجا کرباس بسیار خیزد و هر پنجشنبهی آنجا بازار بوده است و آن دیه از جملهٔ خاصهٔ مملکهٔ سلطانیست و ابو احمد الموفق بالله این دیه را بمقاطعه داده بود بمحمد بن طاهر که امیر خراسان بود و باز فروخت بسهل بن احمد الداغونی البخاری و بها کرفت وی آنجا کرمابهٔ بنا کرد و کاخی عظیم بر کوشهٔ برزیر لب رود و تا بروزکار ما بقیهٔ آن کاخ مانده بود و آنرا کاخ داغونی خوانده اند آب رود آن کاخ را ویران کرد و مرین سهل بن احمد داغونی را بر اهل اسکجکت خزینهٔ بوده است هر سالی ده هزار درم

دارد و بهر سالی مردمان بخارا و جای دیگر بزیارت آنجا روند و اهل بخارا در این کار تکلف کنند کسی که بزیارت نور رود فضیلت حج دارد و چون باز آید شهر را خازه بندند بسبب آمدن از آنجای متبرک و این نور را در ولایتهای دیگر نور بخارا خوانند و بسیار کس از تابعین آنجا آسوده اند رضی الله عنهم اجمعین الی یوم الدین و دیگر طوایسه نام او ارقود است و دروی مردمانی بوده اند با نعمت و تجمل و از تجمل هر کسی در خانه یکی و دو طاوس میداشته اند عرب پیش از آن طاوس ندیده بوده اند چون در آنجا طاوس بسیار دیدند آن دیه را ذات الطوایس نام کردند و نام اصلی او بر خاست و بعد از آن ذات را نیز رها کردند و طاویس گفتند دروی مسجد جامع است و شارستانی عظیم دارد و در ایام قدیم آنجا بازار بوده است و بفصل تیرماه ده روز رسم آن بازار چنان بوده است که هرچه آخریان معیوب بودی از پرده و ستور و دیگر آخریان با عیب همه بدین بازار فروختندی و باز رد کردن امکان و سامان نبودی و هیچ شرط نپذیرفتی نه فروشنده ونه خرنده را هر سالی بدین

ذکر بخارا و جایهای که مضافست بوی

ابو الحسن نیشابوری در کتاب خزاین العلوم آورده است که شهر بخارا از جملهٔ شهرهای خراسانست هر چند که آب جیحون در میانست و کرمینه از جملهٔ روستاهای بخاراست و آب او از آب بخاراست و خراج او از خراج بخاراست و وی را روستایی علیحده است و مسجد جامع دارد و اندر وی ادباء و شعراء بسیار بوده اند و بمثل در قدیم کرمینه را بادیهٔ خردک خوانده اند و از بخارا تا کرمینه چهارده فرسنگ است و نور جایی بزرگست و در او مسجد جامع است و رباطهای بسیار

بر ایشان حواله رود و علاج هر یك بضد آن توان کرد از عاقل هشیاری خواستن تا هشیاری را نصب کردن و عاجز را کار آن فرمودن تا نتواند بدل کردن نا توانرا بی ظلم مالش دادن و ضعیف را بقوت عدل تألــف فرمودن تا خلال بر خیزد والله اعلم بالصواب *

دشمنان او و آن نیز بر چهار نوعست ثغور اطراف را استوار داشتن عدت و آلت اورا تمام ساختن لشکر را بتعینه و ترتیب نهادن و اندازهٔ هر کاری و طبقتی و خدمتی و هرچه در مملکت است پیدا کند و این فصل سر جمله نیکهاست * فصل سیوم در جذب منفعت و دفع مضرت * بباید دانست که کفایت وزیر جذب منفعت و دفع مضرت بود و منفعت دو نوع است یکی دخل ممالک زیادت کردن بی رنج رعیت بطریق عدل و احسان و رفق و مساهلت که زمین را کنج پادشاه گفته اند و کلید او بدست رعیت مطیع دوم زیادت کردن ولایت نو و طریق آن حیلتست و قوت حیلت بقلم و قوت بشمشیر و تا حیلت ممکن است قوت نباید کردن که مرد بقوت صد رأیش قهر نکند و بحیلت خرد لشکر بزرک بیفتد و مضرت نیز بر دو نوع است یکی خلال که در ولایت افتد و آن از دو چیز باشد یا غفلت تیماردار اگر چه کافی باشد یا عجز او که ضبط نتواند کرد دوم آنست که عبرهٔ اموال بنقصان کرآید و آن هم دو چیز باشد یا قوت و تغلب رعیت که متوجه باز گیرند یا ضعف و عجز رعیت از بس نا واجب که

که صاحب این منصب در اغلب امور باصحاب شرف و ارباب تجارب رجوع کند و اگر در تفحص امور زیاده تحمل باید کرد ضجرت بخود راه ندهد و از خشم و حدت احتراز نماید و خویشتن بین و کامل پیشه و مغرور برأی و عقل خود نباشد و باید که در کل احوال رضای حق را بررضای مخدوم مقدّم دارد تا بهر دو سرای نیکو نام باشد و چون این شرایط بجای آورد هم ایمن باشد و خودرا فارغ شناسد و پشت باز نهد که هیچ آفریده روزگار راست نتوانست کرد و این فضل جمیع طوایف را شنودنی و دانستی است * فصل دوم در تیمارهای خدمت که بروزیر واجبست * بباید دانست که پادشاه را بروزیر سه حق واجب گردد و هریکی برچهار نوع باشد اول نگاه داشتن مصالح ملک و آن برچهار نوع است آباد کردن ولایت و ساخته کردن لشکر و روشن کردن دخل و سبک بار داشتن رعیت دوم قیام نمودن مصالح او و آن نیز بر چهار نوعست وظایف اورا بکفایت ساخته داشتن و عوارض اورا توجیه نهادن و حاصهٔ اورا راضی داشتن و از جهت نوایب زمانه ذخیره نهادن سیوم مقاومت کردن با

خواهد کشت بعبارت خوب غور و غایلهٔ آن عرضه دارد و البته پادشاه را بظلم معین و دلیل نباشد و بهوای مخدوم سخن نگوید و در بطالان حق غیری نکوشد چه اگر گوید و کوشد مخدوم خود را و خود را در دوزخ جای ساخته بود که رسول علیه السلام می فرماید که در اعانت ظالم کوشیدن اسلام را پس پشت انداختن است و هر که غیری را بظلم دلالت کند او و ظالم در دوزخ قرین هامان باشند و عذاب ایشان زیادت از عذاب هامان باشد عبد الله مسعود گوید رضی الله عنه که هر که ظالمی را بر ظالمی یاری دهد یا حجتی کند که حق غیری بدان باطل شود او بخدای عز و جل بحرب بیرون آمده بود حسن بصری رحمة الله علیه می گوید هوا و رضای مسلوک سخن گفتن خود را از نظر حق محروم گردنست وزیر باید که همیشه مستغرق مهمات باشد و گذشته را تفحص فرماید و حال را تیمار دارد و آینده را پیش از وقت غمخوار که بتفحص گذشته اموال بدست آید که در حال بکار شود و آینده را چون غم خورد وقت کار تحیر بدو راه نیابد و سر رشتهٔ مصلحت از ضبط بیرون نشود و باید

و درد مبتلا نشود از دعاء ستم رسیده بترسد عدل و انصاف را حصار خود گرداند تا تواند نفس را از بیشتر شهوات باز دارد بر هوا و کام نرود از دنیا توشهٔ آخرت سازد حد مردم در نشست و خاست و خطاب نگاه دارد اهل مروت و فضل را اصطناع کند و خویشتن را یکی از مردکان شناسد و یقین داند که بیک خشم پادشاه بهمه کس محتاج شود و در هرچه کند و فرماید نصیحت بجای آورد و ترس خدای را عز و جل شعار و دثار خود سازد و اگر عیاذاً بالله از یکی خطائی یا حرکتی در وجود آید و ضرر آن بمال سرایت کند ذیل عفو بر آن پوشاند و در خلا انتباه فرماید و پردهٔ او ندرد و آنرا سرمایهٔ انتقام نسازد و بسمع پادشاه نرساند که شاید که در آن باب مثالی نافذ شود که آخرت کار بندامت کشد و در مشورتی که با او کند شرط مناصحت بجا آرد و آنچه بصلاح آن باز گردد بی محابا بشرح تقریر کند و اگر پادشاه بکاری خوض کند که بصلاح ملک نزدیک باشد در تقریر آن منافع مبالغه تمام نماید و اگر خاتمت آن کار و عاقبت آن شغل وخیم بود و از خوض آن فسادی ظاهر خواهد شد و شری پدید

ارکان دولت را با خود یار گیرد تا از منزلت نیفتد با
زیردستان تلطف کند تا دوستش گیرند فرعونت نکنـد
تا دشمن نگیرند نعمت را شکر کند تا افزاید بر رنج صبر
کند تا آسان گردد دوست را به نیکویی بستـه دارد
و دشمن را باحسان دوست کرداند هزار دوست اندک
داند و یک دشمن بسیار و چون همـه را بدست آورده
باشد بر دوست مخلص اعتماد نکند تا بدشمن مبغض
چه رسد نا آزموده را معتمد نداند آزموده را دیگر باره
نیازماید در آنچه آشکارا باشد از مشورت ننگ ندارد که
صواب میان خلق پنهان است آنچه پنهان باید داشت
باکس نگوید مکر مضطر گردد بگوید آن نیز وقتی که
دین و خرد و امانت و دوستی او معلوم شود در همه
کارها آهستگی کند که تعجیل پشیمانی آورد مکر در کارخیر
که چون تأمل کند فرصت برود بکردار و گفتار نام
نیکو اندوزد چابلوس را منافق آشکار شناسد ثناگوی را
دشمن بـاطن داند در کارها تقصیر نکند و غلو ننماید
و از میانه نگذرد و از حاجت خلق ملول نشود و ستوهی
ننماید تا تواند حاجت خلق روا کند و اگر روا کردن
متعذر بود عذر خواهد و برفق دفع کند تا برنج

شناسد و وقت هرکار بداند و در موضع خود کند از نرمی و درشتی فرو نگذاشتن و سخت گرفتن و هر کاری که افتد از آن بیرون تواند آمد و در اوایل از عواقب اندیشد و از ظاهر بباطن و از حاضر بغایب قیاس کند و رعیت را سر کوفته و شاکر دارد و لشکر را ترسان و سیر دارد و راحت را در رنج طلبد و در همه کارها جانب خدای تعالی و جانب مخدوم نگاه دارد و از ترس مخدوم جانب حق فرو نگذارد بیدار و هوشیار باشد تا تدبیر کس بروی وا نشود و از دروغ زن و خاین و شریر پرهیزد چه هر که با خود راست نرود با مردم هم راست نرود و حریص را کار نفرماید اعوان باندازه گیرد نه چنانکه مملکت نا مضبوط گردد نه چنانکه خرج بسیار افتد سیرت نیکو دارد تا متصلان و اتباع بدو اقتدا کنند آنچه بنفس خود باید ساخت بدیگری نگذارد که کار ضایع ماند و آنچه دیگرانرا باید فرمود خود نکند که روزگار تلف وعظم کم شود خلوت نطلبد مگر بجهت دو کار یکی آسایش هم از بهر شغل دوم امتحان و باز جستن آنچه کرده است تا خطا را در یابد و صواب ماضی را امام سازد پادشاه را تواضع کند تا بزرگ شود

و ولایات آباد و خزاین معمور و حشم قایم و اعدا مقهور و در جمله نیکو کاری معتبر اصلیست و حکماء گفته اند که به مه نه مه به هر که نه به نه مه و بر دولت تکیه کردن و ظلم حرفت ساختن عاقبتی وخیم دارد که ازظلم و بد کرداری دولت پایدار نماند و عیاناً بالله چون ترا جح بود ومعات زود زود باشد و از زبان نبوت علیه السلام خبر دهند که احسنوا جوار نعم الله فانها قلّ و تغیرت من قوم فعادت الیهم ایزد تعالی جمهور خلق را توفیق خیرات ارزانی دارد و از افعالی که فردا مأخوذ و معاقب باید بود در عصمت دارد بمنه و کرمه * باب دوم * در آداب وزارت مشتمل برسه فصل * فصل اول در آدابی که وزیررا جمع باید کرد * بباید دانست که وزیر دوم پادشاه است و کار او دشوارتر بود بجهت آنکه پادشاه را حشمت حجابست و کسی بر او گستاخی نتوان کرد و وزیررا حجاب نیست و نظام مملکت بپادشاه منسوب کردد و خلل آن بوزیر پس باید که وزیر فیلسوف باشد بحکمت و دهقان بعمارت و بازرکان بتصرف و لشکری بتهور و مملکت بهمت و رعیت بتواضع وبخیر کراید و مصلحت جوید و مزاج روزگار و مردم

شناس نیکو زندکانی مشفق کاردان * مشرف * باید که
داهی بود و هشیار واقف متقی خویشتن‌دار مصلح
دور از تهتک فارغ از حدت مجتنب از منهیات نیکو
خصال صادق القول ضابط اموال مخدوم مشفق بر بندکان
خدای نه در مناقشت مفرط و نه در باز خواست
مهمل نه در طبع او خشم مستولی نه در دل او عداوت
متمکن * عارض * باید که مکرم بود و حلیم و بردبار نیکو
خلق کریم طبع مزاج شناس مشفق بر کار حشم ناصح بر اموال
مخدوم مصون از فحش و سفه فارغ از عجب و تکبر
* صاحب برید * چون مجالس بر دیوان قضا و داد است
و باستماع دعاوی و قطع خصومات مشغول می باید بود
باید که صاحب برید زاهد بود و متقی و عالم و فقیه
و مفتی چنانکه هیچ چیز از مسایل شرعی بر وی
پوشیده نباشد و در تفحص مجد و در قول راست
و در فعل نیکو و از مخطورات محترز و بر خیر موفق
نیکو سخن عالی عبارت نیکوخواه نیکو خلق متأمل
در عرضه داشت حوادث متفکر در تقریر واقعات هر
آینه چون اعوان مملکت و کارداران دولت بر این جمله
باشند بندکان خدای در ریاض رفاهیت آسوده باشند

۱۹

⁕ وزارت ⁕ صدر وزارت بعالی نسب خدای ترس کامل ادب صافی دل لطیف طبع نیکو خلق کریم نهاد بزرگ خطر جزیل عطا کارکذار دوربین متین رأی نافذ حکم پاک ضمیر مدرك خاطر شامل اشفاق صادق در وعده متأمل در وعید مستعجل در تدارك مهمات شجاع با تحرز باکرم با تواضع مبرا از سفه معرا از عجب حمول در استماع کلمات مجتنب از حقد و حسد محترز از ظلم و جور مسترشد باهل تقوی و بصارت مخدوم را ناصح خلق را غمخوار باید سپرد ⁕ امیر داد ⁕ باید که عالی همت بود نیکو خُلق وافر فضل کامل عقل در تفحص مفرط در تتبع عالی در انفاق سابق مطواع شرع در اقامت حدود مسلم ازخشم در سیاست خلق را نیکو خواه در استماع سخن متظلمان راغب در نصرت مظلوم مستعجل از میل و غرض فارغ از مخاصمهٔ خصمان در تجمع اکبر خایف ⁕ وکیل در ⁕ باید که نیکو لقا بود و کریم طبع پاکیزه اخلاق شیرین سخن ثابت رأی محترز از کشف اسرار راغب در استماع کلمات ارباب حاجات مجدّ در اتمام امور بندکان خدای تعالی ⁕ امیر حاجب ⁕ باید که مهیب باشد و شجاع پاکیزه اطراف فصیح زبان مزاج

و تعجیل در اصطناع مخلصان و رغبت در اصطفی ناصحان و حلم نه بضعف و عجز و شدت نه بعنف و جور و کثرت خشم بسطت مملکت توقع توان کرد و از توفیر در مواجب حشم و قرار فاضل اقطاع بر امرا و نقصان حشم و مستزید شدن امرا استیصال رعایا و تخریب ولایات چشم توان داشت و از خصال پسندیدهٔ ملوک یکی آنست که حطام دنیا را در دل و چشم وزنی ننهد که اگر بدان زیاده التفات بود هر آینه بامساک آنجامد و خصلت امساک نا محمود است خاصه در پادشاه دیگر باید که برخدم و حشم بد کمان و بد اعتماد نباشد که بد اعتمادی مسلوک چاکر را از فرمانها محترز گرداند و از بد کمانی نفرت خدم و مقربان حاصل آید * فصل چهارم در اعوان مملکت * پادشاه باید که اندازهٔ کفایت هر یک از اعوان مملکت بداند تا فراخوار هر یک شغلی تواند فرمود که اگر حال معلوم نباشد که کار بزرگ بیکی حواله افتد که اورا تمشیت آن نبود و کار خود بدیگری حواله رود که اورا محل زیادت باشد و از خوض آن استنکاف نماید هر آینه در هر دو طرف کار مهمل ماند و فتور آن بمملکت سرایت کند *

طلبند و بعضی که خسیس و دنی باشد بغمز و سعایت و بد کوبی و بد کرداری در سرّ و علانیه کوشند پادشاه باید که فکرت بجای آورد و سخن از طایفه که غمز و بد کرداری شعار ایشان است بی ایضاح بینه و اقامت شهود عدول مسموع ندارد قوله تعالی ان جاءکم فاسق بنباءٍ فتبینوا در این آیت منع است از تعجیل و امر است بتأنّی و رسول علیه السلام می فرماید که میان مردم غمز نکنند مکر حرام زاده و تفحص در کارها فرض عین داند بتفحص خایفانرا امین و غمازانرا مسکت کرداند و امینانرا قوی دل و نیکوکاران را راغب و از طایفه که رأی راست مهمل گذراند و خوش آمد گوید احتراز لازم است که نتیجهٔ آن بسر در آمدن و از پای افتادن باشد * فصل سیوم در مشورت * بدان که اصل و عمده در کلّ امور مشورتست با اصحاب عقل و ارباب تجارب که بمشورت خیر رأی مسلوک را استعداد تمام باشد و معجب بودن رأی و فکر و عقل خود و ضجرت در مهمات و کشف اسرار بر جاهل و نادان و اعتماد بر ترهات منجم و خوار داشتن دشمن نا ستوده است و حاصل آن جز ندامت نباشد و از تأمل در کارها و تأخیر در عقوبات

داده است تا بندکان خدایرا بدین چیزها از دوزخ باز دارند تا آنرا که بمال حاجت باشد بدهند تا بر دست او کاری نرود که مستوجب دوزخ کردد و آنرا که قصاص باید کرد یا حدی باقامت باید رسانید اهمال جایز نشمرند تا در آخرت از آتش دوزخ نجات یابند چون بر این جملتست پادشاه باید که خودرا از وقوع منکرات صیانت کند تا باتش نباید رفت که فردا سلطان و آنکه فروتر اوست یکسان خواهند بود وهیچ چیز بفریاد او نرسد الا اعمال خیر دیکر حکم پادشاه موافق فرمان خدای تعالی باشد که رسول علیه السلام می فرماید که هر پادشاه که حکم بخلاف فرمان خدای تعالی کند ایزد عز و علا درویشی را بر او کمارد و اکر اهل ذمت ظلم کند و از ایشان بنا واجب چیزی ستاند کفار را بر مملکت او استیلا دهد * فصل دوم در استماع کلمات * معلوم و مقرر است که بر درکاۀ ملوک از هر صنف خلاق باشند و هر یک طالب آنکه خودرا بنوعی و طریقی بخدمت پادشاه نزدیک کردانند بعضی که حسیب و نسیب باشد وبحسن اخلاق معروف به نیکو پندی ونیکو کوی بندکان خدای تعالی و قیام خیرات تقرب

این معنی دارد و رسول علیه السلام می فرماید که اول کسی که در دوزخ مکان گیرد پادشاه ظالم بود و اگر ظالم مهلت می یابد بدان مغرور نباشد که مهلت ظالم را بدان است تا مگر توبه کند و از ظلم اجتناب نماید و اگر اصرار او زیادت شود و ندامتی نباشد هر آینه ببلائی مأخوذ گردد که از آن خلاص طمع نتوان داشت و کَذلِكَ أَخْذُ رَبِّكَ إِذا أَخَذَ الْقُرى وَ هِيَ ظالِمَةٌ إِنَّ أَخْذَهُ أَلِيمٌ شَدِيدٌ این معنیست و از ظلم زوال مملکت و تخریب دیار حاصل آید فتلك بيوتهم خاوية بما ظَلَموا تصدیق باین بابست و بحقیقت می باید دانست که چو نفایت و ندامتی بزودی حاصل نیاید تدارک اول از حضرت عزت جل ذکره آنست که ظالم دیگر بر آن قوم گمارد و کذلک نولی بعض الظالمین بعضاً و بدترین ظلم آنست که دست بمال مسلمان و ذمی آلوده شود از وجهی که شرع نفرموده است چون مصادره و مواضعه و قسمات زواید و سفح خانه و غیر آن بزرگی گفته است پیش کرسی قضا جواب هفتاد گناه گفتن آسانتر از جواب یک خصم و محققان گفته اند که پادشاهان دربانان دوزخ اند ایزد تعالی مال و تیغ و درّه آن جهت آن بدیشان

ظلم و جور منزه است که لا یغادر صغیرة و کبیرة الا احصیها این معنی دارد و معلوم است که از اختلاط زنان رکت و نقادت عقل و کوتاهی عمر تولد کند و این سه عیبی بس بزرگست چه برکت امور مملکت مستقیم نماند و بنقادت عقل فرمانی بر جاده نتوان داد و بکوتاهی عمر در دنیا برخورداری صورت نبندد و آخرت را ذخیره نتوان ساخت اما عدل عام آنست که در تحصیل اموال از نوعی کوشیده آید که رخصت شرع است وصرف آن در وجهی که ایزد فرموده است و رسول علیه السلام وخلفاء راشیدین رضوان الله علیهم اجمعین کرده اند که پادشاهان خازن بیت المال اند و پادشاه را از بیت المال بقدر کفاف که باسراف نانجامد بیش مباح نیست دیگر کوتاه کردن دست ظلمه وفسقه و مشهور است از انذال ارباب ضعف و بر خود فرض دانستن نصرت مظلوم و احتراز از دعاء بد اندیشان که سید علیه السلام می فرماید که دعاء مظلوم و بیوه و یتیم رد نشود اگرچه کافر باشد دیگر پرهیز کردن است از اشاعت ظلم که ایزد تعالی سنگی آفریده است در آسمان برابر ظالم چون فرمان بر سر ظالم آید و ما هی من الظالمین ببعید

وثبات ملك بدان منوط است در پادشاهی عدل است که سلطان عادل خیرمن مطر وابل یعنی از عدل ملوک خصب و رفاهیت بیش از آن توقع توان کرد که از تواتر باران و سید علیه السلام فرمود که عدل یک ساعت سلطان بر عبادت هفتاد ساله ترجیح دارد و دعاء سلطان البته رد نشود و عدل خاص است و عام عدل خاص آنست که ابتدا از نفس خود کند ان الله یامر بالعدل والاحسان چون از منکرات اجتناب نموده شد هر آینه عدلی باشد که بر نفس کرده شود و مهمتر رکنی پادشاه را احتراز است از کثرت اختلاط باعورات که زنان مصاید شیطانند و هر که صید شیطان شد مأمور امر او باید بود وچون کارفرمای شیطان بود پوشیده نماند که چه فسادها تولد کند و کار دین و دنیا از آن باطل شود و یقین و واثقست که اعمال بندکان از خیر و شر از صغیره و کبیره بر او می نویسند و البته فردا مطالعهٔ آن می باید کرد و چون حاصل الامر افعال مذمومه و کردار ناپسندیده باشد تأسف و ندامت و زاری در آن زمان مفید نیاید وهر آینه مکافات و مجازات را چشم باید داشت وبحقیقت دانست که صفات باری تعالی از

گردد سر رشتهٔ خود بدست شیطان ندهد ومتابعت هوا نکند که شیطان دشمن آدم است و هوا بد فرما و در هر کار که بخوش آمد وهواء نفس پیوسته شد معلوم کند که محرک و معرض جز شیطان نبود و از دشمن علی الاطلاق تدبیر صائب و رأی روشن چشم نتوان داشت و در آن کوشد که دولترا از دین حصنی سازد ونعمترا از شکر حرزی پردازد هر دولت که در حصن بود مغلوب نگردد و هر نعمت که در حرز آمد بتاراج نرود و حصن دولت مطیع بودن بفرمانهای خدای است عز وعلا و متابعت نمودن نسبت رسول علیه السلام و اقتدا کردن بروش خلفاء راشدین رضوان الله علیهم اجمعین و حرز نعمت که شکر است از مسلوک آن باشد که بندکان خدای تعالی در حریم مملکت او آسوده باشند و از بأس او ایمن که اگر پادشاهی همیشه روز بروزه باشد و شب بنماز ویکزمان زبان او از حمد حق خالی نبود چون یک بنده از او در رنج باشد آن روزه و نماز و ذکر جواب عتاب آن نباشد و یقین داند که هیچ وجه از عدل خدای تعالی مظلوم و محروم نخواهد بود و اصل وعمده که قوام عالم و نظام حال بنی آدم

فصل * فصل اول در آدابی که وزیر را جمع باید کردن * فصل ثانی در صنوف خدمات که بر وزیر واجبست * فصل سیوم در جذب منفعت و دفع مضرت * باب اول در آداب سلطنت مبنی بر چهار فصل * فصل اول در آداب که پادشاه را جمع باید کردن * باید که پادشاه در هستی وجود خود فکرت کند و داند که آدمی از قطرهٔ آب کنده موجود شده است و حقیقت هستی خود را بشناسد و بداند که جملهٔ موجودات فانیست و باز از وجود بعدم خواهند شد و حال انعامهای که حق تعالی بدو داده است از سمع و بصر و نطق و قوای ظاهر و باطن بر خود نگاه کند و حقیقت داند که آدمی را ببازی و برای بازی نیافریده اند قوله تعالی افحسبتم انما خلقناکم عبثا انکم الینا لا ترجعون و جای دیگر فرموده وما خلقت الجن والانس الا لیعبدون و چون بفضل حق تعالی یکی بر دیگران پادشاه گشت و خلعت خلافت پوشید و خلایق که ودیعهٔ خالق اند درعهدهٔ او آمد بر وفق کلکم راع وکلکم عن رعیته مسؤلون هر آینه باز خواست حال رعیت در قیامت از وی خواهد بود و می باید که قدم در این مهم بتأمل نهد و روزی چند که فلک بمراد او می

بسم الله الرحمن الرحیم

سپاس و ستایش مرخدایی را جل جلاله که بدید آرزندهٔ مخلوقات و دارزندهٔ مصنوعات است و درود بر رسول ثقلین و خواجهٔ کونین خافقین و بر یاران و رفیقان او اما بعد بدان اسعدك الله که این رسالتیست در آداب سلطنت و وزارت مبنی بر دو باب * باب اول در آداب سلطنت مشتمل بر چهار فصل * فصل اول در آدابی که پادشاه را جمع باید کردن * فصل ثانی در استماع کلمات * فصل ثالث در مشورت * فصل رابع در اعوان مملکت * باب دوم در آداب وزارت مشتمل بر سه

آداب سلطنت و وزارت

و کسی نداند و نشناسد گفت عاقبت کارها گفتند چه شرینیست که عاقبت چشنده خودرا بکشد گفت حسد گفتند کدام بناست که هرگز خراب نشود گفت عدل گفتند کدام تلخی باشد که آخر شیرین گردد گفت صبر گفتند کدام شیرین باشد که آخر تلخ گردد گفت شتاب گفتند کدام پیراهن است که هرگز کهنه نگردد گفت نام نیك گفتند کدام دشمن است که از همه دوستان گرامی‌تر است گفت نفس گفتند کدام بیماریست که مردم از علاج آن عاجز آیند گفت ابلهی گفت کدام بلاست که مردم از آن بلا نگریزند گفت عشق گفتند کدام بلندیست که از همه پستیها پست‌تر است گفت کبر گفتند کدام پیرایه است که بر مرد و زن نیکوست گفت راستی و پاکی گفتند خواب چیست گفت مرك سبك گفتند مرك چیست گفت خواب گران گفتند چه چیز است که همه خرمی از اوست گفت سخن بزرگان گفتند آن چه راهست که ویرا هیچ روی عاقبت نیست گفت ظلم بر مظلومان و بیچارگان والله اعلم تمت الرسالة الموسومة بظفر نامه والحمد لله رب العالمین ٭

خردمندانرا مشاورت با دانایان و مرد حرب اگر چه نیرومند بود از حیلت و بازی و زاهد اگر چه پرهیزکار بود از عبادت گفتم چیست که مردمان اورا بدان دوست دارند گفت سه چیز در معامله ستم ناکردن و دروغ ناگفتن و بزبان کسی را نرنجانیدن گفتم اگر علم آموزم چه یابم گفت اگر خورد باشی بزرگ و نامدار گردی اگر مفلس باشی توانگر گردی و اگر معروف باشی معروف تر گردی گفتم مال از بهر چه باشد گفت تا حقهای مردم از گردن خویش بگذاری و ذخیره از برای پدر و مادر بفرستی و توشهٔ عقبی از بهر خود بر داری و دشمن را دوست گردانی و با دوست و دشمن مواسا کنی گفتم هیچ چیز نباشد که نخورند و تن را سود دارد گفت صحبت نیکان و دیدار یار و جامهٔ نرم و حمام معتدل و بوی خوش * از لقمان حکیم رحمة الله علیه پرسیدند که داناتر کیست گفت آنکس که از مخالفت روزگار تنگ دل نشود گفتند قادرتر کیست گفت آنکس که نعمت دنی بر نعمت عقبی نگزیند گفتند توانگرتر کیست گفت آنکه از عقل توانگرترست گفتند شرف در چیست گفت واجب گردانیدن منتهای خویش در کردن مردمان گفتند چیست که آنرا جویند

حق عز و جل گفتم چه چیزست که مودت را خراب کند گفت چهار چیز بزرگان را بخیلی و دانشمندان را عجب وزنان را بی شرمی ومردان را دروغ گفتن گفتم چه چیزست که کار مردم را خراب کند گفت ستودن ستمکاران گفتم دنیا بچه در توان یافت گفت بفرهنگ سپاس داری گفتم چه کنم که بطبیب حاجت نباشد گفت کم خوردن وکم بخواب رفتن وکم گفتن گفتم از مردمان که عاقل تر است گفت آنکه کم گوید وبیش شنود وبسیار داند گفتم خواری از چیست گفت از کاهلی و فساد گفتم رنج از چیست گفت از تنهایی گفتم چیست که حمیت را برد گفت طمع گفتم در جهان چه نیکترست گفت تواضع بی منت وسخاوت نه از بهر مکافات گفتم در جهان چه زشتر گفت دو چیز تندی از پادشاهان وبخیلی از توانگران گفتم اصل تواضع چیست گفت روی تازه داشتن وبآخر از خود خوش بودن گفتم تدبیر از که پرسم گفت از آن کس که سه خصلت در وی باشد دین پاک ومحبت نیکان ودانش تمام گفتم نیکویی بچند چیز تمام شود گفت بتواضع بی توقع وسخاوت بی منت وخدمت بی طلب مکافات گفتم چیست که دیگری از آن مستغنی نیست گفت سه چیز

گفتم سخی کیست گفت آنکس که سخاوت کند و دلشاد شود گفتم چه چیز است که مردم جویند و کسی تمام در نیافت گفت سه چیز تن درستی و شادی و دوست مخلص گفتم نیکوئی بهتر یا از بدی دور بودن گفت از بدی دور بودن سر همه نیکوئیهاست گفتم هیچ هنر باشد که عیب شود گفت سخاوتی که بامنت بود گفتم چه چیزست که دانش را بیفزاید گفت راستی گفتم چه چیزست که بر دلیری نشانست گفت عفو کردن چون قادر شود گفتم آن کیست که هرگز نمیرد گفت جل و علا گفتم کیست که در او عیب نباشد گفت عز و جل گفتم کارها که عقلا کنند چه نیکوتر گفت آنکه بدرا از بدی نگاه دارند گفتم از عیبهاء مردم کدام زیان کار ترست گفت آن عیب که از مردم پوشیده نباشد گفتم از زندگانی کدام ساعت ضایع ترست گفت آن ساعت که نیکو در حق کسی تواند کرد و نکند گفتم از فرمانها کدام فرمان را خوار نباید داشت گفت سه اول فرمان خدای عز و جل دوم فرمان عاقلان سیوم فرمان پدر و مادر گفتم بهترین زندگانی چیست گفت فراغت و ایمنی گفتم بدترین مرگ چیست گفت مفلسی گفتم چه بهتر گفت خشنودی

انوشروان برد و اورا خوش آمد و شهری در اقطاع او بیفزود و فرمود که این کلمات بآب زر نوشتند و دائم با خود می داشت و اکثر اوقات بمطالعهٔ این کتاب مواظبت می نمود ابوزرجمهر زبان بکشاد و گفت از استاد خود استفادت می نمودم و او جواب میگفت گفتم ای استاد از خدا عز و جل چه خواهم که همه نیکویها خواسته باشم گفت سه چیز تن درستی و ایمنی و توانگری گفتم کارها بکه سپارم گفت بآن کس که خویشتن شایسته باشد گفتم از که ایمن باشم گفت از دوستی که حاسد نباشد گفتم چه چیز است که بهشت سزاوار باشد گفت علم آموختن و بجوانی بکار حق مشغول بودن گفتم کدام عیبست که نزدیک مردم معتبر نماید گفت هنر خود گفتن گفتم چون دوست نا شایست بدید آید چه گونه از وی باید برید گفت بسه چیز بزیارتش کم رفتن از حالش نا پرسیدن و از وی حاجت نا خواستن گفتم کارها بکوشش بود یا بقضا گفت کوشش قضارا سبب است گفتم از جوانان چه بهتر و از پیران چه نیکوتر گفت از جوانان شرم و دلیری و از پیران دانش و آهستگی گفتم حذر از که باید کرد تا رستگار باشم گفت از مردم جابلوس و خسیسی که توانگر شده باشند

حمد و ستایش مرخدایرا جلت قدرته که آفریدکار
وبدید آرندهٔ زمین و آسمان وروزی دهندهٔ جانورانست
و درود برپیغامبران و برگزیدکان باد خاصه برمصطفی
صلی الله علیه وسلم اما بعد در روزکار انوشروان عادل
هیچ چیز ازحکمت عزیزتر نبود وحکماء آن عصر همه
متقی وپرهیزکار بودند یک روز انوشروان ابوزرجمهر را
طلب کرد وکفت میخواهم سخنی چند مفید در لفظ
اندک ومعانی بسیار جمع سازی چنانکه در دنی و عقبی
سودمند باشد ابوزرجمهر یک سال مهلت خواست و این
چند کلمات را جمع کرد و ظفر نامه نام نهاد وبنزد